BGB – Leicht

Einführung in das Recht des Bürgerlichen Gesetzbuches

Von

Prof. Dr. jur. Menno Aden

2., völlig überarbeitete Auflage

R. Oldenbourg Verlag München Wien

Bibliografische Information Der Deutschen Bibliothek

Die Deutsche Bibliothek verzeichnet diese Publikation in der Deutschen Nationalbibliografie; detaillierte bibliografische Daten sind im Internet über <http://dnb.ddb.de> abrufbar.

Rosenheimer Straße 145, D-81671 München
Telefon: (089) 45051-0
www.oldenbourg-verlag.de

Gedruckt auf säure- und chlorfreiem Papier
Druck: Grafik + Druck, München
Bindung: R. Oldenbourg Graphische Betriebe Binderei GmbH

ISBN 3-486-27432-5

Vorwort

Das Buch ist für Studienanfänger und Juristen im Nebenfach, sowie für Fachhochschulstudenten.

Aller Anfang ist nicht – wie das Sprichwort behauptet – schwer, sondern leicht, so sagt es Goethe. Das gilt auch für die Rechtswissenschaft, auch wenn sie nicht immer leicht bleibt. Die Schwierigkeiten des Lernenden bestehen oft darin, dass zu vieles zu schnell auf ihn einstürmt. Man sieht die vielen sprichwörtlichen Bäume, aber erkennt nicht, dass sie als Wald ein organisches Ganzes bilden. Dieses Buch versucht ein neues Konzept der Darstellung. Es soll zeigen, dass ein leichter Zugang zum BGB und damit zur Rechtswissenschaft überhaupt möglich ist.

Erstes Merkmal des Buches soll seine Leichtigkeit sein. Das kann man nicht immer durchhalten. Es müssen schon manchmal einige vertiefende Überlegungen angestellt werden. Diese werden aber, um den Textfluss nicht zu stören, stets in die Fußnoten als **Exkurs** verwiesen. Der Leser kann sich diese Exkurse zunächst schenken und im zweiten Durchlauf zur Kenntnis nehmen.

Zweites Merkmal des Buches sind die vielen Fälle, die jedem Abschnitt vorangestellt und darin behandelt werden. Die wenigsten sind ausgedacht, die meisten dieser Fälle stammen aus dem Leben; wenn sie der Rechtsprechung entnommen sind, ist das gesagt. Diese sind so gewählt und mit kleinen Charakteriska so versehen, dass man sie sich leicht mit dem entsprechenden Rechtsproblem merken kann.

Drittes Merkmal ist die Beschränkung in den Fußnoten. Es wird nur der BGB – Kommentar Palandt, 62. Aufl. 2003, zitiert; zusätzlich die BGH-Rechtssprechung und Literatur der NJW der letzten Jahre. Wer immer sich mit Jura befasst, hat einen Palandt, und er weiß, wo eine NJW zu finden ist. Das reicht fürs erste. Freilich werden gelegentlich Hinweise auf das unserem deutschen so verwandte aber auch in typischer Weise abweichende französische Recht gegeben, sowie auf das römische. Damit soll von Anfang an der Blick des Studenten darauf gelenkt werden, dass das Recht keine nationale Angelegenheit ist, sondern – so sahen es unsere Vorfahren – ein Geschenk der Gottheit an alle Menschen.

Die 2. Auflage dieses Buches wurde nötig, weil zum 1.1. 2002 wichtige Teile des BGB durch das Schuldrechtsmodernisierungsgesetz neu gefasst worden sind.

Prof. Dr. iur. M. Aden
Essen

Inhaltsverzeichnis

1. Teil Grundlagen des Rechts – Allgemeiner Teil des BGB

1. Kapitel Gegenstand und Aufgabe des Rechts

I. Recht als System von erzwingbaren Ansprüchen

Eingangsfall:

Robinson lebt allein auf seiner Insel. Niemand stört ihn. Tun wir so, es wäre heute.

Eines Tages entläuft den Menschenfressern (M) ein Gefangener. R gibt ihm Schutz. Die M fordern ihn von R zurück. M machen einen bürgerlich-rechtlichen Anspruch geltend. R wird diesen zurückweisen. Grundsätze des Völkerrechtes, z.B. der UN - Charta, verbieten Eigentum am Menschen. Gelten diese auf der Robinsoninsel? Robinson nennt den Gefangenen Freitag. Muss R nicht die Menschenwürde des F wahren und diesem die Wahl seines Namens überlassen? Fragen der Grundrechte, wie sie in Art. 1 ff Grundgesetz (GG) geregelt sind, tauchen auf.

R gibt F Wohnung und Nahrung und verlangt dafür seine Dienste. Welches Recht gilt für diesen Vertrag? Das Heimatrecht des R oder des F? Fragen des Internationalen Privatrechtes.

Ein weiterer Gefangener kommt auf die Insel. R nennt ihn Donnerstag. Es gibt ersten Streit zwischen F und D. R amtiert als Schlichter. Nach welchen Regeln tut er das? Fragen des Prozessrechtes. Es strandet ein Schiff. Den Überlebenden weist R Land zur landwirtschaftlichen Nutzung und zum Hausbau zu. Gehört dem R denn die Insel? Fragen des Eigentums an Sachen entstehen.

Am Ende verlässt R die Insel und es heißt: Robinson gab ihnen Gesetze. Sind die denn gültig? Fragen des Staatsrechtes.

1. Natürliches Recht

Robinson brauchte kein Recht. Recht entsteht wie Sprache, wenn Menschen miteinander in Verbindung treten. In dem Maße, wie wir die Insel des Robinson weiter bevölkern, ergeben sich immer mehr Berührungs- und damit potentielle Streitpunkte zwischen den Inselbewohnern. Weltweit gilt heute, dass jeder Mensch Inhaber von Menschenrechten ist. Diese Rechte lassen sich auf den einen Satz zusammenziehen: *Jeder Mensch kann tun und lassen, was er will.* Aber nicht nur der Mensch A ist frei, auch der Mensch B. Wenn A und B dieselben Freiheiten in Anspruch nehmen, können diese kollidieren. Wenn beide sich nicht einigen können, dann benötigen sie Regeln, welche angeben, wer zu Lasten des anderen durchdringt. Diese Regeln sind das Recht.

Es gibt verschiedene Rechtsordnungen, wie es verschiedene Sprachen gibt. Sprachen wie die Rechte der verschiedenen Völker und Zeiten sind nicht gleich, aber man kann von einem System in das andere übersetzen. Es gibt ein weltweites Grundverständnis für das, was Recht ist. Nur die Formen, die jeweiligen Gesetze, gleichsam die Kleider, in welchen diese Rechtsgrundsätze erscheinen, sind verschieden. Diese Sätze werden Naturrecht genannt. Als Quelle des Naturrechts wurde seit dem Mittelalter Gott angesehen.[1] Der Leser wird mehrfach auf den Ausdruck Weltrechtssatz stoßen. Damit ist ein solcher Rechtssatz gemeint. [2]

Es scheint über den Zweck dieses Buches als einer leichten Einführung in das BGB hinauszugehen, wenn hier immer wieder Rechtsvorschriften auch aus anderen Rechtsordnungen genannt werden.[3] Diesem Charakter wider-

[1] Seit der Aufklärung wurde das natürliche Recht, die vernunftgemäße Ordnung der Welt, geradezu mit Gott gleichgesetzt. Hugo de Groot (Grotius) schreibt: *Est autem ius naturale adeo immutabile ut ne a Deo quidem mutari queat. – das Naturrecht ist so unwandelbar, dass es nicht einmal von Gott geändert werden kann.* De iure belli et pacis , 1. Kap. X.

[2] z.B.: § 1 ist ein solcher Weltrechtssatz. Überall auf der Erde hat der Mensch Rechtsfähigkeit, auch wenn es nicht überall einen Paragraphen gibt, der dieses so deutlich sagt wie § 1 BGB.

[3] Ein Schwergewicht wird hier auf dem französischen Code Civil liegen. Frankreich ist heute wie immer in der gemeinsamen Geschichte seit Karl dem Großen der europäische Staat, mit welchem Deutschland in den meisten Bereichen gut verglichen werden kann. Auch das niederländische Bürgerliche Gesetzbuch wird zitiert werden, weil dieses das derzeit modernste Recht in Europa und für Deutsche ohne größere Mühe lesbar ist.

spricht es scheinbar auch, wenn sich mehrfach Sätze des römischen Rechtes zitiert finden. Es soll damit der Blick dafür geöffnet werden, dass das Recht mehr ist als die mehr oder weniger intelligente[4] Schöpfung eines mehr oder weniger demokratisch legitimierten Gesetzgebers in Deutschland oder anderswo. [5] Das römische Recht zeigt uns, dass die Kernbegriffe des Rechts und seine Strukturen, gleichsam seine Grammatik, über die Jahrtausende gleichartig sind. Der Hinweis auf Rechtsvorschriften anderer Staaten zeigt, dass diese Gleichartigkeit durch die Kulturen geht. Das Verständnis des BGB wird erleichtert, wenn man erkennt, dass die Grammatik des Rechts eigentlich überall dieselbe ist.

Manche Juristen bezweifeln, ob man heute noch das Naturrecht bemühen muss. Recht und Gesetz sind in den meisten Ländern heute so ausdifferenziert, dass letztlich alle Fragen irgendwie aus dem Gesetz beantwortet werden können. Das der Menschheit gemeinsame Naturrecht ist aber gleichsam der Bauplan der nationalen Rechtsordnungen, auch des BGB. Wie bei der Reparatur eines technischen Gerätes, so wird auch im Recht der Bauplan nur bei grundsätzlichen Fragen herangezogen. Der Inhalt des Naturrechts muss dann, letztlich aus einem dem Menschen innewohnenden Gefühl, für das was gut und richtig ist, im Einzelfall festgestellt werden, es ist nirgendwo aufgeschrieben.

> 2. Beispiel: *Auf einer Wanderung im Himalaya stirbt plötzlich ein Mitglied der Wandergruppe. Die Gruppe beschließt mit Mehrheit, dass jeder den Toten ein Stück tragen muss, bis zum nächsten Ort. Mitwanderer W will sich dem Beschluss nicht beugen. Haben die anderen gegen ihn einen Anspruch darauf, dass auch er mitmacht?*[6]

Man kann den Fall irgendwie über §§ 705ff (BGB – Gesellschaft) lösen, aber man fühlt, dass hier eine andere Form von Recht zur Anwendung kommen muss. Die BGB – Gesellschaft eignet sich dazu, Ansprüche zwi-

---

[4] Die jüngeren Leistungen des Deutschen Bundestages auf dem Gebiete des Zivilrechtes verdienen das Prädikat *intelligent* sicherlich nicht.

[5] Der frz. Code Civil, eines der einflussreichsten Gesetzgebungswerke der Rechtsgeschichte, war demokratisch nicht legitimiert. Der durch Staatsstreich zum Kaiser gewordene Napoleon hat das Werk in Auftrag gegeben und persönlich stark beeinflusst. Daher auch die alte Bezeichnung *Code Napoleon.*

[6] Nach einem Erlebnis der Schwester des Verfassers auf einer Wanderung im Himalaya.

schen den Mitgliedern einer Tippgemeinschaft zu lösen, aber die hier gestellte Frage reicht wohl tiefer. Die Pflicht, einen Toten nicht unversorgt liegen zu lassen, ist älter als die ältesten Gesetze. W wird sich wohl beugen müssen.

> 3. Beispiel: *Die Tochter des Verstorbenen stellte regelmäßig Blumen auf das Grab ihres Vaters, welche von der Mutter und Witwe umgehend entfernt wurden. Tochter klagt gegen ihre Mutter auf Feststellung, dass auch sie, nicht nur die Mutter und Witwe, zur Grabpflege befugt sei, und auf dem Grab des Vaters Blumen aufstellen dürfe. Hat sie einen Anspruch?*[7]

In dem Trauerspiel *Antigone* behandelt der altgriechische Dichters *Sophokles* diese Frage und gibt darauf dieselbe Antwort wie das Amtsgericht Grevenbroich. Zugleich finden wir darin einen Hinweis darauf, dass es bestimmte Rechte gibt, die Zeiten und Kulturen überdauern, die also in Athen um 450 vor und am Niederrhein 2000 nach Christus gleichermaßen gelten.

Zu Beginn des großen Gesetzgebungswerkes unter dem spätrömischen Kaiser *Justinian* (um 525 n. Chr.) finden sich die Worte:

> *Das Recht fordert: Lebe ehrenhaft; schade niemandem; gib jedem das Seine.*[8]

Diese Rechtsgrundsätze sind viel zu allgemein, als dass sie unmittelbar angewendet werden können. Der Weltrechtssatz *alterum non laedere – schade niemandem* führt im deutschen Recht zu der Schadensersatzregelung §§ 823 ff BGB; dieser Regelung entspricht im französischen Recht art 1382 Code Civil.[9] Die Schadensersatzansprüche, welche sich hieraus ergeben, sind durch die deutsche bzw. französische Rechtsprechung in Tausenden von Urteilen zu immer spezielleren Rechtssätzen verfeinert worden. Es haben sich daraus Spezialdisziplinen ergeben, z.B. das Arzthaftungsrecht oder – in Spezialgesetze ausgegliedert – das Verkehrsschadensrecht, die

---

[7] AG Grevenbroich NJW 98, 2063: Klägerin hat ein *gewohnheitsrechtlich anerkanntes Recht der Totenfürsorge und darf daher Blumen auf das Grab stellen.*

[8] *Iuris praecepta enim hae sunt : honeste vivere, alterum non laedere, suum cuique tribuere*, Institutionen I 1, 3

[9] art 1382 cc: *Eine Handlung, welche einem anderen schadet, verpflichtet zum Schadensersatz.*

Haftung für gefährliche Anlagen etwa des Betreibers einer Eisenbahn, eines Atomkraftwerkes usw.

Rechtssätze sind in gewissem Sinne niemals fertig. Neue Fragestellungen führen zu immer neuen Anwendungsformen des alten römisch - rechtlichen, besser weltrechtlichen, Grundsatzes, niemandem Schaden zuzufügen. Neueste Fragen auf diesem Gebiete ergeben sich etwa bei dem Problem, unter welchen Voraussetzungen die Benutzung einer Internetanschrift das Recht eines anderen verletzen und zum Schadensersatz führen kann. [10]

Die Aufgabe des Juristen besteht darin, diesen nie endenden Prozess der Neuausbildung aber auch des Absterbens von rechtlichen Regeln zu begleiten, diese Regeln zu kennen, auf konkrete Einzelfälle anzuwenden und neue zu formulieren.

2. Recht und Regeln

a. Rechtsansprüche

Aus dem naturrechtlichen Freiheitssatz kann der folgende Weltrechtssatz abgeleitet werden: *Niemand ist verpflichtet, etwas zu tun oder zu unterlassen, es sei denn er werde durch einen Rechtssatz dazu verpflichtet.* Aus diesem Grundsatz leitet sich die gesamte Rechtswissenschaft ab, und damit jeder denkbare Rechtssatz.

> 4. Beispiel: *A steht an einem malerischen Seeufer und beschließt, hier ein Haus zu bauen.*

A ist frei und darf das, grundsätzlich, soweit er nämlich Rechte anderer nicht beeinträchtigt. Wenn das Grundstück dem E gehört, kann er dem A verbieten, das Grundstück überhaupt zu betreten, geschweige denn zu bebauen, § 903. Vielleicht erlaubt E dem A aber zu bauen, indem er ihm

---

[10] Vgl. BGH v. 22.11.01 NJW 02, 3442. Die deutsche Shell GmbH hatte 1996 die Internet-Adresse Shell.de für sich registrieren lassen. Die deutsche Shell erhob Klage gegen einen Andreas Shell auf Unterlassung der Verwendung des Internetnamens Shell.de. Der Bundesgerichtshof gab dieser Klage statt. Die Verwendung der Internet-Adresse Shell.de sei eine Verletzung des älteren Namensrechtes der Shell GmbH.

ein Erbbaurecht einräumt. [11] Aber auch E kann sein Eigentumsrecht nur insoweit ausüben, als Rechte anderer nicht entgegenstehen. Die Allgemeinheit hat kraft Gesetzes das Recht, gewisse Landschaften von Bebauung freizuhalten. Das mag in Australien oder Brasilien anders sein, aber in Deutschland gilt das Bundesbaugesetz, aufgrund dessen die Gemeinden/Städte in Flächennutzungsplänen festlegen, wo gebaut werden darf und wie. E bzw. A bedürfen also einer Baugenehmigung der Bauaufsichtsbehörde. Das ist eine Beeinträchtigung des Eigentumsrechtes des E; ob er diese dulden muss, ergibt sich aus der Verfassung, Art. 14 GG.

> 5. Beispiel *A möchte gegen die Steuerpolitik protestieren und begibt sich nackt in das Bundesfinanzministerium, um den Minister zu sprechen.*

A ist frei, nackt herumzulaufen, soviel und wo er will. Grundsätzlich. Aber auch der Minister ist frei und entscheidet, mit wem und unter Wahrung welcher Formen er sprechen möchte. Zusätzlich ist es eine Frage, ob auch die Öffentlichkeit, vertreten durch die zuständige Behörde, Staatsanwalt, ein Recht darauf hat, dass Zeitgenossen sich bei der Betätigung ihrer Freiheit an gewisse Grenzen halten. Exhibitionismus wird gemäß § 183 StGB bestraft, also darf A doch nicht in dieser Form protestieren.

> 6. Beispiel: *A, der schon mit der E verheiratet ist, möchte auch die D heiraten.*

A und D sind frei, grundsätzlich dürfen sie heiraten, sooft und wen sie wollen. Aber die Allgemeinheit (hier vertreten durch den Staatsanwalt und das Standesamt) hat ein Interesse an der Institution von Ehe und Familie. In Europa meint immer noch die Mehrheit, dass eine Dreierehe keine Ehe sei, sie ist daher als Bigamie verboten, § 172 StGB, also dürfen A und D doch nicht heiraten, jedenfalls nicht in Deutschland.

> 7. Beispiel: *A will nachts im Freien ein lautes Fest feiern; sein Nachbar B will schlafen.*

A hat die Freiheit, Feste zu feiern, wo und so laut er will. Grundsätzlich. B hat die Freiheit zu schlafen, so früh und wo er will. Beides gleichzeitig geht nicht. Das Recht muss die Freiheiten von A und B beschränken. Vielleicht

---

[11] Vgl. Palandt § 1 ff ErbbaurechtsVO

erhält A den Vorrang; es kann ja sein, dass A in Köln wohnt und gerade Rosenmontag ist – da geht's halt rund; vielleicht erhält allein B den Vorrang, weil gerade Karfreitag ist, und nach dem Landespolizeigesetz laute Lustbarkeiten verboten sind. Wahrscheinlicher ist: jedem wird ein Teil seiner Freiheit beschnitten, indem B bis Mitternacht auf seinen Schlaf verzichten muss, und A ab Mitternacht auf seine Freiheit, draußen Musik zu machen.

Diese und beliebig fortzuführende Beispiele zeigen: Wer als Bürger oder Staat bzw. staatliche Stelle die Freiheit eines anderen beschränken will, darf das nur aufgrund einer bestimmten Rechtsgrundlage. Nicht der Gebrauch der Freiheit bedarf also einer Rechtsgrundlage, sondern ihre wie immer geartete Beschränkung. Wer nicht beweisen kann, dass es eine solche Rechtsgrundlage für sein Verlangen gibt, muss den anderen gewähren lassen.[12] Rechtswissenschaft ist die Wissenschaft von der Verteilung konkurrierender Freiheitsräume. Damit ergibt sich als Definition:

> *Das Recht ist die Wissenschaft davon, unter welchen Voraussetzungen jemand in dem Gebrauch seiner Freiheit beschränkt werden darf.*

b. Sitte und Recht

Es gibt Regeln, an die man sich hält oder halten sollte, die aber kein Recht sind. Dazu zählen die Gebote der Moral und des Sittengesetzes. Diese wurden früher unmittelbar auf Gott zurückgeführt. Außerhalb der Religion treten soziologische Begründungen in den Vordergrund. Danach entstehen Regeln aus der kollektiven Erkenntnis einer Gruppe, eines Stammes oder Volkes, dass es so einfach besser geht als anders. Das Gebot, die Eltern und die Älteren zu ehren und ihnen das Leben zu erleichtern, mag man religiös aus dem 4. Gebot[13] herleiten. Es kann aber auch gesagt werden, dass es einfach besser ist, Eltern und Ältere gut zu behandeln, als sie verkommen zu lassen. Denn man wird einmal selbst dazu gehören. Konkret fassbar sind solche Regeln nicht. Als Recht werden nur solche Regeln angesprochen,

---

[12] Es ist ein prozessrechtlicher Weltrechtssatz, dass die Beweislast für das Vorhandensein einer Tatsache oder Rechtsvorschrift bei dem liegt, der sich darauf beruft, vgl. art 1315 cc: *Wer die Erfüllung einer Pflicht verlangt, muss beweisen, dass diese besteht.*

[13] Nach Luther: *Du sollst Vater und Mutter ehren, auf dass es dir wohl gehe und du lange lebest auf Erden.*

welche für die Gemeinschaft so wichtig sind, dass es der Staat durch seine Gerichte auf sich nimmt, ihnen ggfs mit Gewalt, nämlich durch Zwangsvollstreckung, Geltung zu verschaffen. Dafür müssen sie aber so konkret fassbar sein, dass ggfs ein Gericht im Urteil eindeutige Befehle geben kann, was getan werden soll. Der Befehl, seine Eltern zu ehren, ist nicht vollstreckbar, der Befehl, ihnen monatlich 500 Euro Unterhalt zu zahlen, schon.

Die Abgrenzung von letztlich unverbindlichen moralischen gegenüber verbindlichen rechtlichen Pflichten ist schwer. Beide gehen in einander über. Der Schundnickel, der überall seinen kleinlichen Vorteil sucht, verletzt an sich keine Rechtspflicht, aber im Rahmen eines Schuldverhältnisses kommt doch in Betracht, dass er nach Treu und Glauben, § 242, im Einzelfall zur Großzügigkeit verpflichtet ist, wenn der sonst zu erwartende Nachteil für den Vertragspartner zu groß ist.

Einige Beispiele, die nicht ausgedacht sind, sondern dem Erfahrungsbereich des Verfassers entstammen:

> 8. Beispiel: *Der 88jährige A, welcher sein Leben lang Kirchensteuer gezahlt hat, lebt nach dem Tode seiner Frau und aller Freunde völlig vereinsamt in seiner Wohnung. Sein einziger Sohn kümmert sich nicht um ihn. Hat A einen Anspruch gegen S auf Zuwendung? oder gegen die Kirche auf Seelsorge?*

Der Sohn ist zwar nach dem Gesetz verpflichtet, seinem Vater notfalls Unterhalt zu zahlen, § 1601. Das kann A notfalls einklagen, menschliche Zuwendung nicht. Erst wenn A ein Pflegefall wird, entsteht aus einer, gesetzlich nicht geregelten Garantenpflicht, auch eine Rechtspflicht des S, seinen Vater nicht einfach sich selbst zu überlassen. Ist die Kirche zu etwas verpflichtet? Rechtlich nicht.[14]

> 9. Beispiel: *A erzählt seinen Freunden, ihm sei von einer Universität in Indien der Professorentitel verliehen worden. Tatsächlich hat er dort nur einen Vortrag gehalten und man hat ihn höflichkeitshalber mit „Herr Professor" angeredet.*

---

[14] Und dann wundern sich die Kirchen über Kirchenaustritte! Das Kirchenrecht, jedenfalls der evangelischen Landeskirchen, gibt einen solchen Anspruch nicht. Kirchenrecht ist das Recht der inneren Organisation der Kirchen und enthält keine glaubensstärkenden Sätze.

Ob diese Aufschneiderei Folgen hat, müssen seine Freunde dadurch entscheiden, ob sie den Kontakt mit A fortsetzen. Einen Rechtssatz hat A nicht verletzt. Wenn A jedoch beginnt, unter Berufung auf diesen Titel andere Tagegelder abzurechnen, verletzt er das für Beamte geltende Reisekostenrecht.

> 10. Beispiel: *Die überversorgten und daher reiselustigen Rentner A und B sehen, wie schwer es ihrer Tochter T fällt, Betreuung für ihre kleinen Kinder zu finden. T war seit Jahren nicht mehr von zu Hause fort. A und B beschränken sich darauf, der T hübsche Postkarten aus schönen Orten zu schreiben. Hat T einen Anspruch gegen Ihre Eltern, dass diese auch einmal auf ihr Enkelkind aufpassen?*

A und B verhalten sich unmoralisch[15], aber sie sind rechtlich nicht verpflichtet, der T beim täglichen Lebensvollzug zu helfen. Erst wenn ihre Tochter nicht mehr arbeiten kann, kommt in Betracht, dass sie ihr und ihren Enkeln Unterhalt zahlen müssen, § 1601.

c. Gepflogenheiten

Im praktischen Leben gibt es, nach Lebensbereichen unterschieden, gewisse Gepflogenheiten, an die man sich üblicherweise hält, um nicht „dumm aufzufallen". Hierzu gehören etwa die Tischsitten, die es in Deutschland verbieten, mit den Händen in den Gulaschtopf zu greifen, was in Indien unter Umständen zulässig ist oder die Übung, nicht mit nacktem Oberkörper zum Gottesdienst zu gehen. Diese Regeln sind je nach Umfeld verschieden. Sie sind keine Rechtsregeln. Ihre Einhaltung ist auch sittlich neutral. In anderen Ländern gelten vielleicht andere Sitten, ohne dass wir darüber ein Unwerturteil fällen. Diese Regeln haben fast immer einen unmittelbaren praktischen Sinn und gelten daher nur, soweit dieser im Einzelfall reicht. So gilt es etwa als unfein, Kartoffeln mit dem Messer zu zerschneiden. Grund: Nur die gebrochene Kartoffel nimmt die Soße auf. Wenn es aber keine vernünftige Soße gibt, mag man die Kartoffeln getrost zerschneiden. Auch Linkshänder sollten das Messer rechts und die Gabel links halten. Grund: Der Nachbar ist im Zweifel Rechtshänder und wird gestört usw.

---

[15] Wie anscheinend die Mehrzahl der Rentner.

Gepflogenheiten sind rechtlich an sich unerheblich. Sie können aber eine rechtliche Bedeutung bekommen, wenn es auf das Urteil *aller billig und gerecht Denkenden*, so die Formel der Rechtsprechung zum Urteil über die Sittenwidrigkeit, § 138, ankommt, darauf, wie unter den konkreten Umständen eine Willenserklärung oder ein Vertrag gemeint war, §§ 133, 157, oder was als nicht geschriebene Nebenpflicht in einem Schuldverhältnis geschuldet wird.

> 11. Beispiel: *F, Friseuse bei Arbeitgeber A, läuft ständig leicht geschürzt mit Wuselhaaren herum; P Prokurist im Kundenverkehr bei der A - Bank, liebt es, in einem T – Shirt mit der Aufschrift SEX herumzulaufen. B, Nachbar von F und P in einer gehobenen Wohngegend, selbst stets korrekt, verlangt von F und P, das zu unterlassen. Arbeitgeber A verlangt das auch. Zu Recht?*

Es ist geschmacklos, sich so zu kleiden wie F und P es tun. Aber B hat als Nachbar keinen Rechtsanspruch auf Unterlassung. Im Rahmen des Arbeitsverhältnisses gehört es aber zu den ungeschriebenen Nebenpflichten, § 242, sich so zu kleiden, wie es der Kundenverkehr erfordert. A kann also von F und P Unterlassung verlangen.

3. Anspruchsgrundlage

Die Regeln des Lebens heißen Recht, wenn sie für so wichtig gelten, dass der Staat sie notfalls mit Gewalt aufgrund eines in einem Gerichtsverfahren ergangenen Urteils durchsetzt. Der praktische Zweck des Rechts kann als die Aufgabe beschrieben werden,

- Ansprüche eines Gläubigers gegen einen Schuldner, oder
- Pflichten eines Schuldners gegenüber einem Gläubiger

zu bejahen und ihre, notfalls gewaltsame, Durchsetzung zu veranlassen, bzw. umgekehrt: unberechtigte Ansprüche abzuwehren und dem zu Unrecht in Anspruch Genommenen bei der Verteidigung seiner Freiheit, notfalls mit Gewalt zu helfen. Daraus ergibt sich der rechtliche **Hauptsatz:**

> *I. Das Recht, ein Tun oder Unterlassen von einem anderen zu verlangen, entsteht nur aus einer Anspruchsgrundlage.*

> *II. Eine Anspruchsgrundlage entsteht nur durch*

a. Vertrag bzw. Rechtsgeschäft oder
b. Gesetz; dem Gesetz steht ungeschriebenes Gewohnheitsrecht gleich.

Die Aufgabe des Juristen besteht also darin, Anspruchsgrundlagen aufzufinden, ihre Voraussetzungen zu prüfen und sie dann entweder zu bejahen oder zu verneinen. Mehr hat ein Jurist nicht zu tun.

II. Rechtsgebiete[16]

1. Privatrecht

Das Privatrecht gilt seit jeher als der Kern der Rechtswissenschaft. Hier werden die grundsätzlichen Strukturen des juristischen Denkens deutlich, und von hier aus erschließen sich die anderen Gebiete des Rechtes. Auf der Grundlage der im Privatrecht gelernten Strukturen ist es möglich, die Gedankengänge des Strafrechts oder des öffentlichen Rechts nachzuvollziehen.

Der Kern des Privatrechts stellt sich im *Bürgerlichen Gesetzbuch* dar. Genau genommen sind es im BGB nur etwa die ersten tausend Paragraphen, welche für das Studium der Rechtswissenschaft unverzichtbar sind. Das Privatrecht kann man definieren:

> *Privatrecht ist das Recht, welches die gleichberechtigten Teilnehmer am Rechtsverkehr durch Rechtsgeschäfte (Verträge) selbst gestalten können.*

Die Betonung der Definition liegt auf *selbst gestalten.* Soweit der Staat zwingende Gesetze erlässt, kann man von öffentlichem Recht sprechen. So schreibt § 311 b vor, dass ein Vertrag über einen Grundstückskauf nur gültig ist, wenn er notariell beurkundet ist. Davon können die Parteien nicht durch Vertrag abweichen. Diese Vorschrift ist insofern Teil des Privatrechts, als sie sich auf die Rechtsbeziehungen zwischen Privaten besonders auswirkt. Insofern es sich aber um einen vom Staat gegebenen Befehl an die Bürger handelt, für solche Verträge die Hilfe eines Notars in Anspruch zu nehmen, ist § 311 b eine Vorschrift des öffentlichen Rechts. Dasselbe gilt etwa für §§ 134, 138 u.a.

---

[16] Es ist auch heute sinnvoll, die traditionelle Unterscheidung des Rechts in die drei Hauptrechtsgebiete, vgl. Anhang, aufrechtzuerhalten. Dieses insbesondere unter dem Gesichtspunkt, dass auch der Unterricht und die Prüfungen für die juristische Ausbildung sich an dieser Unterscheidung ausrichten.

2. Untergruppen des Privatrechts

Das Privatrecht zerfällt in Untergruppen, vgl. Anhang. Durch die schnelle Entwicklung der letzten Jahrzehnte gruppieren diese sich ständig neu und werden durch neue Rechtsgebiete erweitert. So war der heute fast unübersehbar große Bereich des *Umweltrechts* um 1970 noch kaum als eigener Rechtsbereich bekannt. Auch das *Bankrecht,* heute einer der wichtigsten Bereiche des Wirtschaftsrechtes, war vor 30 Jahren als solches unbekannt. In den letzten Jahrzehnten hat sich das *Verbraucherrecht* in den Vordergrund geschoben, aus diesem wieder hat sich das *Reisevertragsrecht* entwickelt usw.

Besonders zu betonen ist das Handels- und Gesellschaftsrecht, vgl. *Handelsgesetzbuch,* HGB. Für Kapitalgesellschaften (GmbH und Aktiengesellschaft) werden in Spezialgesetzen, GmbH – Gesetz und Aktiengesetz, eigene Regelungen getroffen. Das Gesellschaftsrecht wird ergänzt durch das nur zum Teil gesetzlich geregelte *Konzernrecht*, das Recht der *Mitbestimmung* gemäß MitbestimmungsG.

Wichtig ist das Recht der Buchführung und Bilanzierung, welches zunehmend aus der Kompetenz des deutschen Gesetzgebers zu gleiten scheint, weil internationale, d.h. meist US – amerikanische, Rechnungslegungsvorschriften, die Regeln beherrschen.[17] Ein weiterer Bereich des Handelsrechts ist das *Recht der Wertpapiere*. Zu diesem ist heute nicht nur das Scheck- und Wechselrecht[18] zu zählen, sondern immer mehr das Recht der handelbaren Wertpapiere, wie Aktien und Wertrechte. Dieses führt weiter zu dem großen Bereich des *Bank- und Börsenrechtes*, welches bestimmt wird von Gedanken des Anleger- /Verbraucherschutzes einerseits und den Erfordernissen einer Weltwirtschaft andererseits

Es ist üblich, auch das *Recht des gewerblichen Rechtsschutzes* zum Privatrecht oder Handelsrecht zu zählen. Von der Struktur her handelt es sich aber um öffentlich – rechtliche Vorschriften, denn die Parteien können diese Regel zumeist nicht durch Vertrag abändern. Dazu gehören das Urhe-

[17] US – GAP = general accounting procedures; oder IAS: international accounting standards.

[18] Dieses war historisch Auslöser der internationalen Rechtsvereinheitlichung; Genfer Wechselrechtskonferenz von 1930. Angesichts neuer Formen im Bankverkehr geht die Bedeutung des Wechsels und des Schecks zurück.

ber-, Marken – und Patentrecht. Mit dem *Gesetz gegen Wettbewerbsbeschränkungen,* GWB, dem sogenannten *Kartellgesetz*, wird der marktwirtschaftliche Wettbewerb als Institution geschützt, indem Preisabsprachen verboten werden, der Missbrauch einer marktbeherrschenden Stellung überwacht wird und der Zusammenschluss marktbeherrschender Unternehmen einer Kontrolle durch das Kartellamt unterworfen wird.

Auch das *Zivilprozessrecht* gilt, obwohl es zumeist aus zwingenden Normen besteht, als Teil des Privatrechtes, weil es die Regeln angibt, nach denen privatrechtliche Ansprüche vor einem staatlichen Gericht durchgesetzt werden können. Es gilt aber wiederum: Insofern sich die Parteien an zwingende gesetzliche Vorschriften halten müssen, kann von öffentlichem Recht gesprochen werden. In diesem Sinne ist also auch die Zivilprozessordnung (ZPO) ein Teil des öffentlichen Rechtes wie auch die zwingenden Vorschriften etwa des GmbH - Gesetzes, des UWG und GWB eigentlich Teile des öffentlichen Rechtes sind.

Die Abgrenzung zwischen privatem und öffentlichem Recht ist daher nicht immer ganz eindeutig, sie ist aber in dem hier genannten Bereich auch nur ausnahmsweise von praktischer Bedeutung.

3. Öffentliches Recht

Das öffentliche Recht ist dadurch gekennzeichnet, dass der Staat oder seine Organisationen oder Behörden dem Bürger als Befehlsgeber gegenüber treten, auch wenn dieses heute nicht mehr so heißt. Entscheidendes Merkmal ist, dass der Staat hoheitlich handelt, also einseitig Anweisungen an den Bürger gibt, woraus sich Rechte und Pflichten der Beteiligten ergeben können, während im privaten Recht die Bürger nur durch Verträge/ Rechtsgeschäfte Rechte erwerben und einräumen können. Hoheitliches Handeln geschieht etwa, wenn ein Bürger eine Fahrerlaubnis erhält, wenn sein Antrag auf Betrieb einer Abfallentsorgungsanlage, § 7 AbfallG, bearbeitet wird, wenn er bauen will, wenn er eine Ausnahmegenehmigung beantragt usw.

Zum öffentlichen Recht gehört auch der Bereich, in welchem der Staat und seine Organisationen mit sich selbst im Rechtsstreit liegen. Hier sind etwa zu nennen das *Kommunalrecht*, in welchem die Regeln für das Zusammenwirken der Städte, Gemeinden und auch des Staates selbst aufgeführt sind. Ein weiterer wichtiger Teil des öffentlichen Rechtes ist das *Staats-*

und Verfassungsrecht, also die Auslegung des Grundgesetzes und das Recht der Organisation des Staates selbst.

Über dem Staatsrecht siedeln Juristen das *Völkerrecht* an. Dieses wiederum zerfällt in verschiedene Bereiche, etwa das Kriegsvölkerrecht, das Recht der internationalen Organisationen oder – was für Deutschland als Mitglied der Europäischen Union besonders wichtig – das *Recht der Europäischen Union*.

Ein praktisch ganz besonders wichtiger Bereich des öffentlichen Rechtes ist das *Steuerrecht*, das seinerseits in eine Vielzahl von Spezialgebieten zerfällt.

Hinsichtlich der Anzahl der Gesetze und Normen ist das öffentliche Recht der bei weitem umfangreichste Rechtsbereich. Gut 80% aller überhaupt existierenden Vorschriften dürften dem öffentlichen Recht zuzurechen sein.

4. Strafrecht

Das Strafrecht ist seiner Struktur nach ebenfalls Teil des öffentlichen Rechtes. Auch hier tritt der Staat dem Bürger einseitig und befehlend gegenüber, indem er Strafnormen formuliert, deren Verletzung eine Strafe nach sich zieht.

> Beispiel Diebstahl, §242 Strafgesetzbuch (StGB):
>
> *Wer eine fremde bewegliche Sache einem anderen in der Absicht wegnimmt, die Sache sich oder einem Dritten rechtswidrig zuzueignen, wird mit Freiheitsstrafe bis zu fünf Jahren oder mit Geldstrafe bestraft.*

Das Strafrecht folgt aber in den wichtigsten Punkten eigenen Regeln, schon weil es regelmäßig auf ein vorsätzliches Handeln des Täters ankommt. Der verfassungsrechtliche Bestimmtheitsgrundsatz (Art. 103 II GG) ist ein weiterer wichtiger Punkt. Dieser macht zulasten des Angeklagten jedenfalls theoretisch unmöglich, was in anderen Rechtsbereichen selbstverständlich ist, nämlich Gesetze entsprechend (=analog) anzuwenden. [19]

---

[19] Hier liegt ein wesentliches Problem der Strafrechtswissenschaft. Die Abgrenzung von Auslegung von verbotener Analogie ist im Einzelfall sehr schwer. Z.B.:

Das Kernstrafrecht, wie es im Strafgesetzbuch steht, betrifft die häufigsten Strafvorschriften (Diebstahl, Betrug, Tötungsdelikte usw.). Daneben haben sich, ausgehend vom öffentlichen Recht, zahlreiche Vorschriften des sogenannten Nebenstrafrechts entwickelt, etwa des Umweltstrafrechts, sowie des Rechtes der *Ordnungwidrigkeiten.*

5. Materielles und formelles Recht

Der Jurist unterscheidet Rechtsbereiche nicht nur nach den genannten Gruppen. Jeder Rechtsbereich, also Privatrecht, öffentliches Recht und Strafrecht, zerfällt noch einmal in das materielle und in das formelle Recht. Die Unterscheidung zwischen materiellem und formellem Recht geht also gleichsam quer durch die genannten Rechtsbereiche.

Das materielle Recht ist das, worauf es wirklich ankommt! Wenn der Bürger von Recht spricht, meint er dieses. Aber es ist ein großer Fehler gerade des Anfängers, die Bedeutung des formellen Rechtes zu unterschätzen. Es zeigt sich vielfach, dass auch Unrechtsregime, wie etwa die ehedem kommunistischen Staaten ein fast einwandfreies materielles Recht hatten. [20] Die Verfassung der ehemaligen DDR gewährte scheinbar dieselben Freiheiten wie das Grundgesetz. Der Unterschied für das wirkliche Leben besteht oft nicht im materiellen Recht, sondern darin, ob und wie dieses angewendet wird. Das ist aber eine Frage des formellen Rechts. In einem Bild: das materielle Recht ist die fertige Mahlzeit, das formelle Recht das Kochbuch. Oder: das materielle Recht ist das Ziel, das formelle Recht gibt die Wegbeschreibung. Oder: das materielle Recht ist der Speicherinhalt, das formelle Recht aber das Programm, welches den Zugriff auf den Speicherinhalt ermöglicht.

Formelles Recht sind insbesondere die Verfahrensordnungen. Diese sagen dem Richter bzw. den staatlichen Organen, nach welchen Spielregeln die

---

Die Rechtsprechung sieht den Banküberfall mit Spielpistole als „bewaffneten" Überfall an, weil diese für den Bedrohten als Waffe erscheint. Wird damit das Wort „Waffe" zu Recht ausgelegt oder zu Unrecht analog ausgedehnt?

[20] Auch während der NS Diktatur war die freiheitliche allen rechtsstaatlichen Anforderungen entsprechende Weimarer Reichsverfassung niemals aufgehoben. Sie wurde nur nicht befolgt.

juristische Mahlzeit gekocht, das Ziel angesteuert, der Speicherinhalt abgerufen wird, wie also ein bestimmter materieller Anspruch auf seine Berechtigung geprüft wird und rechtskräftig festgestellt oder abgewiesen wird.

Die Zivilprozessordnung, ZPO [21] mit den Spielregeln für den bürgerlichen Rechtsstreit vor Gericht ist zugleich das Muster für die andere Gerichtsverfahrensordnungen (Verfassungsgerichts-, Verwaltungs-, Sozial-, Arbeitsgerichtsordnung).

Die Verwaltungsverfahrensordnungen des Bundes und der Länder geben die Spielregeln an, wie eine Behörde das Öffentliche Recht gegenüber dem Bürger durchsetzen darf. Hier ist gesagt, ob und wie eine Verwaltungsentscheidung begründet werden muss, innerhalb welcher Fristen Rechtsmittel möglich sind usw.

Von besonderer Bedeutung im Rechtsstaat ist die Strafprozessordnung, StPO, welche angibt, unter welchen Voraussetzungen gegen eine noch nicht verurteilte Person Ermittlungen oder vorläufige Maßnahmen durchgeführt werden können, und wie ggfs der Prozess abläuft.

[21] Die Unterscheidung zwischen materiellem und formellen Recht ist keine deutsche Spezialität. Wie der frz. Code Civil das Gegenstück zum deutschen BGB ist, so der frz. Code de Procédure Civil das Gegenstück zur ZPO.

III. Internationales Recht

1. Begriffe

Internationales Recht als solches gibt es nicht. Alle Rechtsbereiche können auch als internationales Recht in Erscheinung treten, und die Umstände entscheiden, ob es sich dabei um etwas besonderes handelt. Wer im Moped von Mönchen – Gladbach die 2 km nach Holland fährt, verwirklicht internationales Recht ebenso wie die Lufthansa, welche mit Russland Überflugrechte für die Sibirienroute nach Tokio verhandelt.

Man spricht vom Internationalen Privatrecht, Internationalen Strafrecht und Internationalen Öffentlichen Recht. Das gilt auch in der Spezialisierung. Es gibt deutsches Kartellrecht, aber – immer wichtiger – auch internationales Kartellrecht. Es gibt deutsches Enteignungsrecht – aber auch ein internationales Enteignungsrecht usw.

1. Beispiel: Internationales Privatrecht

Der Marokkaner M hat in seiner Heimat die Frauen A, B und C nach einander legal geheiratet. Mit diesen kommt er nach Deutschland. Mit wem ist M nach deutschem Recht verheiratet? Mit allen dreien, nur mit der ersten?

2. Beispiel: Internationales Strafrecht

A hat in einem Vortrag in Bagdad den Holocaust geleugnet.[22] *Dort hat sich niemand daran gestört. Hat A sich in Deutschland strafbar gemacht? Macht es einen Unterschied, ob A Deutscher, Iraker oder Holländer ist?*

3. Beispiel: Internationales öffentliches Recht

[22] Vgl. § 130 III StGB: Wer diese Vorschrift an dem verfassungsrechtlichen Bestimmtheitsgrundsatz misst, bekommt Zweifel an der Verfassungsmäßigkeit der Norm; noch größere Zweifel entstehen, wenn man den völlig unverständlichen und verwaschenen Wortlaut des § 266 StGB zu verstehen versucht. Politische Korrektheit und praktische Bedürfnisse fordern einen Preis.

Der Ausländer A ist mit einem gültigen Pass nach Deutschland eingereist und lebt hier ganz gesetzestreu. Sein Heimatland entzieht ihm den Pass, weil er in Deutschland etwas gesagt hat, was aus Sicht seines Heimatlandes politisch nicht korrekt ist. Muss/ darf Deutschland ihn deswegen ausweisen?

2. Internationales Privatrecht, IPR

Im Rahmen der weltweiten Handelsbeziehungen, in denen Deutschland steht, ist es erforderlich, stets auch an internationales und europäisches Recht zu denken. Für praktische Zwecke kann das internationale Recht eingeteilt werden in

- das *Internationale Privatrecht*
- das ausländische Recht (Rechtsvergleichung), insofern es über die Regeln des Internationalen Privatrechtes auch Teil des inländischen Rechts werden kann.

Das IPR ist deutsches Recht, Art. 3 ff EGBGB. Ein anderer Name ist *Kollisionsrecht.* Wenn ein Sachverhalt eine Beziehung zu einem ausländischen Staat aufweist, ist stets zu prüfen, ob und ggfs in welcher Weise ausländisches Recht auf ihn anzuwenden ist.[23] Die Regeln des IPR geben an, unter welchen Voraussetzungen das Recht, welches anderen Landes anzuwenden ist.

Beispiel: *Mann M und Frau F sind türkische Staatsangehörige und haben in der Türkei geheiratet. Seit 20 Jahren leben sie in Deutschland. M legt sich eine Freundin zu. F verlangt von M durch Klage vor dem LG Bochum Schmerzensgeld. Nach türkischem Recht stünde ihr das zu. Gilt das aber in Deutschland?*

Der Richter sieht den Auslandsbezug und prüft nun anhand des IPR, ob und ggfs welches ausländisches Recht zur Anwendung kommt. Nach Art. 14 EGBGB unterliegen die *allgemeinen Wirkungen der Ehe* dem Recht des

[23] § 293 ZPO. Der deutsche Richter muss ausländisches Recht nicht kennen, aber er muss es anwenden und ggfs Gutachten einholen; BGH NJW 98, 1396. Das ist im frz. Recht genauso, art. 3 Code Civil.

Staates, dem beide Gatten angehören. Türkisches Recht. Frage: Ist der genannte Schmerzensgeldanspruch eine Auswirkung der Ehe? Wenn ja: dann steht der F der Anspruch zu, weil das türkische Recht einen solchen Anspruch zubilligt. Zu prüfen, aber hier wohl zu verneinen, ist noch, ob Art. 6 EGBGB ausnahmsweise die Anwendung dieser fremden Rechtsvorschrift ausschließt.

Handelt es sich hier aber nicht vielmehr um einen Anspruch aus unerlaubter Handlung, §§ 823 ff?[24] Dann gilt gemäß Art. 40 EGBGB deutsches Recht, und F bekommt nichts, denn das deutsche Recht kennt einen solchen Anspruch nicht.[25]

In Fällen wie diesem, auch wenn die Parteien gemäß Art. 27 / 28 EGBGB ihren Vertrag einem ausländischen Recht unterstellen, ist im Wege der Rechtsvergleichung zu prüfen, welche Rechtsvorschriften es in den in Betracht kommenden ausländischen Rechtsordnungen gibt. Das sind insbesondere die unserer hauptsächlichen Handelspartner, also amerikanisches, englisches, französisches und vielleicht schweizerisches Recht.

3. Internationales Zivilprozessrecht

Im Rahmen des *Internationalen Zivilprozessrechtes* wird geprüft, wie ein Inländer vor einem ausländischen Gericht, oder wie ein Ausländer vor einem inländischen Gericht zu seinem Recht kommt.

Wichtig ist die Frage, unter welchen Voraussetzungen der Gläubiger eines von einem ausländischen Gericht rechtskräftig festgestellten Anspruchs einen Anspruch gegen den deutschen Staat hat, dass dieses ausländische Urteil in Deutschland anerkannt und vollstreckt wird (vgl. § 328 ZPO), und umgekehrt, unter welchen Voraussetzungen das Urteil eines deutschen Gerichts im Ausland vollstreckt werden kann. Von besonderer Bedeutung ist im Raume der EU das Europäische Gerichtsstands- und Vollstreckungsabkommen v. 27. 9. 68, welches Urteile aus EU - Staaten den inländischen (fast) gleichstellt.

---

[24] Aden MDR 78, 536

[25] Die Zuordnung von Sätzen des über IPR anwendbaren ausländischen Rechtes zu den deutsche n Begriffen des IPR heißt **Qualifikation.**

4. Völkerrecht

Gelegentlich wird Völkerrecht mit den genannten Rechtsgebieten verwechselt, auch weil dieses im Amerikanischen oft nur mit *International(Public) Law* bezeichnet wird.

Völkerrecht ist ein überstaatliches zum großen Teil ungeschriebenes Recht, welchem grds nur die Völkerrechtssubjekte, also Staaten und internationale Organisationen wie die Nato, UNO usw., unterworfen sind, nicht aber Private. Das Völkerrecht hat daher keine unmittelbaren Wirkungen für das Privatrecht.

IV. Bedeutung des Bürgerlichen Gesetzbuches (BGB)

1. Das BGB als deutsche Ausprägung des Weltrechts

Im BGB finden sich die wesentlichen theoretischen Grundsätze des Rechtes. Diese haben nicht nur für das bürgerliche Recht Bedeutung, sondern für alle Rechtsgebiete. Sie sind das Fundament insgesamt. Ohne Kenntnis dieser Grundsätze ist eine sinnvolle Beschäftigung mit dem Recht nicht denkbar. Was für die Medizin die Kenntnis der Anatomie, für die Theologie die Kenntnis der Bibel, für die Mathematik die Algebra usw., ist für den Juristen die Kenntnis des BGB.

Das BGB gilt seit dem 1. 1. 1900. Das BGB hat die rechtlichen Grundregeln nicht "erfunden". Die wesentlichen Rechtsgrundsätze, wie sie für das deutsche Recht im BGB formuliert sind, finden sich im Recht aller entwickelten Staaten.

Seit der Abschaffung der Sklaverei in den USA (erst 1865!) gilt auf der ganzen Welt der Grundsatz, dass ein Mensch rechtsfähig, also keine Sache, ist. Wann die Rechtsfähigkeit beginnt (mit der Vollendung der Geburt, wie bei uns, oder mit der Empfängnis oder zu einem anderen Zeitpunkt) kann unterschiedlich geregelt sein. Auf der ganzen Welt gibt es heute rechtsfähige juristische Personen. Diese heißen bei uns Verein e.V., GmbH, Aktiengesellschaft usw., in Frankreich vielleicht *societe anonyme* oder in Holland *besloten vernootschap* usw. Das Prinzip ist gleich. Überall gilt der Grundsatz, dass man Verträge halten muss, und dass man aufgrund eines Gerichtsurteils gezwungen werden kann, den Vertrag einzuhalten. Wie aber ein Vertrag zustande kommt, wann er unwirksam ist, welche Pflichten er im einzelnen begründet, das ist in den Ländern unterschiedlich geregelt.

Natürlich sind der Kaufvertrag (§§ 433 ff), der Mietvertrag (§§ 535 ff), die Grundsätze der ungerechtfertigten Bereicherung(§§ 812 ff) oder der Haftung für eine verschuldete Schadenszufügung (§§ 823 f) keine Erfindung des deutschen BGB. Die Grundsätze gelten überall, es bestehen aber von Land zu Land Unterschiede. Innerhalb Europas sind diese Unterschiede, trotz unterschiedlicher gesetzlicher Fassung in den jeweiligen dortigen "BGBs " (Frankreich: Code Civil; Italien: Codice Civile usw.) im allgemeinen gering.

Das Recht als eine praktische Wissenschaft muss aufgrund nationaler, bei uns also deutscher, Regeln und Grundsätze gelernt werden. In einer zusammenwachsenden Welt ist es aber unangebracht, das Recht nur als eine innerstaatliche Erscheinung anzusehen. Es ist daher nicht nur unpraktisch, sondern auch falsch, wenn gesagt wird: Recht sei national, also nur auf das jeweilige Land bezogen, während etwa Volkswirtschaftslehre, Mathematik, Medizin usw. "international " seien. Die rechtlichen Strukturen, die Grammatik des Rechtes sind weltweit gleich oder gleichartig. Der weltoffene Student wird daher bei jeder Rechtsfrage immer auch fragen: Wie lösen eigentlich die anderen diese Frage?

Alle Staaten auf dem europäischen Kontinent und fast alle entwickelten Staaten der Erde haben heute Gesetze, die unserem BGB entsprechen. In diesen Ländern hat das entsprechende Gesetz eine ähnliche Bedeutung für das dortige Recht wie das BGB für uns. Eine Ausnahme sind Großbritannien und die von ihm beeinflussten Länder einschließlich der USA. Auch diese Länder gehen aber mehr und mehr dazu über, die bei uns im BGB geregelten Grundsätze des bürgerlichen Rechtes in Gesetzen zusammenzufassen.

Weltweit von großem Einfluss war der französische Code Civil aus dem Beginn des 19. Jahrhunderts. Auf ihm fußen die auch ähnlich genannten "BGBs " in Belgien, Luxemburg, Italien, Spanien und Portugal nebst Lateinamerika. Auch die ehemaligen französischen Kolonien in Afrika folgen diesem französischen BGB in wesentlichen Grundzügen.

Das deutsche BGB hat Pate für das „BGB" in Japan und China, aber auch in Griechenland und der Türkei gestanden. Das BGB ist moderner und gedanklich um vieles klarer, systematischer, als sein französischer Konkurrent, es ist aber auch, jedenfalls zunächst, schwieriger. [26]

[26] Aus diesem Unterscheid in der Systematik folgt, dass das jeweils vom Gesetzgeber gebrauchte Wort im deutschen Recht, weil es ein Systembegriff ist, eine viel größere Bedeutung hat als im französischen (und übrigens auch im angelsächsischen) Recht. Der deutsche Jurist hat oft das Gefühl, dass frz. Gerichte mit dem Wortlaut ihrer Gesetze erheblich lockerer umgehen als umgekehrt wir.

2. Schwierigkeiten des BGB

Das BGB ist aber natürlich nicht nur die Ausprägung weltweiter Rechtsgrundsätze, sondern in erster Linie ein, in gewissem Sinne sogar typisch, deutsches Gesetzbuch.

Das BGB ist geprägt durch eine abstrakte Sprache und die Verwendung von in der Umgangssprache nicht oder nicht in dem Sinne verstandenen Begriffen.[27] Diese Begriffe müssen daher wie die Vokabeln einer anderen Sprache "gelernt" werden, damit das BGB, zunächst einmal sprachlich verstanden werden kann. Das deutsche Recht baut in vielen weiteren Gesetzen und in der Rechtsprechung auf den Begriffen des BGB auf. Die Kenntnis der betreffenden "Vokabeln" ist daher auch für die Rechtsanwendung außerhalb des BGB nötig.

Die Verwendung von fest definierten Begriffen erlaubt dem BGB, auf bereits Gesagtes oder später zu Sagendes zu verweisen, anstatt die Dinge zu wiederholen. Dafür sind aber auch viele Vorschriften für den nicht verständlich, der diese Begriffe und die Struktur des BGB nicht kennt. Ein Beispiel belegt das.

§ 991 BGB lautet: *Leitet der Besitzer das Recht zum Besitze von einem mittelbaren Besitzer ab, so finden die Vorschriften des § 990 in Ansehung der Nutzungen Anwendung, wenn die Voraussetzungen des § 990 auch bei dem mittelbaren Besitzer vorliegen oder diesem gegenüber die Rechtshängigkeit eingetreten ist.*

Diese Vorschrift setzt voraus, dass der Leser die folgenden Begriffe kennt:

- Besitz: § 854
- Mittelbarer Besitz: § 868
- Nutzungen: § 100

Zum Verständnis dieses § 991 muss man auch § 990 verstehen. Dafür ist wiederum Kenntnis folgender Vorschriften nötig:

- Guter Glauben: § 932 II
- Eigentümer: § 903

[27] ZB: Gegenstand, Besitz, Verfügung usw., vgl. Anhang.

Um § 990 zu verstehen muss man die §§ 987 und 989 im Griff haben Um wiederum § 989 zu verstehen, muss man wissen, was Rechtshängigkeit ist usw.

Auch wenn dieses Beispiel etwas dem Rahmen fällt, es ist nicht untypisch. Beispiele dieser Art schrecken ab und lassen Rechtswissenschaft als schwierig erscheinen. Der Student muss aber hier wie in anderen akademischen Fächern bedenken: In Wahrheit sind viele Dinge sehr einfach. Die meisten rechtlichen Zusammenhänge erschließen sich dem gesunden Menschenverstand sehr rasch. Denn was dieser kompliziert formulierte § 991 sagt, ist eigentlich ganz selbstverständlich: *Wer eine Sache in Besitz hat, darf den Vorteil, den er davon hat, nicht behalten, wenn er oder der, von dem er sie hat, weiß, dass sie einem anderen zusteht.*

3. Recht als Herrschaftswissen

Wissen wird oft in der Weise gehandhabt, wie man es aus dem betrieblichen Alltag kennt, wo der Chef oder ein Kollege manche Dinge für sich behält, weil diese Exklusivität des Wissens ihm einen Vorsprung gibt. Dann kommen auf entsprechende Fragen Sprüche wie: *Das kann man so schnell nicht erklären.* Was man *nicht so schnell erklären kann,* hat man aber meist selbst nicht begriffen. Auch Rechtswissen kann als Herrschaftswissen gebraucht werden. Rechtslehrer und Rechtspraktiker dürfen nicht den Eindruck vermitteln, sie handelten mit einer Art Geheimware.

Es ist daher das Anliegen der folgenden Erläuterungen zum BGB, immer wieder deutlich zu machen, dass alles eigentlich ganz einfach ist: zu Beginn und am Ende auch wieder. Zwischendurch freilich ist es manchmal etwas schwieriger.

2. Kapitel Aktive und passive Rechtsfähigkeit

I. Rechtsfähigkeit der natürlichen Person

Fälle

1. *Die reiche F, vom Leben enttäuscht, will ihr Vermögen*
   a. *ihrem Dackel*
   b. *den armen Leuten in Afrika hinterlassen.*
   Geht das?

2. *Millionär M und seine Frau erwarten ein Kind. Am 1. 4. 03 stirbt M. Am 1. 9. 03 kommt das Kind K zur Welt.*
   a. *K kommt lebend zur Welt, stirbt aber kurz darauf.*
   b. *K kommt tot zur Welt.*
   Wer ist gesetzlicher Erbe des M?

3. *Frau S nimmt während der Schwangerschaft ein Mittel des Herstellers M, welches zur Behinderung des noch nicht geborenen Kindes K führt. Nach der Geburt will K Schadensersatz und Schmerzensgeld von M. Zu Recht?*

4. *G hat nur ein Kind, den freilich ungeratenen und noch nicht verheirateten Sohn S. Sein Vermögen möchte er den künftigen Kindern des S hinterlassen. Geht das?*

5. *A, Sohn des Schauspielers Gustav Gründgens, klagt gegen den Romanautor K. Mann, weil dieser seinen verstorbenen Vater verunglimpft habe.* [28]*Geht das?*

6. *A findet vor einer Kirche ein Bündel, in welchem sich ein Säugling befindet. A ist der Meinung, die Welt leide ohnehin an Überbevölkerung und will das Bündel nebst Inhalt entsorgen. Seine Frau hingegen meint, sie könnten so ein Kind gut brauchen und möchte es behalten.*
   Geht das?

---

[28] nach einem berühmten BGH – Fall; hierzu: Henne NJW 03, 639

1. Die natürliche Person

Nur wer rechtsfähig ist, kann Rechte und Pflichten haben. Ein Tier ist trotz § 90a nicht rechtfähig. Rechtsfähig ist der Mensch (natürliche Person), und zwar unabhängig von Staatsangehörigkeit oder sonstigen Eigenschaften. Rechtsfähig ist auch eine Personenmehrheit, welche nach dem für sie zuständigen Recht die Rechtsfähigkeit (juristische Person) hat, vgl. II. Nicht rechtsfähig ist daher

- eine Sache bzw. Tier, §§ 90, 90a
- Guter Zweck, z.B. Hilfe für Flutopfer in Sachsen 2002
- Unbestimmte Gruppen von Menschen

Fall 1a: Der Dackel kann nicht erben. F kann allerdings eine rechtsfähige Person mit der Auflage zum Erben einsetzen, dem Dackel das Leben schön zu machen. Die *armen Menschen in Afrika* sind zwar je einzeln rechtsfähig, aber sie haben als Gruppe keine Rechtsfähigkeit und können als solche nicht erben. Fall 1 b geht also auch nicht. F sollte eine rechtsfähige Hilfsorganisation als Erbin einsetzen mit der Auflage, etwas für die Armen in Afrika zu tun. Dasselbe Ergebnis kann auch durch eine testamentarisch angeordnete Stiftung erreicht werden, § 83.

2. Der erzeugte aber noch nicht geborene Mensch

Der Mensch ist rechtsfähig mit der Vollendung der Geburt, § 1.[29] Wer noch nicht geboren ist, hat daher die Rechtsfähigkeit jedenfalls nicht im vollen Sinne. Ein erzeugter Mensch wird aber bereits als teilweise rechtsfähig angesehen, wenn es sich um erbrechtliche Ansprüche handelt. In Fall 2 a wird K, auch wenn es nur 10 Minuten lebt, Erbe nach M, § 1923 II. Wenn K stirbt, erbt seine Mutter F das gesamte Vermögen, aber nicht von M, sondern von K.[30] Kommt K tot zur Welt, wird M je zur Hälfte von seiner Frau und seinen Eltern bzw. Geschwistern beerbt.

---

[29] Art. 16 Code Civil spricht statt von Vollendung der Geburt von *commencement de sa vie – dem Beginn seines Lebens.* Beides bedarf der Auslegung, aber das frz. Recht scheint lebensfreundlicher zu sein als das BGB.

[30] Es handelt sich um zwei Erbfälle, sodass auch zweimal Erbschaftssteuern anfallen.

Im Fall 3 geht es nicht um Ansprüche der Mutter, sondern um Ansprüche des Kindes. § 823 BGB sagt: *Wer* (= hier M) *die Gesundheit eines anderen (= hier K) widerrechtlich verletzt, ist dem anderen zum Schadensersatz verpflichtet.* Das noch nicht geborene Kind ist mangels Rechtsfähigkeit im Augenblick der Schadenshandlung noch kein *anderer,* also hätte K, wenn es zur Welt kommt und rechtsfähig wird, keinen Anspruch gegen M. Diese nach dem Wortlaut des § 823 an sich zwingende Lösung wird durch eine analoge[31] Anwendung des § 1923 II umgangen. Wenn der Gesetzgeber das gezeugte Kind hinsichtlich des Erbrechts schon als geboren, also rechtsfähig, behandelt, so darf für Schadensersatzansprüche des Ungeborenen dasselbe gelten. [32]

Besonders schwierig ist die Frage, ob ein Kind, welches vorgeburtlich so geschädigt war, dass es eigentlich hätte abgetrieben werden sollen/dürfen, nachdem es nun doch zur Welt gekommen ist, einen Schadensersatzanspruch gegen den Medikamentenhersteller, seine Eltern oder andere Personen haben kann. Eine ähnliche Frage stellt sich, wenn ein Kind entgegen der Familienplanung seiner Eltern als unerwünschtes drittes, viertes usw. Kind zur Welt kommt. [33]

3. Das noch nicht erzeugte Kind

Vom noch nicht geborenen ist das noch nicht erzeugte Kind zu unterscheiden. Dieses genießt nicht einmal Teilrechtsfähigkeit, es kann auch nicht erben. Ein noch nicht erzeugtes Kind kann aber als Nacherbe eingesetzt, § 2101, und durch Vertrag zugunsten Dritter, § 331, begünstigt werden. In Fall 4 wäre das die Lösung für G. Dazu muss er ein entsprechendes Testament machen.

4. Nachwirkende Rechtsfähigkeit nach dem Tode

Der Mensch ist rechtsfähig nur, solange er lebt. Im Einzelfall kommt aber in Betracht, dass der Mensch auch nach seinen Tode eine Art von Rechtsfähigkeit genießt, indem sein Andenken gegen Verunglimpfung geschützt

[31] vgl. Anhang.
[32] Palandt § 1 RN 6: *Die Leibesfrucht wird als anderer gegen vorgeburtliche Schädigungen geschützt;* ebenso frz. Rspr. zu art 16 cc
[33] Deutsch NJW 03, 26 f: *Das behinderte Kind als Anspruchsberechtigter,* zugleich mit Hinweisen auf die Rechtslage in Frankreich und England.

wird.[34] Fall 5: Dem Sohn und Erben des Schauspielers wurde das Recht zugebilligt, die Menschenwürde des Verstorbenen, die sich in seinem Andenken fortsetzt, geltend zu machen. Das über den Tod hinaus wirkende allgemeine Persönlichkeitsrecht dient nicht nur ideellen, sondern auch daraus abgeleiteten wirtschaftlichen Interessen. Das Recht am eigenen Bild ist ein Teil des Persönlichkeitsrechts. Handelt es sich um das Bild einer verstorbenen berühmten Person, kann dieses Recht auf die Erben übergehen.[35]

5. Pflichtfähigkeit

Rechtsfähigkeit bedeutet zugleich Pflichtfähigkeit. Eines geht nicht ohne das andere. Da das neugeborene Kind Rechte haben kann, etwa weil es ein Mietshaus geerbt hat, hat es auch Pflichten, z.B. zur Zahlung der Erbschaftssteuer, aus den Mietverträgen gegenüber seinen Mietern, sowie aus solchen Rechtsgeschäften, die sein gesetzlicher Vertreter für es vornimmt.

6. Allgemeines Persönlichkeitsrecht

Die Würde des Menschen ist nicht nur in Deutschland oberster Verfassungssatz, Art. 1 GG. Der Mensch ist nicht nur fähig, Rechte zu haben, er hat auch welche. Das sind die unveräußerlichen Menschenrechte: Recht auf Leben und Freiheit zur Entfaltung der Persönlichkeit. Fall 6: Entsorgen ist ja ein Witz.[36] A macht sich sogar strafbar, wenn er das Kind einfach so liegen lässt. Aber auch der Vorschlag seiner Frau geht nicht. Das Kind steht gemäß § 1773 II unter der Vormundschaft der zuständigen Behörde.

---

[34] OLG Düsseldorf NJW – RR 2000, 321: Vorwurf, Verstorbener habe Titel *Dr. h.c.* gekauft.

[35] BGH NJW 2000, 2915: Fotos von Marlene Dietrich auf T- Shirts uä. – Die Frage, ob ein fortwirkendes Recht gemäß Art. 1 GG dem Toten ein "Recht" auf körperliche Integrität gebe (Schutz vor Organentnahme) wird kontrovers diskutiert, vgl. BVerfG NJW 02, 2861.

[36] Heute ist das ein Witz. Der sittliche Fortschritt gegenüber der in vielen Dingen zu Recht gerühmten Kultur der Antike zeigt sich am ehesten in der Rechtsstellung des Menschen. Es war bis in die Zeit des aufkommenden Christentums hinein üblich, überschüssige Kinder, so etwa ab dem dritten, auszusetzen. Auch wohlhabende Leute taten das. Diese Kinder verhungerten oder, wer wollte, konnte sie sich aneignen.Damit wurden diese zu Sklaven und konnten nach Aufzucht als solche verkauft werden, vgl. W. Tarn *Kultur der hellenistischen Welt,* Darmstadt, 1966, S. 117 f

II. Juristische Personen

Fälle:

1. *A hat Aktien der X – AG geerbt. Diese macht Konkurs, und viele Gläubiger, darunter der G, verlieren ihr Geld. G verlangt von A, dass er für einen seinem Aktienbesitz entsprechenden Teil der Schulden der AG aufkomme. Zu Recht?*

2. *A setzt in die Zeitung, dass er künftig für seine Schulden nur noch in Höhe von insgesamt 100.000 EUR haften werde. Er bitte seine gegenwärtigen und künftigen Geschäftspartner, sich darauf einzustellen. Rechtsfolge?*

3. *Der 86 jährige A möchte etwas hinterlassen, was ihn überdauert,*
   a. *leider hat er kein Geld,*
   b. *er hat ziemlich viel Geld.*
   Was ist ihm zu raten?

4. *Daniela Grosse – Berghaus in Essen eröffnet ein Cafe unter dem Namen "DGB – Eck." Der Deutsche Gewerkschaftsbund will auf Unterlassung vor dem LG Essen klagen. Frau Grosse –Berghaus meint, der DGB könne sie gar nicht verklagen. Stimmt das?*

5. *Im Jahre 2000 begannen islamische Fundamentalisten in Afghanistan, unersetzbare aus der Antike stammende Buddhastatuen systematisch zu zerstören. Hat die Menschheit als solche einen Rechtsanspruch auf Unterlassung?*

1. Die juristische Person

a. Grundsatz

Neben dem (einzelnen) Menschen kann nur noch eine Mehrheit von Menschen Rechtsfähigkeit haben, wenn sie als juristische Person organisiert ist. Die juristische Person hat als solche eigene Recht und Pflichten. Diese sind von den Rechten und Pflichten der Personen, welche sie gegründet haben oder ihre Mitglieder sind, verschieden. Juristische Personen können, da sie der natürlichen Person in der Rechtsfähigkeit völlig gleichstehen, ihrerseits juristische Personen gründen. Das geschieht etwa im Konzern.

Juristische Personen haben eigenes Vermögen, welches von dem ihrer Gründer oder Mitglieder unterschieden ist. Im Falle einer Insolvenz haftet die juristische Person daher ausschließlich für sich selbst, ihre Gründer oder Mitglieder haften für deren Verbindlichkeiten nur, wenn ein besonderer Verpflichtungsgrund etwa eine Bürgschaft besteht. Fall 1: A haftet nicht.

Die Beschränkung auf das eingesetzte Kapital ist wirtschaftsgeschichtlich der eigentliche Auslöser für die Ausbildung der juristischen Personen des Wirtschaftsrechts, der so genannten Kapitalgesellschaften. Diese gibt es heute in Deutschland ebenso wie in allen Staaten der Erde. Diese sind eine typische Erscheinung der Neuzeit.[37] Trotz gewisser Unterschiede im Detail zwischen den einzelnen nationalen Rechtsordnungen, kann allgemein gesagt werden, dass Kapitalgesellschaften auf der ganzen Erde nach demselben Muster funktionieren.

Kaufleute und Kapitalanleger können ihre Haftung dadurch beschränken, dass sie zur Durchführung ihrer Rechtsgeschäfte eine Kapitalgesellschaft gründen. Dieses geschieht nach den Regeln des Gesetzes. Diese schützen das Interesse der eventuellen Gläubiger der juristischen Person.[38] Es ist aber nicht möglich, einfach durch einseitige Erklärung mitzuteilen, man wolle künftig für seine Schulden nicht mehr oder nun noch beschränkt haften. Im Fall 2 wird A keine Rechtsfolgen erzeugen.

b. Grundrechtsfähigkeit der juristischen Person

Die natürliche Person hat Menschenrechte und genießt das allgemeine Persönlichkeitsrecht. Die juristische Person ist kein Mensch, sie wird im Rechtsverkehr nur so behandelt. Die in den Verfassungen der Staaten dem Menschen garantierten Freiheitsrechte passen daher grundsätzlich auf die juristische Person nicht. Ob eine juristische Person Inhaber von Grundrechten sein kann, entscheidet sich jeweils für den Einzelfall, wobei es auf den besonderen Satzungszweck der juristischen Person ankommt.

---

[37] Historisch nahmen sie ihren Anfang offenbar in Holland um 1600 mit der Gründung der holländischen Ostindienkompanie.

[38] Vgl. 30 ff GmbHG: Grundsatz des Kapitalerhaltes, insbesondere die komplizierte Rechtslage zum kapitalersetzenden Darlehen.

Es ist anerkannt, dass die wirtschaftlichen Zwecken dienende juristische Person, etwa die Aktiengesellschaft, das Grundrecht des Eigentumsschutzes nach Art. 14 Grundgesetz geltend machen kann. Das Grundrecht gemäß Art. 2 (freie Entfaltung der Persönlichkeit) kann für eine Aktiengesellschaft aber nicht in derselben Weise gelten wie für einen Menschen. Auch das Recht der freien Meinungsäußerung (Art. 5 GG) ist ein an die Individualität des Menschen geknüpftes Grundrecht. Eine Aktiengesellschaft oder auch eine öffentlich-rechtliche Körperschaft, welche auf dem Gebiete der Berichterstattung tätig ist, z.B. eine Verlagsgesellschaft oder das ZDF, werden dieses Recht aber in Anspruch nehmen dürfen, eine GmbH, welche Spirituosen erzeugt, nicht.

c. Tiefenunterschied zwischen natürlicher und juristischer Person

(Un-) Sterblichkeit: Die juristische Person ist grundsätzlich unsterblich, der Mensch ist es leider sehr wohl. Diese Unsterblichkeit führt dazu, dass Unternehmen in der Rechtsform einer juristischen Person viel langfristiger planen und Verträge schließen können, als es der Mensch kann.

Die daraus sich ergebenden verschiedenen Interessenlagen eines Menschen und einer juristischen Person werden von den Rechtsordnungen bisher nur teilweise erkannt. Die Gesetzgeber haben bisher unwillkürlich immer nur die natürliche Person als Rechtsträger angesehen.

Namensänderung: Es ist nicht unmöglich, dass ein Mensch seinen Namen ändert, aber es ist meist äußerst umständlich. Eine juristische Person kann hingegen ihren Namen beliebig ändern, ohne dass eine Änderung in ihrer juristischen Identität stattfindet.

Verbraucher: Die juristische Person kann nach § 13 nicht Verbraucher sein. Regeln des Verbraucherschutzes gelten daher für sie grundsätzlich nicht.

2. Entstehung der juristischen Person

Die juristische Person des Privatrechts entsteht aufgrund

- eines Rechtsgeschäfts des oder der Gründer durch Vereinbarung der Vereinssatzung, GmbH - Gesellschaftsvertrag usw.

plus

- Registrierung entsprechend dem Gesetz, z.B. Eintragung in die gesetzlich vorgeschrieben Register (Vereins- oder Handelsregister, § 21 BGB, § 11 GmbH-G ua.), bzw. bei der Stiftung durch Anerkennung seitens der zuständigen Behörde, § 80.

Die juristische Person des öffentlichen Rechts entsteht

- unmittelbar durch Gesetz oder aufgrund eines Gesetzes durch Hoheitsakt: z.B. Körperschaften des öffentlichen Rechtes, wie Sparkassen durch Landessparkassengesetze, die Gemeinden aufgrund der Landeskommunalordnungen, die Allgemeinen Ortskrankenkassen, die Industrie- und Handelskammern, Betriebskrankenkassen usw. Das Gründungsgesetz enthält auch Anweisungen für die Verfassung der juristischen Person, Vertretungsbefugnis usw.

- Ein Unterfall der juristischen Person des öffentlichen Rechts sind die *juristischen Personen des Völkerrechts,* also die souveränen Staaten wie Deutschland, Portugal usw., aber auch bestimmte Organisationen des Völkerrechts wie die Vereinten Nationen (UNO), die Europäische Union, die Welthandelsorganisation (WTO), die Weltbank, der Internationale Währungsfond (IWF) ua.

3. Stiftung

Eine besondere Ausprägung der juristischen Person ist die Stiftung. Diese entsteht aufgrund eines Stiftungsgeschäftes, in welchem der oder die Stifter ein bestimmtes Vermögen der Erfüllung eines bestimmten Stiftungszwecks widmen, §§ 80 ff. [39] Stiftungen können ein langes Leben haben und bieten

---

[39] Viele bedeutende Einrichtungen des Gemeinwohls werden in der Rechtsform der Stiftung betrieben. Unternehmer ohne taugliche Leibeserben bevorzugen diese Form, um ihr Lebenswerk zu sichern. Von besonderer historischer Bedeutung sind die Carl- Zeiß - Stiftung und die Robert Bosch-Stiftung, die Alfred Krupp von Bohlen und Halbach – Stiftung, welchen die gleichnamigen Unternehmen gehören. Aus neuerer Zeit sind zu erwähnen die Hanns- Martin - Schleyer-Stiftung, die Körber- Stiftung u.a.

bei aller Flüchtigkeit des Lebens am ehesten eine Gewähr dafür, dass *die Spur von unsern Erdentagen nicht in Äonen untergeht* (Goethe, Faust II). [40]

Das Stiftungsgeschäft kann auch in einer Verfügung von Todes wegen (Testament oder Erbvertrag) vorgenommen werden. Die Stiftung entsteht als juristische Person, wenn die zuständige Landesbehörde die Stiftung genehmigt. Der im Stiftungsgeschäft beschriebene Vorstand ist verpflichtet, das Stiftungsvermögen entsprechend dem Stiftungszweck zu verwenden.

Die zuständige Landesbehörde, Regierungspräsident, fungiert als eine Art Aufsichtsrat und überwacht die Tätigkeit des Stiftungsvorstands im Rahmen der Gesetze und der Stiftungssatzung.

4. Aufbau der juristischen Person

a. Mitgliederversammlung

Grundform aller juristischen Personen, vom örtlichen Gesangverein bis zur UNO, ist der Verein. Alle sind nach demselben Muster aufgebaut. Grundlage jedes Vereins sind seine Mitglieder. Diese geben sich eine Vereinssatzung, welche vorschreibt, auf welche Weise Entscheidungen des Vereins zustande kommen, § 25. Bei der GmbH oder Aktiengesellschaft heißt die Satzung ebenso oder Statut. Im Staat trägt die „Vereinssatzung" den Namen Grundgesetz oder Verfassung, bei der UNO heißt sie Satzung oder UN-Charta usw.

Die Mitgliederversammlung ist das höchste Beschlussorgan jeder juristischen Person, §§ 27, 32. Auch hier gibt es verschiedene Bezeichnungen für dieselbe Sache: Gesellschafterversammlung bei der GmbH, Haupt- oder in der Schweiz Generalversammlung bei der Aktiengesellschaft, Vollversammlung bei der UNO usw.

[40] Die älteste noch existierende deutsche Stiftung stammt aus der Zeit des ersten deutschen Königs, Konrad I (911 – 916). Die in Augsburg heute noch bestehende Fuggerei, eine Wohnanlage für Alte, gehört der Fürst - Fugger - Stiftung und stammt aus dem 16. Jahrhundert.

b. Gesetzlicher Vertreter

Die juristische Person ist als solche nur ein juristisches Konstrukt, sie kann nicht handeln wie ein Mensch. Sie handelt durch Menschen und braucht daher ein Vertretungsorgan, den Vorstand, § 26. Der Vorstand ist der gesetzliche Vertreter des Vereins. Besteht der Vorstand aus mehreren Personen, so vertritt er die juristische Person kollektiv, wenn nicht die Satzung Einzelvertretung etwa für den Vorsitzenden des Vorstandes, vorsieht.

Bei der GmbH heißt der Vorstand Geschäftsführer, beim Staat Regierung bzw. Bundespräsident. Der Vorstand vertritt die juristische Person gegenüber Dritten. Der Vorstand unterzeichnet Verträge, wie der Bundespräsident Verträge der Bundesrepublik Deutschland mit anderen Staaten durch seine Unterschrift in Kraft setzt, Art. 59 GG.

Die juristische Person haftet für Schadensersatzhandlungen ihres Vorstandes gemäß § 31 BGB. Rechtlich richtig ausgedrückt: Sie begeht selber eine unerlaubte Handlung, wenn der Vorstand in dieser Eigenschaft handelt, und eine solche Handlung begeht, sie kann nur durch ihren Vorstand handeln.[41]

c. Aufsichtsrat

Bei Aktiengesellschaften tritt zwischen die Hauptversammlung und den Vorstand ein zusätzliches Organ, da Aufsichtsrat.[42] Bei der GmbH können die Gesellschafter einen Aufsichtsrat bestellen, müssen es aber nicht; dazu sind sie jedoch verpflichtet, wenn die GmbH nach dem Mitbestimmungsgesetz mitbestimmungspflichtig ist.

Andere juristische Personen kennen Beiräte oder zusätzliche Organe, welche nach der Satzung bestimmte Befugnisse haben können.

5. Zwischenformen

Eine Zwischenstellung haben die nicht rechtsfähigen Vereine. Diese sind im Bild des Gesetzes BGB - Gesellschaften, § 54. Diese Rechtsfigur passt

[41] § 31 wird auf den Komplementär in der oHG /KG entsprechend angewendet, aber bisher nicht auf den Gesellschafter der BGB - Gesellschaft.

[42] Nach dem MitbestimmungsG muss auch die mitbestimmte GmbH einen Aufsichtsrat haben

aber in keiner Weise auf Vereinigungen, die einem ständig wechselnden Mitgliederbestand ausgesetzt sind. Fall 4: Theoretisch hat Frau Grosse - Berghaus Recht. Der Deutsche Gewerkschaftsbund ist, wie auch die politischen Parteien, als nicht rechtsfähiger Verein organisiert, ihm fehlt daher eigentlich die Parteifähigkeit, § 50 ZPO. Praxis und die Rechtsprechung sind aber darüber hinweggegangen. [43] Ein Unterschied zwischen dem rechtsfähigen und dem nicht rechtsfähigen Verein besteht praktisch nicht mehr.

Eine Zwitterstellung haben Vereinigungen, deren Mitglieder die Gründung einer rechtsfähigen Person, insbesondere GmbH oder Aktiengesellschaft, planen. Vor Eintragung im Handelsregister existiert die Gesellschaft noch nicht. Man unterscheidet zwischen

- Vorgründungsgesellschaft: Zeit bis zum Abschluss des notariellen Vertrags = BGB - Gesellschaft, und der
- Vorgesellschaft: Zeit ab dann bis zur Eintragung. Diese wird wie die künftige GmbH behandelt, wenn sie wirklich eingetragen wird.[44]

Es gibt weitere Personengruppierungen, welche zwar nicht rechtsfähig sind, für welche aber eine Teilrechtsfähigkeit in Betracht kommt, etwa die Erbengemeinschaft, die Wohnungseigentümergemeinschaft nach WEG. Von besonderer praktischer Bedeutung ist die Gesellschaft bürgerlichen Rechtes, GbR oder BGB – Gesellschaft, s.u..

6. Verlust der Rechtsfähigkeit bei der juristischen Person

Die Rechtsfähigkeit geht verloren, wenn die juristische Person durch Beschluss der Mitglieder, Gesellschafter, aufgelöst wird, § 74. Ein Mensch, der Konkurs gemacht hat, kann erneut wirtschaftlich tätig werden.

Eine juristische Person des Handelsrechts erlischt kraft Gesetzes, wenn das Insolvenzverfahren über ihr Vermögen eröffnet wird, oder wenn sie ver-

---

[43] Palandt § 54 RN 11

[44] Die hier entstehenden Fragen insbesondere der persönlichen Haftung der künftigen Gesellschafter für die Schulden der Vorgesellschaft gehören ins Gesellschaftsrecht, vgl. Kommentierungen zu § 11 GmbH - G.

mögenslos wird,[45] § 60 GmbHG, § 262 AktG. Eine von Amtswegen aufgrund Vermögenslosigkeit gelöschte GmbH ist aber für einen Rechtsstreit über Ansprüche noch rechts- und parteifähig, deren Bestehen sich erst nach der Löschung herausstellt.[46]

Die Rechtsfähigkeit kann auch nach öffentlichem Recht durch die Aufsichtsbehörde entzogen werden, wenn die juristische Person gesetzwidrige Zwecke verfolgt.[47]

7. Nicht rechtsfähige Personenmehrheiten

Nicht alle Personengemeinschaften sind juristische Personen. Die Gesellschaft bürgerlichen Rechtes (§705, vgl. dort) und die Personenhandelsgesellschaften des HGB (oHG, KG) gelten nicht als juristische Personen.

Hinsichtlich der Rechtsfähigkeit besteht kein Unterschied zwischen der natürlichen und der juristischen Person. Alle Vorschriften des Rechts, welche sich auf den Abschluss von Verträgen, die Abgabe von Willenserklärungen usw. beziehen, gelten für beide in gleicher Weise.

Die Menschheit als solche ist nicht rechtfähig. Die Vereinten Nationen sind nur ein Verein von Staaten, nicht aber im eigentlichen Sinne eine Vertretung der Menschen. Im Fall 5 gibt es also keine rechtliche Figur, um den Zerstörungen Einhalt zu gebieten.

---

[45] § 141a I 2 FGG

[46] BAG v. 19.3.02 NJW 03, 81 m.N. Man kann in diesen seltenen Fällen von einer *latenten Rechtsfähigkeit* sprechen.

[47] BVerfG NJW 98, 1166: Eine als rechtsfähiger Verein handelnde Sekte (Scientology) verliert die Rechtsfähigkeit als Verein, weil der Verein in Wahrheit gewerbliche Zwecke verfolgt. Das ist einem Verein grundsätzlich nicht erlaubt – für gewerbliche Betätigung gibt es die Gesellschaftsformen des Handelsrechtes.

III. Geschäftsfähigkeit

Fälle

1. *Das 5 jährige Kind K findet am Strand der Ostsee einen Klumpen Bernstein, nimmt ihn auf und will ihn seinem Vater V zeigen. Der A kommt hinzu und sagt: Das ist Dreck, gib es mir. K überlässt den Klumpen dem A. V, der nur von ferne zugeschaut hat, ruft dem K zu: Recht so! Erst später erfährt V, dass es sich um Bernstein handelte und möchte diesen wiederhaben. Ist K Eigentümer?*

2. *Der Hund des V will den Klumpen apportieren. A und V verhalten sich wieder wie oben.*

3. *A schenkt dem 7 jährigen Kind K einen 5 Euroschein, weil K so niedlich ist. A findet nun, dass es etwas unpassend ist, ein fremdes Kind so zu beschenken, und nimmt dem widerstrebenden Kind den Schein gewaltsam wieder ab. Variante: K ist erst 6 Jahre alt. Wer ist Eigentümer?*

4. *Der 17 j. M sieht aus wie 20 und kauft sich gegen Rechnung ein Sportrad für 1000 Euro bei V.*
   a. *Kurz darauf hat M das Rad grob fahrlässig zu Schrott gefahren.*
   b. *Das Rad wird, obwohl gesichert, gestohlen.*

   Die Eltern des M wollen von dem Kauf nichts wissen. M will nicht bezahlen. Muss er?

5. *Die Eltern des Minderjährigen M schließen für ihn eine Lebensversicherung bei L ab. Nach Volljährigkeit zahlt M ohne es recht zu merken für 6 Jahre weiter. M verlangt nun von L seine Prämien zurück.*[48] *Zu Recht?*

6. *17 jähriger M, der zu diesem Zweck von seiner Großmutter Geld geschenkt bekommen hat, schließt mit Einwilligung seiner Mutter F einen Vertrag mit der Fahrschule S. Als Vater V das erfährt, kündigt er den Vertrag. Rechtsfolge?*

---

[48] LG Frankfurt NJW 98, 3566

1. Grundsatz

Von der Rechtsfähigkeit wird die Geschäftsfähigkeit unterschieden. Ist die Rechtsfähigkeit, die Möglichkeit Rechte und Pflichten zu haben, so ist die Geschäftsfähigkeit die Fähigkeit, diese ohne fremde Hilfe zu begründen. Der Mensch macht von seiner Geschäftsfähigkeit Gebrauch, indem er Willenserklärungen abgibt oder entgegennimmt. Jeder Mensch ist geschäftsfähig, es sei denn

- er ist noch nicht 7 Jahre alt.
- er kann krankheitsbedingt keinen freien Willen bilden, § 104
- der Betrunkene oder unter Drogen Stehende ist nicht eigentlich geschäftsunfähig, denn die Störung seiner Geistestätigkeit ist nur vorübergehend, aber seine Willenserklärung ist gemäß § 105 II nichtig.

An herrenlosen Sachen erwirbt man Eigentum nur durch die Betätigung des Aneignungswillens, 958. Zum Eigentumserwerb brauchte K keine Willenserklärung abzugeben. Ein Mensch kann schon sehr früh, vielleicht schon im Alter von wenigen Monaten einen Aneignungswillen entwickeln. Im Fall 1 ist K Eigentümer geworden.

Man wird nicht daran zweifeln, dass auch ein höheres Säugetier wie der Hund irgendeinen Besitzwillen entfalten kann, Fall 2. Rechtlich kommt es aber nur auf den menschlichen Willen an. Da der Hund im Besitz des V steht, wird V in dem Augenblick Eigentümer des Bernsteins, in dem er einen Aneignungswillen fasst, z. B. wenn er erkennt, was sein Hund im Maul trägt.

Der Aneignungs- und Besitzwille ist von dem Willen, eine Rechtsbeziehung zu gestalten, zu unterscheiden. K konnte daher zwar Eigentümer an dem Bernstein werden, konnte das Eigentum aber durch Willensäußerung nicht verlieren. Fall 1: Übereignung ist ein Vertrag, § 929. A kann kein Eigentum daran erwerben, denn ein Übereignungsvertrag mit K ist nicht Stande gekommen. Die Genehmigung des Vaters ändert hieran nichts, denn es gab keine Willenserklärung, welche genehmigt werden konnte. Im Fall 2 dagegen wird A die Äußerung des V dahin verstehen dürfen, dass V nichts dagegen habe, wenn er den Klumpen aus dem Hundemaul nimmt und sich aneignet. Wenn V später feststellt, dass es sich um Bernstein handelte, hat er Pech gehabt, denn A hat Eigentum gemäß § 958 erworben.

Im Fall Nr. 3 ist das Kind bereits beschränkt geschäftsfähig. Seine Willenserklärungen sind bedürfen zur vollen Wirksamkeit noch der Genehmigung des gesetzlichen Vertreters. Gemäß § 107 bedarf das minderjährige Kind einer solchen Genehmigung aber dann nicht, wenn die von ihm oder ihm gegenüber abgegebene Willenserklärung lediglich zu seinem Vorteil führt. A hat dem K den Geldschein übereignet, und dabei bleibt es.[49]

Zweck der §§ 104 ff ist der Schutz des Minderjährigen bzw. Geschäftsunfähigen vor seiner eigenen Dummheit. Dummheit besteht zumeist darin, dass man sich selbst für klüger hält, als man ist. Auch der Minderjährige, der sich schon wie ein Volljähriger aufführt, genießt daher, ob er es verdient oder nicht, den Schutz des Gesetzes, auch wenn andere dadurch Schaden erleiden. Der gute Glaube des V an die Geschäftsfähigkeit des M wird daher nicht geschützt. Fall 4: Die Willenserklärung des M ist also schwebend unwirksam, solange die gesetzlichen Vertreter nicht zustimmen, und nichtig, wenn diese ihre Zustimmung verweigern. Ein Kaufvertrag ist nicht zustande gekommen, V hat also keinen Zahlungsanspruch gegen M. Das gilt für beide Varianten des Falles. [50]

2. Rechtserwerb ohne Geschäftsfähigkeit

Nicht immer ist Geschäftsfähigkeit zur Begründung von Rechten nötig, z.B.: Aneignung, § 958; Eigentumserwerb durch Verarbeitung, § 950, Ersitzung, § 937. Auch das Urheberrecht entsteht gemäß § 2 UrhG, ohne dass es auf einen rechtserheblichen Willen des Schöpfers ankommt. Auch der Geisteskranke erwirbt daher das Urheberrecht an seiner Schöpfung.

---

[49] Wenn A dem Kind den Geldschein gewaltsam wieder wegnimmt, begeht er streng genommen einen Raub i. S. des § 249 StGB (Mindeststrafe ein Jahr). In der Variante ist das Kind erst 6 Jahre, sodass der Geldschein mangels Übereignungsvertrages noch dem A gehört. Wenn A mit Gewalt sein Eigentum zurücknimmt, so ist das schlimmstenfalls als Nötigung strafbar, § 240 StGB. Mindeststrafe 1 Tag.

[50] **Exkurs:** V hat aber einen gesetzlichen Anspruch aus § 812, denn M hat ohne Rechtsgrund Eigentum an dem Rad bekommen. Herausgabe ist unmöglich. M hat im Fall 6a sein eigenes Rad zerstört. Ein Schadensersatzanspruch des V aus § 823 scheidet also aus. Gemäß § 819 iVm § 292 und § 989 haftet der gemäß § 812 Herausgabepflichtige, aber *für den Schaden, der dadurch entsteht, dass infolge seines Verschuldens die Sache .. nicht herausgegeben werden kann.* M haftet also auf Schadensersatz. Im Fall 6 b hat M keine Schuld, er haftet also nicht.

3. Genehmigung durch gesetzlichen Vertreter

a. Grundsatz

Der Willenserklärung eines nicht voll Geschäftsfähigen fehlt zur Vollgeltung nur die Genehmigung des/der gesetzlichen Vertreter, §§ 107, 108. Der Vertragspartner kann jederzeit widerrufen, wenn er die Minderjährigkeit nicht kannte, § 109. Kannte er sie jedoch, ist er bis Entscheidung des gesetzlichen Vertreters an den Vertrag gebunden. Er muss aber irgendwann Klarheit haben. Diese kann er sich verschaffen: § 108 II. Wird die Genehmigung nicht erteilt, dann bleibt die Willenserklärung endgültig unwirksam; wird sie erteilt, ist die Willenserklärung gültig, und zwar rückwirkend ab dem Zeitpunkt ihrer Abgabe.

b. Gesetzliche Vertreter

Die Eltern vertreten das Kind gemeinschaftlich, § 1629 I 2. Ist einem Elternteil, etwa als Folge einer Ehescheidung, das Sorgerecht allein zugewiesen, [51] so entscheidet dieser alleine. Es ist zulässig, dass die Eltern sich gegenseitig Vollmacht erteilen, das Kind jeweils allein zu vertreten. [52] In Geschäften des täglichen Lebens wird das die Regel sein.

Im Fall 6 handelte es sich aber nicht um ein Geschäft des täglichen Lebens. Es ist zweifelhaft, ob man hier annehmen kann, dass die Eltern sich gegenseitig alleine Vollmacht auch für solche Vorhaben erteilt haben. Der Vertrag des M ist nur mit Zustimmung der F geschlossen worden und daher bei Widerspruch des V unwirksam. Das ist für den gutgläubigen Fahrlehrer S eine unerfreuliche Lösung, die aber nach dem Gesetzeswortlaut wohl hingenommen werden muss. Es wäre eine Regelung wie im französischen Recht sinnvoll, wonach jeder Elternteil im Verhältnis zu Dritten als allein bevollmächtigt gilt, für das minderjährige Kind die Rechtsgeschäfte abzuschließen und zu genehmigen, für welche eine Vormundschaftsgenehmigung nicht erforderlich ist. Im praktischen Ergebnis wird die deutsche Lösung freilich häufig auf dasselbe hinauslaufen.[53]

---

[51] Das Sorgerecht kann gerichtlich auch nur einem übertragen werden, BGH NJW 2000, 203

[52] Palandt § 1629 RN 9.

[53] **Exkurs:** Dasselbe Problem entsteht in allen Fällen, in welchen das gesetzliche Vertretungsorgan einer juristischen Person aus mehr als einer Person besteht. Vor-

c. Vormundschaftliche Genehmigung

Für einige im Gesetz genannte Fälle brauchen die Eltern die Genehmigung des Vormundschaftsgerichts, damit der Vertrag für und gegen den Minderjährigen wirksam ist, § 1643 I, § 1822. Es handelt sich um Rechtsgeschäfte, welche sehr weitgehend in die künftige eigenverantwortliche Vermögensverwaltung des Kindes eingreifen.

Dazu gehört ein Vertrag, der den Minderjährigen bis in die Zeit der Volljährigkeit verpflichtet, wie ein Lebensversicherungsvertrag. Fall 7: M kann den für ihn geschlossenen Vertrag nach Volljährigkeit genehmigen, § 108 III. Die Weiterzahlung der Prämie durch den volljährig gewordenen M begründet an sich eine stillschweigende Genehmigung durch M, aber nur, wenn M wissen musste, dass es auf seine Genehmigung ankam, wenn er also wissen musste, dass der Vertrag mangels vormundschaftlicher Genehmigung noch gar nicht verbindlich geworden war. [54]

4. Genehmigungsfreie Geschäfte

Der Schutz des Minderjährigen bzw. des volljährigen Geschäftsunfähigen geht zu Lasten auch des gutgläubigen Geschäftspartners. Dessen Schutzinteresse sind mit dem Interesse des Geschäftspartners abzugleichen. Die §§ 104 ff sollen den Minderjährigen bzw. Geschäftsunfähigen davor schützen, dass er sein Vermögen aus Unverstand vertut. Diese Gefahr besteht aber nicht bei Geschäften des täglichen Lebens, etwa wenn der Patient einer psychiatrischen Krankenanstalt eine Banane kauft und sofort bezahlt. § 105 a sieht neuerdings vor, dass ein volljähriger Geschäftsunfähiger ein Ge-

---

behaltlich einer anders lautenden Satzungsbestimmung hat der Vorstand nur eine kollektive Vertretungsbefugnis, sodass die Rechtshandlungen nur eines Vorstandsmitgliedes an sich ungültig sind, §26 BGB;78 II AktG. Es besteht aber die Möglichkeit, dass Geschäftsführer/Vorstandsmitglied A seinen Kollegen B bevollmächtigt, bestimmte Geschäfte auch in seinem, des A, Namen vorzunehmen, sodass sich praktisch eine Alleinvertretungsbefugnis ergibt.

[54] Die Schenkung eines Grundstücks an den Minderjährigen begründet auch dann nur einen rechtlichen Vorteil, wenn das Grundstück belastet ist; die Schenkung kann also von den Eltern (§ 1629 II) ohne Zustimmung des Vormundschaftsgerichtes für das Kind angenommen werden, BayObLG NJW 98, 3574.

schäft des täglichen Lebens ohne Zustimmung seines Vormundes oder Betreuers durchführen kann.

Derselbe Gedanke liegt dem § 110, dem Taschengeldparagrafen, zu Grunde. Der Minderjährige soll zwar geschützt werden, es ist aber auch nicht das Ziel, ihn von Geschäften überhaupt fernzuhalten. Wenn also dem Kind von den Eltern oder mit Zustimmung der Eltern Geld überlassen wird, so kann dieses Geschäfte des täglichen Lebens, die sofort erfüllt werden gültig abschließen.

Die von Studenten oft gestellte Frage, ob ein Minderjähriger, welcher sein Taschengeld auf ein Sparbuch eingezahlt hat und dieses später plündert, damit gültig ein Motorrad kaufen kann, ist natürlich zu verneinen.

IV. Passive Rechtsfähigkeit – Rechte an Sachen

Fälle

1. *A ist Eigentümer eines Seegrundstücks. B wohnt hangaufwärts hinter ihm und hat die schöne Aussicht, weil er über das Grundstück des A schaut. A macht Rechte an seinem Luftraum geltend und möchte von B ein Entgelt dafür, dass er durch diesen hindurchschaut. Auf jeden Fall will er dem B verbieten, über sein Grundstück zum See zu gehen. Zu Recht?*

2. *Graf G möchte sein altes Erbe in der Weise sichern, dass seine Nachkommen auch in späten Generationen den Landbesitz nicht veräußern und belasten dürfen. Es soll jeweils der älteste Sohn der ältesten Linie das ausschließliche Nutznießungsrecht an dem Gut haben. Geht so etwas?*

3. *V hat von seinen Eltern ein Haus mit großem Grundstück geerbt. Da V in Geldnot ist, aber sein Elternhaus behalten will, verkauft er dem K nur das Grundstück, das Eigentum daran behält er sich vor. Geht das?*

4. *Im Faust II von Goethe rät der Teufel dem Kaiser, der knapp bei Kasse ist, alle ungehobenen und unbekannten Gold- und Silberschätze im Reichsgebiet für sein Eigentum zu erklären und gegen bar einzeln zu verkaufen. Kaiser verkauft das Gold an Goldsucher G. Was hat dieser erworben?*

1. Grundsatz

Die unter I. beschriebene Fähigkeit des Menschen und der juristischen Person, Rechte und Pflichten haben zu können, kann man als *aktive Rechtsfähigkeit* bezeichnen. Als Gegenstück zu dieser aktiven Rechtsfähigkeit kann man von einer *passiven Rechtsfähigkeit* sprechen. Damit wird hier der rechtliche Charakter einer Sache, eines Gegenstandes, eines Mediums oder Zustandes bezeichnet, Gegenstand des Rechtsverkehrs sein zu können.

Menschen sind zwar aktiv rechtsfähig, nicht aber passiv; Sachen sind passiv, aber nicht aktiv rechtsfähig. [55]

Die uns umgebende Luft gehört niemandem. Es ist nicht auszudenken, wenn es anders wäre: der Waldbesitzer könnte uns für jeden Atemzug, den wir auf einem Spaziergang tun, ein Entgelt abverlangen. Was gehört dem Waldbesitzer eigentlich? Der Boden und die Bäume, möglicherweise das Recht, auf die in dem Wald lebenden Tiere Jagd zu machen, aber er hat kein Eigentumsrecht an dem romantischen Blick oder dem vom Dichter besungenen Waldesrauschen. Bei genauerem Hinsehen sind viele Bereiche des Lebens nicht passiv rechtsfähig. Das gute Einvernehmen mit seinem Nachbarn kann man nicht verkaufen, die angenehme Lage des Wohnhauses zu Schulen und Einkaufsmöglichkeiten ist separat nicht Gegenstand von Rechten, das gute Aussehen, Gesundheit, eine tolle Geschäftsidee, ein interessantes Erlebnis usw. – sie alle können separat nicht Gegenstand von Rechten sein. Fall 1: Der Luftraum über einem Privatgrundstück ist nicht passiv rechtsfähig. A kann dem B verbieten, über sein Grundstück zu gehen, aber nicht, durch seinen Luftraum zu schauen. Blicke und Gedanken sind frei. [56]

2. Sachen

Herrschaftsrechte über Gegenstände, die sich gegen jedermann richten, heißen dingliches Recht. Damit ist in erster Linie das Eigentum gemeint, aber auch die weiteren aus dem Eigentum entwickelten Rechte, vgl. 4. Teil.

Rechte, die man an Sachen haben kann, ergeben sich ausschließlich aus dem Gesetz. Durch Vertrag oder Rechtsgeschäft können keine neuen dinglichen Rechte geschaffen werden.[57] Im Fall 2 versucht Graf G ein besonderes dingliches Recht zu entwickeln, welches eine Sache rechtlich völlig unangreifbar, insbesondere unverkäuflich, macht. Das geht nicht. G muss sich an die Formen halten, welche das Gesetz anbietet.[58]

---

[55] Dieser Ausdruck stammt vom Verfasser und ist sonst nicht üblich. Er veranschaulicht, dass es gottlob viele Dinge gibt, die außerhalb des Rechts stehen.

[56] Das Recht an seinem Luftraum, den ein Staat in Anspruch nimmt, ist Ausfluss seines völkerrechtlich gegebenen Hoheitsrechts, kein Eigentumsrecht.

[57] Eine Ausnahme ist das Anwartschaftsrecht.

[58] Im Ergebnis versucht G. das dingliche Recht des Familienfideikommisses wieder zu beleben. Diesen gibt es seit 1919 aber nicht mehr. Dieser hat über Jahrhunderte

Der zwingende Charakter des Sachenrechtes wird auch in Fall 3 deutlich: Haus und Grund gehören zusammen, sie können nicht Gegenstand unterschiedlicher Rechte sein, § 94. Der Vertrag ist, auch wenn K einverstanden ist, rechtlich unmöglich.[59]

In diesen Fällen kommt aber in Betracht, vertraglich bzw. rechtsgeschäftlich eine Lösung zu suchen, welche dem erstrebten Ergebnis nahe kommt. Graf G kann versuchen, seine Vorstellungen in den Formen des Erbrechtes (vgl. S. 274, Fall 4) zu verwirklichen und V kann daran denken, dem K sein Grundstück zu verkaufen und das Haus als Erbbaurecht zurückzuerwerben. Aber beide Lösungen treffen nicht genau das, was die Betreffenden eigentlich wollen.

Das Eigentum an Grund und Boden erstreckt sich theoretisch bis zum Erdmittelpunkt. Es ist aber sinnlos, von einem Eigentum zu sprechen, vielmehr steht dem Eigentümer ein Aneignungsrecht hinsichtlich der Gegenstände zu, welche ihm unter der Erdoberfläche seines Grundstücks erreichbar sind.[60] Die Landesberggesetze beschränken dieses Aneignungsrecht hinsichtlich bestimmter Bodenschätze oder archäologischer Funde.[61] In Fall 4 ist der von Mephisto gegebene Rat daher öffentlich-rechtlich in Ordnung. Der Kaiser als Träger der Hoheit im Reichgebiet hat ein öffentlich – rechtliches Aneignungsrecht an den verborgenen Schätzen, aber der zweite Teil des Ratschlages ist der typisch mephistophelisch. Der Kaiser kann die Schätze nicht verkaufen, sondern nur Aneignungs- oder Schürfrechte vergeben.[62]

---

das Recht des Großgrundbesitzes, namentlich in Ostdeutschland und den deutsch beeinflussten baltischen Ländern beherrscht. Er führte zu einer praktischen Unverkäuflichkeit des Grundbesitzes und wurde durch die Weimarer Reichsverfassung aus diesem Grunde ausdrücklich abgeschafft, Art. 155.

[59] BGH NJW 2000, 504: Pkw - Ausstellungshalle als wesentlicher Bestandteil des Grundstücks und kann nicht separat verkauft werden.

[60] Kann der Grundstückseigentümer, z.B. einer Bergwiese auf dem Gotthardmassiv, die Untertunnelung „seines" Grundstücks verbieten? Ähnliche Fragen treten auf bei dem Bau von Bergwerken, U-Bahnen u.ä.

[61] Vgl. die Konzessionen, welche z.B. Norwegen im Bereich seines Nordseekontinentalsockels vergibt zur Aufspürung von Erdgas und Erdöl.

[62] Die Versteigerung von UMTS - Lizenzen durch die Bundesrepublik Deutschland für den Mobilfunk erbrachte im August 2000 den ungeheuren Betrag von fast 100 Milliarden DM. In der Öffentlichkeit wurde kaum erörtert, was der Staat denn da

V. Rechte an nicht körperlichen Gegenständen

Fälle:

1. *A hat ein Sparguthaben über EUR 1000 bei der B - Bank. Worauf richtet sich sein Anspruch?*

2. *Der Gläubiger G des A pfändet dieses Sparbuch. Welche Rechte hat G?*

3. *A hat ein Romanmanuskript fertiggestellt. Natürlich gehört ihm das Papier. Gehört ihm noch etwas?*

4. *Professor A hat in einem juristischen Aufsatz in der Neuen Juristische Wochenschrift den Begriff " Nahbereichsperson" geprägt.*[63] *Darauf ist er sehr stolz. Jedes Mal, wenn die NJW diesen Begriff verwendet, verlangt er die Nennung seines Namens, andernfalls er die Verwendung dieses Begriffes verbieten möchte. Geht das?*

1. Grundsatz

An körperlichen Gegenständen ist Eigentum leicht denkbar. Bei nicht körperlichen, geistigen Zuständen ist eine gewisse Abstraktion nötig, um sich vorzustellen, dass daran überhaupt ein Recht bestehen kann, dass sie in der hier gebrauchten Bezeichnung passiv rechtsfähig sein können. Das sind sie. soweit der Gesetzgeber diese Zustände, Gegenstände, Ideen oder Beziehungen zu einem Recht macht.

Die Beziehung zwischen Menschen ist rechtlich an sich unerheblich. Die im Fall 1 zwischen A und B bestehende Beziehung besagt aber, dass die Bank dem A einen bestimmten Geldbetrag [64] zur Verfügung stellen muss.

---

eigentlich verkaufte, und warum dieses **etwas** dem Staat gehörte. So ganz weit von der Praxis liegt daher Goethes Beispiel wohl auch heute nicht.

[63] NJW 99, 3763

[64] Im rechtlichen Sinne ist nur das Geld der Zentralbank (heute die EZB) wirkliches Geld, also Bargeld oder Zentralbankbuchgeldforderung. Der Anspruch aus

Diese Beziehung zwischen A und B wird vom Gesetz als Recht, Anspruch oder Forderung formuliert. Als solches Forderungsrecht ist diese bestimmte Beziehung des A zu B passiv rechtsfähig geworden. An diesem Recht steht A das Eigentum zu.[65]

Aus dem Vollrecht Eigentum können Teilrechte ausgesondert werden. Fall 2: G hat ein Pfandrecht an der durch das Sparbuch[66] verbrieften Forderung des A erworben. Das Pfandrecht ist ein vom Eigentum abgeleitetes Recht, welches nur zur Befriedigung des Pfandgläubigers dient.[67]

2. Passive Rechtsfähigkeit nur durch Gesetz

Der Gesetzgeber kann theoretisch beliebig unkörperliche Beziehungen und Zustände passiv rechtsfähig machen, etwa indem er das Recht elektromagnetische Wellen zu versenden, erst verbietet und dann wieder durch Verkauf z.B. der UMTS - Lizenzen erlaubt. Entscheidend ist, dass das Gesetz den Gegenstand, um den es geht, genau beschreibt.

Eine tolle Idee oder ein interessantes Erlebnis sind an sich nicht passiv rechtsfähig. Wenn man sie aber zu einem Kunstwerk ausarbeitet, entsteht daran ein Urheberrecht nach dem UrhG. Die technische Pfiffigkeit ist passiv nicht rechtsfähig. Wenn man sie aber dazu nutzt, ein neues technisches

---

einem Guthaben gegen die Bank ist rechtlich daher der Anspruch auf Verschaffung von Zentralbankgeld.

[65] In Gesetz und Rechtslehre schwanken die Begriffe: Manche sprechen – wie hier - von *Eigentum* an einer Forderung, andere von Inhaberschaft, um deutlich zu machen, dass der Gesetzgeber mit Eigentum eigentlich nur Eigentum an Sachen meint. Der Unterschied zum Eigentum an einer Sache besteht nur darin, dass man hier den Gegenstand des Eigentumsrechtes nicht sehen und anfassen kann.

[66] Das Sparbuch ist ein Wertpapier gemäß § 808: der Schuldner (= Bank) darf ohne Prüfung der Legitimation an den Vorleger zahlen, muss aber nicht und kann auf einer Legitimationsprüfung bestehen. **Hinkendes Inhaberpapier.** Anders beim echten **Inhaberpapier** (z.B. die Banknote): der Vorleger hat einen Anspruch, den der Schuldner nicht zu überprüfen hat.

[67] Pfändungspfandrecht, §§ 828 ff ZPO: Pfandrecht, welches aufgrund einer Pfändung entsteht; Gegensatz: Vertragspfandrecht gemäß §§ 1205, 1273, ein Pfandrecht, welches aufgrund eines Pfandvertrages entsteht. Der rechtliche Inhalt beider Pfandrechte ist identisch.

Gerät herzustellen, kann diese geistige Leistung als Patent nach dem Patentgesetz passiv rechtsfähig werden.

Fall 3: A hat kraft Schöpfungsaktes, § 2 UrhG, ein Urheberrecht an dem geistigen Inhalt des Manuskripts erworben. An diesem Recht kann er anderen Rechte, z.B. Verwertungsrechte, §§ 15 ff UrhG, einräumen. Diese Verwertungsrechte können ihrerseits Gegenstand von Rechten sein. Das Aussehen ist passiv nicht rechtsfähig. Es kann aber unter dem Gesichtspunkt des Persönlichkeitsrechtes als Schutz am eigenen Bild vom Gesetz als Eigentum ausgestaltet werden und genießt damit passive Rechtsfähigkeit, vgl. S. 22 Die geistige Leistung muss, um Gegenstand von Rechten sein zu können, von einer gewissen Höhe sein. Das ist im Fall 4 nicht gegeben. Die Wortschöpfung mag als solche originell sein, aber nicht alles, was originell ist, ist passiv rechtsfähig. [68]

[68] Ein einzelnes Wort, kann aber als Marke schutzfähig sein, wenn es zur Bezeichnung einer gewerblichen Leistung verwendet wird, z.B. Persil; §§ 4 II; 32 MarkG. Im Fall 4 hat A an seiner Wortbildung also keine Rechte.

3. Kapitel Entstehung und Vernichtung von Willenserklärungen

I. Entstehung und Verlust von Rechten

Fälle:

1. *A haut B eine runter. Wer hat Recht?*
2. *A spaziert abends in Bonn nach Hause. B hat Sperrmüll ausgestellt. Auf seinem Stapel sieht A ein gerahmtes Bild, welches ihm gefällt. Er nimmt es mit. Es stellt sich heraus, dass es sich um das Gemälde „Waldrand" des berühmten Malers August Macke handelt, welches einen Marktwert von rd DM 100.000 haben dürfte. Es meldet sich die Erbengemeinschaft E, welche vorträgt, dass ihr jüdische Vorfahr Bilder von Macke gekauft, dann aber im Zuge der Verfolgung verloren habe. Muss A das Bild herausgeben?*[69]
3. *A stellt dem B einen Scheck über 100 EUR aus. Rechtsfolge?*
4. *A kauft bei Bäcker B 10 Brötchen. Er bezahlt und erhält diese von B persönlich ausgehändigt. Wem gehören die Brötchen?*
5. *A schuldet der Bank 150.000 EUR. Im Rahmen eines Sanierungsvergleiches einigen sie sich darauf, dass A durch eine sofortige Zahlung von 50.000 EUR hinsichtlich der Restsumme befreit wird. Rechtsfolge?*
6. *A hat bei der Vertreibung aus Breslau 1946 in seinem Garten das Familiensilber vergraben. Dieses wird 1995 von den nunmehrigen polnischen Bewohnern des Hauses gefunden. A meint, er sei noch Eigentümer. Zu Recht?*

---

[69] LG Bonn NJW 03, 673

1. Grundsatz

Es gibt zwei Entstehungsgründe für Rechte. Einmal das Gesetz: Fall 1: Der klassische Juristenscherz. Zunächst hat B Recht; er hat einen Schadensersatzanspruch gegen A, nicht auf Grund eines Vertrages, sondern auf Grund eines Gesetzes, § 823. Vielleicht ergibt sich, dass A in Notwehr, § 227, gehandelt hat, dann wird dieser Anspruch kraft Gesetzes wieder vernichtet.

Fall 2: Eigentumserwerb des A gemäß § 958? B hat das Bild wegwerfen wollen. Wenn er Eigentümer war, gilt § 959. Die Sache wird herrenlos, wenn der Eigentümer *in der Absicht auf das Eigentum zu verzichten, den Besitz an der Sache aufgibt.*[70]
Rechte entstehen auch durch Vertrag bzw. Rechtsgeschäft. Fall 3: A schuldet dem B kraft Scheckbegebungsvertrages 100 EUR. Die Verpflichtung entsteht aus dem Vertrag; die Art und Weise, wie dieser Vertrag zu erfüllen ist, wird im ScheckG geregelt. Fall 4: Das Eigentum geht auf Grund eines Übereignungsvertrages gemäß § 929 von B auf A über.

Rechte gehen ebenso unter wie sie entstehen, nämlich entweder

- aufgrund Gesetzes: § 362 ordnet das Erlöschen des Schuldverhältnisses an, wenn die Schuld erfüllt ist, S.163; oder
- Vertrages. Fall 5: Gläubiger und Schuldner haben durch schuldrechtlichen Vertrag vereinbart, Forderungen zu erlassen, § 779. Diese Verpflichtung wird durch Erlass gemäß § 397 erfüllt, S.176.

[70] **Exkurs:** Aneignung gemäß § 958 ist kein rechtsgeschäftlicher Erwerb gemäß §§ 929, 932. Ein etwa auf § 1006 gestützter guter Glaube des A daran, dass B Eigentümer des Bildes war und daher gemäß § 959 das Eigentum daran aufgeben konnte, hilft ihm nicht gegen den Herausgabeanspruch der E. Entscheidend ist jedoch, dass A jetzt Besitzer der Sache ist. Gemäß § 1006 wird daher vermutet, dass er auch Eigentümer ist. E muss diese Vermutung widerlegen. Wenn E nachweisen kann, dass ihrem Vorfahren dieses Bild irgendwann einmal gehört hat und weiterhin in dessen bzw. seiner Erben Eigentum stand, dann ist die Handlung des B unbeachtlich, die Sache war, als A sie an sich nahm, nicht herrenlos. Dieser Beweis gelang aber nicht. Das LG Bonn wies die Klage von E ab.

2. Erlöschen dinglicher Rechte

Das Recht, von einem anderen ein Tun oder Unterlassen zu verlangen (Anspruch,) unterliegt der Verjährung § 194. Diese Vorschrift hat zunächst eine negative Aussage: Andere Rechte, also Eigentum und dingliche Rechte, mögen sonst untergehen können, aber sie verjähren nicht.
Das Eigentum bleibt grundsätzlich ewig. Die Burg Eltz an der Mosel, so wird dort berichtet, gehört dem jeweiligen Erben der Familie schon seit rund 1000 Jahren. So wird es auch noch in 1000 Jahren sein, wenn nicht das Eigentum an dieser Burg

- durch Rechtsgeschäft oder
- durch einseitige nicht empfangsbedürftige Willenserklärung aufgegeben wird, § 928 für Immobilien, oder
- aufgrund Gesetzes (Enteignung, Zwangsversteigerung)

auf einen anderen übergeht.

Dingliche Rechte können aber erlöschen. Der rechtmäßige Eigentümer kann sein Eigentum dadurch verlieren, dass ein gutgläubiger Besitzer dieses mindestens zehn Jahre im Besitz hat, § 937. Im Fall 6 ist der Rechtsverlust durch Ersitzung zweifelhaft, weil der neue Besitzer nicht gutgläubig war.[71]

Andere dingliche Rechte gehen entsprechend ihrer gesetzlichen Ausgestaltung unter. Das von einer Forderung abhängige Pfandrecht erlischt daher, mit der Forderung, der Nießbrauch erlischt mit Zeitablauf oder dem Tod des Berechtigten, das Erbbaurecht mit Ablauf der vereinbarten Zeit. Das Patent erlischt, wenn es nicht erneuert wird, nach zehn Jahren, das Urheberrecht findet siebzig Jahre gerechnet vom Tod des Autors sein Ende, das Markenrecht, wenn es 5 Jahre lang nicht benutzt worden ist usw.

[71] **Exkurs:** Die Vertreibung, welche ja nach Ende des Krieges stattfand, war natürlich auch nach damaligem Völkerrecht völkerrechtswidrig. Daher konnte der neue Bewohner des Hauses auch nicht gutgläubig ersitzen. Völkerrechtlich wird man die Möglichkeit gutgläubigen Ersitzens bzw. die Sanktionierung von bis dahin zurückgelegten Ersitzungszeiten erst ab dem Abschluss des sogenannten 2 + 4 Vertrages 1991 ansetzen. A dürfte daher sein Eigentum nun auch nach deutschem Recht verloren haben.

3. Verjährung und Ende von Ansprüchen

a. Verjährungsfristen

Wenn dingliche Rechte erlöschen, sind sie nicht mehr vorhanden. Wenn schuldrechtliche Ansprüche verjähren, sind sie theoretisch noch da. Wenn daher, vielleicht aus Versehen, der Schuldner eine bereits verjährte Forderung begleicht, kann er nicht die Rückforderung verlangen, § 214 II. Die Verjährung gibt dem Schuldner aber eine Einrede gegenüber der gerichtlichen Geltendmachung des Anspruches. Nur wenn er diese Einrede erhebt, muss das Gericht die Klage abweisen.

Verjährung dient dem Rechtsfrieden, weniger der Gerechtigkeit im Einzelfall. Es muss einmal Schluss sein mit der Möglichkeit des Streites, selbst wenn es im Einzelfall ungerecht sein mag, dass der Rechtsinhaber sein Recht verliert. Aus diesen Gedanken rechtfertigt sich auch, dass Verjährungsfristen durch Vereinbarung nicht endlos verlängert werden können; bei 30 Jahren ist Schluss, § 202 II.

Das Recht der Verjährung ist zum 1. Januar 2002 grundlegend geändert worden. Die seit Jahrzehnten bekannten Verjährungsfristen sind deutlich verkürzt worden.

Vor der Gesetzesänderung galt als allgemeine Verjährungsfrist 30 Jahre. Diese Frist ist auf drei Jahre herabgesetzt worden, § 195. Allgemeine Verjährungsfrist bedeutet, dass diese Frist anwendbar ist, wenn nicht auf Grund einer besonderen Bestimmung eine andere Frist vorgesehen ist.[72] Durch diese Verkürzung sind insbesondere die Vorschriften weggefallen, wonach bestimmte Ansprüche aus Geschäften des täglichen Lebens in zwei Jahren, §196 alt, und Zinsansprüche in vier Jahren, § 197 alt, verjährten. Für alle gilt nunmehr die Dreijahresfrist.

Die dreißigjährige Verjährungsfrist ist gemäß § 197 für besonders wichtige Ansprüche beibehalten worden. Hierzu rechnen insbesondere Ansprüche aus dem Eigentum sowie rechtskräftig festgestellte Ansprüche. Für bestimmte Forderungen, die sich auf ein Grundstück beziehen, sieht das Gesetz eine zehnjährige Verjährungsfrist vor, § 196.

---

[72] Palandt § 195 RN 2.

b. Verjährungsbeginn

Der Anspruchssteller braucht eine gewisse Zeit, um sich darüber klar zu werden, ob er einen Anspruch überhaupt hat, und ob er ihn durchsetzen soll. Diese Überlegungsfrist kann sinnvoller Weise erst dann einsetzen, wenn der Anspruchssteller die näheren Umstände des Anspruches bzw. die dazu führenden Tatsachen weiß. Dazu gehört auch, dass er hinreichende Kenntnis über die Person des Anspruchsgegners hat, § 199 I.[73]

> **Beachte:** Abweichenden Verjährungsbeginn bei Mängelansprüchen ab Übergabe, § 438

4. Verjährung von Ansprüchen aus unerlaubter Handlung

Ansprüche aus §§ 823 ff verjährten bereits nach altem Recht in drei Jahren, sodass die nunmehr darauf anwendbare Regelfrist im Ergebnis nicht ändert. Hat der Täter jedoch aus der unerlaubten Handlung einen Vorteil erlangt, so ist er noch zehn Jahre verpflichtet, die ungerechtfertigte Bereicherung herauszugeben, § 852 (früher: dreißig Jahre).

5. Hemmung und Unterbrechung der Verjährung

Die früher wichtige Unterscheidung zwischen

- Verjährungsunterbrechung: die Verjährungsfrist beginnt nach Wegfall des unterbrechenden Ereignisses mit voller Frist neu und
- Verjährungshemmung: die bis dahin zugebrachte Verjährungszeit wird auf die gesamte Zeit angerechnet,

ist im wesentlichen entfallen. Maßnahmen, die früher zu einer Unterbrechung der Verjährung führten, wie Klageerhebung, Zustellung eines Mahnbescheids und ähnliche prozessuale Maßnahmen, führen nur zu einer

[73] BGH NJW 98, 988: Kenntnis nur der Geschäftsanschrift in London reicht nicht aus.

Hemmung der Verjährung, § 204.[74] Nur ausnahmsweise beginnt die Verjährung neu, wenn der Schuldner durch sein Verhalten eine Situation herbeigeführt hat, die einer Neubegründung der Schuld entspricht, insbesondere wenn er sie anerkennt, § 212. [75]

> **Beachte** den oft gemachten Fehler: Eine Mahnung hemmt die Verjährung *nicht*.

6. Verwirkung

Nicht Verjährung sondern Anwendungsfall des Grundsatzes von Treu und Glauben, § 242, ist die Verwirkung. Der Gläubiger hat durch sein Verhalten bei dem Schuldner den Eindruck erweckt, dass er auf Durchsetzung der Forderung nicht mehr bestehen werde. Tut er es dann doch, kann der Schuldner dem an sich berechtigten und noch nicht verjährten Anspruch die Einrede des widersprüchlichen Verhaltens entgegensetzen und Erfüllung verweigern. [76]

---

[74] Die Unterbrechungswirkung tritt auch ein, wenn der Antrag auf Vornahme der gerichtlichen Maßnahme unzulässig ist, BGH NJW 98, 1305. Das wird nun für die Hemmungswirkung gelten.

[75] BGH NJW 02, 2872 (zum alten BGB): Wenn der Schuldner sich so verhält, dass der Gläubiger glauben darf, der Schuldner werde sich nicht auf Verjährung berufen.

[76] Palandt § 242 RN 87 f

II. Rechtsgeschäft

Fälle:

1. *Gastwirt G ärgert sich über die vielen Nichverzehrer und hängt in seiner Kneipe ein Schild auf: **„Nichts**" – das neue Überraschungsgetränk, EUR 5,- ." A antwortet auf Frage des G, was er haben wollen „ nichts." G serviert ihm „Nichts." Muss A zahlen?*[•]

2. *Witzbold W bestellt Taxifahrer T zu A. Den A ruft er an, er habe in einer Verlosung der Regionalzeitung eine Taxifahrt zu seinem Arbeitsplatz gewonnen. Das Taxi werde gleich da sein. Das Taxi kommt. A steigt ein. Am Ziel will T Geld von ihm. Zu Recht?*

3. *A ist Fraktionsvorsitzender der X-Partei in B-Stadt. Im Rahmen einer heftigen Auseinandersetzung zückt A seinen Parteiausweis und lässt ihn, als er hinausgeht, auf dem Tisch liegen. Nach den Parteistatuten gilt Rückgabe des Parteiausweises als Austritt. Ist A aus der Partei ausgetreten?* [77]

4. *A winkt einem Taxi, steigt ein und sagt nichts als „Goethestraße 32." Am Ziel verlangt der Fahrer Geld. Zu Recht?*

5. *A will seinen Arbeitsvertrag kündigen. Den fertig auf dem Küchentisch liegenden Brief will er aber noch einmal überschlafen. Am nächsten Morgen hat sein Sohn diesen schon eingeworfen. Hat A gekündigt?*

1. Bedeutung der Willenserklärung

Soweit der Mensch seine rechtlichen Verhältnisse selbstständig gestalten kann, geschieht dieses durch Willenserklärungen. Der frei gebildete und

---

[•] Den Fall verdankt Verfasser einem Hörerhinweis aus Düsseldorf.
[77] vgl. OLG Hamm NJW 2000, 523

erklärte Wille ist Grundlage der Privatautonomie im Rechtsverkehr, Art. 2 GG.[78] Die Willenserklärung ist daher ein Schlüsselbegriff des Privatrechts. Verträge werden durch Austausch von Willenserklärungen geschlossen, durch Willenserklärungen gekündigt oder angefochten.

Von der Meinungs – oder Willensäußerung unterscheidet sich die Willenserklärung dadurch, dass sie auf eine Rechtsfolge gerichtet ist. Wenn A zu B sagt: *Was für ein hübscher Staubsauger!* so ist das eine rechtlich unbeachtliche Meinungsäußerung, auf derselben Ebene, wie wenn er sagt: *Es regnet.* Wenn A dem B aber zum Ausdruck bringt, dass er den Staubsauger gerne haben will, liegt darin eine auf die Begründung eines Vertrages, hier Kaufvertrag, gerichtete Erklärung, also eine Willenserklärung.

2. Willenserklärung = Wille + Erklärung

a. Wille

Erste Voraussetzung der Willenserklärung ist, dass ein rechtsgeschäftlich erheblicher Wille vorliegt. Wer auf die Frage des Wirtes, was er trinken wolle, antwortet „ nichts“ – will eben nichts trinken. Ihm fehlt die Vorstellung, mit dieser Äußerung eine rechtlich erhebliche Erklärung abzugeben, Fall 1.

Im Fall 2 hat A das Taxi benutzt, wie man es eben tut. Auf Grund des Telefongespräches meinte A jedoch, dass die Zeitung es bestellt habe. Es fehlte ihm, als er das Taxi bestieg, der Wille, der Rechtsfolgewille, einen Vertrag mit T zu schließen. Ein Vertrag ist nicht zustande gekommen, T hat keinen Anspruch gegen A. [79]

---

[78] Er ist überhaupt Grundlage unseres abendländischen Menschenbildes. Die Frage, ob der Mensch einen freien Willen gegenüber Gott habe, beherrscht die christliche Theologie seit ihren Anfängen bis heute.

[79] Hat T wenigstens einen Anspruch gegen W? Hatte dieser eigentlich Rechtsfolgewillen? Ja; W wollte zwar nur einen Scherz machen, aber dieser Scherz gegenüber dem A setzte gerade voraus, dass T den Scherz nicht durchschaute. Selbst wenn W sich heimlich vorbehalten haben sollte, den Vertrag mit T nicht wirklich zu wollen, ändert das an der Gültigkeit einer Willenserklärung nichts, § 116.

Manchmal ist ein Rechtsfolgewille schwer festzustellen. Im Fall 3 hat A vielleicht nur aus Wut seinen Mitgliedsausweis auf dem Tisch geknallt, um seinen Parteifreunden zu zeigen, was auf dem Spiel steht, und er hat in der Aufregung vergessen, den Ausweis wieder einzustecken. Möglich ist aber auch, in seinem Verhalten den Ausdruck des Willens zusehen, mit dieser Partei Schluss zu machen. Für diese Lösung hat sich das Oberlandesgericht nach ausführlicher Erörterung der Umstände entschieden.

b. Erklärung

Wird der Rechtsfolgewille bejaht, kommt es darauf an, ob dieser erklärt wurde. Wer eine Frau heiraten möchte und es ihr nicht sagt, bleibt ledig. Der unumstößlichste Beschluss, bleibt ohne Wirkung, wenn er nicht geäußert wird.

Die Willenserklärung muss nicht immer im Langtext geäußert werden. Es ist nicht erforderlich, dass der Fahrgast zum Taxifahrer juristisch korrekt sagt: *Ich mache Ihnen ein Vertragsangebot über einen Beförderungsvertrag mit diesem Taxi von diesem Bahnhofsvorplatz bis zur Goethestraße 32 zu den üblichen Bedingungen.* Worauf der Taxifahrer sagen müsste: *Ich nehme Ihr Vertragsangebot an.* Es reicht schlüssiges (=konkludentes) Verhalten, einen Vertrag schließen zu wollen, Fall 4.

Erklärung bedeutet die bewusste Kundgabe des Willens. Die Kundgabe der Erklärung muss von den Erklärenden selbst erfolgen, oder wenn sie von einem anderen bekannt gemacht wird, muss der Erklärende diesen dazu ermächtigten. Fall 5: Der Wille war zwar fertig formuliert, aber er befand sich noch im Besitz des A und konnte so noch keine Rechtswirkung entfalten. In ähnlicher Weise begründet ein unterschriebener Scheck solange noch keine Verpflichtungen des Scheckausstellers, als der Scheck in seinem Besitz bleibt. Die Kündigung ist also nicht gültig.[80]

[80] Natürlich stellt sich hier wie in vielen hier gebrachten Beispielsfällen die Frage, ob A diesen unwahrscheinlichen Verlauf beweisen kann. Aus didaktischen Gründen wird bei juristischen Fällen immer davon ausgegangen, dass der Fall so wie er beschrieben wird, auch zur Überzeugung des Richters bewiesen werden kann. Fragen des Beweisrechts gehören in das Zivilprozessrecht und sind hier nicht zu behandeln.

c. Zugang

Die erklärte Willenserklärung ist als solche erst einmal ein fertiges „juristisches Produkt." Handelt es sich um eine nicht empfangsbedürftigen Willenserklärung, ist sie damit automatisch wirksam.

Handelt es sich – wie fast immer – um eine empfangsbedürftige Willenserklärung, muss sie zur Wirksamkeit dem Empfänger noch zugehen, s.u. VI. Die Empfangsbedürftigkeit zögert also die rechtliche Wirkung der Willenserklärung bis zum Zugang hinaus. Bis dahin kann der Erklärende noch widerrufen, § 130 I 2.

3. Nichtigkeit der Willenserklärung

Eine an sich fertige Willenserklärung (Wille + Erklärung + Zugang) ist ungültig, wenn einer der im Gesetz genannten Nichtigkeitsgründe vorliegt. Das Gesetz nennt nur folgende Gründe.

§ 105: Es fehlt der rechtserhebliche Wille, weil der Erklärende nicht bei Sinnen ist.

§ 116: Geheimer Vorbehalt. A gibt eine Erklärung gegenüber dem B ab, beide wissen aber, dass A das Gesagte nicht wirklich will. Diese Vorschrift ist eigentlich überflüssig: liegt dieser Fall vor, fehlt schon der Rechtsfolgewille.[81]

§ 117: Scheingeschäft. Diese Fälle werden häufig auch unter § 138, Sittenwidrigkeit, fallen, wenn nämlich zum Schaden eines anderen, etwa um die Steuer zu betrügen, ein Geschäft nach außen geschlossen wird, welches nicht wirklich gemeint ist.[82]

---

[81] Vielleicht hängt diese Vorschrift mit einer Vorstellung des Kirchenrechts zusammen, wonach unter bestimmten Voraussetzungen ein geheimer Vorbehalt gültig sein kann. Der Gesetzgeber des BGB wollte offenbar eindeutig klarstellen, dass dieses im Zivilrecht nicht gilt.

[82] BGH NJW 99,3481: Wer die mangelnde Ernstlichkeit behauptet, muss sie beweisen. **Fall**: A kauft von Gemeinde G ein Grundstück; G sichert Bebaubarkeit zu. A verkauft weiter an D mit TDM 400 Gewinn. Neu gewählter Gemeinderat verhindert Bebaubarkeit (Bebauungsplan), D tritt vom Vertrag mit D zurück, A ver-

§ 118: Mangelnde Ernstlichkeit. Dieser Fall spielt in der Praxis eine geringe Rolle. Diese Vorschrift ist nur eine Fortführung des Grundgedankens, dass eine Willenserklärung einen Rechtsfolgewillen voraussetzt. § 118 ist daher eigentlich überflüssig. Gemeint sind jahrmarktmäßige Anpreisungen, die niemand ernst nimmt.

4. Arten der Willenserklärung

a. Empfangsbedürftige Willenserklärung

Die Willenserklärung zielt auf eine Rechtsfolge und kann daher nur gültig werden, wenn sie von demjenigen zur Kenntnis genommen wird, dem gegenüber die Rechtsfolge eintreten soll. Fast alle Willenserklärungen sind empfangsbedürftig.

b. Nicht empfangsbedürftige Willenserklärungen

Es gibt einige Willenserklärungen/Rechtsgeschäfte, die allein dadurch gültig werden, dass sie einseitig erklärt werden. Wichtigstes Beispiel dafür ist das Testament. Wenn das Testament formgültig errichtet wird, ist es allein dadurch ein gültiger Rechtsakt. Es muss nicht von anderen zur Kenntnis genommen werden, §§ 2064 ff.[83]

Andere Beispiele: Auslobung, § 657, Verzicht auf Eigentum, § 959.

Die Willenserklärung wird in diesen Fällen allein dadurch gültig, dass sie in der vorgeschriebenen Form geäußert wird.

5. Rechtsgeschäftsähnliche Handlungen

Rechtsgeschäftsähnliche Handlungen sind solche Erklärungen, welche nicht unmittelbar auf die Herstellung oder Änderung eines Rechtsverhält-

---

langt Schadensersatz wegen Nichterfüllung. G behauptet: A habe nur *zum Schein* an D weiterverkauft, um einen entgangenen Gewinn, § 252, vorzutäuschen. A obsiegt.

[83] Da der Testator sein Testament jederzeit einseitig widerrufen kann, ist es endgültig wirksam erst mit seinem Tod.

nisses zielen, sondern auf einen tatsächlichen Erfolg.[84] Hierzu gehören insbesondere

- die Mahnung,
- die Mängelrüge bei Kauf und Werkvertrag,
- die Fristsetzung in § 281,
- Aufforderung gemäß § 108 usw.

Gemeinsam ist diesen Erklärungen, dass sie innerhalb eines bereits bestehenden Schuldverhältnisses abgegeben werden. Sie fördern das Schuldverhältnisses und lenken einzelne Ansprüche. Durch die Mahnung gerät die fällige Forderung in Verzug, durch die Mängelrüge wird der Anspruch des Käufers eingegrenzt usw.

6. Vertragsgestaltungserklärung

Der Bereich der rechtsgeschäftsähnlichen Handlungen ist von einer größeren praktischen Bedeutung, als es meist erkannt wird. Komplexe Vertragsverhältnisse, insbesondere Dauerschuldverhältnisse, können nur sachgerecht durchgeführt werden, dass die Parteien einander ständig oder wechselseitig Weisungen bzw. Hinweise geben, wie bestimmte Vertragspflichten im konkreten Fall gehandhabt werden sollen.

Das ist augenfällig im Arbeitsvertrag. Es ist nicht damit getan, dass der Arbeitnehmer seinen Stuhl einnimmt, der Arbeitgeber auf die Stellenbeschreibung verweist und am Ende des Monats vernünftige Arbeit verlangt. Der Arbeitgeber ist nicht nur berechtigt, sondern auch verpflichtet, dem Arbeitnehmer Weisungen zu erteilen, wann, wie und was dieser zu tun hat. Ähnliches gilt, wenn ein Fahrlehrer seinem Fahrschüler im Rahmen des Ausbildungsvertrages bestimmte Weisungen erteilt, wenn ein Mandant seinen Rechtsanwalt anweist, an Stelle der ursprünglich in Aussicht genommenen Summe eine andere einzuklagen, der Reiseveranstalter die Reisenden anweist, sich links hinzustellen, zehn Minuten zu warten und so weiter.

[84] Palandt, Überbl v. § 104 RN 6

Der Verfasser möchte für diese Weisungen innerhalb bestehender Schuldverhältnisse den Begriff Vertragsgestaltungserklärung (VGE) vorschlagen und hier verwenden.
Vertragsgestaltungserklärungen sind Erklärungen innerhalb eines Schuldverhältnisses. Sie sind nur gültig, wenn sie sich an den von dem Schuldverhältnis gezogenen Rahmen halten. Im einzelnen ist die Grenze wie stets in dem Gebot von Treu und Glauben zu suchen. Für die Vertragsgestaltungserklärungen gelten grundsätzlich dieselben Regeln wie für die Willenserklärung.

7. Schuldrechtliche und abstrakte Willenserklärung

Die Willenserklärung kann zielen auf

- Begründung einer Verpflichtung: z.B. A und B schließen einen schuldrechtlichen Vertrag, und
- auf Änderung eines Rechts oder Rechtszustandes.

In letzterem Falle spricht man von einer abstrakten Willenserklärung oder Verfügung. z. B: A und B schließen Vertrag zur Übertragung des Eigentums an einer Sache, § 929. Damit ist B Eigentümer geworden; A tritt dem B durch Vertrag gemäß § 398 eine Forderung ab: damit ist B neuer Gläubiger. A ficht den Vertrag mit B an: Wenn ein Anfechtungsgrund vorliegt, dann ist der Vertrag damit zerstört. A erteilt dem B Vollmacht: dadurch hat B Vollmacht. A genehmigt das Geschäft seines minderjährigen Kindes: das ist jetzt gültig. A widerruft gemäß § 312 usw.

Die schuldrechtliche und abstrakte Willenserklärung unterscheiden sich lediglich hinsichtlich ihrer Rechtswirkung, es gelten für beide dieselben Regeln.

III. Irrtumsanfechtung

Fälle:

1. *Student A aus Ostfriesland bestellt in Bonn bei G einen "Halven Hahn" für DM 5,- und ist sehr enttäuscht, als ihm ein Stück Käse gebracht wird. Muss A das bezahlen?*[•]

2. *Rentnerin R, AOK - Mitglied, unterschreibt bei ihrer Krankenhauseinweisung einen Vertrag " Privatbehandlungsvertrag" und meint, so heiße das eben.*[85] *Muss R den Privatsatz bezahlen?*

3. *A hat etwas von Mobilcom-Aktien gelesen und will diese bei B-Bank ordern. Er vertut sich und ordert 100 Telekom - Aktien. Muss A die Aktien abnehmen?*

4. *A will eine Rechnung über EUR 1.580 an G bezahlen, schreibt aber auf den Überweisungsbeleg EUR 5.180. Kriegt A sein Geld wieder?*

5. *A kauft zum 50. Geburtstag seiner Frau F eine wertvolle Brosche. F meint, diese mache alt, und freut sich, entgegen den Erwartungen des A, überhaupt nicht darüber. A will den Kaufvertrag anfechten. Geht das?*

6. *Lizenzfußballspieler L unterschreibt bei V-Verein einen neuen Vertrag. V erfährt später, dass L einmal wegen Doping gesperrt war und will anfechten.*[86] *Darf V sich von L trennen?*

7. *A gibt auf die Ausschreibung für den Neubau einer Turnhalle der Gemeinde G das bei weitem günstigste Gebot aller Mitbewerber ab. Der Vertrag mit G wird geschlossen. Jetzt merkt A, dass er die*

[•] Der Ostfriese war der Verfasser selbst.

[85] vgl. LG Köln NJW 88, 1518

[86] vgl. BGH NJW 76, 565

Transport- und Montagekosten in seiner Kalkulation vergessen hat.[87] *Kann er vom Vertrag zurück?*

8. *A erwirbt von B dessen Handelsgeschäft und führt es unter der alten Firma fort (§ 25 HGB). Ein Gläubiger des B, von dem A nichts wusste, verlangt von ihm Zahlung. A erkennt jetzt, was es bedeutet, die alte Firma fortzuführen und ficht den Vertrag mit B an.*[88] *Zu Recht?*

9. *A ist einziges Kind des verwitweten Erblassers E. Dieser hat ein Testament gemacht, in welchem A zwar als Erbe eingesetzt, zu seinem großen Verdruss aber verpflichtet wird, seiner noch relativ jungen Tante T ein lebenslängliches Wohnrecht in einer der von ihm geerbten Wohnungen einzuräumen. A hält es für eine gute Idee, die Erbschaft auszuschlagen und damit das Wohnrecht der T zu unterlaufen. Nachdem er das getan hat, wird er dahin belehrt, dass er jetzt gar keine Ansprüche mehr an das Erbe hat. Kann A anfechten?*[89]

10. *a. Kunsthändler K sieht bei Trödler T ein Gemälde eines niederländischen Meisters. Das Bild ist mindestens 10.000 EUR wert. T kennt den Wert nicht und verkauft es dem K am 1.4. für 100 EUR. Kann T nach Kenntnis seines Irrtums anfechten?*

b. Variante: T hatte den A noch gefragt, ob er das Bild für echt halte. K hatte wider besseres Wissen erklärt, es handele sich um eine billige Kopie ohne Wert.

c. Am 15.4. wird über das Vermögen des K das Insolvenzverfahren eröffnet. Der Insolvenzverwalter weigert sich, trotz Anfechtung das Bild an T herauszugeben. Zu Recht?

[87] BGH NJW 98, 3198
[88] Beispiel nach RG 76, 440
[89] Beispiel nach OLG Düsseldorf, vgl. Palandt § 119 RN 15

1. Grundsatz

Wenn eine Willenserklärung gültig geworden ist, § 130, kann sie nicht mehr widerrufen werden.[90] Es ist wie im Skat: Was liegt, das liegt. Es ist den „Mitspielern“ im Rechtsverkehr nicht zuzumuten, dass ein Partner seine Willenserklärung wieder zurückzieht, wenn sich die Dinge anders entwickeln, als er es erwartet hat. Von diesem unbeachtlichen Erwartungsirrtum zu unterscheiden ist der Irrtum über den Gegenstand des Geschäfts.[91] Das deutsche Recht zählt die erheblichen Irrtumsgründe auf:

- Inhaltsirrtum, § 119 I S. 1
- Erklärungsirrtum, § 119 I S. 2;

§ 120 beschreibt nur einen Sonderfall des Erklärungsirrtums. [92]

- Eigenschaftsirrtum, § 199 II

Beachte: Nicht unter § 119 fallen Anfechtungen der Ehelichkeit und nach der InsolvenzO. Diese Fälle werden vom Gesetz besonders geregelt. Auch die Anfechtung eines Testaments gemäß § 2078 folgt eigenen Regeln.

2. Inhaltsirrtum

Wenn der Erklärende es anders gemeint hat, als er verstanden wurde, hat er zwar das gesagt, was er wollte, aber seine Erklärung hatte offenbar einen anderen Inhalt, als er ihr geben wollte. Er hat sich über die Bedeutung dessen, was er sagte, den Inhalt seiner Erklärung, geirrt. Er kann seine Willenserklärung anfechten, Fall 1. Auch im Fall 2 hat Rentnerin R offenbar nicht gewusst, was „ Privatbehandlungsvertrag“ hier bedeutete.

[90] vgl. jedoch das Widerrufsrecht des Verbrauchers, § 312.

[91] Das frz. Recht sagt sehr allgemein in Art 1110 code civil: *Irrtum führt zur (relativen) Unwirksamkeit (= Anfechtung), wenn er sich auf den Gegenstand des Geschäfts bezieht.* Nicht das Gesetz, die Rechtsprechung, entwickelt praktisch dieselben Irrtumsfälle wie in § 119 BGB.

[92] Palandt § 120 RN 1

3. Erklärungsirrtum

Erklärender sagt oder schreibt, was er gar nicht sagen wollte. Gelegentlich hilft die Eselsbrücke, den Erklärungsirrtum als *Verklärung*sirrtum bezeichnen: Der Erklärende *ver*-tut sich, *ver*-schreibt oder *ver*-spricht sich. Erklärender hat gleichsam einen „Zahlendreher" im Kopf. Statt schwarz sagt er weiß, statt links – rechts, statt Pfund - Kilo usw. Fälle 3 und 4. A kann anfechten.

4. Motivirrtum

Der Motivirrtum berechtigt nicht zur Anfechtung.[93] Im Fall 5 hat A sich nicht versprochen. Er war sich auch über die Bedeutung des Wortes Brosche im klaren. Der Irrtum des A bezieht sich nicht auf seine rechtsgeschäftliche Erklärung. Sein Motiv für die Abgabe dieser Erklärung wurde enttäuscht. Er kann nicht anfechten.

Wäre der Motivirrtum ein Anfechtungsgrund, bräche der Rechtsverkehr vermutlich zusammen. Wer Aktien kauft in der Meinung, dass diese bald steigen, könnte sich bei fallenden Kursen auf einen Motivirrtum berufen und den Kauf rückgängig machen – zu schön für diese Welt!

Wer die Gültigkeit seiner Willenserklärung davon abhängig machen will, dass die Wünsche und Motive, welche er sich dabei vorgestellt hat, auch eintreffen, muss Bedingungen setzen bzw. vereinbaren, welche diese widerspiegeln, s.u. IV.

5. Eigenschaftsirrtum

Wie ein Motivirrtum, so führt auch der Irrtum über eine Eigenschaft eines Gegenstandes grundsätzlich nicht zur Anfechtbarkeit. Der Irrtum über verkehrswesentliche Eigenschaften ist eigentlich eine Form des Inhaltsirrtums.

Der Begriff *verkehrswesentlich* meint eine objektiv gegebene Eigenschaft. Verkehrswesentlich ist eine Eigenschaft, wenn sie bzw. ihr Fehlen objektiv, nach allgemeiner Einschätzung, wichtig für die Bewertung des Gegenstandes ist. Nur wenn die Eigenschaft zum objektiven Merkmal des Gegenstan-

---

[93] Das sieht das frz. Recht ebenso: Dalloz art.1110, Nr. 21

des, verkehrswesentlich, geworden ist, kann nach § 119 II angefochten werden. Der Wert einer Sache ist fast niemals eine objektive Gegebenheit. Im Fall 10 a hat T nur dann Aussicht auf Erfolg, wenn er sich über die Person des Künstlers geirrt hat. Der Irrtum über den Wert gibt kein Anfechtungsrecht. [94]

Fall 6: Für den Verkehr, auf den es dem Verein ankommt, ist es von Bedeutung, ob ein Spieler mit dieser Vergangenheit für ihn auftritt. § 119 II macht deutlich, dass nicht jeder Eigenschaftsirrtum zur Anfechtung führt. Es wird daher darauf ankommen, wie lange die Dopinggeschichte zurückliegt, ob sie seinerzeit Aufsehen erregte usw. Vielleicht gelten auch für einen Erstligaverein andere Anforderungen als für einen Verein in der Oberliga usw. Der BGH ließ Anfechtung zu.

6. Kalkulationsirrtum

Bei dem Kalkulationsirrtum hat sich der Erklärende nicht bei der von ihm abgegebenen Erklärung vertan, er hat sich auch nicht über den Inhalt seiner Willenserklärung (Vertragsangebot) geirrt – er hat nur nicht richtig gerechnet, sonst hätte er ein Vertragsangebot zu diesem Preis, Konditionen usw. nicht abgegeben. *Kalkulationsirrtum ist Motivirrtum und fällt in die Risikosphäre des Erklärenden.* [95] Im Fall 7 kann A also nicht anfechten. Das gilt in aller Härte. Die Gemeinde G kann von A Erfüllung des Vertrages verlangen, und sollte A darüber infolge seines Berechnungsirrtums insolvent werden.

Etwas anderes gilt für den sogenannten *offenen Kalkulationsirrtum*. Dieser liegt vor, wenn der Erklärende die Berechnungsgrundlagen offen ausweist, er sich aber bei einer Rechenoperation vertut – etwa wenn er Zahlen dreht, falsch addiert usw. In diesen Fällen handelt es sich in Wahrheit um einen Erklärungsirrtum.[96]

---

[94] Palandt § 119 RN 27; im frz. ebenso: Dalloz art. 1110, Nr. 19

[95] Palandt § 119 RN 18; Im Fall hatte aber die auftraggebende Gemeinde den Irrtum erkannt oder hätte ihn jedenfalls erkennen müssen. G darf den A trotzdem am Vertrag festhalten. BGH NJW 98, *3194: Positive Kenntnis des Kalkulationsirrtums genügt nicht für die Annahme einer unzulässigen Rechtsausübung*, die in dem Beharren auf Vertragserfüllung gesehen werden könnte.

[96] Palandt § 119 RN 19

7. Rechtsfolgenirrtum

Der Irrtum über die rechtlichen Folgen einer Willenserklärung ist kein Erklärungsirrtum, auch kein Eigenschaftsirrtum. Er ist also unbeachtlich.

Es ist aber im Einzelfall zu prüfen, ob der Erklärende sich nur über die Rechtsfolge geirrt hat, oder ob er sich nicht in Wahrheit über den Inhalt seiner Willenserklärung geirrt hat. Im Fall 8 kommt es vor allem auf die Interessen der Gläubiger des B an. Diese waren an dem Vertrag des A mit B nicht beteiligt, sie dürfen auf die Kontinuität des Firmennamens vertrauen. Die Interessen des A, welcher der überraschenden Haftung entgehen will, treten dagegen zurück, er hätte sich informieren sollen. Keine Anfechtung, so das Reichsgericht. [97]

Im Fall 9 wird man mit dem Gericht einen Inhaltsirrtum annehmen. A wollte eine Erklärung abgeben, welche ihn von dem lästigen Wohnrecht befreite, er wollte aber nicht auf die Erbschaft verzichten. [98]

8. Anfechtungsfrist

Die Anfechtung gemäß § 119 muss unverzüglich nach Kenntniserlangung von dem Anfechtungsgrund erfolgen, d. h. so schnell wie nach den Umständen zumutbar. Das Anfechtungsrecht erlischt spätestens zehn Jahre, nachdem die Willenserklärung abgegeben wurde.

---

[97] Palandt § 119 RN 16

[98] **Exkurs:** Die Abgrenzung des unbeachtlichen Rechtsfolgeirrtums vom beachtlichen Inhaltsirrtum ist häufig schwierig. Es ist nach Meinung des Verfassers wie folgt zu differenzieren: Der Irrtum über eine typische Rechtsfolge eines Rechtsgeschäfts und solche Rechtsfolgen, welche auch gegenüber Dritten wirken, ist unbeachtlich. z.B. Bürge irrt über seine Zahlungspflicht, Schenker irrt über die Endgültigkeit der Vermögensübertragung; Grundstückserwerber irrt über seine Grunderwerbsteuerpflicht usw. Wer das Recht in seiner typischen Ausprägung nicht zur Kenntnis nimmt, muss sich im Rechtsverkehr zurückhalten. Es besteht keine Veranlassung, ihm auf Kosten anderer einen Freischuss in dem Sinne zu gewähren, dass er ins Blaue Erklärungen abgibt, welche er, wenn sie etwas anderes zur Folge haben, als von ihm erwartet, anfechten kann. Ist die Rechtsfolge, über welche der Erklärende irrt, aber nur eine Nebenfolge (z.B. Abschluss des Vertrages bedeutet Verzicht auf andere Rechte), dann ist dem Erklärenden die Irrtumsanfechtung zuzugestehen, wenn diese Nebenfolge im Verkehr als wesentlich angesehen wird, vgl. § 199 II.

Nur *sofort* bedeutet sofort, unverzüglich bedeutet also, dass der Anfechtende eine gewisse Überlegungsfrist hat. Die unverzügliche Absendung der Anfechtung erhält dem Anfechtenden das Recht auch dann, wenn die Anfechtung ohne Schuld des Anfechtenden zögerlich übermittelt wird. [99]

9. Folgen der Anfechtung

a. Abstraktionsprinzip

Infolge der Anfechtung wird nur diejenige Willenserklärung vernichtet, welche auf Grund des gemäß § 119 erheblichen Irrtums gebildet worden war. In den Beispielsfällen, Ausnahme Fall 9, bezog sich der Erklärungs-, Inhalts- oder Eigenschaftsirrtum nur auf den schuldrechtlichen Vertrag: Der Erklärende hatte sich auf Grund seines Irrtums vertraglich verpflichtet. Das, was die Vertragsparteien nun in Erfüllung des gültigen, wenn auch anfechtbaren, Vertrages an Willenserklärungen austauschen, ist von diesem Erklärungs-, Inhalts-, oder Eigenschaftsirrtum nicht beeinflusst, sondern vom Motiv des geschlossenen Vertrages.

Die Übereignung des *Halven Hahn* in Fall 1 geschieht gemäß § 929: A und G sind darüber einig, dass A jetzt Eigentümer dieser Speise geworden ist. Wenn A die Speise zurückweist, also den Vertragsschluss gemäß § 929 ablehnt, bleibt der Wirt Eigentümer. Ebenso Fall 3. Die Willenserklärungen des *Übereignungsvertrages* ist nicht Folge eines beachtlichen Irrtums und kann folglich nicht angefochten werden. Die Anfechtung des *schuldrechtlichen* Vertrages erfasst also *nicht* den Übereignungsvertrag. A bleibt also trotz gültiger Anfechtung des *schuldrechtlichen Vertrages* Eigentümer des falschen Hahns.

Gemäß § 123 ist jeder durch Täuschung oder Drohung erzeugte Motivirrtum erheblich. [100] Im Fall 10 b kann daher nicht nur die Willenserklärung angefochten werden, welche den schuldrechtlichen Vertrag begründete, sondern auch die dadurch motivierte Willenserklärung gemäß § 929. Nach

[99] Palandt § 121 RN 4. Grund: Der Irrende soll nicht mit der Frist spekulieren, während für den Empfänger grundsätzlich egal ist, ob er die Anfechtung einige Tage früher oder später zur Kenntnis nimmt.

[100] Das Verhältnis von § 119 und 123 ist mit dem von § 823 und § 826 zu vergleichen: Der offene Schadensbegriff in § 823 wird in § 826 sowohl erweitert, als durch die Erforderlichkeit des Vorsatzes wieder eingeengt.

Anfechtung ist T also wieder Eigentümer. Der Insolvenzverwalter hat im Fall 10 c das Bild gemäß § 985 an T herauszugeben.

b. Rückwirkung der Anfechtung

Das Rechtsgeschäft wird infolge der Anfechtung rückwirkend vernichtet, § 142. Der durch den anfechtbaren Vertrag begründete Rechtsgrund fällt also rückwirkend weg, sodass die Parteien gegenseitig ohne Rechtsgrund bereichert sind. Die Vertragspartner werden so gestellt, als ob nichts geschehen wäre. Es gelten §§ 812 ff. Die bereits ausgetauschten Leistungen müssen zurückgegeben werden. Fall 10 b: T bekommt sein Bild, K seine 100 Euro zurück.

c. Ersatzpflicht des Anfechtenden

Für die Zulässigkeit der Irrtumsanfechtung kommt es auf ein Verschulden des Irrenden nicht an. Umgekehrt ist der Irrende von seiner Ersatzpflicht gemäß § 122 nicht deswegen frei, weil er schuldlos geirrt hat.

Der wegen Irrtums Anfechtende ist, schuldhaft oder nicht, dafür verantwortlich, dass gewisse Aufwendungen, die der Erklärungsempfänger im Vertrauen auf die Beständigkeit der Willenserklärung gemacht hat, nun nutzlos sind. Diese muss der Anfechtende ersetzen, § 122. Gehaftet wird für den Vertrauensschaden (= negatives Interesse).

Diese Haftung auf den Vertrauensschaden macht die Irrtumsanfechtung in vielen Fällen zum Nullsummenspiel. Es kommt im Ergebnis nichts dabei heraus. Im Fall 3 kann A zwar anfechten, aber er muss der Bank den Schaden ersetzen, den diese dadurch erleidet, dass sie auf den nun im Kurs gefallenen Telekomaktien sitzen bleibt. Das sieht in der formal wie folgt aus:

- A ficht seinen Auftrag mit Rückwirkung an. Die Bank hat also die Aktien ohne Auftrag des A gekauft und kann folglich von A nicht gemäß § 670 den Ersatz der Aufwendungen verlangen, welche sie hatte, um den Auftrag des A zu erfüllen.
- Die Aktien verbleiben der Bank, sie müssen nicht gemäß § 667 an A herausgegeben werden.
- Wenn der Kurs fällt, verkauft die Bank die Aktien mit Verlust. Diesen Verlust macht sie gemäß § 122 als Schadensersatz geltend.

Das Ergebnis ist für A fast egal, mit oder ohne Anfechtung hat er den Nachteil aufgrund seines Irrtums zu tragen. Ohne Anfechtung haftet A gemäß § 670 für den Preis der Aktien am Handelstag plus Provision und Spesen der Bank; mit Anfechtung haftet er gemäß § 122 für die Differenz zwischen diesem Preis und dem niedrigeren Erlös am Wiederverkaufstag plus Spesen, freilich ohne Provision.

In Fall 4: Hat die Bank die Überweisung durchgeführt; kann sie das Geld nicht von G zurückholen, dann gilt:

- A hat wirksam angefochten. Bank hat also keinen Anspruch darauf, das Konto des A mit mehr als EUR 1580,- zu belasten, § 670.
- Aber aufgrund des Irrtums des A hat sie Aufwendungen i.H.v EUR 5180 gehabt, die jetzt verloren sind. Die Differenz zu Eur 1580 macht sie als Schadensersatz geltend und darf das Konto des A aufgrund des Kontovertrages mit dieser Summe belasten.

A trägt im Ergebnis also doch das Risiko, ob das Geld vom Empfänger wiedererlangt werden kann. Auch im Fall 1 kann A zwar anfechten, er muss aber dem Gastwirt den Schaden ersetzen, der dadurch entsteht, dass das auf den Tisch Gebrachte nicht noch einmal verkauft werden kann. A darf aber den Gewinnaufschlag des G abziehen. Die Anfechtung geht daher in den Geschäften des täglichen Lebens im Ergebnis meist ins Leere und schützt den Erklärenden nur davor, für den entgangenen Gewinn des Erklärungsempfängers einstehen zu müssen, während er selber wegen seines Irrtums keine Möglichkeit hat, aus dem Geschäft Nutzen zu ziehen.

10. Anfechtung wegen Täuschung oder Drohung

a. Täuschung

Die Anfechtung gemäß § 123 macht in der Regel keine Schwierigkeiten. Die Täuschungshandlung ist im wesentlichen identisch mit der Betrugshandlung in § 263 StGB. Die Täuschung kann einmal durch aktives Tun geschehen. Im Fall 10 b ist daran wohl kein Zweifel.

Es kommt aber nur selten vor, dass man einander direkt ins Gesicht lügt. Man lügt und betrügt, wenn man es tut, durch Schweigen, obwohl man reden sollte. Eine Täuschung durch Unterlassung liegt vor, wenn der Täter eine Pflicht zur Aufklärung gehabt hätte. Im Fall 10 a fragt sich, ob A den T unaufgefordert über seinen Irrtum hätte aufklären müssen. Dazu bestand zweifellos eine moralische Pflicht. Eine Rechtspflicht wird man aber wohl verneinen. Es kommt freilich auf die näheren Umstände an.

b. Drohung

Eine durch Drohung erzeugte Willenserklärung ist anfechtbar, wenn die Drohung rechtswidrig war. Die Rechtswidrigkeit ist nach den Umständen des Einzelfalles zu ermitteln. Als Grundsatz gilt: Was man allgemein darf, darf man auch dazu einsetzen, um einen Vorteil zu erreichen.

In der Praxis kommt verhältnismäßig häufig die Frage auf, ob die Drohung mit einer Strafanzeige zur Durchsetzung eines zivilrechtlichen Anspruches rechtswidrig ist. Das ist grundsätzlich zu verneinen. Jeder Bürger ist befugt, die Staatsanwaltschaft auf wirkliche oder vermutete Strafhandlungen hinzuweisen. Etwas anderes kann allerdings gelten, wenn die Drohung mit einer Strafanzeige aus dem Blauen gegriffen ist, um eine vielleicht unbedarfte Person zu erschrecken und zu veranlassen, dass sie von ihren Ansprüchen ablässt, S. 325 Fall 2.

c. Rechtsfolge

Auch wer aufgrund einer Täuschung oder rechtswidrigen Drohung zur Abgabe einer Willenserklärung veranlasst wurde, hat die Option das Rechtsgeschäft bestehen zulassen. Das Rechtsgeschäft ist erst einmal gültig, es kann aber angefochten werden. Allerdings gilt hinsichtlich der Schadensersatzpflicht etwas anderes. § 122 verweist auf §§ 119, 120, also nicht auf § 123. In diesem Anfechtungsfall hat also der Täuschende bzw. Drohende den gesamten Schaden (positives Interesse) des anderen Teils zu ersetzen.

IV. Willenserklärungen unter Bedingungen

Fälle:

1. *A-AG ist vertraglich verpflichtet, dem C im Lande L eine Sicherheit i.H.v EUR 100 Mio dafür zu stellen, dass das von ihr zu erstellende Zementwerk pünktlich und ohne Mängel fertig wird. Im Auftrage der A - AG übernimmt B-Bank gegenüber dem C eine Garantie, in der es heißt:*

   > *Wir zahlen auf Ihr erstes Anfordern verbunden mit einer von dem Sachverständigen S gegengezeichneten schriftlichen Behauptung, dass A-AG ihre Pflichten Ihnen gegenüber nicht erfüllt hat. Diese Verpflichtung gilt bis zum 31.3. 2000.*

   C schickt am 31. 3. Ortszeit in L ein Telefax mit Zahlungsanforderung an B- Bank, welches bei dieser am 1. 4. MEZ ankommt mit dem Hinweis, anstelle des Sachverständigen S zeichne der ebenso kompetente Sachverständige V die Mängelanzeige.

   B – Bank will nicht zahlen. C verlangt Zahlung. Zu Recht?

2. *A mietet bei V eine Wohnung in Essen für den Fall, dass er die ihm in Essen in Aussicht gestellte Arbeitsstelle bei S bekomme. A wartet die Entscheidung des S nicht ab und tritt in Leipzig eine bessere an. V besteht auf Zahlung der Miete. Zu Recht?*

3. *A ist bei B beschäftigt. A hat eine neue Stelle bei C in Aussicht und schreibt eine Kündigung an B: „Hiermit kündige ich fristgemäß das Arbeitsverhältnis zum 31.3., allerdings unter der Bedingung, dass ich bis zum 15. 3. einen neuen Arbeitsvertrag mit C unterschrieben habe.“ B hält diese Kündigung für unwirksam.*

4. *F, Chef eines uralten katholischen Fürstengeschlechtes mit altererbtem Grundvermögen, errichtet ein Testament, in welchem es heißt: „Erbe ist mein Sohn S unter der Bedingung, dass er*

standesgemäß (d.h. katholisches Fürstenhaus) heiratet; wenn nicht, erbt mein nächst ältester Sohn N, der bereits entsprechend verheiratet ist. F stirbt, S heiratet eine evangelische Ärztin.

1. Grundsatz

Wenn der Erklärende noch unsicher ist, ob und unter welchen Voraussetzungen seine Willenserklärung gelten soll, muss er ihre Wirksamkeit von einer Bedingung, §§ 158 ff, abhängig machen. Bedingungen sind das rechtliche Werkzeug, um persönliche Motive und Vorstellungen rechtlich zur Geltung zubringen.

Der Vertragspartner braucht sich auf Bedingungen nicht einzulassen. Wenn er es tut, dann gilt die Bedingung. Das Gesetz unterscheidet in § 158 zwei Bedingungen:

- Auflösende Bedingung: die Willenserklärung wird sofort wirksam. Wenn die Bedingung eintritt, entfällt die Wirkung der Willenserklärung für die Zukunft.

- Aufschiebende Bedingung: die Willenserklärung ist juristisch fertig, kann also nach Eintritt der Bedingung ohne weiteres Zutun der Beteiligten wirksam werden: sie ist aber solange nicht wirksam, als diese Bedingung nicht eingetreten ist.

Eine unmögliche aufschiebende Bedingung macht das Rechtsgeschäft unwirksam, ein Rechtsgeschäft unter einer unmöglichen auflösenden Bedingung bleibt hingegen wirksam.[101]

[101] Palandt § Einf.v. §158 RN 11.- Die sonst nicht großen Unterschiede der beiden Bedingungsformen können sich bei der Beweislast auswirken. Ist die Gültigkeit einer Willenserklärung streitig, muss die Partei, die sich darauf beruft, die Gültigkeit beweisen. Behauptet eine Seite, die Willenserklärung stehe unter einer *aufschiebenden* Bedingung, muss die Gegenseite, welche die Gültigkeit behauptet, beweisen, dass sie unbedingt abgegeben wurde, BGH NJW 02, 2862

2. Mögliche Bedingungen

Bedingungen sind ungewisse Tatsachen. In der Regel sind damit Tatsachen gemeint, welche in der Zukunft liegen. Denkbar ist allerdings, dass die Parteien die Gültigkeit ihrer Willenserklärungen von Umständen abhängig machen, die zwar zurück liegen, deren Ausgang man aber noch nicht weiß. Beispiel: Am Montag nach der Lottoausspielung sagt A zum Mercedes-Händler M: Falls ich gewonnen habe, kaufe ich dieses Modell.

In Bedingungen können völlig willkürlich gestellt werden. Sie müssen nicht objektiv sinnvoll sein. Fall 1: Die im internationalen Verkehr äußerst wichtige Garantie auf erstes Anfordern funktioniert unter der Voraussetzung, dass der Garant, fast immer eine Bank, einseitig die Bedingungen setzt, unter denen sie Zahlung verspricht.[102] Bedingung war ein Testat des S, das bis zum 31. 3. vorliegen sollte. Das tat es nicht. Es ist unerheblich, ob der V ebenso kompetent wie der S ist, es spielt auch keine Rolle, dass es praktisch egal ist, ob die Nachricht etwas früher oder später eintrifft. Die Bedingung für die Zahlungspflicht der Bank ist nicht erfüllt.

Fall 2: Der Mietvertrag stand unter einer Bedingung. Die Bedingung ist nicht eingetreten, A hat die Arbeitsstelle in Essen nicht bekommen. Der Mietvertrag ist daher an sich automatisch entfallen. Hätte A den Eintritt der Bedingung verhindert, etwa indem er die Aussicht, den Arbeitsplatz bei S zu erhalten, dadurch zerstört hätte, dass er dem S einen beleidigenden Brief schreibt, so wäre er gemäß § 162 so zu stellen, als ob die Bedingung eingetreten wäre. Der Mietvertrag wäre gültig. Im Fall 2 hat A nicht unmittelbar verhindert, dass die Bedingung eintrat. Durch seine voreilige Entscheidung hat er aber die Chancengleichheit, wonach der Eintritt der Bedingung für beide Seite gleich unsicher war, verhindert. Im Zweifel wird er so gestellt, als ob die Bedingung eingetreten wäre, § 162. Etwas anderes dürfte nur gelten, wenn A nachweist, dass er die Stelle bei S auf keinen Fall bekommen hätte.

---

[102] Im Akkreditivverkehr (= Garantieähnliche Form der Zahlung im Außenhandel) ist diese Abhängigkeit von wirklich oder scheinbar sinnlosen Bedingungen noch ausgeprägter. Der hier geltende Grundsatz der Dokumentenstrenge basiert auf der peinlichen Einhaltung auch der kleinlichsten Bedingung. Vgl. allg. Häberle (Bearb. Aden) *Handbuch der Akkreditive, Inkassi, Exportdokumente und Bankgarantien*, Oldenbourg, 2000.

3. Bedingungsfeindliche Geschäfte

Grundsätzlich kann jedes Rechtsgeschäft unter eine Bedingung gestellt werden. Ausnahmen nennt das Gesetz, z.B. § 925 II. Der Grund der Bedingungsfeindlichkeit bestimmter Geschäfte besteht in dem Interesse an einer definitiven Rechtslage. Dazu gehören die so genannten Gestaltungsrechte, also Rücktritt, Kündigung, Anfechtung. [103] Die Bedingung in Fall 3 ist unbeachtlich.

Bedingungsfeindlich sind daher auch familienrechtliche Rechtsgeschäfte etwa die Eheschließung § 1311, die Vaterschaftsanerkennung § 1594 III.

4. Sittenwidrige Bedingungen

Bedingungen können sittenwidrig und gesetzeswidrig sein. Dann sind sie ungültig.[104] Von besonderer Bedeutung sind sitten – oder gesetzeswidrige Bedingungen in Arbeitsverträgen. [105]

In einem normalen Vertrag wäre eine Bedingung, welche die Gültigkeit eines Vertrages, z.B. über eine Pauschalreise, davon abhängig macht, ob jemand katholisch, adlig usw. ist, wohl unwirksam. Es kommt allerdings auf die Umstände an. Denkbar ist immerhin, dass ein katholischer Reisedienst für eine Fahrt ins Heilige Land die Gültigkeit des Vertrages davon abhängig macht, dass der Reisende katholischer Konfession ist. Die Anordnung von Bedingungen in Testamenten und Erbschaftsverträgen spielt eine ganz entscheidende Rolle für die Ausgestaltung des Willens des Erblassers. Gegen die Bedingungen im Fall 4 ist daher nichts einzuwenden. Nicht S, sondern sein Bruder N ist Erbe. [106]

---

[103] allg. BGHZ 97, 264; Palandt Einf v. § 158 RN 12

[104] Palandt Einf.v. § 158 RN 11

[105] Eine Arbeitnehmerin, welche zu Vermeidung des ao Kündigungsrechtes die Bedingung akzeptiert, nicht schwanger zu werden, ist hieran nicht gebunden; ebenso: Bedingung, nicht in eine Gewerkschaft einzutreten, keinen Betriebsrat zu gründen u.ä.

[106] vgl. BVerfG 2000, 2495

5. Befristung, § 163

Wird die Gültigkeit einer Willenserklärung von einer Befristung abhängig gemacht, dann erlischt die Verpflichtung ohne weiteres durch Zeitablauf, und sei es nur 1 Minute. Die peinlich genaue Einhaltung von Fristen spielt im Prozessrecht eine wichtige Rolle. Die Nachtbriefkästen der Gerichte haben eine Klappe, die um 0.oo h umspringt und so die bis 24.00 eingeworfenen Schriftstücke als noch fristgemäß annimmt.

Fall 1: Es ist Auslegungsfrage, auf welchen Ort sich „ 31.3." bezog; im Zweifel auf den Geschäftssitz, ggfs Filiale, der Bank, welche aus der Garantie verpflichtet ist.

6. Rücktritt

Die Willenerklärung unter Bedingung ist abzugrenzen von dem vertraglich vereinbarten Rücktrittsvorbehalt, §§ 346 ff. Wesentlicher Unterschied: Die Wirkung der Bedingung tritt ohne Zutun der Beteiligten ein; der Rücktritt kann, muss aber nicht, geltend gemacht werden, wenn die Voraussetzungen seiner Ausübung gegeben sind.

V. Formvorschriften zur Willenserklärung

Fälle:

1. *A hat einen heißen Börsentipp gekriegt. Er ruft bei seiner Bank an und ordert für EUR 1 Mio X-Aktien und sagt unter Berufung auf eine der Bank vorliegende Vollmacht seiner Ehefrau: "Im Namen meiner Frau verpflichte ich mich zusätzlich, eine Grundschuld auf dem Haus Goethestr. 32 als Sicherheit zu bestellen." Der Tipp war nichts, das Geld ist futsch. Was können A und F tun?*

2. *Frau F hat den reichen R jahrelang umsonst gepflegt. R hat immer wieder unter Zeugen gesagt: „ Ich schenke Ihnen EUR 50.000, und in meinem Testament werden Sie mit einem gleichen Betrage bedacht. " R stirbt und nichts ist. Ist nichts?*

3. *A und B aus Essen vereinbaren am Strand von Sri Lanka handschriftlich, dass B die Eigentumswohnung des A in Köln, die A dem B richtig beschrieben hat, für EUR 125.000 kauft. Nach Rückkehr will A (oder B) nicht mehr. Ansprüche?*

1. Grundsatz

Willenserklärungen sind formfrei gültig, wenn nicht das Gesetz eine bestimmte Form vorschreibt. Auch Verträge sind, unabhängig von ihrer Größenordnung und Bedeutung, solange formlos, also schlicht mündlich, gültig, als nicht Gesetz oder Vertrag etwas anderes bestimmen. Im Fall 1 hat A sich und seine Ehefrau also mit einem Telefonanruf ruiniert. Nichts können sie tun. Auch der Vertrag, die Grundschuld zu bestellen, ist formfrei gültig. Nur das Erfüllungsgeschäft bedarf der Form, § 873 II. Die Schriftform hat im wesentlichen zwei Aufgaben

Warnfunktion: Die Schriftform ist bei der Bürgschaft nur auf Seiten des Bürgen erforderlich, § 766, denn dieser soll daran erinnert werden, dass er im Begriff ist, sich zu verpflichten, ohne etwas dafür zu bekommen. Die Bank brauchte die Bürgschaft nicht gegenzuzeichnen. [107]

Beweisfunktion: Bei vom Gesetz als besonders wichtig angesehenen Verträgen, z.B. Grundstücksgeschäften, tritt neben die Warnfunktion auch die Beweisfunktion. Es soll durch klare Beweislage künftigem Streit vorgebeugt werden. Die Beweisfunktion steht auch im Vordergrund bei den Formvorschriften hinsichtlich letztwilliger Verfügungen.

2. Gesetzliche Formvorschriften

Schreibt das Gesetz eine Form vor, dann ist die Willenserklärung nichtig, wenn sie nicht in dieser Form abgegeben ist, § 125. Im Fall 2 hat F daher Pech gehabt. Das Schenkungsversprechen bedarf der notariellen Beurkundung, § 518; beachte auch § 2301! Das Testament bedarf der besonderen Form gemäß §§ 2247 ff.[108] Ein praktisches Problem entsteht, wenn in dem Dokument, auf welchem die Unterschrift der Vertragspartner vollzogen ist, auf Anlagen verwiesen wird, die nicht in dieser Form, z.B. notariell, erstellt sind. Sind diese gültig mit vereinbart, ist der Vertrag insgesamt formgültig? Im Zweifel ja?[109]

Besonders wichtig ist § 311 b (bis 31.12.2001: § 313) für den Grundstückskauf. Kauf- und Verkaufspflicht müssen notariell beurkundet sein.[110] Diese Formvorschrift gilt auch bei anderen an sich formfreien Verträgen, z.B. Gesellschaftsvertrag nach § 705, wenn ein Vertragspartner sich verpflichtet, ein Grundstück in die Gesellschaft einzubringen.

[107] Ist der Warnfunktion genügt, z.B. also die Bürgschaft, Schiedsklausel usw. wurde schriftlich vollzogen, dann gilt das Geschriebene, auch wenn in die Urkunde verloren gegangen sein sollte; der Gläubiger muss dann freilich den formgerechten Abschluss der Vereinbarung beweisen, ggfs durch Zeugen.

[108] Es kommen, allerdings unsichere, Ansprüche aus ungerechtfertigter Bereicherung gegen die Erben in Betracht. Der Nachlass ist um den der F nicht gezahlten Lohn, § 612, bereichert. Oder hat F im Rahmen eines Gefälligkeitsverhältnisses geholfen? Dann gibt es nichts. Die Umstände entscheiden.

[109] BGH NJW 99, 1104: Die Schriftform des § 126 erfordert keine körperliche Verbindung der unterschriebenen Urkunde und der Anlagen, auf welche sie verweist, wenn zweifelsfrei ist, dass Urkunde und Anlagen zusammengehören.

[110] BGH NJW 2000, 951: Ist eine (Zusatz-) Vereinbarung einseitig von einem Grundstücksvertrag abhängig, dann ist diese formlos gültig.

Fall 3: Für die Form gilt das Recht des Staates, in welchem der Vertrag geschlossen wird., also Sri Lanka, Art. 11 I EG BGB. Wenn das Grundstück aber in Deutschland liegt, gilt zwingend Art. 11 IV EGBGB, deutsches Recht, also damit § 311 b.

Die Schriftform ist z.B. vorgeschrieben in folgenden Fällen:[111]

- § 492: Darlehensverträge mit Verbrauchern, § 13.
- § 550: Mietverträge über eine längere Zeit als ein Jahr
- § 623: Die Kündigung eines Arbeitsverhältnisses
- §766: Bürgschaftserklärung
- §780: abstraktes Schuldanerkenntnis.

Außerhalb des BGB gibt es eine große Anzahl von Sondervorschriften, welche eine Form, zumeist die schlichte Schriftform, vorschreiben. [112]

3. Vertragliche Formvorschriften

a. Grundsatz

Die Vereinbarung, dass eine gesetzliche vorgeschriebene Form nicht gelte, ist gemäß § 134 unwirksam. Die Parteien können aber an sich formlose Rechtsgeschäfte einer Form unterwerfen. Dabei sind sie in der Gestaltung frei. In der Praxis wird zumeist die schlichte Schriftform vereinbart. Dann ist gemäß § 125 S. 2 das Rechtsgeschäft – allerdings nur im Zweifel – nichtig, wenn die Form nicht eingehalten wird. [113]

---

[111] BGH NJW 2000, 354: Grundfragen zur Schriftform

[112] Palandt § 125 RN 1

[113] **Exkurs:** Die Einschränkung des Gesetzes - *im Zweifel* - ist für die gewillkürte Schriftform sinnvoll. Wenn Vertragsparteien eine besondere Form vereinbaren, wird die Warnfunktion zurücktreten, es kommt ihnen vielmehr auf die Beweisfunktion an. Wenn eine Vertragsvereinbarung entgegen der vereinbarten Schriftform nicht schriftlich fixiert ist, so ist immer noch möglich, dass sie in anderer Weise, etwa durch Zeugen, bewiesen wird. Oft werden die Parteien kein Interesse daran haben, dass ihr Vertrag oder die entsprechende Klausel schon deswegen unwirksam ist, weil sie nicht der vereinbarten Form genügt.

Viele Verträge enthalten eine Klausel wie folgt:

> *Für diesen Vertrag gilt die Schriftform; mündliche Nebenabreden sind nicht getroffen; solche werden nur gültig, wenn sie schriftlich bestätigt werden.*

Diese Klausel ist genau genommen rechtlich unerheblich. Die Vereinbarung, durch welche ein von Gesetzes wegen formloser Vertrag einer Form unterstellt wird, bedarf selbst keiner Form und kann daher auch formlos wieder aufgehoben werden, so auch diese Klausel. [114]

b. Elektronische Signatur

Durch den seit dem 1. 8. 01 eingeführten § 126 a kann die mit eigener Hand vollzogene Unterschrift durch eine elektronische Signatur ersetzt werden, und zwar auch, wenn die Schriftform durch Gesetz vorgeschrieben ist. Es gilt das Signaturgesetz. [115]

---

[114] Palandt § 125 RN 14

[115] Palandt § 126 a RN 4

VI. Wirksamwerden der empfangsbedürftigen Willenserklärung

Fall:

Arbeitgeber A will dem Mitarbeiter M kündigen. M ahnt, was kommt und

a. entfernt seinen Briefkasten
b. begibt sich auf Urlaub
c. stellt sein Faxgerät ab
d. wechselt die Wohnung

Nützt das was?

1. Grundsatz: Zugang gemäß § 130

Die empfangsbedürftige Willenserklärung wird erst wirksam, wenn sie dem Empfänger zugeht, § 130. In den weitaus meisten Fällen von Vertragsschlüssen werden die ausgetauschten Willenserklärungen daher sofort gültig, weil beide Parteien anwesend sind. Dasselbe gilt für einen Vertragsschlusses per Telefon oder Email.

Die Rechtssprechung lässt die Willenserklärung als zugegangen gelten, sobald *der Empfänger unter normalen Umständen von ihrem Inhalt Kenntnis nehmen kann.*[116] Fall 1 a und c: Die Maßnahmen nützen dem A nichts.

2. Ersatzzugang

Wenn die Zielperson behauptet, ihr sei eine Willenserklärung nicht zugegangen, so kann das daran liegen, dass sie wirklich nicht angekommen ist. Die Beweislast dafür, dass eine Willenserklärung dem Empfänger zugegangen ist, trägt derjenige, der sich auf den Zugang beruft, also der Erklärende.

Der fehlende Zugang kann allerdings auch daran liegen, dass der Empfänger Vorkehrungen traf, um diesen Zugang zu verhindern. Ähnliches gilt

[116] BGH 67, 275:

auch sonst. Wenn der Schuldner sich nicht verteidigt, kann das daran liegen, dass er sich nicht verteidigen wollte oder konnte, es kann aber auch daran liegen, dass er gar keine Kenntnis davon hatte, dass gegen ihn etwas vorlag. Zwei Grundpositionen kollidieren mit einander:

- Niemand darf einen Rechtsnachteil erleiden, ohne Gelegenheit gehabt zu haben, gehört zu werden und sich zu verteidigen. Das Gericht darf dem Gläubiger über seinen Anspruch einen vollstreckbaren Titel nur dann geben, wenn der Schuldner die Möglichkeit hatte, sich gegen diesen Anspruch zu verteidigen. Grundsatz des rechtlichen Gehörs, Art. 103 GG.
- Der Schuldner darf sich aber auch nicht durch „Totstellen“ seinen Verpflichtungen entziehen können.

Die Regelung des § 132, namentlich gemäß § 132 II, ist recht kompliziert. Es werden die Vorschriften der Zivilprozessordnung, ZPO, angezogen, die in fast 50 Paragraphen, §§ 166 – 213, Fragen der Zustellung regelt.[117]

3. Empfangsverhinderung

Im Rahmen bestehender Rechtsverhältnisse gilt nach § 242 eine allgemeine Pflicht, "empfangsbereit" zu sein. Wer umzieht, muss seinem Arbeitgeber den neuen Wohnort angeben usw.

Der BGH sagt: *Wer aufgrund bestehender oder angebahnter vertraglicher Beziehungen mit dem Zugang rechtserheblicher Erklärungen zu rechnen hat, muss geeignete Vorkehrungen treffen, dass ihn derartige Erklärungen auch erreichen.*[118] Fall: Diese Maßnahmen nützen dem A alle nichts. In der

[117] Juristische Laien stören sich oft an dem hier besonders deutlichen Formalismus der Juristen. In der Praxis des Rechts, wie auch sonst, sind es aber nicht die großen Menschheitsfragen nach Gerechtigkeit, Rechtssystemen und den Zielen des Rechts, welche den Menschen wirklich erregen. Es sind scheinbar so kleinkarierte Regeln wie: Wann läuft die Frist ab? Wann wird eine Willenserklärung wirksam? Wann gilt eine Klage als zugestellt? Usw.

[118] NJW 98, 977: Kläger nahm Kaufangebot des Beklagten über Campingwagen durch Einschreiben an; das wurde aber trotz Benachrichtigsungsschein nicht abgeholt. Das Gericht meinte: Empfänger habe nicht wissen können, dass es sich um die Annahmeerklärung handele. Der Vertrag war nicht zustande gekommen. Eine nicht sehr überzeugende Entscheidung des BGH.

rechtlichen Konstruktion gilt: A verletzt eine Pflicht gegenüber dem Absender; der von ihm zu leistende Schadensersatz, § 249, führt dazu, dass der Absender so gestellt wird, wie er stünde, wenn M sich redlich verhalten hätte. Dann wäre ihm die Willenserklärung zugegangen.

Wenn der Absender erkennt, dass die Erklärung den Empfänger nicht erreicht hat, muss er einen erneuten Versuch machen, es sei denn Empfänger verhindert Zugang arglistig. Diese Arglist muss aber der Absender nachweisen.

VII. Auslegung von Willenserklärungen, §§ 133, 157

Fälle

1. *Gast G bestellt bei Kellner K in einem Hotel in Meran „Milch, mh äh, calda!" K bringt ihm warme Milch. K verlangt Zahlung, G will nicht. Wer hat Recht?*

2. *In einem Testament heißt es: „E soll mein Haus erben, alles andere vermache ich dem V." Wer ist Erbe und haftet für die Nachlassverbindlichkeiten, E oder V?*

3. *Im Reiseprospekt des A heißt es: „Unverbauter Seeblick aus Ihrem Zimmer." Der Blick ist aber durch hohe Bäume verstellt. Muss A das dulden?*

4. *B gibt für seinen Schwiegersohn S eine Bürgschaft ab, in der es heißt: „Ich bürge für alle Verbindlichkeiten meines Schwiegersohnes S." Gilt die Bürgschaft auch für Verbindlichkeiten, welche der S aufnimmt, nachdem die Ehe mit der Tochter des B geschieden ist, S also nicht mehr Schwiegersohn ist?*

5. *Im Testament des T heißt es: „Mein Neffe N hat immer viel Familiensinn bewiesen. Er soll als Vermächtnis die Familienalben nebst Bildern unserer Vorfahren erhalten." N meint, damit seien auch die persönlichen Aufzeichnungen wie Tagebücher der Vorfahren gemeint. Der Erbe sieht das anders.*

1. Grundsatz

Willenserklärungen bestehen aus Worten. Jedes Wort hat ein Bedeutungsfeld mit Schattierungen und oft geradezu widersprechenden Bedeutungen. So kann z.B. das Wort *Schöngeist* als Kompliment für einen gebildeten Menschen gemeint sein, es kann aber auch das Gegenteil bedeuten, wie Schwätzer auf erhöhtem Niveau. Was jeweils gemeint, ergibt sich aus den Umständen. Begriffe müssen ausgelegt werden. Ausgangspunkt ist der

Wortlaut wie ihn ein redlicher Empfänger, also der BGB - Idealbürger verstehen darf, Empfängerhorizont §§ 133,157.

Was hat G im Fall 1 eigentlich bestellt? Der Satz ist mehrdeutig. In Meran spricht man Deutsch, aber auch Italienisch. G hat erst Milch gesagt. Dieses Wort kann ein Italiener gar nicht aussprechen. G versuchte es dann auf Italienisch und stockt bei dem Wort für warm (=calda). K musste G daher für einen Deutschsprachigen halten, der – wie sein *mmh, ah* – zeigt, den typischen Fehler der Deutschen macht, das italienische Wort *caldo* mit kalt zu übersetzen. G hatte also wohl kalte Milch bestellt.

2. Auslegung aus den Umständen

Ziel der Auslegung ist die Feststellung des wirklichen Willens im Zeitpunkt der Abgabe der Willenerklärung bzw. des Vertragschlusses, § 133. [119] Nachher ist man immer schlauer und möchte den gewählten Worten vielleicht gerne einen anderen Sinn unterschieben.

Es gibt zwar einige Auslegungsregeln. Diese sind nach unserem Recht für den Richter nicht verbindlich. Für Tatsachen gilt der Grundsatz der freien Beweiswürdigung, § 286 ZPO. Für Rechtsfragen [120] gilt nur die allgemeine Bindung des Richters an Gesetz und Recht, Art. 20 GG, wie es sich seinem Gewissen darstellt. Wenn die Parteien „nein" gesagt haben, dann ist der Richter daher nicht gehindert, dieses als „ ja“ auszulegen, wenn er es verantworten kann. Das kann etwa dann der Fall sein, wenn Griechen an der deutschen Grenze auf eine Frage mit " *nei*" sagen, was für diese nicht „nein“, sondern "ja" bedeutet.

Der Richter hat sich also in die Umstände und Vorstellungswelt des Erklärenden zu versetzen und zu fragen: was wollte der Erklärende wirklich sagen?

---

[119] Vgl. den römischen Rechtssatz. D. 16, 219: *In conventionibus contrahentium voluntatem potius quam verba spectari placuit = Bei Verträgen ist eher auf den Willen der Vertragsschließenden abzustellen als auf die gebrauchten Worte.*

[120] Tatsachen und Rechtsfragen auseinander zu halten, ist nicht immer leicht. Tatsachen sind hier: Welche Sprachen werden in Meran üblicherweise gesprochen? Was hat G genau und wie gesagt? Rechtsfrage: Was bedeuten diese Tatsachen im Lichte von §§ 133, 157?

- Wenn die Vertragspartner sich objektiv falsch ausdrücken, aber dasselbe meinen, gilt nur das Gemeinte.[121]
- Haben sich die Parteien nicht klar geäußert, ist für die ergänzende Vertragsauslegung der *hypothetische Parteiwille* zu ermitteln: Was hätten die Parteien vereinbart, wenn sie an diesen Punkt gedacht bzw. die Unklarheit ihrer Worte erkannt hätten? Gliederung und Aufbau des Vertrages, auch die Reihenfolge der Vertragsklauseln geben dazu Aufschlüsse.[122]

Fall 2: Der juristische Begriff „erben“ bedeutet, dass der Erbe die Gesamtheit des Nachlasses bekommt, während einzelne Nachlassgegenstände den Vermächtnisnehmern „vermacht“ werden. Der Ausdruck Erbe scheint hier also falsch gewählt zu sein. V wird die Steuern zahlen müssen.

Im Fall 3 ergibt sich aus den Umständen, dass es nicht auf die Bebauung des Grundstücks ankam, sondern darauf, ob man vom Hotelzimmer einen freien Blick auf den See hatte. Ebenso ist in Fall 4 zu prüfen: Was war Zweck der Aussage in der Bürgschaft? Doch nicht, die Ehe der Tochter zu pflegen, sondern der Bank eine Sicherheit zu geben. Auslegungsfrage allerdings: War es für die Bank klar, dass die Bürgschaft nur für die Zeit gelten sollte, in welcher S tatsächlich Schwiegersohn war? Im Zweifel nein, B haftet

3. Grenzen der Auslegung

Auslegung bedeutet die Ermittlung des Sinns der im Vertrag bzw. der Willenserklärung gebrauchten Worte. Der Richter ist nicht befugt, unter dem Deckmantel der Auslegung den Parteien einen neuen ggfs klareren Vertrag zu schreiben. BGH: *Eine Auslegung kann auch zu einem vom Wortlaut abweichenden Ergebnis führen, wenn sich ein entsprechender übereinstimmender Wille der Vertragspartner feststellen lässt...Die richterliche Auslegung darf aber nicht zu einer Erweiterung des Vertragsgegenstandes führen, sondern muss sich als zwingende selbstverständliche Folge aus dem Gesamtzusammenhang des Vereinbarten ergeben.*[123]

---

[121] Gibt von mehreren Auslegungsmöglichkeiten nur eine einen Sinn, so ist im Zweifel diese gemeint: BGH NJW 98, 2966

[122] BGH NJW 2000, 1404: diese ergab, dass die letzte Rate erst nach Mängelbeseitigung zu zahlen war.

[123] BGH NJW 98, 1480:

Vielleicht hat N in Fall 5 sogar Recht, dass T auch die Tagebücher meinte. Das lag nach der zum Ausdruck gekommenen Motivation in der Tat nahe. Aber das steht nun einmal nicht im Testament. Der Wille des Testators ist nur dann beachtlich, wenn er schriftlichen Niederschlag im Testament gefunden hat. Die Formvorschriften des Testamentes würden unterlaufen, wenn es für das Gericht am Ende gar nicht darauf ankäme, was geschrieben steht. Entsprechendes gilt, wenn der Partner eines formbedürftigen Vertrages zwar etwas hat sagen wollen, aber eben nicht gesagt bzw. geschrieben hat. Auslegen bedeutet, die Worte *aus-* legen, nicht etwas in sie *ein-* legen.[124] Es liegt freilich auf der Hand, dass die Abgrenzung zwischen erlaubter Auslegung und verbotener *Unterlegung* im Einzelfall sehr schwer sein kann.

4. Salvatorische Klausel

Viele Verträge enthalten eine Klausel wie:

> *Sollte eine Vorschrift dieses Vertrages ungültig sein, dann verpflichten sich die Parteien, eine Regelung zu vereinbaren, die gültig ist und dem Zweck der ungültigen Klausel möglichst nahe kommt.*

Der Wert solcher Schutzklauseln ist gering. Die Rechtsprechung sieht darin nicht die Verpflichtung, den Vertrag auf jeden Fall gültig zu erhalten.[125]

---

[124] Es soll eben nicht so sein, wie Goethe spottet: *Im Auslegen seid ihr frisch und munter, legt ihr nichts aus, legt ihr was drunter.*

[125] BGH NJW 03, 347

VIII. Sittenverstoß, § 138

Fälle

1. *A übernimmt zugunsten der B- Bank eine Bürgschaft für die Schuld des C, für welche der D zusätzlich eine Grundschuld gestellt hat. In dem Formularvertrag heißt es: "Die Bürgschaft besteht unabhängig davon, ob die Bank andere ihr für die verbürgte Forderung haftende Sicherheiten freigibt." Auf Bitten des D, der damit einen anderen Kredit absichern will, gibt die B - Bank die Grundschuld frei. Bei Fälligkeit der Forderung verlangt B - Bank Zahlung von A in voller Höhe der Bürgschaft. A meint, die erwähnte Klausel sei unwirksam, er hafte daher nicht in der Höhe, wie die Bank sich aus der Grundschuld hätte befriedigen können. Zu Recht?*[126]

2. *A kauft bei B ein neues Radarwarngerät für DM 1987,-. Dieses ist defekt. A will den Kaufpreis mindern, §§ 459,462a.F.* [127]

3. *Asylant A aus dem Lande L braucht Geld und hat dem B, der eine Ferienreise nach L plant,, seine dort lebende minderjährige Tochter für DM 100/ Tag für gewisse Dienste zur Verfügung gestellt. Auf ausdrückliche Frage des B hatte A gesagt, in seiner Heimat dürften Väter das. B hat diese Dienste in Anspruch genommen, A verlangt Zahlung. Zu Recht?*

4. *Sechs Jahre nach einem unentdeckt gebliebenen gemeinschaftlichen Versicherungsbetrug verlangt A von B die vereinbarte Hälfte der Beute. B will nicht teilen. Angst vor Strafverfolgung hat A nicht mehr Verjährung(§ 78 i.V.m § 263), daher verklagt er ihn vor Gericht auf Zahlung.*

5. *A überträgt den wesentlichen Teil seines Vermögens auf seine Frau, um*
   a. *vorzusorgen, falls er einmal in Konkurs gerät*
   b. *seinen schon drängenden Gläubigern eine " Nase" zu drehen..*

[126] Nach BGH NJW 2000, 1566.
[127] LG Bonn NJW 98, 2681.

Zulässig?

6. *A zahlt dem Geschäftsführer G der B-GmbH Bestechungsgeld und erhält den im übrigen marktgerechten Architektenvertrag von B, den A ordentlich erfüllt. A verlangt sein Architektenhonorar. Der neue Geschäftsführer von B hat alles erfahren und will nicht zahlen.*[128]

7. *Münzhandelsgesellschaft M vertreibt mit edlen Briefen Sondermünzen im Abonnement, auch an den wohlhabenden K. Der Preis dieser Münzen, die vom Staat zum Nennwert ausgegeben werden, liegt etwa um das Zehnfache über dem Nennwert. Prospekte der M legen dar, dass es sich bei Sondermünzen um eine langfristig günstige Kapitalanlage handele. Zwar ist es in sehr seltenen Fällen zu enormen Wertsteigerungen solcher Münzen gekommen, aufs Ganze haben die Anleger aber erhebliche Verluste gemacht. K hält den Vertrag mit M für sittenwidrig und verlangt sein Geld zurück.*[129]

1. Grundsatz

Der Grundgedanke des § 138 ist: Die Bürger vereinbaren, was sie wollen, aber der Staat gibt seine Gerichte nicht dazu her, Schmuddelkram und Sittenlosigkeit durchzusetzen.

In Tausenden von Urteilen hat die Rechtsprechung versucht, diesen Grundgedanken zu konkretisieren. Dutzende von Fallgruppen werden gebildet. § 138 ist für die Beratungspraxis schwierig, weil für einen konkreten Fall kaum gesagt werden kann, was das Gericht als sittenwidrig ansehen wird. Der Zweck des Rechtes kann unter zwei Punkte gefasst werden

- Gerechtigkeit im Einzelfall und
- Rechtssicherheit, also Vorhersehbarkeit der richterlichen Entscheidung, für alle Fälle.

§ 138 ist daher einerseits unverzichtbar, um der Gerechtigkeit im Einzelfall zum Erfolg zu helfen, zum anderen aber ist diese Vorschrift, wie alle Ge-

---

[128] BGH NJW 99, 2267
[129] BGH NJW 2000, 1254

neralklauseln, vgl. § 242, auch eine Gefährdung der Rechtssicherheit und ein Einfallstor für rechtliche Sonderwege.

2. Problem der Generalklausel

Über § 138 können unkronkretisierbare Erwägungen und höchstpersönliche Motive des Richters rechtliche Bedeutung bekommen. Dadurch wird diese Vorschrift zu einer Verlockung für die Rechtsprechung, Rechtspolitik zu treiben. Dieser Versuchung erliegt der BGH gelegentlich.[130] Das BGB hat mit im wesentlichen unverändertem Wortlaut tadellos funktioniert erst in der Kaiserzeit, und dann in der Weimarer Republik, dann in der Nazizeit, dann bis 1970 in der kommunistischen DDR[131] und seit 1990 im wiedervereinigten Deutschland. Jeweilige ideologische Ausrichtungen des Staates und seiner Rechtsprechung ließ sich ohne Änderung des Wortlautes des Gesetzes alleine dadurch bewirken, dass der Begriff der Gesetz- und Sittenwidrigkeit in der Rechtsprechung verändert wurde. Rechtsgeschäfte werden dann halt als gegen die nationalsozialistische, sozialistische oder sozialstaatliche Grundsätze verstoßend angesehen – und fertig.[132]

§ 138 bzw. der daraus entwickelte § 9 AGB – Gesetz,[133] ist mehrfach der rechtliche Ansatz gewesen, um Urteile des BGH zu stützen, welche weniger einer rechtlichen Begründung, als einer rechtspolitischen Zielsetzung des Gerichtes entsprachen. Fall 1: Der BGH wies die Klage der Bank ab.

[130] Wer dieses rügt, muss aber bedenken: Der Gesetzgeber fordert die Rechtsprechung durch schlechte Gesetze oft dazu heraus, den Gesetzgeber zu korrigieren oder gar zu ersetzen. Die juristische Qualität moderner Gesetze ist z.T. erschreckend: Worte, Worte, Worte! Ein Beispiel dafür ist die InsolvenzO. Nach Jahrzehntelanger Vorbereitung wurde ein Gesetz gemacht, welches – so ein erfahrener Praktiker - *nicht schlechter ist als die alte Konkursordnung!* Zum intellektuellen Niveau der Parlamentarier, welche diese Gesetze letztlich verantworten, sei hier nichts gesagt.

[131] Es wurde dort das DDR - Zivilgesetzbuch, ZGB, eingeführt, um dem sozialistischen Rechtsgedanken stärker zur Durchsetzung zu verhelfen.

[132] Es ist übrigens auffällig, dass in der klassischen Zivilrechtsprechung während der Nazizeit eine nationalsozialistische Ausrichtung nicht bemerkbar ist. Etwas anderes galt etwa im Bereich des Familienrechts. Auch in der französischen Zivilrechtsprechung nach 1940 sucht man vergebens Zeichen des politischen Umbruchs (faschistische Vichy – Regierung). Das war in der DDR – Rechtsprechung vom ersten Tage an völlig anders!

[133] Nun wortgleich als § 307 in das BGB eingegliedert.

Das Motiv der Richter, den Bürgen zu schützen, mag ehrenwert sein, aber so steht es nun einmal nicht im Gesetz. Die Grundfrage wurde nicht einmal gestellt: Wie kann ein Vertrag plötzlich sittenwidrig sein, wenn Verträge dieser Art seit Jahrzehnten, auch vom BGH selbst, sozusagen bis gestern unbedenklich angesehen waren?

3. Begriff der Sittenwidrigkeit

Die Frage, was sittenwidrig ist, kann nicht bündig beantwortet werden. Die Antwort hängt von den Umständen ab. Als Grundsatz gilt weiterhin der alte Satz des Reichsgerichts (RG 80, 221):

> *Ein Rechtsgeschäft ist sittenwidrig, wenn es gegen das Anstandsgefühl aller billig und gerecht Denkenden verstößt.* [134]

Fall 2: Ist es in diesem Sinne wirklich sittenwidrig, ein Radarwarngerät zu kaufen, wie das LG Bonn meint? Dann kein Minderungsrecht des A, sondern nur Rückabwicklung des Vertrages.[135] Die Mehrheit der Bevölkerung wird das nicht so sehen.

Eine rechtsphilosophische Frage tut sich hier auf: kann Sittenwidrigkeit durch Mehrheiten festgestellt/ verneint werden? Wenn ja – welche Mehrheiten? Wenn es sich um Tatsachen oder Gepflogenheiten des Verkehrs handelt, befragen die Gerichte regelmäßig die Industrie- und Handelskammern oder andere in Betracht kommende Organisationen. Es spräche nichts dagegen, etwa die Kirchen oder andere „moralische Instanzen" um ihr Votum bei der Frage zu bitten: *Was ist in diesem Falle gerecht?* Das Gericht wäre an das Votum zwar nicht gebunden, aber ein solches Verfahren nähme manchen Entscheidungen den Verdacht der Beliebigkeit.[136]

---

[134] BGH NJW 2000, 586: es ist gemäß § 1 UWG sittenwidrig, wenn ein Abschleppunternehmer von sich die Unfallbeteiligten auf Abschleppung der Unfallwagen anspricht. Das ist einerseits verständlich – aber ist das nicht auch ganz praktisch für den Unfallpartner?

[135] Vielleicht nicht einmal das, § 817 Satz 2: beide VP handelten sittenwidrig.

[136] Nebeneffekt wäre: Die Kirchen gewönnen etwas an praktischer Relevanz zurück, die ihnen durch die Umstände und eigenes Unterlassen entschwindet.

Das Gesetz verwendet den Begriff *sittenwidrig* in einer Reihe von Vorschriften entweder wörtlich, § 1 UWG, oder dem Inhalte nach, § 133 InsO. Der Inhalt ist aber nicht immer derselbe und muss dem Zweck des betreffenden Gesetzes entnommen werden.

4. Anwendungsfälle

Ein Vertrag wie Fall 3 zwischen A und B ist nach jedem Recht zweifellos sittenwidrig. [137]

Das Verlangen des A in Fall 4 ist an sich zu verstehen; aber der Rechtsstaat gibt seine Gerichte für solche Ansprüche nicht her. Auch wenn die Tat als Straftat verjährt ist, so ist doch der Rückforderungsanspruch der geschädigten Versicherung nicht verjährt, 3 Jahre, § 195 ab Kenntnis, § 199. Die Beute steht weder A noch B zu.

Fall 5a: A schädigt niemanden, er sorgt nur vor. Das ist in Fall 5 b anders. Die Rechtshandlung des A ist, wenn es zur Insolvenz kommt, anfechtbar, §§129 ff InsO, vielleicht sogar sittenwidrig.

Im Fall 6 sagt der BGH: *Durch Schmiergeld zustande gekommene Verträge sind nur sittenwidrig, wenn das Schmiergeld zu einer für den Auftraggeber nachteiligen Vertragsgestaltung geführt hat.* Dieses zunächst überraschende Ergebnis ist formal richtig: Sittenwidrig war natürlich der „Vertrag" zwischen G und A. Der Architektenvertrag war für sich genommen in Ordnung und wäre nur dann sittenwidrig gewesen, wenn G und A zu Lasten der B ein überhöhtes Honorar ausgehandelt hätten. Hier aber hat A für normales Honorar ordentliche Leistungen erbracht.

---

[137] **Exkurs:** Aber unterstellt, die Aussage des A sei richtig, dann gilt: Der Umfang der elterlichen / väterlichen Gewalt des A über seine Tochter ergibt sich, soweit es in Deutschland darauf ankommt, aus dem Recht des Landes, in welchem das Kind seinen gewöhnlichen Aufenthalt hat, Art. 21 EGBGB, also Land L. Gemäß Art. 6 EGBGB ist ausländisches Recht, auch wenn es an sich anzuwenden ist, dann für uns unbeachtlich, wenn es zu Ergebnissen führt, die mit *wesentlichen Grundsätzen des deutschen Rechtes offensichtlich unvereinbar* sind. Bei Auslandsberührung ist aber zu bedenken: Andere Länder, andere Sitten - nicht alles, was wir gemäß § 138 für sittenwidrig halten, ist auch ein Verstoß gegen Art. 6 EGBGB. Die Grenze ist aber im Beispielsfall klar überschritten.

Im Fall 7 geht es um die Frage, ob § 138 dazu dient, übertriebene Gewinne unmöglich zu machen. Das wird verneint. Das Gesetz kann nicht vorgeben, wie viel wert ein Wirtschaftsgut den Parteien ist. Von den Mitgliedern eines BGH – Senates sollte sogar soviel persönliche Kultur erwartet werden, dass sie viele Dinge, für welche der Normalbürger teures Geld ausgibt, selbst für unwichtig und gar wertlos halten. Wozu braucht der Mensch z.B. einen Ferrari oder einen Lachsack? Auf die persönliche Meinung der Richter kann es aber nicht ankommen. Die Gerichte sind nicht dazu da, uns zu vernünftigem Handeln anzuleiten. Erst wenn zwischen Leistung und Gegenleistung ein *objektives* Missverhältnis besteht, kommt § 138 ins Bild. [138]

---

[138] BGH NJW 03, 283 verneint ein solche Missverhältnis bei Grundstückskaufvertrag, wo ein Kaufpreis von DM 9000 vereinbart wurde, obwohl das Grundstück eigentlich DM 30.000 wert war.

IX. Gesetzesverstoß, § 134

Fälle:

1. *A hält das von der Bundesregierung verhängte Embargo (allgemeines Handelsverbot) über das Land S für unsinnig und liefert weiterhin Öl an K in Serbien. Vor einem deutschen Gericht klagt A gegen K auf Zahlung des Kaufpreises. Mit Erfolg?*

2. *DaimlerChrysler und BMW sind des Wettbewerbs müde und machen einen Vertrag: DC verzichtet auf den Bau der A - Klasse, BMW auf den der 7er- Reihe. Als BMW sich nicht daran hält, verlangt DC Schadensersatz. Erfolgsaussichten?*

3. *Steuerberater S berät K auch in allgemeinen Rechtsfragen. Dabei unterläuft ihm ein Fehler, der zu einem Schaden führt, dessen Ersatz K von S verlangt.*[139] *Zu Recht?*

4. *A betreibt einen Einzelhandel mit Schnitzereien aus afrikanischem Elfenbein. Durch Verordnung der EG – Kommission vom 17. 1. 90 wurde der Handel mit Elfenbeinerzeugnissen verboten. A muss seinen Laden zumachen und verlangt Enteignungsentschädigung.* [140] *Erfolgsaussichten?*

5. *A ist Immobilienmakler und verlangt von B Zahlung einer Provision wegen Vermittlung einer Wohnung des E. B beruft sich darauf, dass der Eigentümer dem A verboten habe, seine Wohnung zu vermitteln.Ist der Vertrag zwischen A und B. gültig?*[141]

6. *A kauft in Nizza bei B ein Gemälde, welches nach dem französischen Gesetz zum Schutz nationalen Kulturgutes nicht ausgeführt werden darf. Das wussten A und B. Das Bild hängt aber nun im Wohnzimmer des A in Essen. B verlangt es zurück. Zu Recht?*

---

[139] BGH NJW 2000, 69
[140] BGH NJW 98, 1398
[141] BGH v. 25.7.02 02, NJW 02, 3015

1. Grundsatz

§ 134 ist neben § 138 nötig, denn Gesetzesverstöße müssen nicht als solche sittenwidrig sein. Nach Aufhebung des Embargos gegen Serbien in Fall 1 spricht nichts gegen das Geschäft. Solange dieses aber gilt, muss die Klage abgewiesen werden, weil ein Vertrag nicht gültig zustande gekommen ist. Die Vereinbarung in Fall 2 ist zwar ein eindeutiger Verstoß gegen § 1 GWB (KartellG) und daher unwirksam, sie ist aber ohne das Hinzutreten weiterer Umstände sittlich neutral. In vielen Ländern gibt es kein KartellG.[142]

Auch im Fall 3 ist das Verhalten des S sittlich nicht zu beanstanden. Die Regelung des Rechtsberatungsgesetzes ist eine politische Entscheidung des Gesetzgebers. Das RechtsberatungsG verbietet die berufsmäßige Rechtsberatung ohne behördliche Erlaubnis.[143] Der Beratungsvertrag ist ungültig. K hat also keinen vertraglichen Anspruch.

2. Anwendungsfälle

Beliebig viele Fälle sind denkbar: A möchte eine Maschinenpistole, Heroin, lebende Galapagosschildkröten importieren, ein Spielcasino, eine Bank oder Apotheke aufmachen, private Arbeitsvermittlung betrieben, Arbeitnehmer vermieten usw. § 134 ist das gesetzestechnische Mittel zur Durchsetzung staatlicher Rechts- und Wirtschaftspolitik.[144]

Bei der Auslegung des jeweiligen Verbotsgesetzes ist zu prüfen, was das Gesetz in Wahrheit bezwecken wollte. Der Wortlaut alleine ist oft ebenso wenig entscheidend wie gemäß § 133 in Willenserklärungen. Fall 5: Gemäß § 6 des Wohnungsvermittlungsgesetzes ist es einem Makler verboten, eine Wohnung ohne Auftrag des Vermieters zu vermitteln. Zweck dieser Vor-

---

[142] In der Volkswirtschaftslehre ist es auch keineswegs ausgemacht, dass Monopolverbote überhaupt einen Sinn haben. Der Verfasser hält Kartellgesetze und –ämter für ganz überflüssig.

[143] Verf. meint freilich, dass dieses Gesetz v. 13. XII. 1935 nicht mehr zeitgemäß ist; es entspricht dem heute überholten Ständedenken der damaligen Zeit; vgl. Schönberger NJW 03, 249.

[144] Die Möglichkeit, Im- und Exportverbote zu verhängen, ergibt sich aus dem AußenwirtschaftG und der AußenwirtschaftsVO; beide sind aber infolge Überlagerung durch das Europäische Recht teilweise funktionslos geworden. Auch EU –Verbote sind als unmittelbar wirkendes Recht Verbote gemäß § 134.

schrift ist, Wohnungssuchenden Zeit und Kosten für vergebliche Besichtigung von Wohnungen zu ersparen, die doch nicht zur Verfügung stehen. Hier aber hat die Wohnung zur Verfügung gestanden. Die Gefahr, welche das Gesetz bannen wollte, konnte sich also nicht verwirklichen. Der Maklervertrag ist gültig, B schuldet also den vereinbarten Betrag.[145]

3. Auslandbezug

§ 134 meint deutsche Gesetze. Dazu gehört auch das unmittelbar in Deutschland geltende europäische Recht, nicht aber Gesetze wie das erwähnte französische. [146] Wenn dieses vorsieht, dass ein Vertrag wie zwischen A und B nichtig ist, und dass das Eigentum an dem Kunstgegenstand nicht übergehen kann, dann ist das so. Nach den Regeln des deutschen internationalen Privatrechts gilt für diesen Vertrag französisches Recht, Art. 28 EGBGB. B ist danach noch Eigentümer, er hat Recht.[147]

4. PVV oder CIC bei nichtigem Vertrag*

Im Fall 3 haftet der S nicht aus Vertrag, denn der ist nichtig. Damit wäre der Kunde K ohne Schadensersatzanspruch. Das Gericht half ihm, indem

[145] Der wirkliche Grund dieser Entscheidung war wohl, dass das Gericht ohne es beweisen zu können, den Plan des B. durchschaut hat: Dem B. tat es nach Einzug leid, dem Makler überflüssiges Geld zu schulden. Er wird wohl mit dem Vermieter vereinbart haben, die (ersparte) Maklerprovision zu teilen, und als Gegenleistung hat der Vermieter versprochen, zu behaupten, er sei gegen die Vermittlung gewesen. **Merke:** Gerichte sind nicht (immer) weltfremd, die veröffentlichten Urteilsgründe sind nur gelegentlich nicht die wirklichen Gründe.

[146] Auch Deutschland hat ein solches Gesetz

[147] **Exkurs:** Es gehört zu den schwierigeren und interessanteren Fragen des IPR, unter welchen Voraussetzungen die Parteien zwingende gesetzliche Beschränkungen des an sich geltenden nationalen Rechts dadurch unterlaufen können, dass sie ihren Vertrag unter ein fremdes Recht stellen, welches diese Beschränkungen nicht kennt. Innerhalb gewisser, im Einzelfall unklarer, Grenzen, ist das grundsätzlich möglich, Art. 27 EGBGB, vgl. aber Art. 29 ff EGBGB; § 306a: Umgehungsverbot.

* Jetzt in § 311 gesetzlich geregelt, vgl. Palandt vor § 275 RN 9. Die nun weitgehend historisch gewordenen Bezeichnungen seien hier noch beibehalten, da die vorliegende Rechtsprechung noch aus der Zeit vor der Veränderung des BGB stammt.

ihm gleichwertige vertragsähnliche Schadensersatzansprüche aus CiC zuerkannt wurden.[148]

[148] BGH NJW 2000, 69

4. Kapitel Willenserklärungen durch andere

I. Stellvertretung

Fälle

1. *Im Antiquitätengeschäft des A sieht V eine alte Vase. V erklärt dem A wahrheitswidrig, er sei vom Chefarzt Dr. C beauftragt, solche Stücke zu kaufen. A glaubt das. V kauft daher in Vertretung des C die Vase für EUR 1000. A verlangt Zahlung von C. Zu Recht? Da C nicht zahlen will, fragt A, von wem er denn sein Geld bekommt.*

2. *Wie Nr. 1, aber V ist wirklich von C bevollmächtigt. Nach Abschluss des Vertrages findet V, dass er die Vase lieber für sich behalten möchte. Geht das?*

3. *Wie Nr. 2, aber V, dem die Vase sehr gut gefällt, möchte sie für sich kaufen und sagt nichts von seiner Vollmacht. Darf er?*

4. *A ist ein bekanntes Finanzberatungsunternehmen. S ist als freier Mitarbeiter für A tätig und führt erlaubter Weise als Büroanschrift die des A. S verkauft auf eigne Rechnung ein Finanzprodukt an B. A hatte dem S ausdrücklich verboten, diese Art von Geschäften unter Hinweise auf seine Mitarbeit bei ihr zu verkaufen. Die Anlage geht schief; B verlangt TDM 100 Schadensersatz von A.*[149]

5. *Ehemann M und Ehefrau F haben einander Generalvollmacht erteilt. M findet plötzlich die blonde B schicker als F und beschließt ein neues Leben. M verkauft die auf den Namen der F stehende ETW für EUR 300.000, das sind EUR 50.000 über dem Marktpreis, an K. Ansprüche der F?*

   Variante: In der Eile verkauft M für nur EUR 250.000.

---

[149] BGH NJW 98, 1854

6. *P ist seit vielen Jahren im Großhandelsgeschäft des A, wo insgesamt 150 Mitarbeiter beschäftigt sind, angestellt. Seit 3 Jahren hat er Prokura. P trennt sich von seiner Frau und legt sich eine Freundin zu. A missbilligt das und widerruft die Prokura ausdrücklich mit Hinweis auf diesen Vorfall. P meint, er genieße Kündigungsschutz und sein Privatleben gehe den A nichts an. Er hält den Widerruf der Prokura für rechtswidrig. Zu Recht?*

7. *Kunsthändler K entdeckt auf einer Auktion ein Marienbildnis, von dem er weiß, dass es sich um eine unverkäufliche Leihgabe des Privateigentümers E an ein Museum handelt. Er möchte es gerne erwerben. Er beauftragt und bevollmächtigt seinen ahnungslosen Angestellten A, das Bildnis zu kaufen. A tut das und bezahlt EUR 10.000. E verlangt das Bildnis von K heraus. Zu Recht?*

8. *A ist Kunde der B -Bank, Filiale 1. Dort weiß man, dass A Buchhalter bei S ist und dass er Schulden hat. Bei Filiale 2 der B -Bank eröffnet A, der dort unbekannt ist, ein zweites Konto. Auf dieses gibt er einen hohen Scheck zum Inkasso, der zugunsten seines Arbeitgebers ausgestellt ist und lässt ihn sich kurz darauf in bar auszahlen. Das tut er mehrfach. A verbraucht das Geld. S verlangt Schadensersatz von der B-Bank.*

9. *Auf einer Dienstreise erkennt A, Mitarbeiter einer Bank, dass es im dringenden Interesse des C, eines wackeligen Schuldners seiner Bank, ist, sofort die dem C gehörenden GmbH- Anteile an D zu verkaufen. D hat mal gesagt, er sei daran interessiert, ist aber wie auch C nicht erreichbar. Vollmachten hat A nicht. Was kann er tun? (Echtfall aus der Praxis des Verfassers)*

10. *Der D- Krankenhaus GmbH gehört ein Wohnheim. A, der gelegentlich für die D tätig ist, vermietet dem B das Wohnheim im Namen der D und vereinbart zugleich, dass D dem B die Umbaukosten i.H.v rd TDM 80 ersetzen wird. A hatte gar keine Vollmacht der D; hätte B näher nachgefragt, hätte er das auch bemerkt.*[150] *B verlangt TDM 80 von A, zu Recht?*

---

[150] Vgl. BGH NJW 2000, 1407

1. Grundsatz

a. Offene Vertretungsmacht

Aus der Willenserklärung eines anderen wird man nicht verpflichtet. Etwas anderes kann nur aufgrund einer Vertretungsmacht gelten. Vertretungsmacht kann nur entstehen durch

- Gesetz: gesetzliche Vertretungsmacht oder
- Rechtsgeschäft: Vollmacht

Fall 1: C haftet nicht, denn V hatte keine Vertretungsmacht für C. Der gute Glaube an das Bestehen einer Vertretungsmacht wird nicht geschützt. Man stelle sich vor, das wäre anders: Ein seriös wirkender Betrüger verkauft in angeblicher Vollmacht mein Haus, und nimmt auch gleich den Kaufpreis in Vollmacht für mich entgegen, um sich alsdann auf eine Pazifikinsel zurückzuziehen!

Anders im Fall 2: C wurde unmittelbar berechtigt. Nur er ist Vertragspartner des A; nur C, nicht V, ist gemäß § 929 Eigentümer der Vase geworden. V macht sich sogar strafbar, Unterschlagung § 246 StGB, wenn er die Vase behält.[151]

Fall 3: V ist vielleicht aufgrund eines Auftrages verpflichtet, für den C, solche Vasen zu suchen und für ihn zu kaufen, § 662. Er hat dazu auch Vollmacht. Wenn er aber nicht ausdrücklich im fremden Namen auftritt, wird er selber Vertragspartner, und zwar auch dann, wenn er sich innerlich vorbehält, doch für C kaufen zu wollen, § 164 II.

---

[151] Der Wortlaut des § 164 ist offenbar davon geprägt, dass die Regelung des römischen Rechtes, welche den Verfassern des BGB vor Augen stand, etwas anderes vorsah. Nach diesem konnte eine Person nur ausnahmsweise rechtsgeschäftlich vertreten werden. In diesem Fall, der - wie auch noch heute im französischen Recht, vgl. art 1985 ff cc - als Auftrag konstruiert wurde, galt nach römischem Recht, dass neben dem Vertretenen auch der Vertreter selbst aus der von ihm abgegebenen Willenserklärung berechtigt und verpflichtet wurde. Vgl. Aden NJW 99, 3099 m. N.

b. Geschäft für den es angeht

Bei vielen Geschäften, namentlich wenn sie sofort bar abgewickelt werden, ist es den Vertragspartnern egal, wer ihr Vertragspartner ist. Beispiel: A kauft für seinen Nachbarn N auf dessen Bitte eine Theaterkarte, die er auch sofort bezahlt. In Abweichung von § 164 II wird in der Rechtsprechung seit langem anerkannt, dass in diesen Fällen der Vertrag unmittelbar mit dem Vertretenen zustande kommt, auch wenn der Vertreter die Vertretung nicht deutlich macht. N ist also unmittelbar Eigentümer der Theaterkarten geworden, er kann sie gemäß § 985 herausverlangen.[152]

2. Anscheinsvollmacht

Der gute Glaube an das Bestehen einer Vollmacht wird zwar nicht geschützt. Aber: *Wer schuldhaft den Rechtsschein einer Vollmacht veranlasst hat, so dass der Geschäftsgegner nach Treu und Glauben von einer Bevollmächtigung ausgehen darf,* wird behandelt, als ob er tatsächliche eine Vollmacht erteilt hätte (Anscheinsvollmacht). *Bei der Anscheinsvollmacht kann sich der Vertretene auf den Mangel der Vertretungsmacht nicht berufen.*[153] In der rechtlichen Konstruktion: Der Scheinvertretene haftet nicht kraft Rechtsgeschäfts, der vertrauensvolle Vertragspartner hat aber einen Schadensersatzanspruch gegen ihn, der ihn im Ergebnis genauso stellt.

Im Fall 4 war dem A die Aktivität des S bekannt. A hat es nicht nur geduldet, sondern auch ermöglicht, dass S vom Verkehr wie sein Mitarbeiter auftreten konnte. BGH aaO: *Dann aber lag für einen Kunden, der sich in einer Geschäftsstelle des A Verträge dieser Art vermitteln ließ, die Annahme nahe, dass A das Verhalten des S duldete*. Er haftet, als ob S Vollmacht des A gehabt hätte. [154]

[152] Palandt § 164 RN 8

[153] BGH NJW 98,1855:

[154] Palandt § 173 RN 14. Systematisch sollte man nicht von einer Anscheinsvollmacht sprechen, sondern von einer Verursachungshaftung. Haftungsgrund ist die von A geduldete oder pflichtwidrig nicht gesehene Gefährlichkeit des A daraus, dass er für seine Geschäfte die Finanzkraft des A in Anspruch nimmt. Der eigentliche Haftungsgrund dürfte daher derselbe sein, wie er in der Rechtsprechung aus der Eröffnung einer gefährlichen Anlage angenommen wird.

3. Gesetzlicher Vertreter

Gesetzliche Vertretung gibt es nur in den vom Gesetz vorgesehenen Fällen:

- Eltern für das minderjährige Kind, §1629. Die gesetzliche Vertretungsmacht der Eltern kann entzogen werden, § 1666, trotzdem bleiben sie aber Eltern mit im übrigen unveränderten Rechten und Pflichten.
- Vorstand des Vereins, § 26 II; Aktiengesellschaft § 78 AktG: s.u. Nr. 4
- Präsident für eine Behörde, Bürgermeister, Landrat für eine Kommune usw.[155]

4. Vertretungsmacht und Grundverhältnis

Vertretungsmacht und das Grundgeschäft, aufgrund dessen bzw. zu dessen Besorgung die Vertretungsmacht besteht, sind nicht dasselbe. Sie werden rechtlich getrennt betrachtet, Abstraktheit der Vertretungsmacht.

Die Vertretungsmacht ist eine rechtliche Eigenschaft, welche der Vertreter/Bevollmächtigte kraft Gesetzes oder Rechtsgeschäft erwirbt. Diese gibt dem Vertreter gegenüber Dritten die Befugnis, den Vertretenen zu berechtigen und zu verpflichten. Sie sagt aber nichts darüber aus, wozu der Vertreter im Verhältnis zum Vertretenen berechtigt ist. Im Fall 5 hatte M die Vollmacht, die Eigentumswohnung der F zu verkaufen. Gegenüber Dritten, hier also dem Käufer K, waren die von M im Namen der F abgegebenen Willenserklärungen also gültig; im Verhältnis zu F aber war M zu dem Verkauf nicht berechtigt.[156] M ist gemäß § 687 II verpflichtet, der M nicht nur den Marktpreis, sondern den gesamten Verkaufserlös herauszugeben. In der Variante kann F statt des Anspruches aus Geschäftsführung ohne Auftrag einen Schadensersatzanspruch geltend machen (§ 823 II i. V. m. § 266 StGB), sodass M verpflichtet wird, der F den Marktpreis zu zahlen.

[155] Im Bereich des öffentlichen Rechtes muss der Vertragspartner einer Behörde, Kommune usw. nach dem jeweils einschlägigen Recht feststellen, ob die Vertretungsmacht des Präsidenten, Bürgermeisters intern beschränkt ist, und ob diese Beschränkungen nach außen wirkt, vgl. Palandt Einf. V. § 164 RN 5a.

[156] M macht sich sogar gemäß § 266 StGB strafbar.

Dasselbe gilt im Fall 6: Arbeitsverhältnis und Bestehen der Prokura sind zwei verschiedene Dinge. Hinsichtlich seines Arbeitsverhältnisses genießt P Kündigungsschutz wie jeder Mitarbeiter nach dem KündigungsschutzG; die Vertretungsmacht des Prokuristen kann A aber jederzeit ohne Grund entziehen, § 52 HGB.[157]

Im Gesellschaftsrecht spielt dieser Grundsatz eine große praktische Rolle: Der Aufsichtsrat kann dem Vorstandsmitglied jederzeit die Vollmacht entziehen, damit bleibt aber der Dienstvertrag grundsätzlich unberührt Die Aktiengesellschaft bzw. GmbH muss dem Vorstandsmitglied/Geschäftsführer für den Rest des Dienstvertrages das Gehalt bezahlen.

5. Kenntnis des Vertreters – Wissenszurechnung

Der Vertreter gibt eine eigene Willenerklärung ab, er trägt sie nicht nur weiter wie ein Bote, § 120. Nur auf seine Willenserklärung kommt es daher an, wenn Irrtum oder guter Glaube eine Rolle spielen, § 166 I.

Da das Bild im Fall 7 nicht dem Verkäufer gehört, kann es nur gutgläubig, § 932, erworben werden. Aus § 166 I folgt, dass es für die Gutgläubigkeit grundsätzlich auf das Wissen des Vertreters ankommt. Hätte A ohne Auftrag des K das Bild gekauft, würde K Eigentümer, auch wenn er gewusst hatte, das dieses Bild unterschlagen war. So allerdings hat A aufgrund einer Weisung des K gehandelt. § 166 II rechnet nun das Wissen des K dem A zu, so dass der gute Glaube des A zerstört wird, K also nicht Eigentümer wird. [158]

Im Fall 8 kommt ein Schadensersatzanspruch gemäß § 989 gegen die Bank in Betracht. Filiale 1 wusste, dass B verschuldet war. Die Einreichung eines auf den Arbeitgeber des A ausgestellten Schecks auf das Privatkonto des A war daher höchst verdächtigt. Filiale 2 wusste davon aber nichts. Kann das Wissen der beiden Filialen zusammengerechnet werden, so dass sich insge-

---

[157] Dort ausdrücklich: *Die Prokura ist ohne Rücksicht auf das der Erteilung zu Grunde liegende Rechtsverhältnis jederzeit widerruflich.*

[158] E hat einen unmittelbaren Anspruch gegen K aus § 985; den gezahlten Kaufpreis muss K sich von seinem Vertragspartner, hier dem Auktionshaus, wiederholen, § 434. Der Eigentümer hat damit nichts zu tun.

samt ein Verschulden der B-Bank ergibt? Der Wortlaut des § 166 I spricht dagegen. Die Rechtsprechung zögert.[159]

Der gesetzliche Vertreter handelt nicht aufgrund von Weisungen des Vertretenen. § 166 II gilt für ihn daher nicht.

6. Vertretung ohne Vertretungsmacht

Die Willenserklärung, die ein Vertreter, ohne Vertretungsmacht zu haben, *falsus procurator,* für den Vertretenen abgibt, ist nicht ungültig. Sie ist nur für und gegen den angeblich Vertretenen solange nicht gültig, als der sie nicht genehmigt, § 177.

Im Fall 9 konnte A die GmbH-Anteile als Vertreter ohne Vertretungsmacht des C an D verkaufen. Da aber auch D nicht anwesend war, ging das nur, indem A nicht nur für C, sondern zusätzlich auch für D als Vertreter ohne Vertretungsmacht auftrat. A schloss also mit sich selbst, einmal als Vertreter des C als Verkäufer, und einmal als Vertreter des D als Käufer, den Vertrag zwischen C und D. Ein solches, hier sogar doppeltes, Insichgeschäft ist grundsätzlich unzulässig, § 181. Die Gefahr von Interessenkollisionen liegt auf der Hand. Mit Genehmigung der Vertretenen wurden aber beide Verträge rückwirkend gültig.

§ 179 gibt dem Vertragspartner des Vertreters ohne Vertretungsmacht einen gesetzlichen Anspruch auf Erfüllung, falls der Vertretene nicht genehmigt. Handeln ohne Vertretungsmacht ist für den „Vertreter" also gefährlich. Fall 10: A haftet selbst. Er haftet nur dann nicht, wenn der Vertragspartner den Mangel der Vertretungsmacht kannte oder infolge Fahrlässigkeit nicht kannte, kennen musste, § 179 III. B musste aber nicht nachforschen, ob die

[159] **Exkurs:** Wenn sich ein Unternehmen einer dezentralen Organisation bedient aber damit wirbt, dass die dezentrale Organisation durch die Zusammenführung in einer Rechtspersönlichkeit die Leistungsfähigkeit des Unternehmens erhöht, dann ist das Unternehmen als einheitliche Rechtspersönlichkeit anzusehen, welche einheitlich Wissen aufnimmt und - ähnlich wie die verschiedenen Teile des menschlichen Gehirns - zu einem einheitlichen Wissen zusammenfasst. Innerhalb eines Unternehmens finden die Vorschriften der § 164 ff daher keine Anwendung. Was Filiale1 weiß, weiß auch Filiale 2 usw. vgl. Aden NJW 99, 3098.

Vertretungsmacht, welche der A zu haben behauptete, wirklich gegeben war. BGH: *Behauptet der Vertreter ausdrücklich oder schlüssig, Vertretungsmacht zu haben, so darf der Vertragspartner daran grundsätzlich glauben.* [160]

[160] NJW 2000, 1408

II. Verfügungen Dritter, § 182

Fälle:

1. *A und B haben gemeinsam geerbt. Zu der Erbschaft gehört ein silbernes Kaffeegeschirr, welches Napoleon dem General Rapp, einem Vorfahren, zur Hochzeit geschenkt hatte. A, der dringend Geld braucht, geht mit dem Geschirr zu Kunsthändler K, sagt ihm, sein Bruder sei mit dem Verkauf einverstanden und verkauft und übereignet ihm das Geschirr zu einem guten Preis. B will von diesem Verkauf nichts wissen und verlangt das Geschirr von S heraus. Zu Recht?*

2. *A und B haben sich in der Erbschaft auseinander gesetzt. Dem A ist das Silbergeschirr zugefallen. Dem B tut das etwas leid, und er lässt sich von A versprechen, dieses nicht ohne seine Zustimmung zu verkaufen. A kann dem Angebot des S nicht widerstehen und verkauft es für 2.000 EUR. Ansprüche des B?*

3. *A hatte am 1.4.02 seine gesamten Kundenforderungen zur Sicherheit an die B-Bank abgetreten. Da A neues Geld braucht, überträgt er dieselben Forderungen am 1.4 03 noch einmal an C-Bank. Am 15.4.03 werden diese Forderungen außerdem vom Gläubiger G gepfändet. Da B - Bank durch die Verwertung einer Grundschuld befriedigt ist, gibt sie die Forderungen am 15.05. 03 frei. Wem stehen diese nun zu?*

1. Grundsatz

Wenn die Wirksamkeit einer Willenserklärung von der Zustimmung eines anderen abhängt, dann ist sie ohne dessen Zustimmung halt ungültig. Es ist aber zu unterscheiden: Hängt die Wirksamkeit der Willenserklärung selbst von der Zustimmung ab, oder ist der Erklärende nur im Verhältnis zu einem anderen verpflichtet, dessen Zustimmung einzuholen?

Bei den Fällen gemäß §§ 182 ff handelt es sich nicht um eine Vertretung, denn der Vertreter handelt im fremden Namen und im fremden Interesse; der Verfügende handelt im eigenen Namen.

Durch die Verfügung wird eine Rechtsänderung unmittelbar herbeigeführt, nicht erst eine Verpflichtung dazu begründet, S. 49.

2. Schwebende (Un-) Wirksamkeit der Rechtsänderung

Im Fall 1 hatten A und B als Miterben Eigentum zu gesamten Hand an dem Gemälde, § 2032. Keiner der beiden konnte ohne den anderen über die Kaffeekanne verfügen, § 2040.[161] Die Verfügung des A war daher unwirksam.[162] B hat einen Anspruch. auf Rückgabe an die Erbengemeinschaft.

Anders im Fall 2: Jetzt ist A Alleineigentümer des Kaffeegeschirrs geworden. Zwar hat er sich vertraglich gegenüber B verpflichtet, nicht ohne dessen Zustimmung darüber zu verfügen. Die Vertragspflicht gilt aber nur im Verhältnis zum Vertragspartner. B kann also von A Schadensersatz verlangen, gegenüber dem S hat er keine Ansprüche.

Der Fall 3 kommt immer wieder in der Kreditwirtschaft vor. Am 1.4. 03 war A nicht mehr Eigentümer der Forderungen. Ein gutgläubiger Erwerb an Forderungen ist nicht möglich. Die C -Bank hatte daher durch die Abtretung nichts erworben, denn A hatte als Nichtberechtigter verfügt. Diese Verfügung war nicht nichtig, sie war schwebend unwirksam. Nach Erledigung des Sicherungszwecks fiel die Forderung von B-Bank in das Eigentum des A zurück. Damit wurde die Verfügung am 15.5. zu Gunsten der C-Bank wirksam, § 185 II, und zwar rückwirkend, § 184, also mit Wirkung ab 1.4. 03. Der Pfändungsgläubiger wird also überholt, er hat wieder nichts in der Hand.

---

[161] Das ändert selbstverständlich nichts daran, das A sich gültig *verpflichten* konnte, das Geschirr zu übereignen, nur die Erfüllung dieses Kaufvertrages war ohne Zustimmung des B nicht möglich.

[162] Der gute Glaube des K bezog sich nicht darauf, dass A Alleineigentümer war, sondern darauf, dass B seine Einwilligung zu der Verfügung gegeben hatte. Der gute Glaube an das Bestehen einer Vertretungs - oder Verfügungsmacht wird aber nicht geschützt.

2. Teil Allgemeiner Teil des Schuldrechts

1. Kapitel Begründung des Schuldverhältnisses

I. Arten der Schuldverhältnisse

Fälle

1. *A und B trinken am Sonntagabend Bier. A weiß, dass B Alkohol schlecht verträgt, und auch dass B am folgenden Montag bei Arbeitgeber G für einen wichtigen Vertragsabschluß zur Verfügung stehen muss. Dem A ist das aber egal, er animiert den B, immer noch einen zu trinken. Am folgenden Tag fällt B völlig aus. Infolge des entgangenen Vertrages erleidet G einen Schaden.von EUR 5000. Hat G einen Schadensersatzanspruch gegen A?*

2. *A ist ein gesunder Mann von 18 Jahren und deutscher Staatsangehörigkeit. Das Kreiswehrersatzamt will ihn zur Musterung vorladen. A will nicht. Muss er?*

3. *A hat von einem Onkel EUR 1 Mio geerbt. Das Finanzamt fordert ihn auf, eine Erbschaftssteuererklärung abzugeben. A meint, er, nicht das Finanzamt, habe geerbt.*

4. *A sieht, wie sein Nachbar N den D anfährt. Im Prozess wird A als Zeuge geladen, er will aber nichts sagen, weil er Streit mit N befürchtet. Muss er?*

5. *A streitet mit V über die Auslegung eines Testament des verstorbenen T. T hatte einmal seinem Bruder B geschrieben, er werde so und so testieren. A verlangt von B die Vorlage des noch vorhandenen Briefes. B meint, ihn gehe der Streit nichts an. Ansprüche des T?*

1. Grundsatz

a. Schuldrechtlicher Anspruch als relatives Recht

§ 241 sagt: *Kraft des Schuldverhältnisses ist der Gläubiger berechtigt, von dem Schuldner eine Leistung zu fordern;* zu ergänzen: nur von dem Schuldner! Das Eigentum und andere dingliche Rechte geben ein absolutes Recht gegenüber jedermann. Aus einem vertraglichen oder gesetzlichen Schuldverhältnis folgen aber nur relative Rechte im Verhältnis nur der Partner zueinander.

Dieses wirkt sich im Schadensersatzrecht aus. Wer ein absolutes Recht rechtswidrig und schuldhaft verletzt, muss Schadensersatz leisten, § 823. Wer aber nur ein relatives Recht eines anderen schuldhaft verletzt, braucht sich um den von ihm verursachten Schaden nicht zu kümmern.[163] Im Fall 1 nimmt A es in Kauf, dass B seine arbeitsvertraglichen Pflichten gegenüber G verletzen wird. A handelt unkameradschaftlich an B, er verletzt aber keine Pflichten gegenüber G.

b. Vertragliche und gesetzliche Schuldverhältnisse

Schuldverhältnisse können nur entstehen durch

- Vertrag, vertragliches Schuldverhältnis, oder
- Gesetz, gesetzliches Schuldverhältnis; als Gesetz gilt hier wie auch sonst das Gewohnheitsrecht.

Es gibt theoretisch so viele gesetzliche Schuldverhältnisse, wie es gesetzliche Vorschriften gibt. Die Mehrzahl der gesetzlichen Schuldverhältnisse entsteht auf Grund öffentlichen Rechtes. Fall 2: Auf Grund des Wehrpflichtgesetzes ist A verpflichtet, sich mustern zu lassen. Das Rechtsverhältnis zwischen ihm und dem Staat wird für die Dauer des Wehrdienstes nicht von einem Vertrag bestimmt, sondern von dem öffentlichen Dienstrecht für Soldaten. Von besonderer Bedeutung ist das Steuerschuldverhältnisses. Das gesetzliche Schuldverhältnis zwischen A und dem zuständigen Bundesland, dieses vertreten durch das Finanzamt, entsteht in Fall 3 aufgrund des Erbschaftssteuergesetzes dadurch, dass die Tatbestandsmerkmale des Gesetzes erfüllt sind.

[163] Nur für den Fall des § 826 bei *vorsätzlicher und sittenwidriger Schädigung* kommt dann ein Schadensersatzanspruch in Betracht.

Dem Bürger werden durch Gesetz vielfach Pflichten auferlegt, wenn er es etwa dulden muss, dass ihm im Rahmen eines Enteignungsverfahrens auf Grund der entsprechenden Gesetze ein Grundstück entzogen wird. Ein gesetzliches Schuldverhältnis entsteht aber auch wie in Fall 4 dadurch, dass ein Richter einen Bürger als Zeugen in einem Rechtsstreit lädt. Gemäß §§ 380 ff ZPO ist A verpflichtet, vor Gericht zu erscheinen und die Wahrheit zu sagen, auch wenn er davon Nachteile hat.

Viele gesetzliche Schuldverhältnisse beziehen sich auf Spezialfragen und werden selten praktisch. Die Vorlegungspflicht gemäß § 810 kann als Beispiel dafür dienen. Im Fall 5 entsteht ein gesetzliches Schuldverhältnis zwischen A und B dadurch, dass B das Dokument in Besitz hat, und A ein rechtliches Interesse an der Einsichtnahme darlegt. Wenn B dem A nicht freiwillig die Einsicht erlaubt, kann A den B darauf verklagen. Die Pflicht des alten Gläubigers gemäß § 402 ist hiermit vergleichbar. [164]

Die Regeln des BGB gelten grundsätzlich ohne Abweichung sowohl für gesetzliche wie für vertragliche Schuldverhältnisse. Das gilt für die Rechtsfolgen der Unmöglichkeit und des Schuldnerverzuges ebenso wie für zu für die Nebenpflichten gemäß § 242.

2. Gesetzliche Schuldverhältnisse des BGB

Das BGB kennt eine ganze Reihe von gesetzlichen Schuldverhältnissen, manchmal bestehen diese wie § 402 nur aus einem Paragraphen, umfangreich und praktisch wichtig sind aber die folgenden Rechtsinstitute:

- §§ 677 ff.: Geschäftsführung ohne Auftrag
- §§ 812 ff: ungerechtfertigte Bereicherung
- §§ 823ff : unerlaubte Handlung
- §§ 985 ff: Eigentümer – Besitzer – Verhältnis

Die gesetzliche Schadensersatzregelung der §§ 823 ff dürfte das wichtigste einzelne Institute des bürgerlichen Rechtes überhaupt sein, gefolgt von §§ 812 ff und §§ 677 ff. Das Eigentümerbesitzerverhältnis tritt in seiner praktischen Bedeutung dem gegenüber zurück.

---

[164] § 402 gilt gemäß § 412 auch im Falle der gesetzlichen Zession, wenn also zwischen altem und neuem Gläubiger keinerlei Vertragsbeziehung besteht.

II. Schuldverhältnisse aus Verträgen

Fälle

1. *A hat den B zu sich zum Abendessen am 1. 10. um 20h eingeladen, B sagt zu. Frau A hat für EUR 50 zusätzlich eingekauft. B kommt nicht und sagt später, er habe keine Lust gehabt. Ersatzansprüche des A?*

2. *A hat eine sehr schlechte Schufa, keine Bank will mit ihm einen Kontovertrag schließen. Er kommt zu einer Sparkasse in NRW.*

3. *F ist ein Fußballverein. Er möchte in den V- Verein einen landesweit tätigen gemeinnützigen Verein eintreten, da nur über diese Mitgliedschaft Zugang zu bestimmten Fördermitteln besteht. V lehnt die Aufnahme des F ab.* [165]

4. *A verspricht seinem bolivianischen Gastschüler Jean Paul DM 20, wenn er bis zum 31.10. "Die Bürgschaft" von Schiller auswendig lern. B tut das. A will nicht zahlen. Muss er?*

1. Grundsatz

a. Verträge muss man halten – *pacta sunt servanda.*

Der Satz *pacta sunt servanda* ist ein Weltrechtssatz.[166] Durch zwei [167] übereinstimmende Willenerklärungen kommt ein Vertrag zustande.[168] Die Par-

---

[165] vgl. BGH NJW 99, 1326

[166] Das gilt auch im Völkerrecht, vgl. Art. 26 Wiener Übereinkommen über das Recht der Verträge v. 23.5.1969: *Ist ein Vertrag in Kraft, so bindet er die Vertragsparteien und ist von ihnen nach Treu und Glauben zu erfüllen.*

[167] Besser: durch *mindestens zwei;* bei einem Vertrag zur Gründung eines Vereins, einer Gesellschaft, beim gemeinschaftlichen Vertragsschluss kommen auch mehr als zwei Vertragspartner in Betracht.

[168] Offenbar ein Weltrechtssatz, vgl. auch den römischen Rechtssatz D. 44, 7, 2: *consensu fiunt obligationes* = durch Übereinkunft entstehen Verpflichtungen.

teien werden gemäß § 241 durch den Vertrag verpflichtet, einander das Versprochene zu leisten.[169]

Wer den Vertrag nicht hält, kann von seinem Vertragspartner über ein Gerichtsverfahren dazu gezwungen werden. Wenn eine Erfüllung nicht oder nicht mehr möglich ist, tritt anstelle des an sich Geschuldeten ein Schadensersatzanspruch in Geld.

b. Abgrenzung: Gefälligkeitsverhältnis

Vom Vertragsverhältnis ist das Gefälligkeitsverhältnis zu unterscheiden. Wer seinem Nachbarn einen Tipp über einen hübschen Urlaubsort gibt, will keine Garantie dafür übernehmen. Wer seinem Nachbarn erlaubt, sein Auto auf dem Hof abzustellen, will in der Regel keinen Mietvertrag schließen; wer das Nachbarskind mit ins Freibad nimmt, schließt keinen Beaufsichtigungsvertrag usw.[170] Als Gefälligkeitsverhältnis kann man eine Beziehung zwischen zwei Personen bezeichnen, worin sie einander die Geltung zwischenmenschlicher Gepflogenheiten[171] in Erinnerung rufen. Eine Rechtsbindung ist nicht gewollt. Im Fall 1 kommen Ansprüche also nicht in Betracht; auch umgekehrt kann B nicht die Kosten eines Restaurantessens und seines vermutlich mitgebrachten Blumenstraußes ersetzt verlangen, wenn B bei A pünktlich erscheint und erfährt, dass A die Sache vergessen hat.

c. Pflicht und Obliegenheit

Pflichten muss man erfüllen, um Schadensersatzpflichten gegenüber dem Gläubiger zu vermeiden. Obliegenheiten sind solche Aufgaben, deren Erfüllung im eigenen Interesse des Pflichtigen liegt; ein anderer hat auf deren Durchsetzung keinen (unmittelbaren) Rechtsanspruch. Z.B.: Wer als Kaufmann in einem beiderseitigen Handelskauf eine Ware von dem Verkäufer erhält, ist nicht verpflichtet, das Empfangene auf Mängelfreiheit zu untersuchen. Er sollte es aber im eigenen Interesse tun, weil er nämlich seine Gewährleistungsansprüche gemäß § 377 HGB verliert, wenn er dieser Obliegenheit nicht unverzüglich nachkommt.

---

[169] Vgl. art 1101 code civil.
[170] Palandt Einf.v. § 241 RN 6
[171] vgl. S. 7

2. Vertragsfreiheit

a. Grundsatz

Die Vertragsfreiheit ist Ausfluss des allgemeinen Freiheitssatzes gemäß Art. 2 GG. Sie zeigt sich in drei Formen:

- Positiv durch freie Partnerwahl: Jeder darf mit jedem Verträge schließen.
- Negativ durch das Fehlen von Abschlusszwang: Niemand ist gezwungen, mit jemandem Verträge zu schließen.
- Inhaltlich in der Gestaltungsfreiheit: Die Partner können vereinbaren, was sie wollen. Auch der größte Unsinn kann vertraglich vereinbart werden, wenn die Pflichten nur nicht gegen § 138, 134 verstoßen.

b. Positive Vertragsfreiheit

Der Privatmann kann sich seine Vertragspartner willkürlich aussuchen, er braucht nicht den Besten zu nehmen, der kann nach Lust und Laune entscheiden. Wer einen Steuerberater oder Lieferanten für Heizöl sucht, kann seine Vertragspartner danach aussuchen, ob sie katholisch, Linkshänder oder Brillenträger sind.

Schwierig wird die Frage im Arbeitsrecht. Wer eine Putzfrau einstellen will, kann einer Bewerberin offen sagen, dass er in seinem Hause keine Afrikanerin oder nur unverheiratete Kräfte wünscht. Je bedeutender der potenzielle Vertragspartner jedoch durch sein Unternehmen oder Ansehen in der Allgemeinheit ist, desto mehr muss er auch seine privaten Eigenheiten zu Gunsten objektiver Wertvorstellungen verzichten. Dem industriellen Arbeitgeber ist nicht mehr zuzubilligen, dass er seine Arbeitskräfte nach Rasse oder Familienstand auswählt, er unterliegt dem verfassungsrechtlichen Gleichheitsgebot, dessen besondere Ausprägung das Diskriminierungsverbot ist.

c. Negative Vertragsfreiheit und Kontrahierungszwang

Niemand ist gezwungen, mit anderen Verträge zu schließen. Es gilt aber auch, dass niemand ohne besonderen Grund von Dienstleistungen der öffentlichen Daseinsvorsorge ausgeschlossen werden darf.[172] Die entsprechenden Anbieter, gleichgültig ob öffentlich-rechtlich oder privatrechtlich organisiert, sind daher verpflichtet, mit jedem, der es wünscht, entsprechende Verträge zu schließen. Ein Abschluss- oder Kontrahierungszwang kann sich ausdrücklich aus dem Gesetz ergeben, z.B. der nach dem NRW - Sparkassengesetz bestehende Zwang für Sparkassen zum Abschluss von Kontenverträgen. Fall 2: A hat Anspruch auf ein Konto, aber keinen Anspruch auf Kredit oder eine EC- Karte.

Ein Abschlusszwang kann sich auch indirekt dadurch ergeben, dass die Ablehnung des Vertragsschlusses als vorsätzliche sittenwidrige Handlung im Sinne von § 826 gewertet werden würde. Auch nach dem Kartellrecht, §§ 19 f GWB, kommt für marktbeherrschende Unternehmen ein Abschlusszwang in Betracht. Genauer: Die Verweigerung des Vertragschlusses durch das marktbeherrschende Unternehmen kann ein Missbrauch im Sinne des Kartellrechts sein und zu einem Schadensersatzanspruch führen. Der Ersatz besteht in dem Abschluss des begehrten Vertrages.

Fall 3: Grundsätzlich darf jeder Verein selbst entscheiden, wen er aufnimmt. Ein Anspruch auf Aufnahme in den gemeinnützigen Verein wurde wegen der besonderen Bedeutung der Mitgliedschaft für F zugestanden.[173]

d. Inhaltliche Vertrags- oder Gestaltungsfreiheit

Für die Gültigkeit eines Vertrages spielt es keine Rolle, ob der Vertrag wirtschaftlich oder sonst sinnvoll ist; das geht niemanden als die Vertragspartner selbst etwas an. [174] Im Fall 4 kommt vielleicht in Betracht, dass A sein Angebot nicht ernst gemeint hat. Johnny sah das nicht so, er nahm die Sache ernst, lernte und kassierte.

---

[172] z.B. Benutzung der Bahn, Wasser - und Strombezug.

[173] Vielleicht hätte sich der BGH die Entscheidung ganz einfach auf § 20 VI GWB stützen sollen.

[174] Im April 2000 verkaufte die BMW AG Anteile an ihrer angeschlagenen englischen Tochtergesellschaft Rover plc für DM 50 an einen Aufkäufer. Warum für DM 50 und nicht, was wirtschaftlich dasselbe wäre, für Null? Im englischen Recht wirkt nach der römischen Rechtsatz, D. 2,7,4: *Nuda pactio obligationem non parit = schlichte Einigung, ohne Gegenleistung, erzeugt keine Rechtspflicht.* Im deutschen Recht gilt dieser Satz nicht: Entscheidend ist allein der gegenseitige Rechtsbindungswille.

4. Dauerverträge

a. Grundsatz

Das BGB erweckt den Eindruck, als gäbe es nur den Einmalvertrag, sofort zu erfüllen und fertig. Typ: Brötchenkauf gegen Bargeld. Das Wirtschaftsleben wird aber zunehmend von Verträgen beherrscht, die über viele Jahre, oft Jahrzehnte laufen und damit weit über die Lebenszeit der bei Vertragschluss handelnden Personen Rechte und Pflichten begründen. Das Gesetz kennt als Dauervertrag eigentlich nur den Mietvertrag und das Darlehen.

Das für den Einmalvertrag konzipierte Recht der Leistungsstörungen passt schlecht auf ein Dauerschuldverhältnis. Weder das BGB noch die anderen europäischen Gesetze bieten ausreichende Regelungen, um auf Veränderungen während des Vertragslaufes eingehen zu können. Die Neufassung des BGB zum 1.1.2002 hat immerhin gezeigt, dass der Gesetzgeber hier einen Handlungsbedarf sieht, §§ 313, 314.

b. Vertragspraxis

Die Praxis hat je nach Branche und Vertragsgegenstand besondere Vertragsklauseln für Dauerverträge entwickelt

- Wiederverhandlungsklausel: in festen Zeitabständen werden wichtige Klauseln des Vertrages, insbesondere die Preisfindungsklausel, oder auch der gesamte Vertrag einer Überprüfung unterzogen.

- Anpassungsklausel: bei Eintritt bestimmter, oder mangels Vorhersehbarkeit auch offen gelassener oder nur allgemein umschriebener Fälle sind die Partner verpflichtet, bestimmte Vertragsklauseln den neuen Verhältnissen anzupassen.

- Härteklausel: Die Parteien verpflichten sich, Abhilfe zu schaffen, wenn die Durchführung des Vertrages oder bestimmter Vertragsklauseln für eine Seite zu einer nicht vorhersehbaren Härte oder Sonderbelastung führt.

c. Anpassungsklauseln als bedingter Vorvertrag

In der juristischen Konstruktion haben diese Klauseln die Bedeutung eines bedingten Vorvertrages:

Zugleich mit dem Abschluss des Dauervertrages vereinbaren die Parteien in Gestalt dieser Klauseln einen oder mehrere Vorverträge unter der aufschiebenden Bedingung, dass die angesprochene Problematik eintritt. Inhalt dieser bedingten Vorverträge ist, dass sich die Parteien nach Treu und Glauben verpflichten, eine angemessene Klausel entsprechend den Vorgaben zu vereinbaren. Zu diesen Fragen gibt es kaum Rechtsprechung. Das bedeutet aber nicht, dass es sie nicht gibt. Streitigkeiten dieser Art werden so gut wie immer in Schiedsgerichten ausgetragen. [175]

---

[175] Vgl. Aden, *Internationale Handelsschiedsgerichtsbarkeit,* München 2003. Es ist ein bisher nur wenig beachtetes Problem, dass wirklich wichtige Fragen des Vertragsrechts überhaupt nicht mehr von den staatlichen Gerichten behandelt werden. Diese werden fast ausschließlich von privaten Schiedsgerichten entschieden, deren Entscheidungen in der Regel vertraulich bleiben und so der Rechtsfortbildung nicht dienen.

III. Zustandekommen des Vertrages

Fälle

1. A macht dem B ein Kaufangebot über dessen in der Zeitung annoncierten Wohnwagen. zu EUR 15.000.. Dabei sagt er: „Überlegen Sie es sich bis zum 15.3., dann fahre ich auf Urlaub." B sagt weder ja noch nein. Am 14.3. ruft B bei A an und will kaufen, A will nun nicht mehr. Muss er?

2. Großunternehmen A tauscht mit ausländischem Staatsunternehmen Absichtserklärungen (Letter of intent) aus, wonach A einen Flughafen zu bestimmten, im einzelnen aber noch auszuhandelnden Bedingungen bauen soll. Gilt das schon?

1. Grundsatz

Das Angebot muss zugehen, und die Annahme muss ebenso erklärt werden und dem Gegner zugehen, §§ 145 ff. Ausnahme § 151: Annahme ist zwar nötig, aber sie muss dem Gegner nicht zugehen. Auch für ein lediglich vorteilhaftes Angebot gilt § 151 [176] Die Annahme kann ausdrücklich oder durch schlüssiges Handeln geschehen, Kopfnicken genügt. Durch Schweigen kommt aber grundsätzlich kein Vertrag zustande.[177]

---

[176] BGH NJW 2000, 276.
BGH NJW 99, 3554: Aus der Entgegennahme einer Leistung (die per Fax übermittelt wurde hier: Architektenleistung) kann nicht auf den Willen des Empfängers geschlossen werden, ein entsprechendes Vertragsangebot anzunehmen. Rechtsgeschäftlicher Wille zur Annahme muss erkennbar werden.

[177] Ausnahme: § 362 HGB. Zusätzlich hat die Rechtsprechung das **Kaufmännische Bestätigungsschreiben** entwickelt: Schweigen auf eine im kaufmännischen Verkehr erteilte schriftliche Bestätigung einer mündlichen Vereinbarung gilt als Annahme des Vertrages mit dem Inhalt des Bestätigungsschreibens, auch wenn dieses von dem zuvor Vereinbarten (nur nicht zu sehr!) abweicht.

2. Bindung an den Antrag

Ein Angebot kann nur so angenommen werden, wie es gemacht wird. Wer ein Angebot mit einer, auch nur in Kleinigkeiten abweichenden, Annahme erwidert, macht ein neues Angebot, das alte erlischt. Wird ein Angebot nicht sofort angenommen, erlischt es. Der Anbietende kann aber durch ausdrückliche Erklärung seine Willenserklärung für eine gewisse Zeit offen halten. Typische Formulierung: *An dieses Angebot halten wir uns bis zum 30. April gebunden.* Wird die Annahme bis zum 30. April einschließlich erklärt, ist der Vertrag geschlossen.

Wie ein Angebot gemeint ist, muss wie üblich durch Auslegung festgestellt werden. Im Fall 1 ist unsicher, ob A dem B eine Erklärungsfrist zugestehen wollte, § 148. Wahrscheinlich wollte A nur sagen: *Bis dann bin ich da, falls Sie mich sprechen wollen.* Die Umstände sprechen wohl für letzteres.

Im Bereich von Dauerverträgen kommen vielfach Optionen vor. Dem Mieter wird z.B. die Option eingeräumt, nach Ablauf des Mietvertrages diesen um weitere fünf Jahre zu verlängern. Im Leasingvertrag wird dem Leasingnehmer die Option eingeräumt, die Leasingssache zu bestimmten Bedingungen zu kaufen; und umgekehrt wird von einer Angebotsoption, Andienungsrecht, gesprochen, wenn der Verkäufer das Recht haben soll, dem Käufer die Kaufsache zu einem bestimmten Preis zu verkaufen. Rechtlich handelt es sich hierbei um Angebote mit einer weit, manchmal um Jahre hinausgeschobenen Erklärungsfrist.

3. E- Handel

Viele vom Gesetz nicht erfasste und von der Rechtsprechung noch nicht geklärte neue Rechtsfragen zu Abschluss und Durchführung von Verträgen treten auf im Zusammenhang mit dem E – Handel (vgl. E-commerce-Richtlinie v. 8.6.00). [178]

[178] Vgl. A. Junker NJW 98, 947: Entwicklung des Computerrechts; Palandt Art 40 EGBGB RN 11;

4. Vorvertrag

a. Grundsatz

Der Vorvertrag ist ein schuldrechtlicher Vertrag, der die Verpflichtung zum späteren Abschluss eines Hauptvertrages begründet. [179] Er enthält die Verpflichtung der Vertragspartner, den Hauptvertrag zu den im Vorvertrag niedergelegten Bedingungen abzuschließen. Wer sich trotz eines gültig vereinbarten Vorvertrages weigert, den Hauptvertrag abzuschließen, kann von seinem Partner auf Abschluss des Hauptvertrages verklagt werden. Mangels einer Einigung muss dann das Gericht die Nebenbedingungen gemäß § 242 festlegen. Der Vorvertrag bedarf der Form des in Aussicht genommenen Hauptvertrages.[180] Stets, so auch in Fall 2, ist gemäß § 133 auszulegen, ob schon eine rechtliche Bindung gewollt war, und ggfs welche.

In der Praxis werden verschiedene Begriffe für vertragsähnliche Vorabregelungen benutzt. Deren Bedeutung ist gesetzlich nicht geregelt, es kommt also auf die Umstände an, was gemeint ist. Man wird aber von folgenden Bedeutungen dieser Begriffe ausgehen dürfen

b. Formen – Absichtserklärung/ Letter of Intent

Ein- oder zweiseitige unverbindliche gemeinte Erklärung, wonach der Anbieter seine Bereitschaft bekundet, unter bestimmten Bedingungen einen Vertrag abzuschließen; oft wird er diese Absichtserklärung von der Gegenpartei schriftlich zur Kenntnis genommen, wobei diese gegebenenfalls ihrer Bereitschaft bekundet, ein Vertragsangebot des Anbieters wohlwollend zu prüfen. Eine rechtliche Verpflichtung ergibt sich aus einer Absichtserklärung grundsätzlich noch nicht. Es kommt allerdings in Betracht, in der Bekundung, das Vertragsangebot der Gegenseite wohlwollend prüfen zu wollen, eine Verpflichtung zu sehen, das Angebot eines anderen Anbieters erst in Betracht zu ziehen, nachdem dieses Angebot geprüft worden ist.

---

[179] Palandt Einf v. § 145 RN 19, BGHZ 102,388;
[180] Palandt § 125 RN 9

c. Punktation/ Heads of Agreement

In der internationalen Vertragspraxis wird oft das Bedürfnis gesehen, den komplizierten Prozess von der ersten Idee bis zum Vertragschluss in Zwischenstufen zu gliedern. Es kommt in Betracht, erreichte Verhandlungsfortschritte in einer Punktation festzulegen. Diese können unverbindliche Erinnerungsstützen sein, gelegentlich wird aber auch vereinbart, den erreichten Verhandlungsstand verbindlich zu machen, auf dessen Grundlage weiter verhandelt wird.

5. Weiches Recht – *Soft Law*

Viele zumal langfristige, Verträge enthalten, eine Klausel, wonach sich die Vertragspartner verpflichten, unter bestimmten, meist recht allgemein gehaltenen Voraussetzungen den Abschluss weiterer Vereinbarungen oder die Übernahme gewisser Pflichten wohlwollend[181] zu prüfen. Solche Klauseln finden sich oft irgendwo lieblos am Ende des Vertragswerkes und wirken nicht besonders ernst gemeint. Solche allgemeinen Pflichten nach Treu und Glauben lassen sich kaum durchsetzen. Vieles, was Vertragsjuristen hierzu in die Verträge bringen, geht im strengen Rechtssinne ins Leere.

Dennoch sind solche Klauseln nicht wertlos. Wenn es sich um internationale Verträge handelt, werden an Stelle der staatlichen Gerichte meistens Schiedsgerichte über die Vertragspflichten entscheiden. Im Rahmen eines Schiedsgerichtsverfahrens wird immer öfter nicht mehr das Recht eines bestimmten Staates angewendet. Es gelten allgemeine Billigkeitsgrundsätze. Wenn eine Partei sich also verpflichtet, wohlwollend und nach Treu und Glauben die Übernahme bestimmter Pflichten zu prüfen, dann wird das Schiedsgericht sich im Zweifel als befugt angesehen, an Stelle der Parteien eine billige Anpassung oder Ergänzung des Vertrages vorzunehmen oder sozusagen *dringend anzuraten.*

---

[181] engl.: *in good faith*

IV. Einigungsmangel, §§ 154, 155

Fälle:

1. *A und B haben in monatelangen Verhandlungen alle Vertragsklauseln bis auf eine nebensächliche Schlussklausel geregelt. A hatte zu B bei Schluss der letzten Sitzung gesagt: Darüber werden wir uns auch noch einigen! Plötzlich erhält A ein günstigeres Angebot und will überhaupt nicht mehr. B ist nun bereit, die Schlussklausel wie von A vorgeschlagen zu akzeptieren.*

2. *Privater Fernsehsender F ruft bei Professor A an: „Wollen Sie bei uns zum Thema XY etwas sagen? Ist ja auch für Sie Werbung; DM 250 die Stunde." A stimmt zu und meint, er bekommt, F meint e r bekommt das Geld.*

3. *A findet in seinem Hotelzimmer einen gefüllten Obstkorb, den er aufisst. A meinte, das sei eine Gabe des Hotels, dieses wollte ihm das Obst verkaufen. Hotel verlangt Zahlung; zu Recht?*

1. Grundsatz

Es bestand im Fall 1 Einigkeit darüber, dass der Vertrag noch nicht zuende verhandelt war. In diesen Fällen des *offenen Einigungsmangels* tritt die eine vertragliche Bindung noch nicht ein. A kann zurückziehen. In Betracht kommt allenfalls, dass A dem B unter dem Gesichtspunkt des Verschuldens bei Vertragsabschluß (CiC, jetzt § 311 II 1) den Schaden dafür ersetzen muss, dass er B umsonst am Verhandlungstisch festgehalten hat.

Die Parteien können aber selbst verständlich vereinbaren, dass im Sinne eines Abschichtungsverfahrens einzelne Vertragselemente je nach Verhandlungsfortschritt verbindlich sein sollen, schon bevor der Vertrag insgesamt ausverhandelt ist.

2. Versteckter Einigungsmangel, § 155

Ein Vertrag kommt zustande, wenn beide Vertragspartner sich auf dasselbe geeinigt haben. Gelegentlich kommt es vor, dass Parteien meinen, dass sei der Fall, stellen dann aber fest, dass sie aneinander vorbei geredet haben. Ein Vertrag ist dann nicht zustande gekommen. Im Falle 2 haben die Partner geglaubt, die Sache sei klar: die beiderseits gewechselten Willenserklärungen sind objektiv mehrdeutig, sodass auch einer Auslegung gem. § 133 zu keinem Ergebnis führt. Einigung liegt nicht vor.

Vielleicht liegt auch Fall 3 so. Hier kommt es darauf an, wie A den Obstkorb verstehen durfte. In einem Hotel der Oberklasse wird man ohne weiteres davon ausgehen, dass der Obstkorb ein Teil des Arrangements ist; der ist kein Geschenk, sondern eine mit dem Mietpreis für das Zimmer abgegoltene Leistung des Hotels. In Hotels niedriger Kategorie, liegt es aber näher, von einem förmlichen Kaufangebot auszugehen. Es kommt also hier wie sonst auch auf die Umstände an, §§ 133, 157.

3. Einigungsmangel und Irrtum

Der Irrtum gemäß § 119 wird oft mit dem Einigungsmangel gemäß § 154 verwechselt. Wenn eine Vertragspartei sich über die Bedeutung der von ihr abgegebenen Willenserklärung irrt, dann ist der Vertrag gültig, er kann jedoch gemäß § 119 angefochten werden. Liegt aber ein Einigungsmangel vor, so ist der Vertrag nichtig.

Ein Einigungsmangel liegt vor, wenn ein Vertragspartner eine Willenserklärung abgibt, welche

- objektiv mehrdeutig ist, sodass ihr auch durch Auslegung gemäß § 133 kein eindeutiger Sinn beigelegt werden kann, Fall 2 und
- die Vertragspartner verstehen jeweils eine andere der mehreren möglichen Bedeutungen, z.B. F meint, er kriege Geld, A meint, er bekomme ein Honorar.

Haben beide Parteien, trotz objektiver Mehrdeutigkeit dasselbe gemeint, z.B. beide meinten, A kriegt Geld, gilt der Vertrag mit diesem Inhalt.

V. Widerruf bei Verbraucherverträgen, § 355

Fälle

1. *Dr. A., Rechtsanwalt in Essen, wird mit seiner Frau von Dr. H., Rechtsanwalt in Düsseldorf, zum Abendessen in dessen Haus geladen. Mit eingeladen ist der Juwelier J. aus H. Nach dem Essen packt J seine Kollektion aus. A kauft einen Ring für seine Frau, der sein Geld auch wert ist. Auf der Rückfahrt von Düsseldorf ärgert sich A über den Kauf, weil er sich eigentlich den Ring gar nicht leisten konnte. Kann er zurücktreten?*

2. *K, Kunde der Sparkasse, ist gehbehindert. Um eine Kreditsache zu regeln, bittet er den Sparkassendirektor D, ihn aufzusuchen. Das geschieht. Dabei unterzeichnet K eine Bürgschaft zu Gunsten der Sparkasse. K meint später, diese sei ungültig. Zu Recht?*

1. Grundsatz

Der Verbraucher, § 13, hat ein besonderes Widerrufsrecht bezüglich seiner Willenserklärung gegenüber einem Unternehmer, wenn die Willenserklärung unter besonderen Bedingungen abgegeben wurde. Die Ausübung des in § 312 bzw. in anderen Verbraucherschutzgesetzen geregelten Rechts und seine Folgen ergeben sich aus §§ 355 ff.

Das Recht des Verbraucherschutzes ist in weitem Maße europäisches Recht. Die in das BGB eingefügten Vorschriften zur Umsetzung der entsprechenden Richtlinien der Europäischen Union werden daher in letzter Kompetenz nicht vom Bundesgerichtshof sondern von dem Europäischen Gerichtshof ausgelegt.

2. Widerrufsrecht

Einerseits ist es problematisch, die Bedeutung der Willenserklärung dadurch zu relativieren, dass sie auch ohne Vorliegen eines förmlichen Willensmangels widerrufen werden kann. Andererseits zeigt Fall 1, ein Echtfall aus dem Leben, dass auch ein rechtskundiger, gestandener Mann in Lebenslagen gebracht werden kann, in welchen er letztlich nicht mehr frei entscheiden kann.

Angesichts der heute herrschenden Vertriebsmethoden, ist der Verbraucher in vielfältiger Weise Beeinflussungen ausgesetzt, welchen er sich nicht immer entziehen kann. Das Widerrufsrecht des Verbrauchers dient daher dem Schutz der Privatautonomie. Das Verbraucherschutzrecht knüpft daran an, dass der Verbraucher in einer Situation zur Abgabe einer Willenserklärung veranlasst wird, in welcher er darauf nicht vorbereitet ist, z.B. direkte Ansprache an der Haustür oder während einer Verkaufsfahrt. Fall 2 beschreibt eine typische Ausnahme, in welcher das Widerrufsrecht nicht gilt.

2. Kapitel Arten der Schuldverhältnisse

I. Einseitig verpflichtendes Schuldverhältnis

Fälle

1. *A sieht einen Zettel am Baum. „Wer mir meinen Dackel Flocki wiederbringt, erhält EUR 25,- gez. Frau Else Pickenpack" A findet Flocki, bringt ihn und verlangt Geld. B will nicht zahlen. Darauf lässt A das Tier einfach wieder laufen.*

2. *A hat als Erbe seines Vaters die testamentarische Pflicht, dem Vermächtnisnehmer V das Meißener Porzellan zu übereignen. A ist darüber sehr verärgert, packt das Porzellan in einen Waschkorb und lässt diesen dem V zustellen. Die Hälfte im Werte von EUR 5.000 geht kaputt.*

3. *Onkel O hat seinem Neffen N mit notariellem Vertrag versprochen, ihm zur Hochzeit das Haus in der Goethestraße zu schenken. N heiratet und will einziehen. O meint, N könne noch etwas warten. Daraufhin mietet N, ohne dem O irgendetwas zu sagen, ein gleichwertiges Haus und verlangt von O Schadensersatz in Höhe der Miete. O meint, eine Wohnung hätte es bei dem jungen Schnösel auch getan.*

   Ansprüche?

1. Grundsatz

Man spricht als Abgrenzung zum Gegenseitigen Vertrag, s.u. II, von einseitig verpflichtenden Verträgen, wenn nur eine Seite daraus verpflichtet wird. Hauptanwendungsfälle sind der Schenkungsvertrag, Bürgschaftsvertrag, der Auftragsvertrag, auch die Auslobung, § 657, wie im Fall 1.

Genau genommen begründet auch der einseitig verpflichtende Vertrag auf beiden Seiten Pflichten. Der Schenker, Bürge usw. schulden zwar allein eine Hauptpflicht, der Beschenkte, Bürge, Auslobende usw. sind aber verpflichtet, die besonders vereinbarten oder sich aus der Natur des Vertrages (§ 242) ergebenden Nebenpflichten zu erfüllen.

Ausnahmsweise entstehen im Falle der Auslobung einseitige Pflichten ohne förmlichen Vertrag allein aufgrund einer rechtsgeschäftlichen Erklärung, Fall 1.

2. Rechtspflichten

Die Pflichten aus einseitigen Schuldverhältnissen sind normal zu erfüllen, §§ 241 ff, unter Berücksichtigung der besonderen Pflichten des entsprechenden Rechtsverhältnisses. Fall 1: A hat einen Anspruch auf Zahlung, § 657. Wenn P den Hund nicht annimmt, kommt sie in den Annahmeverzug. [182] A verletzt aber eine Nebenpflicht, § 241 II, wenn er den Hund zurückgibt, ohne darauf hinzuweisen, dass er ihn in einer tollwutgefährdeten Zone gefunden hat.

Im Fall 2 hat A die einseitige Verpflichtung gegenüber V; wenn er diese schuldhaft schlecht erfüllt oder wie hier unmöglich macht, haftet er auf Schadensersatz, § 280. Im Fall 3 mag es sein, dass eine Wohnung für N zunächst auch gereicht hätte, aber er hat einen Anspruch auf Übereignung, er darf den Schaden infolge des Verzuges, § 286, also die aufgewandte Miete, von O ersetzt verlangen.

[182] Wenn A den Dackel ohne Notwendigkeit wieder laufen lässt, kommt ein Schadensersatz der P aus § 989 f. in Betracht.

II. Gegenseitiger Vertrag, § 320

Fälle

1. *K möchte, wie er dem V während der Vertragsverhandlungen erzählt, in den Ferien, ab 1. Juli, in der Flensburger Förde schippern. Am 15. Mai kauft er von V ein bestimmtes gebrauchtes Boot für 1.000 Euro und einen dazu passenden gebrauchten Außenbordmotor für 300 Euro. K und V einigen sich auf einen Gesamtpreis von 1.200 Euro. Den Motor nimmt K gleich mit. V weiß, dass Händler H in Holland dieses Boot verkaufen will, er will es von diesem besorgen und nächste Woche liefern. K zahlt 100 Euro an. Weitere Absprachen bestehen nicht.*

   Die Ferien rücken näher, das Boot ist nicht da. Am 15. Juni verlangt V von K, dass er die restlichen 1.200 Euro schon mal zahle, denn H bestehe, auf Barzahlung; mindestens aber verlangt V Zahlung von 200 EUR, um den schon übergebenen Motor bezahlt zu machen. K will nicht. Als nichts passiert, will K am 20. Juni von dem ganzen Vertrag nichts mehr wissen. Was kann er tun? Welche Ansprüche haben K und V gegeneinander?

   Variante: Zufälligerweise trifft K den H auf einer Bootsmesse. K erkennt, dass H derjenige ist, von dem V „sein" Boot kaufen will, er beschließt den Zwischenhandel über V zu sparen und kauft das Boot dem H direkt ab.

2. *A möchte zu seinem 60. Geburtstag seine Gäste im festlichen Rahmen empfangen. Dazu engagiert er zu einem Honorar von EUR 300 ein Flötenquartett, welches Flötenmusik des Rokoko. spielen soll. Das Mitglied M des Quartetts, einwandfreier Flötist des Stadttheaters, erscheint mit Wuselhaar im Schlabberpullover. A ist darüber so erbost, dass er das ganze Quartett nach Hause schickt. Das Quartett verlangt Zahlung von EUR 300. Zu Recht?*

3. *G bestellt am 10. 4. bei Hotelier H zur Messezeit ein Hotelzimmer für den 19./20. Mai, Anreise bis 20h. H bestätigt die Reservierung, insbesondere, dass Anreise bis spätestens 20 Uhr erfolgen müsse.*

a. *Als G am 19. im Hotel des H ankommt, sagt H ihm, dass das für ihn vorgesehene letzte Zimmer durch einen soeben erfolgten Wasserrohrbruch unbewohnbar geworden sei.*
b. *H weigert sich, G in das Hotel aufzunehmen, weil dieser darauf besteht, zwei mitgebrachte Hunde in sein Hotelzimmer zu nehmen.*
c. *G kommt am 19.5. pünktlich an. Alle Normalzimmer sind vergeben. H bietet an, die so genannte Königssuite zurecht zu machen, macht aber darauf aufmerksam, dass dieses mit dem zur Verfügung stehendem Personal viel Zeit erfordere, weil die Reste der gestrigen Hochzeitsfeier dort zusammengestellt worden seien. H behält sich daher vor, dem G in zwei Stunden mitzuteilen, ob es klappt. Ansprüche?*

1. Grundsatz

Der gegenseitige Vertrag ist der Normalfall des Rechtslebens und kommt im täglichen Leben ständig vor. Im gegenseitigen Vertrag[183] stehen Leistung und Gegenleistung in einem von den Vertragspartnern gewollten Abhängigkeitsverhältnis: A leistet, weil er von B eine Gegenleistung begehrt, B erbringt seine Leistung, weil er die Leistung des A begehrt. Beide Vertragspartner stehen einander also in einer Doppelrolle gegenüber: sie sind in Bezug auf ihre Pflichten Schuldner, und in Bezug auf ihre Ansprüche Gläubiger des anderen. Häufigster Anwendungsfall ist der Kaufvertrag: Hausfrau H gibt dem Bäcker B Geld, weil sie ein Brot braucht; B gibt Brot, weil er Geld will. H ist Gläubigerin des Übereignungsanspruches in Bezug auf das Brot und Schuldnerin des Zahlungsanspruches des B; umgekehrt ist B Gläubiger des Zahlungsanspruches und Schuldner des Übereignungsanspruches.

Für den gegenseitigen Vertrag gelten zunächst ohne Besonderheiten die Regeln des Schuldverhältnisses, §§ 241 ff. Die Haupt - und Nebenpflichten sind nach Treu und Glauben zu erfüllen.

Aus der Verknüpfung der gegenseitigen Leistungspflichten folgt jedoch ein gegenseitiger Leistungsverweigerungsmechanismus zu Gunsten der Seite 1

[183] Der früher übliche Ausdruck *Synallagmatischer Vertrag* wird kaum noch verwendet.

für den Fall, dass Seite 2 ihren Verpflichtungen nicht oder nicht vollständig nachkommt. Dieser Mechanismus, ist in §§ 320 – 326 abstrakt formuliert. Dadurch wirkt die Regelung etwas kompliziert.

2. Die gesetzliche Regelung, §§ 320 ff

a. § 320 I und II

In § 320 wird der Grundsatz ausgesprochen. Dieser ist an sich sehr einfach, weil er auf der Alltagsweisheit beruht: *Wenn du nicht tust, was du sollst, tu auch ich nicht, was ich soll.*

Im Fall 1 ist K aus dem gegenseitigen Vertrag (Kaufvertrag) verpflichtet, noch 1.200 EUR zu bezahlen. Da zur Fälligkeit der Kaufpreiszahlung nichts vereinbart ist, gilt § 271. V kann also die Leistung, da Vertrag oder Gesetz nichts anderes bestimmen, sofort verlangen. Die Aufforderung des V am 15. Juni ist daher rechtlich eigentlich in Ordnung.

Das Gesetz gibt aber für den gegenseitigen Vertrag dem Schuldner in § 320 I ein Leistungsverweigerungsrecht, bis ihm die Gegenleistung erbracht wird. K braucht die 1.200 Euro nicht jetzt, sondern erst Zug – um – Zug gegen Übereignung des Bootes zu zahlen. Bis dahin kommt K mit seiner Zahlungspflicht nicht in Verzug. Sollte V den K auf Zahlung verklagen, würde K gemäß § 322 nur zur Leistung Zug – um- Zug verurteilt werden.

Zu prüfen ist, ob V wenigstens 200 EUR verlangen kann. K hat den mit 300 EUR veranschlagten Motor schon als Teilleistung erhalten, aber erst 100 Euro bezahlt. § 320 II sagt: *Ist von der einen Seite* (hier V) *teilweise geleistet worden* (hier: Motor)*, so kann die Gegenleistung* (hier: 200 Euro) *insoweit nicht verweigert werden, als die Verweigerung nach den Umständen, insbesondere wegen verhältnismäßiger Geringfügigkeit des rückständigen Teils, gegen Treu und Glauben verstoßen wurde.* Der nach dem Vertrag rückständige Teil ist das Boot, denn Boot und Motor wurden als Einheit verkauft. Das Boot ist aber offensichtlich kein geringfügiger Teil des Vertrages. K ist nicht verpflichtet, mit 200 EUR in Vorlage zu treten.

b. § 323

Grundfall § 323 I

Für die Fälligkeit der Lieferpflicht hinsichtlich des Bootes war zwar kein bestimmter Tag vereinbart worden. V wusste aber, dass K das Boot ab dem 1. Juli nutzen wollte. Aus den Umständen, § 271, ergab sich die Fälligkeit daher etwa Mitte Juni, nicht erst der 30. Juni, denn dem K sind einige Tage der Vorbereitung zuzubilligen. Seit dem 20. Juni will K nichts mehr von dem Vertrag wissen. K kann sich von dem Vertrag nur durch Rücktritt gemäß § 323 lösen. Dass man die Lust an einem Vertrag verloren hat, berechtigt allein nicht zum Rücktritt.

Der Vertrag hat Fakten geschaffen und in aller Regel bei den Vertragsparteien Aufwendungen im Hinblick auf die Vertragserfüllung ausgelöst. Auch wenn eine Vertragspartei ihren Pflichten schuldhaft nicht nachkommt, hat sie ein schützenswertes Interesse daran, dass ihr der Vertrag nicht einfach aus der Hand geschlagen wird. Fehlverhalten kommt nun einmal vor, und außerdem wird den Interessen des Gläubigers dadurch Rechnung getragen, dass er bei Verschulden gemäß § 280 Schadensersatz fordern kann. Gemäß § 323 I ist der Rücktritt nicht einmal von einem Verschulden des Schuldners abhängig.

Der Gläubiger muss dem Schuldner eine angemessene Frist zur Erfüllung setzen. Wenn diese Frist erfolglos verstrichen ist, kann der Gläubiger vom Vertrag zurücktreten, § 323 I. Angemessen ist eine Frist, binnen derer dem Schuldner die Nachholung der Leistung möglich ist. Dabei dürfen von ihm besondere Anstrengungen verlangt werden. Ist die Frist zu kurz bemessen, ist der Rücktritt ungültig. Im Fall 1 wäre wohl eine Frist von zwei Wochen angemessen. Damit würde zwar der von K angestrebte erste Nutzungstermin am 1.Juli überschritten. Das wird K aber zunächst hinnehmen müssen, ggfs hat er aber einen Schadensersatzanspruch gegen V, falls dieser die Verzögerung zu vertreten hat.

Beachte: § 323 entspricht zwar § 326 a.F. Es gelten aber jetzt folgende Unterschiede gegenüber § 326 a.F.

- Rücktritt setzt keinen Verzug des Schuldners mehr voraus.
- Die früher erforderliche ausdrückliche Ablehnungsandrohung ist nicht mehr nötig.

§ 323 II

Die Frist gemäß § 323 I dient dem Schutz des Schuldners. Wenn dieser den Schutz nicht verdient, oder wenn der Gläubiger ein ganz überwiegendes Interesse daran hat, ohne Fristsetzung vom Vertrage zurückzutreten, dann ist das gemäß § 323 II möglich.

§ 323 I II Nr. 1: Zu denken ist etwa an den Fall, dass V aus Ärger darüber, dass K keine Vorauszahlung leisten will, dem K sagt: *Dann können Sie mit dem Boot warten, bis Sie schwarz werden*. Sofortiger Rücktritt.

§ 323 II Nr. 2: Diese Lage wäre etwa gegeben, wenn im Fall 1 K dem V eindringlich vorgestellt hätte, dass er das Boot für diesen Urlaub brauche, um mit seiner Familie sofort am 1. Juli loszulegen, da er selber nur in den ersten Julitagen Urlaub nehmen könne. K darf sich nun durch sofortigen Rücktritt vom Vertrag lösen, da dem V von vornherein bekannt war, dass K den Vertrag unter der Bedingung schloss, dass er die pünktliche Lieferung sicher erwarten durfte. Wenn V sich hierauf einließ, und doch nicht – aus welchen Gründen auch immer – liefern kann, geht dieses auf sein Risiko. Seine eventuellen Aufwendungen, z.B. Fahrten nach Holland zu H, sind nun umsonst gewesen.

§ 323 II Nr. 3: Dieser Fall käme etwa in Betracht, wenn dem K am 20. Juni von seriöser dritter Seite ein entsprechendes Boot allerdings mit der Maßgabe angeboten würde, dass er sich binnen dreier Tage entscheiden müsse. Es ist dem K nicht zuzumuten, auf die unsichere Lieferung des V abzuwarten, während ihm von einer verlässlichen Seite ein Angebot gemacht wird.

§ 323 III

In diesem Fall denkt der Gesetzgeber weniger an aktive Leistungspflichten als an durch den Vertrag ausdrücklich oder stillschweigend geforderte Unterlassungspflichten. Fall 2: M hat sich unpassend angezogen, durch Abmahnung kann A darauf hinwirken, dass M nach Hause geht, sich ordentlich anzieht. Bleibt das erfolglos, kann A zurücktreten.

§ 323 IV

In diesem Fall denkt der Gesetzgeber an den Fall, dass der mit der Fristsetzung erstrebte Erfolg ohnehin nicht eintreten kann. Z.B. : Prof. A hat sich gegenüber dem Verlag verpflichtet, bis zum 1.10. ein Buchmanuskript abzuliefern, am 15.9. gesteht er jedoch treuherzig, dass er über noch nicht angefangen hat. Der Verlag braucht in diesem Fall mit dem Rücktritt nicht bis zum 1.10. zu warten.

§ 323 V

Im Fall 1 hatte der V mit der Lieferung des Motors zwar schon teilweise erfüllt, aber der Motor allein nützt K nichts. An dieser Teilleistung hat er kein Interesse. Etwas anderes könnte gelten, wenn K mit Boot und Motor Handel treiben will.

§ 323 VI

1. Alternative:

In der Variante des Falls 1 gilt: V kann das Boot nicht mehr besorgen, weil H es nicht mehr hat. K seinerseits hat auch kein Interesse mehr an der Lieferung des Bootes durch V, denn er hat es ja schon. Es wäre daher für K eine prima Sache, wenn er zurücktreten könnte, etwa unter Berufung auf § 323 V (Interessewegfall). Abs. VI verhindert das: K selbst war es ja, der *den Umstand, der zum Rücktritt berechtigen würde,* zu verantworten hat.

2. Alternative:

Dieser Alternative läge etwa in folgendem Fall vor: Verkäufer bietet dem Käufer die Lieferung des Bootes am 20. und noch mehrmals danach, etwa am 21, und 22., aber K verweigert jedes Mal mit nichtigen Gründen die Annahme. Am 24. Juni wird das Boot gestohlen. Am 25. erklärt K, ohne von dem Diebstahl zu wissen, nun zur Entgegennahme des Bootes bereit zu sein. K befand sich seit dem 20., spätestens seit dem 22. im Annahmeverzug. Da V für den Diebstahl nicht verantwortlich ist, kann K nicht zurücktreten. Er muss also das Boot bezahlen, obwohl es nicht mehr bekommt.

c. § 324

Der jetzige § 324 ist ganz neu.[184] Er erleichtert den Rücktritt von einem gegenseitigen Vertrag, wenn einer Vertragspartei das Festhalten an dem

[184] Palandt § 324 RN 1

Vertrag nicht zuzumuten ist, obwohl die Hauptleistungspflichten ordnungsgemäß erbracht werden können. Nach §§ 320 ff alter Fassung kamen Rücktritt und Schadensersatz nur in Betracht, wenn eine Hauptpflicht verletzt war. Die Verletzung vertraglicher Nebenpflichten führte bei Verschulden zwar zu einem Schadensersatzanspruch des Gläubigers, aber die Hauptpflichten aus dem Vertrag blieben unangetastet. Der Schadensersatzanspruch ist in Fällen wie im Beispielsfall 2 aber entweder nicht durchsetzbar: M ist gemäß § 249 verpflichtet, nach Hause zu gehen und sich ordentlich anzuziehen, um dann wieder zu kommen – bis dahin ist aber der Empfang schon vorbei; oder nichts nütze: welcher Schaden ist dem A dadurch entstanden, dass das Quartett nicht spielt?

Diese Fälle sind jetzt leichter zu lösen. Das Flötenquartett ist in Fall 2 nicht nur verpflichtet, die vereinbarte Musik zu Gehör zubringen, seine Pflicht ging gemäß § 241 II auch dahin, *Rücksicht ....auf die Interessen* des A zunehmen. Das bedeutete angesichts des auf von A gewünschten festlichen Rahmens, dass die Mitglieder des Quartetts als Gesamtschuldner, diesen Rahmen durch ihr äußeres Erscheinungsbild jedenfalls nicht stören. Einen Wuselkopf wird man bei einem Künstler heutzutage wohl akzeptieren müssen. Vielleicht ist diese Haartracht das Markenzeichen des M. Es ist nicht von ihm zu verlangen, dass er seine Haartracht wegen dieses Auftritts ändert. Die Kleidung lässt sich aber leicht austauschen. Wenn M sich nicht im letzten Augenblick entschließt, eine passende Kleidung anzulegen, kann A den Vertrag kündigen und das ganze Quartett nach Hause schicken. An einer Teilleistung, das Quartett spielt ohne M als Trio, hat A gemäß § 323 V kein Interesse.

d. § 326

§ 326 ist gegenüber dem alten Wortlaut völlig neugefasst. In gewissem Sinne ist er eine Zusammenfassung der §§ 323, 324 und 326 a.F.

Abs. I

Grundsatz des gegenseitigen Vertrages und einer der primitivsten weltweiten Rechtsgrundsätze ist: *Wer selbst nicht leistet, bekommt auch nichts.* Wenn der Schuldner aus irgendwelchen Gründen von seiner Leistungspflicht befreit ist, verliert er den Anspruch auf die Gegenleistung. Fall 3 a: H kann seine Pflicht nicht erfüllen; das hat er zwar nicht zu vertreten, deswegen schuldet er auch keinen Schadensersatz, aber kann auch nicht von G den Übernachtungspreis verlangen.

Abs. II

Wird die Leistung dem Schuldner aus einem Grunde unmöglich, welche nicht er, sondern der Gläubiger zu vertreten hat, wäre es ungerecht, dem Schuldner um seinen Gegenanspruch zubringen. Fall 3 b: Von Hunden war bei der Zimmerbestellung nicht die Rede. Schon mit Rücksicht auf künftige Gäste, welche auf Hundehaare vielleicht allergisch reagieren, darf H dem Gast verbieten, Hunde aufs Zimmer zu nehmen. Wenn G das Zimmer unter dieser Bedingung nicht beziehen will, ist er es, der dem H Erfüllung des Vertrages unmöglich macht; er schuldet dem Zimmerpreis.

Abs. III

Gemäß § 285 hat der Gläubiger bei Unmöglichkeit der ursprünglichen Leistungserfüllung einen Anspruch auf Herausgabe desjenigen, was der Schuldner an Stelle der unmöglich gewordenen Leistung erlangt. Gedacht ist in erster Linie an Versicherungsansprüche, auch Schadensersatzansprüche gegenüber Dritten. Z.B. A verkauft B den bei V mit EUR 30.000 versicherten Oldtimer für EUR 25.000; vor Übergabe wird dieser gestohlen. B hat Anspruch auf Abtretung der Versicherungsleistung. Wenn B diesen Anspruch geltend macht, wird er behandelt, als ob er seine vertragsmäßige Leistung erhalten hätte, folglich ist er auch verpflichtet, seinen Kaufpreis zu entrichten. B hat also im Ergebnis einen Gewinn von 5000 EUR.

Abs. IV

Denkbar ist, dass der Gläubiger seine Verpflichtung schon erfüllt hat, bevor sich herausstellt, dass der Schuldner von der Leistung befreit ist. Die Regelung des Absatz IV versteht sich von selbst: der Schuldner muss die bereits empfangene Gegenleistung erstatten.

Abs. V

In Abs. I ist gesagt, dass der Schuldner, welcher von Gesetzes wegen von der Leistungspflicht befreit ist, § 275 I-III, keinen Anspruch auf die Gegenleistung hat. Hier ist gesagt, dass der Gläubiger von dem Vertrag ohne Fristsetzung zurücktreten kann, wenn die Voraussetzungen des § 275 I - III bei seinem Schuldner gegeben sind.

Fall 3 c: Vertrag ist Vertrag, G kann nicht einfach zurücktreten, denn H verweigert die Leistung nicht, wie es § 323 II 1 vorsieht. Auch ein anderer der in § 323 genannten Rücktrittsgründe wird wohl nicht greifen. Es kommt aber in Betracht, dass H auf Grund der erwähnten Schwierigkeiten von seiner Verpflichtung zur Leistung gemäß § 275 II (unzumutbar Aufwand) befreit wird. Es ist dem G nicht zuzumuten, einige Stunden zu warten, um dann zu erfahren, dass H doch nicht leistungsbereit bzw. leistungspflichtig ist. § 326 V erlaubt ihm, klare Verhältnisse zu schaffen, indem er kündigt: G ist damit an den Vertrag nicht mehr gebunden, sein Recht, im Falle des Verschuldens Schadensersatz zu verlangen, bleibt gemäß § 325 bestehen.

III. Nebenpflichten aus dem Schuldverhältnis

Fälle

1. *A hat sich verpflichtet, ein Zementwerk für den Staat Bangla Desch zu bauen und nach Fertigstellung die örtlichen Kräfte einzuweisen. Das Werk ist fertig. A meint aber, die Örtlichen kapieren das doch nicht. Hat A schon Anspruch auf Zahlung?*

2. *A kauft bei P ein exquisites Porzellanservice „Oderland." Nach einem Jahr fällt eine Schüssel entzwei A möchte diese bei P nachkaufen. P führt dieses Service nicht mehr. Ohne die Schüssel hat das Service, wie P zugesteht, eigentlich seinen Schick verloren. Ist P zu etwas verpflichtet?*

3. *Rechtsanwalt A hat für B ein Gutachten erstellt. B möchte sich dieses mündlich erläutern lassen. A meint, dafür habe er keine Zeit, vielleicht aber werde er schriftliche Fragen des B schriftlich beantworten. Was muss er?*

4. *A kauft bei Kleingewerbehändler K Messingschraubverschlüsse. Nach Ablauf der Gewährleistungsfrist brechen diese mit der Folge eines großen Wasserschadens bei A. A möchte gegen den Hersteller aus § 4 III ProdukthaftungsG vorgehen und verlangt von K dessen Namen. Ist K verpflichtet, diesen zu kennen und wenn ja zu nennen?* [185]

5. *A lässt sich müde auf dem Hintersitz im Taxi des T nieder und plumpst in das Nutella des Frühstücksbrotes des T. A verlangt von T Reinigungskosten seines Anzug . Zu Recht?*

1. Grundsatz

Das Schuldverhältnis ist die Beziehung zwischen mindestens zwei Personen, wonach die eine, der Gläubiger, von der anderen, dem Schuldner, ein

[185] OLG Bamberg NJW 98, 2228

Tun oder Unterlassen zu fordern berechtigt ist (§ 241).[186] Dass Schuldverhältnis hat immer eine oder mehrere Hauptpflichten, welche zumeist sehr schnell zu erkennen sind, denn sie prägen den Vertrag. Zuweilen kann zweifelhaft sein, ob eine Pflicht Haupt- oder Nebenpflicht ist. Fall 1: Es ist Auslegungsfrage, ob auch die Ausbildung als Hauptpflicht anzusehen ist; die Umstände sprechen wohl dafür.

- Hauptpflichten: Verletzung führt für den Gläubiger zum Rücktritts- und Schadensersatzanspruch gemäß §§ 323,326.
- Nebenpflichten: Verletzung führt gemäß § 280 zum Schadensersatzanspruch und über die neue Vorschrift § 324 i.V. m. § 241 II zum Rücktritt.

2. Nebenpflichten

a. Grundsatz

Außer den Hauptpflichten enthält jedes Schuldverhältnis Nebenpflichten. Es kann unterschieden werden zwischen

- Benannten Nebenpflichten und
- Nebenpflichten gemäß Treu und Glauben:

Bei benannten Pflichten, wenn der Vertrag die Nebenpflichten also ausdrücklich nennt, ist die Sache in der Regel sehr einfach: z.B. der Unterricht im Fall 1 muss in englischer Sprache von einheimischen weiblichen Kräften gehalten werden usw. Die Vertragspraxis der Großunternehmen bemüht sich, die in der Abwicklung eines Vertrages erforderlich werdenden Pflichten möglichst umfassend vorherzusehen und zu regeln. Nichts nützt dem guten Verhältnis der Vertragspartner mehr als ein klarer Vertrag.

Schwierigkeiten können aber entstehen, wenn eine Partei meint, dass bestimmte nicht ausdrücklich im Vertrag geregelte Dinge einfach sein müssen oder zu unterbleiben haben, damit der Vertrag ordnungsgemäß durchgeführt werden kann. Der größte Teil aller Vertragsstreitigkeiten dreht sich um die Frage, ob solche unbenannten Nebenpflichten bestanden und ggfs verletzt wurden.

[186] Palandt Einl.v. § 241 RN 1

Bevor die Verletzung einer Vertragspflicht geprüft wird, muss festgestellt werden, ob es überhaupt eine Pflicht gab. Die Rechtsgrundlage für diese Nebenpflichten kann sich nur aus §§ 241, 242 ergeben.

Nebenpflichten lassen sich in zwei Hauptgruppen unterteilen. Beide können durch aktives Tun oder Unterlassen verletzt werden:

- Leistungsergänzende Pflichten
- Schutzpflichten

b. Leistungsergänzende Nebenpflichten

Aus den Umständen des Einzelfalles ergeben sich die Pflichten, welche nach Treu und Glauben, § 242, einfach dazu gehören, damit dieser Vertrag bzw. die aus dem gesetzlichen Schuldverhältnis geschuldete Leistung unter den gegebenen Umständen vernünftig erfüllt werden kann und ihren Zweck erfüllt.

Fall 2: Eine allgemeine Bevorratungspflicht des P als Nebenpflicht zum Kaufvertrag ist wohl zu verneinen, aber auch nicht grundsätzlich auszuschließen. Der Handel bietet oft Nachkaufgarantien. Die Nebenpflicht des P ging vielleicht darauf, dem A bei Kaufabschluss zu sagen, dass es hier eine solche nicht gebe. Fall 2: Ausgehend vom Vertragszweck (umfassende Klärung der Rechtsfrage) wird aus § 242 eine Pflicht des A folgen, dem B zu einer mündlichen Erläuterung zur Verfügung zu stehen. Fall 3: Für einen Fachhändler bestünde die Auskunftspflicht wohl als Nebenpflicht, bei dem K als kleinen Händler, nach Meinung des Gerichtes nicht.

c. Schutzpflichten

Wer aus Vertrag oder gesetzlichem Schuldverhältnis etwas zu fordern hat, ist dem Schuldner insofern ausgeliefert. Dieser entscheidet, wie er liefern will, und nur er kann die Beschaffenheit und eine eventuelle Gefahr für den Gläubiger erkennen. Sein Informationsvorsprung gegenüber dem Gläubiger verpflichtet ihn, Maßnahmen zu dessen Schutz zu treffen. Fall 4: T muss die Reinigung zahlen.

IV. Vorsorgepflichten – *Culpa in Contrahendo, CiC*

Fälle:

1. *V in Hamburg will dem K in Dresden sein Haus in Hamburg verkaufen. Die Vereinbarungen sind soweit per Fax festgelegt. V bestellt den K zum Notartermin nach Hamburg am 27.8. In der Amtsstube des Notars erhält V von X über Händi ein besseres Angebot. V schickt K wieder nach Hause.*

2. *V möchte sein Unternehmen verkaufen. Mit K steht er in Verhandlungen, aber K will nicht den Preis des V bezahlen. V beginnt daraufhin mit C Verhandlungen zu einem völlig indiskutablen Preis, nur um K Angst zu machen. Das klappt. C erfährt aber, dass A nur zum Schein mit ihm verhandelt hat. C verlangt Ersatz seiner Aufwendungen in Gestalt von Wirtschaftsprüferexpertisen usw. . i.H.v. EUR 10.000.*

3. *A will sich bei F die Haare schneiden lassen. Vor dem Friseursalon des F rutscht er auf einer Bananenschale aus, die dort schon seit gestern liegt.*

4. *A bestellt zur Zeit der Hannovermesse in H einen Tisch bei G, einem bekannten Gasthaus, für 5 – 6 Personen. A kommt nicht; G verlangt Schadensersatz.* [187]

   Ansprüche?

1. Grundsatz

Verschulden bei oder vor Vertragsschluss bezeichnet solche Pflichten, deren Erfüllung erforderlich ist, damit künftige oder potentielle Vertragspartner redlich mit einander umgehen und sich während der Vertragsanbahnung nicht schädigen. Eine gesetzliche Regelung fehlte früher. Sie wurde als CiC von der Rechtsprechung entwickelt. Sie ist nun in § 311 II gegeben.

[187] LG Kiel NJW 98, 2539

Da ein Vertrag noch nicht besteht, stellt CIC ein gesetzliches Schuldverhältnis dar zum Schutz künftiger Vertragspartner. Der Rahmen der Pflicht ist wiederum § 241 II, § 242.

Auch hier kann wie bei den Nebenpflichten unterschieden werden zwischen

- Leistungsausfüllenden Pflichten, die sich also auf den Gegenstand des in Aussicht genommenen Vertrages beziehen, und

- Schutzpflichten, die der Tatsache Rechnung tragen, dass die Partner sich gegenseitig einen Vertrauensvorschuss geben müssen, damit sie überhaupt mit einander in Kontakt treten.

2. Anwendungsfälle

Fall 1: K muss wissen, dass erst der notariell unterschriebene Vertrag verbindlich ist; bis dahin darf V sich zurückziehen. K hat keine Ansprüche, auch nicht auf Ersatz der Reisekosten.

Fall 2 liegt anders. A muss dem C nicht verkaufen, aber die Scheinverhandlungen ließen dem C gar keine Chance; C kann die Kosten, welche er in Hinblick auf den möglichen Vertragsschluss für nötig halten konnte, ersetzt verlangen.

Fall 3: Ein Privatmann muss nicht ständig darauf achten, ob es vor seiner Tür rutschig ist. Wer aber ein Geschäft mit Kundenverkehr eröffnet, ist für die Sicherheit seiner Kunden verantwortlich, auch bevor sie Kunden geworden sind.

Fall 4: A schuldet mindestens den Ersatz der von H nutzlos gemachten Aufwendungen, z.B. Tischdekoration. Vielleicht, das ist eine Frage der Auslegung, liegt auch ein Vorvertrag auf Abschluss eines Bewirtungsvertrages vor. Dann haftet A nicht nur gemäß CiC für den Vertrauensschaden, sondern auf Erfüllung. Frage jedoch: wie soll der Schaden berechnet werden? Vielleicht kann man dem G zugestehen, dass er eine Durchschnittsberechnung aufmacht, wonach üblicherweise Gäste bei ihm EUR 25 ausgeben.

3. Kapitel Leistungsstörungen

I. Unmöglichkeit

Fälle

*1. W ist Wahrsagerin in Köln. A lässt sich von W die Karten legen und sieht zu seiner Freude, dass seine Frau F entgegen seinen Vermutungen keinen Freund hat und ihn auch nicht verlassen werde. Das Honorar von 500 EUR zahlt er sofort. Wenige Tage später verlässt F ihren Mann, um zu ihrem Freund zu ziehen. A fragt, ob der Ansprüche gegen W hat.**

2.A verpflichtet sich gegenüber der Konzertagentur K, am 18. 11. bei einem Musikfest Beethovens 1. Klavierkonzert zu spielen. Das Honorar von 1000 Euro lässt er sich zur Hälfte auszahlen.
a. A kann gar nicht Klavier spielen, wie F am 15.11 erfährt.
b. A setzt sich stark betrunken ans Klavier und bricht das Konzert nach der Hälfte ab.
c. Am dem Wege zum Konzert wird A ohne eigene Schuld angefahren und muss ins Krankenhaus.

Folgen:
aa. F engagiert den zufällig freien, aber sehr berühmten und teuren Pianisten P für 5000 Euro.
bb. Die Konzertbesucher bekommen insgesamt 10.000 Euro Eintrittsgelder zurück. Auf den Kosten von 5000 Euro bleibt K vorerst sitzen.
cc. Das Konzert wird abgesagt. Zu den Kosten gilt bb.

Ansprüche des K gegen A?

3. D ist Dirigent. Er hat sich gegenüber der Stadt Mannheim verpflichtet, zum Neujahrstag die 9. Symphonie von Beethoven zu dirigieren. Kurz vor Weihnachten stirbt er. Er wird von seinem Sohn S, der ebenfalls Dirigent ist, beerbt. Um das Konzert nicht ausfallen

---

* Nach einem wahren Fall in Köln.

zu lassen, verlangt Stadt M von S, dass er an Stelle seines Vaters dirigiert. S will nicht. Hat die Stadt Ansprüche gegen S?

4. *A und B sind je zur Hälfte Gesellschafter der A- GmbH. Das einzig wesentliche Vermögensstück der GmbH ist ein Grundstück. A, der nötig Geld braucht, verkauft seinen Anteil an dem Grundstück an K.*[188] *K verlangt Übereignung. Zu Recht?*

5. *Auf Grund eines rückwirkend geänderten Steuergesetzes muss A für 2002 zusätzliche 10.000 EUR Einkommensteuer bezahlen.*[189] *Seine Steuern 2001, auch seine sonstigen Schulden hat er bezahlt. Da sein Geschäftshaus bei Dresden durch die große Flut im Herbst 2002 völlig zerstört wurde, ist A völlig mittellos. Er meint, er sei wegen schuldloser Mittellosigkeit von der Verpflichtung zur Leistung frei. Zu Recht?*

6. *Porzellanhändler P hat dem Käufer K 1995 auf dass Geschirr Königsberg des Herstellers H eine 10-jährigen Nachkaufgarantie gegeben. 2002 möchte K eine zerschlagene Schüssel nachkaufen. H ist vor einigen Jahren Konkurs gegangen und vom Markt verschwunden. Ansprüche des K?*

7. *Schriftsteller S hat sich im Juni 2002 verpflichtet, bis zum 1.7.2003 ein druckfertiges Manuskript der Festschrift für das Jubiläum der Firma A- AG abzuliefern. Im Frühjahr 2003 erkrankt die Ehefrau des S schwer. Hierdurch fühlt S sich psychisch so bedrückt, dass er, wie er im Mai 2003 erkennt und der A mitteilt, außer Stande ist, das Manuskript fertig zustellen. A beauftragt nun eine Gruppe von Schriftstellern, welche in der verbleibenden Zeit die Festschrift erstellen. Die Mehrkosten von 5000 EUR verlangt A von S. Zu Recht?*

---

[188] vgl. OLG Saarbrücken NJW – RR 00,845

[189] Das BVerfG hat die Möglichkeit von rückwirkenden Steuergesetzen leider bejaht.

1. Grundsatz

a. Pflicht und ihre Erfüllung

Verpflichtung und Erfüllung sind, wie der Abstraktionsgrundsatz[190] zeigt, zwei von einander unabhängige Vorgänge bzw. Verträge. Eine Verpflichtung ist also auch gültig, wenn ihre Erfüllung unmöglich ist.

Wer dieselbe Sache, z. B. seinen Hund, fünf verschiedenen Käufern verkauft, ist fünfmal verpflichtet, aber nur einmal ist Erfüllung möglich. Wer sich gegenüber drei verschiedenen Vertragspartnern verpflichtet, an drei verschiedenen Orten zur selben Zeit als Zauberkünstler zu wirken, ist dreimal verpflichtet, er kann aber nur einmal erfüllen. Pflicht hin und her – es gilt die schlichte Wahrheit: Unmögliches geht halt nicht. Das Gesetz stellt dieses in § 275 I fest: *Der Anspruch auf Leistung ist ausgeschlossen, soweit diese für den Schuldner oder für jedermann unmöglich ist.*

Dieses ist eigentlich kein Rechtssatz, sondern eher eine Verbeugung vor der Wirklichkeit. Eine rechtliche Frage entsteht erst bei der Frage nach den Folgen der Unmöglichkeit.

b. Gründe der Unmöglichkeit und ihre Folgen

Die Verpflichtung, die Zukunft vorauszusagen, ist völlig unmöglich. Niemand kann das, und jeder weiß, dass niemand so etwas kann. Ein solcher Vertrag war gemäß § 306 a.F. ungültig. Im Fall 1 hatte W ihr Honorar gemäß § 812 zurückzuzahlen. Nach jetzigem Recht ist der Vertrag gültig, vgl. auch § 311a; es stellt sich allenfalls die Frage, ob er wegen § 118, Mangel der Ernstlichkeit, unwirksam ist. A hat ihn aber ernst genommen, sonst hätte er nicht bezahlt.[191] Schulbeispiele von dieser Art, früher war es die Wiederauffindung der *Titanic*, welche als unmögliche Verpflichtung genannt wurde, spielen in der Praxis fast keine Rolle. Die Änderung des

---

[190] Vgl. Anhang.

[191] Aber auch nach heutigem Recht dürfte W das Geld nicht behalten. W ist verpflichtet, die Zukunft vorherzusagen. Von dieser Pflicht ist sie aber gemäß § 275 I befreit, denn niemand kann das. Der Anspruch der W auf die Gegenleistung ist gemäß § 326 I entfallen; nach § 326 IV hat W das Empfangene zurückzuzahlen. Das Ergebnis ist daher nach neuem Recht dasselbe wie nach altem, nur etwas umständlicher zu begründen.

Rechtes ist daher zwar theoretisch wichtig, sie wird in der Praxis aber wenig Bedeutung haben.

Für die Befreiung von der Leistungspflicht gemäß § 275 ist es gleichgültig, aus welchem Grunde die Unmöglichkeit besteht, vgl. Fall 2: In allen drei Varianten entfällt die Pflicht des A. Der Grund der Unmöglichkeit ist nur für die Gegenansprüche des Gläubigers von Bedeutung.

2. Ausschluss der Leistungspflicht gemäß § 275

a. § 275 I Unmöglichkeit

Es ist die Frage, was im konkreten Fall unmöglich ist. Die Dinge liegen nicht immer so einfach wie in Fall 3. Wenn D tot ist, kann er nicht in dirigieren. S tritt als Erbe zwar in die Rechtstellung des D ein und haftet gemäß § 1967 für die Nachlassverbindlichkeiten. Hätte D als Handwerker die Pflicht gehabt, eine bestimmte Leistung auszuführen, wäre sein Erbe wohl verpflichtet, den Vertrag zu erfüllen, und wenn er ist nicht tut Schadensersatz zu leisten. Die Leistung eines Dirigenten ist aber an die Person geknüpfte höchstpersönliche Leistung. [192]

Im Fall 4 steht A als Gesellschafter der GmbH zwar wirtschaftlich das Grundstück zur Hälfte zu, Eigentümerin ist aber die GmbH. Einen Anteil, wie ihn A verkauft hat kennt das Recht nicht. Die Erfüllung der von A übernommenen Pflicht ist daher rechtlich unmöglich.

Der Fall 5, schuldlose finanzielle Unmöglichkeit, passt nur scheinbar unter § 275 I. Nach einer Formel der Rechtsprechung kann sich der Schuldner gegenüber einem Geldanspruch niemals auf Unmöglichkeit berufen. Unabhängig von einem Verschulden habe jeder für seine finanzielle Leistungsfähigkeit einzustehen.[193] Es handelt sich hier nicht um eine Sonderregel des deutschen Rechtes. Dieser Grundsatz gilt weltweit. A wird keinen Erfolg haben.[194]

---

[192] AG Mannheim NJW 91,1490

[193] Palandt § 275 RN 3

[194] **Exkurs:** Der Grund, weswegen auch der schuldlose Geldmangel zu keiner Befreiung von der Leistungspflicht gemäß § 275 I berechtigt, dürfte tief in rechtliche, vielleicht sogar theologische Regionen reichen. Die tiefsinnige Doktrin des

b. § 275 II Unzumutbarer Aufwand

Es ist heute nicht mehr objektiv unmöglich, die berühmte *Titanic* vom Meeresgrund zu heben, es ist eine Kostenfrage. Die Unmöglichkeit, auf welche es im Rechtsverkehr ankommt, ist daher in wesentlichen die wirtschaftliche Unmöglichkeit. Diese ist in § 275 II gemeint. *Der Schuldner kann die Leistung verweigern, soweit diese einen Aufwand erfordert, der unter Beachtung des Inhaltes des Schuldverhältnisses......in einem groben Missverhältnis zu dem Leistungsinteresse des Gläubigers steht.*

Durch die Verwendung des Wortes *kann* bringt das Gesetz zum Ausdruck, dass die Leistung theoretisch möglich sein kann. Die Leistungspflicht entfällt gemäß Absatz II also nicht kraft Rechtes, *ipso iure,* wie gemäß Abs. 1, der Schuldner kann aber ein Leistungsverweigerungsrecht geltend machen. Durch die Verwendung des in der Betriebswirtschaft bekannten Begriffs *Aufwand* wird deutlich, dass ein wirtschaftlicher, also in Geld ausdrückbarer, Aufwand gemeint ist. Die wirtschaftliche Unmöglichkeit ergibt sich aus einem Vergleich der Kosten, welche die Erfüllung der geschuldeten Leistung verursacht mit dem Nutzen, den die Erfüllung für den Gläubiger hat.

Im Fall 6 könnte P in einer landesweiten Anzeigenaktion nach einer passenden Schüssel fahnden, um die an sich wohl noch mögliche Leistung zu erbringen. Das Leistungsinteresse des K dürfte aber durch den Preis für ein neues oder gleichwertiges Geschirr nach oben begrenzt sein. P kann dem an sich berechtigten Anspruch des K daher das Leistungsverweigerungsrecht gemäß § 275 II entgegenhalten. [195]

Christentums von der Erbsünde lässt sich auf den Satz zusammenziehen: *Wer lebt, schuldet Leben.*

Es gibt also keinen Zustand, in welchem der Mensch gegenüber Gott nicht für sein Leben verantwortlich ist. Ins Recht übertragen: Wer als Rechts- und Pflichtfähiger lebt, schuldet der Rechtsgemeinschaft die allgemeine Pflicht, sein Leben entsprechend den Mindesterfordernissen der Gemeinschaft einzurichten. Wer in Gemeinschaft lebt und folglich am Rechtsverkehr so teilnimmt, dass er eine Geldschuld auf sich ziehen kann, muss dafür einstehen, dass er sie erfüllt. Für einzelne konkrete Leistungspflichten muss das Recht hinnehmen, dass ihre Erfüllung unmöglich ist - wer nicht singen kann, obwohl er muss, kann`s halt nicht. Die faktische Befreiung von einzelnen Leistungspflichten lässt aber die allgemeine Lebenspflicht unberührt.

[195] Die Nachkaufgarantie ist als bedingter Vorvertrag zum Abschluss eines Kaufvertrages über ein zu dem Geschirr gehörendes Teil anzusehen. Die vereinbarte Bedingung besteht darin, dass K einen solchen Vertrag abschließen möchte. Wenn

c. § 275 III Persönliche Unzumutbarkeit

Die Tragweite des § 275 III ist unklar. Gedacht ist wohl an Fälle wie Fall 7. Die Leistung, zu welcher sich S verpflichtet hat, kann eigentlich nur von ihm persönlich erbracht werden. Letztlich liegt es also bei S, ob er sich trotz der widrigen Umstände zusammenreißt und den Vertrag erfüllt. Nach altem Recht war S von seiner Verpflichtung in diesem Fall nur frei, wenn die psychische Belastung zu einer eigenen Erkrankung und so zur Unmöglichkeit führte.

§ 275 III ist daher zunächst zwar wohl nur die Festschreibung dieser Rechtsprechung, geht aber offenbar darüber hinaus. S hat ein Leistungsverweigerungsrecht. Zu befürchten ist, dass die Rechtsprechung, entsprechend ihrer Tendenz, Pflichten aufzuweichen, wenn sie wehe tun, diese Vorschrift zu einem allgemeinen Schlupfloch für Schuldner entwickeln wird, welche zwar könnten, aber nicht können.

3. Folgen der Unmöglichkeit für den Gläubiger

a. Grundsatz

Die Befreiung von der Leistungspflicht betrachtet nur die Seite des Schuldners. Die Rechte des Gläubigers ergeben sich aus § 275 IV. Durch die Verweisungen und Weiterverweisungen wird die gesetzliche Regelung etwas unübersichtlich.

Zwei Hauptfälle sind zu unterscheiden.

- Der Schuldner hat die Unmöglichkeit *nicht zu vertreten:* Im Falle eines gegenseitigen Vertrages wird der Gläubiger von der Verpflichtung zur Gegenleistung frei, § 326, und er kann den Vertrag kündigen/davon zurücktreten.
- Handelt es sich nicht um einen gegenseitigen Vertrag, sondern um ein einseitiges Schuldverhältnis, ergeben sich praktisch dieselben

P diesen Vorvertrag nicht erfüllen kann, kann er auch einen wichtigen Teil des ursprünglichen Kaufvertrages nicht erfüllen, sodass sich – freilich wie stets nach Abwägung der Umstände - ein Rücktrittsrecht, § 326, des K hinsichtlich des gesamten Kaufvertrages ergeben kann.

Rechtsfolgen wie aus § 326, nur aus § 281, freilich ohne das Problem der Gegenleistung. [196]

- Der Schuldner *hat die Unmöglichkeit zu vertreten,* vgl. b.

b. Vom Schuldner zu vertretende Unmöglichkeit

Ist der Schuldner gemäß § 275 I bis III von seiner Leistungspflicht befreit, so gilt § 275 IV. Dieser verweist auf § 283, dieser wiederum auf § 280 I. Der Gläubiger hat also folgende Rechte:

Schadensersatz statt Leistung, § 283: An die Stelle des weggefallenen Erfüllungsanspruchs tritt ein Ersatzanspruch, Schadensersatz statt Leistung, SsL, wenn der Schuldner die Unmöglichkeit zu vertreten hat. [197] Art und Umfang des SsL ergibt sich gemäß der Verweisung in § 283 aus § 280.

Ersatz vergeblicher Aufwendungen, § 284: Anstelle von SsL kann der Gläubiger aber auch den Ersatz vergeblicher Aufwendungen, EvA, verlangen, die er im Vertrauen auf den Erhalt der Leistung gemacht hat. Praktisch kommt dieser Anspruch in Betracht, wenn die EvA höher oder besser beweisbar sind als der SsL.

Rücktritt, § 325: Der Gläubiger kann in der Gläubiger zusätzlich zum Schadensersatz auch den Rücktritt aussprechen; anders als nach altem Recht, wo der Gläubiger sich zwischen beiden entscheiden musste. [198]

---

[196] In Betracht kommen freilich Gegenleistungen des Gläubigers, welche nicht in dem Gegenseitigkeitsverhältnis stehen. Beispiel: Erbonkel hat seinem Neffen notariell ein Haus im Wert von 500.000 Euro geschenkt. Bei Fälligkeit überträgt O das geschenkte Haus nicht; Neffe hat, um sich erkenntlich zu zeigen, in Erwartung der Schenkung seinem Onkel eine gemeinsame Reise nach Griechenland gekauft. Die Frage, ob der Neffe seine Kosten von Onkel zurückverlangen kann, entscheidet sich nicht nach Vertragsrecht, sondern nach dem Recht der ungerechtfertigten Bereicherung, vielleicht § 815.

[197] Palandt § 283 RN 2 weist darauf hin, dass § 281 denselben Fall regelt wie § 283, dass also § 283 eigentlich überflüssig ist. Es wäre daher vermutlich richtiger, wenn § 275 IV auch auf § 281 verwiese und §283 fehlte. Für die praktische Rechtsanwendung kann das aber auf sich beruhen: die Anspruchsgrundlage für den SsL ist § 275 IV i.V.m. § 283.

[198] Palandt § 325 RN 2 mit Verweisung auf Vorauflagen zu § 326. Damit ist eine tückische Falle, in welche oft auch Anwälte tappten, beseitigt.

4. Schadensersatz statt Leistung, § 283

a. Grundsatz

Der Schadensersatz statt Leistung ist mit dem Schadensersatz wegen Nichterfüllung alten Rechts identisch. [199] Die jetzige Formulierung betont nur, dass der Schadensersatz den Erfüllungsanspruch ersetzt. Der Schadensersatz statt Leistung gemäß § 281 kommt daher nur in Betracht, wenn die betreffende Leistung definitiv nicht mehr geschuldet wird. Dieser Fall ist in § 283 infolge des Wegfalls der Leistungspflichten gemäß § 275 I – III gegeben.

Da der Schadensersatzanspruch nur entsteht, weil die Leistungspflicht entfallen ist, kommt der Grundsatz des § 249 auf Echtersatz (Naturalrestitution) nicht in Betracht. Der Schadensersatz statt Leistung richtet sich nur auf Geld, und zwar auf das positive Interesse.

b. Differenztheorie

Wenn in einem gegenseitigen Vertrag der Gläubiger Schadensersatz statt Leistung verlangt, so bleibt er gedanklich verpflichtet, seine Leistung zu erbringen. In einem formalen Sinne wären also zwei Ansprüche abzuwickeln: Der Gläubiger legt den Schaden dar und macht diesen Zug um Zug gegen Erbringung seiner Gegenleistung geltend. Diese so genannte Surrogationstheorie ist wenig praktikabel. Es herrscht die sogenannte Differenz- oder Saldotheorie. [200] Danach gilt:

- Die berechtigte Erhebung des Anspruchs auf Schadensersatz wegen Nichterfüllung (jetzt: Schadensersatz statt Leistung) wandelt die gegenseitigen Vertragspflichten in beiderseitige Zahlungsansprüche um,
- diese werden miteinander saldiert,
- es verbleibt nur ein Anspruch auf den Saldo/ Differenz zu Gunsten des Gläubigers. Nur dieser wird geschuldet.

---

[199] Palandt Vorb v § 281 RN 8
[200] Palandt § 281 RN 19 f

Das bedeutet für den Fall 2 Alternative a: K engagiert P für 5000 Euro. A hat die Nichterfüllung zu vertreten, er haftet auf das positive Interesse, welches für K darin besteht, dass das Konzert stattfindet. Der Leistungsanspruch K verwandelt sich in einen Schadensersatzanspruch über 5000 EUR. Dieser wird mit dem Honoraranspruch des A verrechnet, sodass ein Anspruch in Höhe von 4000 EUR zu Gunsten des K verbleibt.

Alternative b: Nach Erbringung einer Teilleistung wird dem A die Erfüllung des Vertrages unmöglich. Gemäß § 281 Abs. 1 Satz 2 ist zu prüfen, ob der Gläubiger Schadensersatz wegen der ganzen Leistung verlangen kann. Das ist zu bejahen, da an der Teilleistung unter diesen Umständen kein Interesse besteht. A haftet auf das positive Interesse des K, er muss ihn also so stellen, als ob das Konzert stattgefunden hätte. Der Schadensersatzanspruch umfasst gemäß § 252 auch den entgangenen Gewinn des K. A schuldet also 10.000 EUR, abzüglich des Honorars, welches K dem A nun nicht mehr zu zahlen hat, also 9000 EUR.

Alternative c: A hat die Nichterfüllung nicht zu vertreten. K hat seinen Leistungsanspruch gemäß § 275 verloren, ohne dass an dessen Stelle ein Ersatzanspruch getreten ist. Er bleibt auf seinen Kosten sitzen. Aber auch A verliert seinen Anspruch auf die Gegenleistung, da er schon 500 EUR empfangen hat, hat K gemäß § 326 IV einen Anspruch auf Rückzahlung.

5. Ersatz für vergebliche Aufwendungen, § 284

Für den Fall 2 a sei die Alternative angenommen, dass K, nachdem er von der Unfähigkeit des A erfahren hat, das gesamte Konzert absagt. Auch jetzt hat K Anspruch auf Schadensersatz statt Leistung einschließlich entgangenen Gewinn. Aber die Höhe des Schadens muss bewiesen werden. Da das Konzert nicht stattfindet, sind nur Mutmaßungen möglich. K hat mit einem Schadensersatzanspruch wohl nur dann Erfolg, wenn er plausible Erfahrungswerte für seinen Schaden angibt. Die neue in das BGB eingefügte Vorschrift des § 284 erleichtert dem K die Durchsetzung seiner Rechte erheblich. Anstelle des Schadensersatzes statt Leistung kann K nun gemäß § 284 Ersatz der vergeblichen Aufwendungen verlangen, also die Kosten, welche K in Erwartung der ordentlichen Vertragserfüllung des A gemacht hat.

§284 erleichtert die Rechtsdurchsetzung insbesondere in den Fällen, in welchem der Gläubiger keinen Gewinn gemacht hätte, auch wenn der Vertrag ordnungsgemäß erfüllt worden wäre. Zu denken, dass K im Fall 2 ein Wohltätigkeitskonzert durchführen wollte. Nach altem Recht in wäre es für K schwierig gewesen, die nutzlos gemachten Aufwendungen als Schadensersatz gegenüber A durchzusetzen. [201]

[201] Palandt § 284 RN 1 f

II. Verzug

Fälle

1. *A und B vereinbaren, dass B irgendwann einmal für 14 Tage das Ferienhaus des A in Rheinweiler zu 25 Euro/ Tag benutzen darf. A meint: „Über den Termin einigen wir uns noch." B drängt und drängt, aber A weicht aus. Anspruch des B?*

   Variante: Die Vereinbarung lautet: In den Sommerferien 2003.

2. *A hat im ziemlich leeren Bahnhofsgasthaus des G um 18 h ein Zigeunerschnitzel mit Pommes bestellt. Das ist bis 18.45 h immer noch nicht da. A will das Haus verlassen. G meint, das Schnitzel komme gleich und besteht auf Zahlung. Zu Recht?*

3. *A erteilt Rechtsanwalt R am 1.4. den Auftrag, seine Schadensersatzansprüche gegenüber X in einem Gutachten zu prüfen. R meint, er werde für das Gutachten etwa vier Wochen brauchen. Nach sechs Wochen meldet sich A, um nach dem Stand der Dinge zu fragen, R hat aber noch gar nicht ernsthaft angefangen. Nach weiteren vier Wochen, fragt A noch einmal etwas dringliche. Nun entschließt sich R die Sache ernsthaft anzufassen. Am 1.8. ist das Gutachten fertig, in welchem R feststellt, dass dem A gegen X Ansprüche in Höhe von 50.000 EUR zustehen. Wäre das Gutachten im Mai fertig gewesen, hätte A seine Ansprüche gegen X gerichtlich durchsetzen können. Seit Juli ist X aber pleite. A fragt, ob er Schadensersatzansprüche gegen R hat. R verlangt im Gegenteil sein vereinbartes Honorar. Wer hat Recht?*

4. *A hat dem B am 2. 5. frischen Fisch zu liefern. Infolge eines Dispositionsfehlers kommt der LKW des A erst am 5. 5. bei B vorbei. Der Fisch riecht schon. Ansprüche des B?*

5. *A schuldet dem Makler M EUR 15.000. Bei Fälligkeit am 1.4. zahlt A nicht. M beauftragt das Inkassobüro des I mit dem Einzug der Forderung. Als A immer noch nicht zahlt, beauftragt I im Namen des M Rechtsanwalt R mit der Klage. M zahlt Inkassogebühren und*

Rechtsanwaltsvorschüsse i.H.v EUR 500 von insgesamt. M möchte, dass R diese auch gleich mit einklagt. Haftet A dafür?

6. *Elektroingenieur E hat sich vertraglich verpflichtet, dem Bauherrn B zum 1. 6. einen Schaltplan für den Neubau eines Geschäftshauses vorzulegen. E wird nicht fertig. Am 10. 6. erliegt E einem Herzinfarkt. A beauftragt nun Ingenieur I, der wegen des Zeitdrucks Euro 1000 mehr verlangt als E. B verlangt die Mehrkosten von den Erben des E. Zu Recht?*

7. *A hat bei der Gärtnerei G einen Kranz für EUR 100 zur Beerdigung des X am 10.4. um 14h bestellt. Als A zur Feier erscheint, fehlt der Kranz. Rasch besorgt A für EUR 150 Blumen. Am 15.4. liefert G den Kranz und meint, jetzt komme dieser besser zur Geltung als bei der Trauerfeier selbst. A verlangt Schadensersatz, G Zahlung. Zu Recht?*

   Variante: Der Lieferwagen des G kam in einen unvorhersehbaren Stau und deswegen zu spät.

8. *A hat bei G einen Weihnachtsbaum für Euro 25,- bestellt, den G bis Weihnachten, genauer Termin war nicht gesagt worden, liefern sollte. Der Baum wird am 27. 12. geliefert. A hatte am 24. 12. mittags noch auf die Schnelle einen passenden Baum für Euro 50,- besorgen können. G meint, ein Weihnachtsbaum bleibe üblicherweise bis Epiphanias aufgestellt. G bietet zwar einen Preisnachlass von 50% an, verlangt aber Zahlung. A verlangt Schadensersatz. Wer hat Recht?*

1. Grundsatz

Die Pflicht, irgendwann etwas zu tun, ist keine Rechtspflicht. Diese setzt voraus, dass sich aus dem Schuldverhältnis ergibt, wann spätestens der Schuldner erfüllen muss. Eine solche Fälligkeitsbestimmung kann auch einer Partei überlassen werden, § 315. Wenn auch das nicht vereinbart ist, haben sich die Parteien im Zweifel noch nicht geeinigt, § 154. Fall 1a: Es ist gar kein Anspruch entstanden.

Die schlichte Saumseligkeit ist nur beim Fixgeschäft, § 376 HGB, erheblich,[202] im BGB mangels näherer Vereinbarung nicht. Daher hat die Verzögerung in Fall 2 zunächst keine Folgen. Da G nicht vom Vertrag zurückgetreten ist, bleibt er auch zur Bezahlung des Schnitzels verpflichtet. Ob er zurücktreten darf, entscheidet sich gemäß § 323; wohl nicht.

2. Fälligkeit und Verzug

a. Fälligkeit

Fälligkeit ist der Zeitpunkt, zu welchem der Schuldner spätestens leisten muss bzw. der Gläubiger Leistung verlangen darf. Die Fälligkeit ergibt sich aus dem Vertrag bzw. dem Schuldverhältnis. Ist in dem Schuldverhältnis eine Fälligkeit nicht bestimmt, und ist dieser auch nicht aus den Umständen zu entnehmen, so gilt gemäß § 271: Der Gläubiger kann die Fälligkeit jederzeit herbeiführen, indem er die Leistung verlangt. So in der Variante von Fall 1: Die Fälligkeit ist nur als Rahmen vereinbart. B kann also irgend einen Zeitraum von 14 Tagen während der Sommerferien bestimmen und damit die Fälligkeit der Leistungspflicht des A herbeiführen.

b. Verzug aufgrund Mahnung

Verzug ist in die verschuldete Leistungsverzögerung nach Mahnung oder mahnungsgleichem Vorgang. Das Verschulden, bzw. Vertretenmüssen des Schuldners wird gemäß § 286 IV vermutet.

Verzug entsteht durch Mahnung, § 286 I. *Die Mahnung ist die an den Schuldner gerichtete Aufforderung des Gläubigers, die geschuldete Leistung zu erbringen.*[203] Die Mahnung vor Fälligkeit ist grundsätzlich ohne rechtliche Bedeutung. Es ist nicht erforderlich, dass der Gläubiger gerichtliche Schritte androht, zuviel Höflichkeit kann aber schaden. *Als verzugsbegründende Mahnung genügt jede eindeutige und bestimmte Aufforde-*

[202] Sie führt ohne die gemäß § 323 erforderliche Fristsetzung unmittelbar zu einem Rücktrittsrecht des Gläubigers, bei verschuldeter Verzögerung auch zu seinem Schadensersatzanspruch.
[203] Palandt § 286 RN 16

rung, mit der der Gläubiger unzweideutig zum Ausdruck bringt, dass er die geschuldete Leistung verlangt.[204]

Verzug tritt aber solange nicht ein, als die Fälligkeit der Leistung davon abhängt, dass der Gläubiger seinerseits eine Mitwirkungshandlung erbringt. z. B.: Der Porträtmaler, der zum Geburtstag des gestressten Auftraggebers fertig sein soll, kommt, trotz klarer Terminvorgabe, nicht in Verzug, wenn das Modell ihm nicht sitzt.

c. Verzug ohne Mahnung

Wenn der Schuldner datumsgenau weiß, wann er leisten muss, oder wenn eine Mahnung offenbar zwecklos ist, tritt Verzug auch ohne Mahnung ein, § 286 II.

§ 286 III ist neu: Für Geldschulden gilt, dass der Schuldner ohne weiteres kraft Gesetzes in Verzug kommt, wenn er nicht innerhalb von 30 Tagen nach Fälligkeit und Zugang der Rechnung leistet.

Der Mahnung stehen gleich die Erhebung der Klage sowie die Zustellung eines Mahnbescheids.

Beachte: Die Mahnung bzw. Verzug unterbrechen *nicht* die Verjährungsfrist.

3. Verzugsfolgen

a. Verzugsschaden

§ 280 ist die grundlegende Schadensersatzregel für alle Schuldverhältnisse. *Er umfasst die gesamte Pflichtenpalette beider Parteien.*[205] Die Anspruchsgrundlage für den Schadensersatz des Gläubigers infolge der Säumigkeit des Schuldners ist daher § 280.

Die Säumigkeit des Schuldners, auch wenn sie schuldhaft ist, wird gemäß § 280 II schadensersatzrechtlich *nur unter der zusätzlichen Voraussetzung des § 286* erheblich, also erst wenn der Schuldner sich im Verzug befindet. Auch bei säumiger Leistungserfüllung schuldet der Schuldner Schadensersatz nur für solche Schäden, die nach Verzugsbeginn entstanden sind.

---

[204] BGH NJW 98, 2133
[205] Palandt § 280 RN 6

In Fall 3 hat A daher keinen Anspruch auf Schadensersatz, der Honoraranspruch des R bleibt hingegen bestehen. [206] A hätte bei R eben nicht nur immer wieder freundlich nachfragen, sondern förmlich mahnen müssen.

Im Verzug des Schuldners ist die Leistung noch möglich. Wenn infolge des Verzuges die Leistung unmöglich wird, ergeben sich die Folgen aus §§ 283, 326. Der Verzugsschaden gemäß § 280 i. V. m § 286 meint daher nicht den Schaden infolge Unmöglichkeit der Leistung, sondern den Schaden, der lediglich auf die Verzögerung der Erfüllung der im übrigen beanstandungsfreien Leistung zurückzuführen ist. Der Schaden in Fall 4 ist daher kein Verzugsschaden. B hat einen Anspruch aus § 434, gleichgültig ob der Fisch pünktlich oder verspätet geliefert wird, gleichgültig, ob B die Verspätung zu vertreten hat oder nicht.

Verspätungsschäden im eigentlichen Sinne sind daher selten, etwa im Fall 5: A schuldet dem M, und M unternimmt sachgerechte Schritte, um zu seinem Recht zu kommen. Inkassokosten sind Kosten der Rechtsverfolgung. Diese werden grundsätzlich als Verzugsschaden (Rechtsverfolgungskosten) geschuldet. [207]

b. Verschärfte Haftung des Schuldners während des Verzuges, § 287

Das Risiko, dass eine Leistung infolge höherer Gewalt unmöglich wird, die Leistungsgefahr, liegt bis zu ihrer Bewirkung beim Gläubiger. § 287 verschiebt dieses allgemeine Risiko auf den Schuldner, wenn er sich im Verzug befindet.

Fall 6: E befand sich seit dem 2. 6. im Verzug. Bis zum 1. 6. war es das Risiko des B, dass der E durch plötzlichen Tod die Leistung nicht würde erbringen können. Dieses Datum aber hat E erlebt. Danach wurde die unverschuldete Unmöglichkeit der Leistung zum Risiko des E bzw. seiner Erben. [208] B kann Ersatz verlangen.

---

[206] Freilich könnte A wie folgt argumentieren: Das Gutachten hat nach dem Konkurs des X seinen nach dem Vertrag vorausgesetzten Sinn verloren. Es ist gemäß § 275 unmöglich geworden; dadurch ist der Gläubiger des Gutachtens, A, gemäß § 326 von seiner Pflicht zur Gegenleistung befreit worden. Sehr zweifelhaft.

[207] Palandt § 286 RN 47 f

[208] **Exkurs:** § 287 führt zu einer Grundeinsicht des Vertragsrechts. Jeder trägt sein eigenes Lebensrisiko, hier konkret: dass von ihm nicht beherrschbare Umstände

c. Verzugszinsen

Der Verzugszinssatz gemäß § 288 ist ein pauschalierter Schadensersatz. Dieser wird geschuldet, ohne dass ein Schaden nachgewiesen werden muss. Das aber bleibt dem Gläubiger unbenommen.

4. Verzug und Unmöglichkeit

Verzug und Unmöglichkeit können in einander übergehen und sind nicht immer klar gegeneinander abzugrenzen.[209] Auslegung des Vertrages, §§ 133, 157, muss ergeben, ob die Leistung trotz der Verspätung noch erbracht werden kann, oder ob sie unmöglich geworden ist.

Fall 7: Natürlich ist in einem solchen Falle pünktliche Lieferung gewollt. Die Leistung des G hat für A kein Interesse mehr und wurde infolge der Verspätung unmöglich. Da G die Unmöglichkeit im Zweifel, § 280 I 2, zu vertreten hat, kann A Schadensersatz statt Leistung, § 283, verlangen, also nach der Differenztheorie (EUR 150 – 100 EUR =) 50 EUR. In der Variante von Fall 7 hat G die Vermutung des § 280 I 2 widerlegt. Er hat die Unmöglichkeit nicht zu vertreten, sodass er keinen Schadensersatz schuldet; aber er hat auch keinen Anspruch auf Kaufpreiszahlung, § 326 I. Es ist also ein Unterschied, ob Unmöglichkeit oder Verzug vorliegt. Nimmt man im Fall 7 Verzug an, hat G wenn auch verspätet geliefert und hat Anspruch auf den Kaufpreis.

Dasselbe gilt im Falle 8. Es stimmt, der Weihnachtsbaum bleibt schon noch etwas stehen, aber wenn er am Heiligen Abend nicht da ist, dann verfehlt er einfach seinen ehrwürdigen Hauptzweck. Die Verzögerung des G führt nicht nur zum Verzug, sondern zur Unmöglichkeit; auch die Teilleistung, dass der Weihnachtsbaum ab dem 2. Weihnachtstag die Stube schmückt, ist für A im Zweifel ohne Interesse, § 323 V.

---

seine Erwartungen (hier: Leistung des Schuldners) zunichte machen. Risiken verwirklichen sich in der Zeit. Irgendwann im Laufe der Ewigkeit passiert alles einmal. Je kürzer der Zeitraum ist, der für die Verwirklichung eines Risikos zur Verfügung steht, desto unwahrscheinlicher ist, dass es sich für *mich* verwirklicht. Verträge und Fälligkeiten grenzen diese Risikozeit ein. Der Schuldnerverzug verlagert das in dem jeweiligen Schuldverhältnis „gebundene" Risiko der zusätzlichen Zeit vom Gläubiger auf diesen.

[209] Palandt § 286 RN 5

III. Wegfall der Geschäftsgrundlage, § 313

Fälle:

1. *Historisches Beispiel: Um 1960 wurde in den Niederlanden bei der Suche nach Erdöl eine Riesenerdgasblase entdeckt. Man war enttäuscht. Die R in Essen kaufte den Holländern das Gas zu einem niedrigen Preis ab. Der Vertrag lief über Jahrzehnte und enthielt keine Preisanpassungsklausel. Schon bald fanden die Verkäufer den Preis viel zu niedrig und verlangten eine Preisanpassung. Zu Recht?*

2. *A verkauft der Gemeinde G ein Grundstück zur Nutzung als Friedhof. Nach drei Jahren weist G die Fläche als Bauland aus. A möchte an dem erhöhten Preis für Bauland partizipieren.*[210] *Zu Recht?*

3. *Die A ist mit dem B seit 27 Jahren verheiratet. B hat Schulden bei der C- Bank. A nimmt einen Kredit auf, mit welchem sie den Kredit des B bei C- Bank ablöst. B lässt sich nun scheiden.*[211] *Kommt A von dem Vertrag wieder los?*

4. *Historischer Fall: Die Krönung des englischen Königs Eduard VII sollte mit einem großen Umzug in London vonstatten gehen. M mietet bei V eine Stube mit Fensterplatz direkt an der Straße für 10 Pfund. Der König bekam aber die Grippe; der Krönungsumzug fiel aus. V verlangt die Miete. Zu Recht?*

1. Grundsatz

a. Vertragsäquivalenz

Die Vertragsparteien sind in der Regel von der Gleichwertigkeit von Leistung und Gegenleistung überzeugt, Vertragsäquivalenz. Ihre Bewertung beruht neben den im Vertrag ausgesprochenen Erwägungen stets auch auf Annahmen, welche die Parteien nicht aussprechen, so selbstverständlich

[210] vgl. OLG Hamm NJW – RR 88, 538
[211] OLG Bremen NJW 2000, 83

sind sie. Die Tatsache, dass in Breslau jemals Polnisch gesprochen werden würde, und dass alle Deutschen binnen zweier Jahre daraus vertrieben sein würden, lag noch 1944 jenseits des Vorstellbaren. Manche Dinge passieren dann halt doch.

Fall 1 spielte vor dem Reaktorunglück in Tschernobyl, vor dem Aufkommen der militanten grünen Bewegung. In den sechziger Jahren war Atomkraft die Energie der Zukunft. Erdöl brauchte man für die Automobilindustrie, aber was sollte man mit Erdgas machen? Die Verkäufer wollten das Erdgas günstig entsorgen.

b. Konkurrierende Grundsätze: Vertragstreue – Gerechtigkeit

Zwei Hauptsätze des Rechtes sind miteinander zu verbinden:

- Rechtssicherheit, hier in Gestalt der Vertragstreue,
- Gerechtigkeit.

Die Verbindlichkeit von Verträgen ist einer der wichtigsten Grundsätze des Rechtes.

Der Grundsatz der Vertragstreue, der zu allen Zeiten und bei allen Völkern gilt, ist Ausdruck des Bemühens der Vertragspartner, ihre zur Zeit des Vertragsschlusses formulierten Interessen auch für die Zeit danach fest zu halten. Wer nicht daran zweifelt, dass sein Wohnungsgeber ihm die Wohnung auch morgen und dauerhaft zu erträglichen Bedingungen überlassen wird, braucht keinen Vertrag! Rechtssicherheit gibt die rechtliche Antwort auf das Bedürfnis des Menschen, sich gegenüber den Unsicherheiten der Zukunft zu schützen. Verträge werden geschlossen, weil die Parteien nicht in die Zukunft schauen können.

Gerechtigkeit im Einzelfall ist das andere Ziel. Das Recht kann im Einzelfall ungerecht sein.[212] Es ist im Einzelfall durchaus nicht einzusehen, weswegen ein Angestellter nach Jahren treuer Arbeit betriebsbedingt gekündigt und auf Arbeitslosengeld verwiesen wird, während ein luschiger Beamter mit der Aushändigung der Urkunde ein lebenslängliches Versorgungsrecht

---

[212] Vgl. den lateinischen Ausspruch: *Summum ius, summa iniuria.* Am besten wiederzugeben wohl: *Strengstes Recht im Allgemeinen führt zur größten Ungerechtigkeit im Einzelfall.*

hat. Das Beamtentum hat aber eine wichtige Funktion in unserem Staate, welches solche Unebenheiten im Einzelfall im Interesse des Ganzen hinnehmbar macht. Auch Verträge können im Einzelfall ungerecht sein oder werden, das macht sie aber nicht hinfällig.

Letztlich muss das Recht sich im konkreten Einzelfall als gerecht bewähren, sonst ist es keines. Wenn ein rechtstechnisches Prinzip wie der Grundsatz der Vertragstreue zur blanken Ungerechtigkeit im Einzelfall führt, muss es der Gerechtigkeit Raum geben. Der Rechtsgrundsatz des Wegfalls oder der Veränderung der Geschäftsgrundlage schafft diesen Raum. Dieses Rechtsinstitut,[213] wurde für das moderne Recht im wesentlichen von der deutschen Rechtsprechung nach dem Ende des Ersten Weltkrieges aus leider gegebenem Anlass infolge der vollständigen Umwälzung die gesellschaftlichen und wirtschaftlichen Verhältnissen Deutschlands entwickelt. Es findet sich seit dem 1.1.2002 als § 313 gesetzlich formuliert.

Nicht nur Verträge, sondern auch Gesetze hören auf, verbindlich zu sein, wenn ihre Voraussetzungen nicht mehr gegeben sind. [214]

2. Anpassungsanspruch

Der Vertrag soll grundsätzlich aufrechterhalten werden. Nur im äußersten Fall kommt ein Anspruch auf Rücktritt vom Vertrag in Betracht, § 313 III. Der durch die Entwicklung der Umstände Benachteiligte bekommt grundsätzlich nur einen Anspruch auf Anpassung des Vertrages mit dem Ziel, das verloren gegangene Vertragsgleichgewicht wiederherzustellen.

Im Fall 1 waren beide Parteien von gleichen Erwartungen ausgegangen. Der Umschlag in der politischen Bewertung der Atomkraft führte auch zu einer neuen Bewertung der sauberen Energie Erdgas. Die Geschäftsgrund-

---

[213] Im römischen Recht mit dem Begriff *clausula rebus sic stantibus* bezeichnet. Diese *clausula* stellte die Gültigkeit einer Vereinbarung unter die Bedingung gleichbleibender Verhältnisse.

[214] So fiel der Anspruch auf Kranzgeld, § 1300 weg, der seit Jahrzehnten nicht mehr angewendet worden war. Das römische Recht sagte D 1, 3, 32: *leges etiam tacito consensu omnium per desuetudinem abrogantur = Gesetze werden durch stillen Konsens aller dadurch abgeschafft, dass sie nicht mehr angewandt werden.* Die nationalen Rechtsordnungen sind aber sehr unterschiedlich in Bezug auf die Voraussetzungen dieses Satzes.

lage des Vertrages hatte sich geändert. Die Folgen daraus für den Verkäufer sind aber in Anbetracht der im Vertrag vorgenommenen Risikoverteilung nicht ohne weiteres unzumutbar. Die Sache hätte auch anders ausgehen können. Wäre der Ausbau der Atomkraft nicht einer allgemeinen Hysterie zum Opfer gefallen, sondern konsequent fortgeführt worden, wäre R möglicherweise auf ihrem Erdgas sitzen geblieben, und hätte ihrerseits gemäß § 313 verlangen können, den Vertrag aufzuheben oder anzupassen. Der niedrige Preis wird dem Verkäufer einige Jahre zuzumuten sein. Erst wenn die Schere zu weit auseinandergeht, wenn der Gewinn des Käufers über die Jahre übermäßig steigt, dürfte ein Anpassungsanspruch in Betracht kommen.[215]

Im Fall 2 war Geschäftsgrundlage, dass das Grundstück nur als relativ wertloses Grünland/Friedhof genutzt werden konnte. Die Ausweisung eines Grundstücks als Bauland ist wirtschaftlich etwas völlig anderes; die Quadratmeterpreise können sich um das Hundertfache unterscheiden. Grundsätzlich liegen Nutzen und Risiko der Umwidmung von Flächen bei dem, welcher zum gegebenen Zeitpunkt Eigentümer ist. Die Besonderheit dieses Falles liegt aber darin, dass der Grundstückskäufer, die Gemeinde, es selbst in der Hand hatte, aus der verhältnismäßig wertlosen Grünfläche wertvolles Bauland zumachen. Die vom Gesetz vorausgesetzte Risikoverteilung war daher einseitig zu Gunsten des Käufers verschoben. Das Gericht hat daher zu Recht einen Anpassungsanspruch des Verkäufers bejaht.

Im Fall 3 ist die Lage der A bedauerlich. Der Grund für ihre Kreditaufnahme ist weggefallen. Das Oberlandesgericht hat aber, in seinem Bestreben, der A behilflich zu sein, den Unterschied zwischen einem Motiv und der Geschäftsgrundlage nicht gesehen. Das Motiv der A, ihrem Ehepartner zu helfen, war gegeben und ist durchaus nicht entfallen, A hat sich nur, über das Maß der Undankbarkeit geirrt, zu welchem manche Männer fähig sind. Für die Bank war es aber keine Geschäftsgrundlage, dass die Ehe zwischen

[215] Es versteht sich aber, dass gerade bei langfristigen Verträgen das gegenseitige Vertrauensverhältnis schwerer wiegt als ein momentaner Vorteil. Aus der gesicherten Rechtsposition empfiehlt sich daher, einer angemessenen Anpassung zuzustimmen, zu welcher man *nicht* verpflichtet ist. Ein Vertrag, der auch innerhalb des Rechtes einen Partner dauerhaft ärgert, ist eine Zeitbombe auch für den anderen. *Ein Rad dreht sich!* sagte der polnische zum deutschen Oberkommandierenden bei Unterzeichnung der polnischen Kapitulationsurkunde 1939. Man sollte das Wort einmal wieder sagen, nun rückwärts.

A und B Bestand haben würde. Ein Anpassungsanspruch muss entgegen dem OLG Bremen verneint werden.

3. Auslegungsfragen

Fall 5 scheint geradezu ein klassisches Beispiel dafür zu sein, dass die von beiden Parteien vorausgesetzte Geschäftsgrundlage für den Vertrag fortgefallen ist.

Es ist aber zu prüfen, ob die Geschäftsgrundlage überhaupt berührt wurde, wozu sich die Parteien eigentlich verpflichtet haben. Hat V dem M nur Benutzung des Zimmers versprochen? Näher liegt die Annahme, dass V dem M eine bestimmte Leistung versprochen hat, dass er: nämlich aus dem Fenster des Zimmers den Krönungsumzug anschauen könne. Diese Leistung ist dem V unmöglich geworden, § 275. V wird von der Leistung befreit, aber er verliert zugleich den Anspruch auf die Gegenleistung. Eine Anpassung des Vertrages gemäß § 313 kommt nicht in Betracht.

4. Kapitel Erlöschen des Schuldverhältnisses

I. Erfüllung

Fälle

1. *Vermieter hat M eine Wohnung zum Erstbezug ohne Küche vermietet. V baut doch eine Küche ein, verlangt aber nur dieselbe Miete. M will ihre eigene Küche einbauen und verlangt, dass V die Einbauküche entfernt. Zu Recht?*[216]

2. *A hat sich im Urlaub 500 Dollar von seiner Freundin F geliehen und Rückgabe nach den Ferien versprochen.*
   a. *A schickt der F einen Scheck über EUR 500, was dem Umrechnungskurs bei Absendung des Schecks entspricht.*
   b. *Bei einem Einkaufsbummel in Berlin bezahlt A der F eine Lederjacke und lädt sie zum Essen ein, was etwa auf EUR 450 hinausläuft.*

   A und F sind auseinander. F verlangt Rückzahlung von 500 Dollar.

3. *Wie 1: F macht den A, der gerade mit seiner neuen Freundin, F 2, spazieren geht, wegen seiner Schuld an. F 2 hat zufällig fünf 100 USD – Noten bei sich und will sie der F 1 geben. F 1 faucht: „Von dir nehme ich die nicht an." Muss sie?*

4. *A ist als Lagerist bei B für EUR 10/Stunde angestellt. Er schickt seinen Freund F, dem er 7 EUR / Stunde zahlt. F arbeitet einwandfrei. Hat A überhaupt, wenn ja Anspruch auf EUR 10/ St gegen B?*

5. *A schuldet dem B DM 480.000 und schickt ihm darüber einen Verrechnungsscheck Dieser wird gestohlen und von Unbekannten eingelöst. Muss A noch einmal zahlen?*

---

[216] Fall der Praxis, welche im Jahre 1999 Gegenstand einer Klausur im Assessorexamen war. Der Leser, zumal der Anfänger, welcher mit manchen Rechtsfällen nicht zurechtkommt, mag sich an folgendem trösten: Die vom Verfasser etwa 50 korrigierten Klausuren ließen erkennen, dass die Kandidaten dieses Problem nicht erkannt hatten.

6. *A kauft bei C einen PC unter Eigentumsvorbehalt. Auf der Straße wird A von einem Unbekannten angerempelt, der PC fällt zu Boden und ist zerstört. C verlangt von A Zahlung. Zu Recht?*

1. Grundsatz

a. Bewirkung der Leistung

Ein Schuld erlischt nur, wenn sie so *bewirkt* wird wie vereinbart oder – bei gesetzlichem Schuldverhältnis – gesetzlich vorgesehen, § 362. *Bewirken* bedeutet den tatsächlichen Erfolgseintritt, der unter drei Sichtweisen betrachtet wird:

- Was: Ist die erbrachte Leistung die geschuldete?
  §§ 241, 311

- Wo: Ist die Leistung am rechten Ort bewirkt?
  §§ 269, 270

- Wann: Ist die Leistung zur rechten Zeit bewirkt worden?
  § 271

Auch wenn der Schuldner alles getan hat, was er tun konnte, ist das an sich noch nicht ausreichend. Wenn der Erfolg durch Zufall ausbleibt, ist der Schuldner zwar grundsätzlich (Beachte: § 370, vgl. Fall 5) von der Leistungspflicht frei, aber er bekommt auch seine Gegenleistung nicht, § 326.

b. Erfüllungswirkung

Meistens glaubt der Gläubiger, der Schuldner habe zu wenig geleistet. Auch der umgekehrte Fall kommt vor, dass nämlich der Schuldner mehr oder eine wertvollere Leistung erbringt, als er schuldet. Auch in diesem Falle hat der Schuldner seine Leistung nicht bewirkt. Im Fall 1 will V seine Verpflichtung aus dem Mietvertrag dadurch erfüllen, dass er dem Mieter mehr liefert, als vereinbart war, nämlich eine Einbauküche. Der Gläubiger kann eine solche Lieferung als vertragsgemäß annehmen, er muss es aber nicht. Man stelle sich auf anderer Ebene vor: A bestellt ein Bier für 2 EUR, der Kellner bringt Whisky, der doppelt so teuer ist, und meint großzügig,

Bier gebe es nicht mehr, den Whisky bekomme A dafür zum gleichen Preis. A kann, muss das aber nicht nehmen.

Die richtige Erfüllung beendet das Schuldverhältnis von Rechtswegen, *ipso iure*. Es ist nicht nötig, dass der Gläubiger die Leistung förmlich annimmt oder bestätigt.[217]

2. Erfüllung durch Dritte

Eine Schuld kann auch von Dritten erfüllt werden, wenn sich nicht aus Vertrag oder Gesetz ergibt, dass der Schuldner in Person leisten muss, § 267.[218] Im Fall 2 ist F 1 nicht verpflichtet, das Geld von einem anderen als dem Schuldner entgegenzunehmen, durch die Zurückweisung des Geldes gilt die Schuld nicht etwa als bezahlt. F1 ist aber im Schuldnerverzug, § 293. Das Schulbeispiel lautet dann wie folgt: Wird F 2 anschließend von einem Räuber überfallen, der ihr das Geld wegnimmt, dann wird der Gläubiger gemäß § 300 so gestellt, als ob erfüllt worden wäre. [219]

Etwas anderes gilt, wenn der Schuldner in Person leisten muss. Fall 4: A hat keine Leistung erbracht, hat folglich auch keinen Anspruch gegen B. Aus einem Arbeitsverhältnis ist der Schuldner persönlich verpflichtet, die durch F erbrachte Arbeit erfüllte daher nicht die von A geschuldete. Einen vertraglichen Anspruch hat F nicht. [220]

---

[217] Es herrscht die Theorie der realen Leistungsbewirkung, Palandt § 362 RN 5. Die früher vertretene Theorie, wonach die Erfüllung durch eine Art Erfüllungsvertrag eintrete, kann zwar gelegentlich eine theoretische Hilfe sein, stiftet aber am Ende nur Verwirrung.

[218] OLG Köln NJW 2000, 1044 LS: *Der bei § 267 I zur Erfüllungswirkung nötige Tilgungswille zugunsten des Schuldners bestimmt sich nicht nach dem inneren Willen des Zuwendenden, sondern aus der Sicht des Empfängers.* Fall: Kläger hatte aus Versehen (vergessene Lastschrift) Geld an Stadt gezahlt. Aus Sicht der Stadt diese meinte, das sei zur Tilgung der Steuerschuld des Geschäftspartners des Klägers geschehen. Kläger bekam sein Geld von Stadt **nicht** wieder

[219] Das Risiko des Schuldners beschränkte sich nach dem erfolglosen Angebot auf diese konkreten Geldscheine, § 300 II. Die Übereignung dieser Geldscheine ist unmöglich geworden, diese Unmöglichkeit ist aber vom Schuldner gemäß § 300 nicht zu vertreten.

[220] **Exkurs:** Im Arbeitsrecht gibt es die Figur des faktischen Vertragsverhältnisses: wer auf Grund eines nichtigen Vertrages Arbeit erbringt wird grundsätzlich so

3. Geldschulden

Geldschulden können in Inlandswährung beglichen werden, wenn nicht ausdrücklich etwas anderes vereinbart ist, § 244.

§ 244 meint aber Geld und keinen Scheck. In Fall 1 a hat A an sich nicht erfüllt. Im Zweifel ist das aber zulässig; Erfüllung tritt aber erst mit vorbehaltloser Gutschrift ein.[221]

4. Leistung an Erfüllungsstatt, § 364

Die Parteien können vereinbaren, eine Verpflichtung in anderer Weise als ursprünglich vereinbart zu erfüllen. Statt des zu übereignenden Fahrrades kann der Schuldner seine Dienste beim Rasenmähen anbieten, wenn der Gast nicht zahlen kann, und der Wirt einverstanden ist, kann die Rechnung dadurch erfüllt werden, dass der Gast abwäscht usw. Leistung an Erfüllung statt, § 364. Fall 2b: Wenn F einverstanden ist, sind beide nun quitt.

Bei der Leistung an Erfüllungsstatt tritt die Erfüllungswirkung dadurch ein, dass die neu vereinbarte Leistung bewirkt wird. Eine Variante ist die Leistung Erfüllungs halber. Hier tritt die Erfüllung erst ein, wenn sich der Gläubiger aus dem Geleisteten befriedigt hat. Typischer Fall ist die Begleichung einer Geldschuld durch Scheck oder Zahlungsmittelersatz.[222]

5. Erfüllungsort

Wenn nicht anderes vereinbart, muss am Wohnort des Schuldners erfüllt werden, § 269. Nur Geldschulden müssen beim Gläubiger beglichen werden, § 270. Auch wenn der Schuldner das Geld ordnungsgemäß auf den Weg bringt, ist die Geldschuld solange nicht bezahlt, wie der Gläubiger das Geld nicht effektiv in den Händen hält. Fälle wie im Beispiel 5 sind viel-

---

behandelt, als ob der Vertrag gültig wäre, sodass der Anspruch auf Lohn entsteht. Es bleibe dahingestellt, ob in diesem Beispiel ein solches faktisches Arbeitsverhältnis angenommen würde. Im Betracht käme noch ein Anspruch des F aus § 812, da B ohne Rechtsgrund von F eine geldwerte Leistung erhalten hat. Diesem Anspruch steht aber wahrscheinlich § 814 entgegen.

[221] Palandt § 364 RN 10

[222] Palandt § 364 RN 6

fach vorgekommen mit der regelmäßigen Folge, dass der Scheckversender noch einmal bezahlen musste.[223]

6. Erfüllungszeit

Die Fälligkeit der Leistung ergibt sich fast immer entweder ausdrücklich oder durch Auslegung aus dem Schuldverhältnis, wenn nicht, so gibt § 271 eine Auslegungsregel.

7. Gefahrübergang

a. Grundsatz: Gefahr des zufälligen Unterganges

Verschiedentlich spricht das Gesetz vom *Gefahrübergang*, z.B. §§ 300 II, 446, 447, 644. Es handelt sich eigentlich nur um besonders beschriebene Anwendungsfälle der §§ 323, 326.

Der Begriff *Gefahr* ist nicht im Gesetz definiert. Er wird auch dadurch schwierig, dass mit verschiedenen Begriffen gearbeitet wird: Gefahr des zufälligen Unterganges; Leistungsgefahr; Preisgefahr. Ausgangspunkt ist, dass der Eigentümer das Risiko (Gefahr) trägt, dass der Gegenstand durch Zufall untergeht. Das ist offenbar ein Weltrechtssatz.[224]

Praktisch wichtig ist § 446. Der Verkäufer hat in Fall 6 seine Verpflichtung aus dem Kaufvertrag, Übereignung, noch nicht ganz erfüllt. Der Besitz an der Kaufsache ist aber auf den Käufer bereits übergegangen, und damit gemäß die Gefahr des zufälligen Untergangs. Der Verkäufer ist zwar noch formell Eigentümer, aber die Sachherrschaft ist auf den Käufer übergegangen. Der Satz *casum sentit dominus* gilt nun mit der Maßgabe, dass als Dominus (Herr) der Sache der Besitzer ist. Käufer muss den PC bezahlen.

---

[223] Zu der Rechtsprechung, wonach die Einlösung der Bank im Falle eines so genannten ist arische Schecks (= der auf dem Scheck vermerkt der Scheck berechtigte ist nicht identisch mit dem Vorleger) zum Schadensersatz verpflichtet sein kann, vgl. Aden NJW 94, 413.

[224] vgl. die lapidare römische Rechtsregel. *Casum sentit dominus* – Zufall trifft den Eigentümer.

b. Leistungsgefahr

Aus demselben Grundgedanken ergibt sich die Leistungsgefahr, nämlich das Risiko, dass der Gläubiger seine Leistung erhält bzw. nicht erhält. Wenn die Leistung dem Schuldner infolge eines Umstandes unmöglich wird, den er nicht zu vertreten hat, hat zwar der Schuldner den Nachteil, dass er die Gegenleistung nicht erhält, der Gläubiger aber hat den Nachteil, dass er die Leistung nicht erhält und auch keinen Schadensersatz geltend machen kann.

Diese Leistungsgefahr des Gläubigers geht auf den Schuldner über, wenn dieser in Verzug gerät. Ab dann hat der Schuldner gemäß § 287 auch dafür einzutreten, dass er die Leistung infolge eines von ihm nicht zu vertretenden Umstandes nicht mehr erbringen kann. Unmöglich bleibt zwar unmöglich, § 275, aber der Gläubiger hat nun wenigstens den Anspruch auf Schadensersatz statt Leistung.

c. Preisgefahr

Gleichsam den umgekehrten Fall bezeichnet der Begriff Preisgefahr. Solange der Schuldner nicht geleistet hat, trägt er das Risiko, dass ihm die Leistung infolge eines Umstandes, den er nicht zu vertreten hat, unmöglich wird, sodass er den Anspruch auf die Gegenleistung, den Preis, noch verlieren kann. Diese Gefahr geht erst dann auf den Gläubiger über, wenn dieser in den Annahmeverzug gerät, § 300. Der Schuldner ist zwar, da die Annahme verweigert wurde, weiterhin im Besitz ggfs Eigentum der von ihm geschuldeten Leistung, aber ihn trifft nicht mehr das Risiko des zufälligen Unterganges. Er erhält also vom Gläubiger seinen Kaufpreis, auch wenn die Erfüllung unmöglich ist oder wird. Der Schuldner hat während des Annahmeverzuges nur Vorsatz und grobe Fahrlässigkeit hinsichtlich der Unmöglichkeit zu vertreten.

II. Gläubiger- oder Annahmeverzug

Fälle

1. *A ist auf Grund eines Vertrages verpflichtet, vom B. eine bestimmte Menge von Filmen abzunehmen. Dazu bestellte A aus einem von B vorgelegten Programm die erforderliche Zahl von Filmen. A glaubte, berechtigt zu sein, den Vertrag zu kündigen und weigerte sich, seine Abnahmeverpflichtung zu erfüllen. Die ausdrückliche Aufforderung des B, seine Auswahl zu treffen, ließ A unbeantwortet.. B verlangt das vereinbarte Entgelt. Zu Recht*[225]

2. *A hat seinem Arbeitnehmer N gekündigt. Auf Klage des N stellt das Arbeitsgericht nach 3 Jahren fest, dass der Arbeitsvertrag fortbesteht. N hat dem A immer wieder seine Arbeit angeboten. Ansprüche des A?*

3. *A hat von B einen Pit - Bull gekauft aber noch nicht bekommen. A kriegt aber Ärger mit seiner Frau und will ihn nicht mehr haben. B will ihn loswerden. Was kann er tun?*

4. *A hat bei H, der Kaufmann ist, Heizöl gekauft. Später findet er es bei N billiger. A weigert sich, die Lieferung von H entgegenzunehmen. Ansprüche des H gegen A?*

1. Grundsatz[•]

Wer eine Leistung nicht annimmt, obwohl sie so wie angeboten ihm geschuldet wird, kommt in den Annahme- oder Gläubigerverzug, §§ 293 ff. Hängt die Leistungspflicht des Schuldners davon ab, dass der Gläubiger zunächst von einem Bestimmungsrecht Gebrauch macht, liegt schon in der nachdrücklichen Aufforderung des Schuldners an den Gläubiger, dieses

---

[225] vgl. BGH v. 4.7.02 NJW 02, 3541

[•] In der Gliederung des BGB kommt der Gläubigerverzug nach dem Schuldnerverzug. Gläubigerverzug ist aber keine Pflichtverletzung des Gläubigers, sondern eine Störung des Erfüllungsvorgangs. Aus diesem Grunde wird wie hier gegliedert.

Recht auszuüben, ein Angebot i. S. von § 295 BGB. Hat im Fall 1 der Gläubiger die Filme nicht ausgewählt, behält der Schuldner seinen Anspruch.

Der Gläubigerverzug setzt *kein* Verschulden voraus. Der Abnahmeverzug führt daher zu keinem Schadensersatzanspruch des Schuldners. Aus diesem Grunde war es auch unerheblich, ob der Gläubiger in Fall 1 der Meinung war, Annahme der Leistung verweigern zu dürfen oder in Fall 2, dass die Kündigung berechtigt war.

2. Folge des Annahmeverzuges

Der Annahmeverzug des Gläubigers hat im gegenseitigen Vertrag keine Auswirkungen auf seine Stellung als Schuldner. An seiner Leistungspflicht ändert sich nichts. Im Fall 2 muss A also den Lohn nachzahlen, vgl. auch § 615..

Die Leistungspflicht des Schuldners bleibt in vollem Umfang bestehen. Die Preisgefahr geht jedoch auf den Gläubiger über, § 300. Der Schuldner ist für die Sicherheit des Leistungsgegenstandes nur noch eingeschränkt verantwortlich ist. Fall 3: B verliert den Kaufpreisanspruch nur, wenn er den Hund nun infolge grober Fahrlässigkeit verhungern oder entlaufen lässt, behält ihn aber, wenn der Hund z.B. durch Krankheit eingeht.

3. Hinterlegung

Der Schuldner hat nicht die Möglichkeit, sich gemäß § 323 durch Fristsetzung von seiner Pflicht zu befreien, vgl. aber Nr. 4. Das Gesetz gibt dem Schuldner die Möglichkeit, sich von der fortbestehenden Leistungspflicht zu befreien, § 372, Hinterlegung oder Selbsthilfeverkauf, § 383. Für einen Kaufmann gelten erleichterte Regeln, § 373 HGB.

Im Fall 3 kann B den Hund daher durch einen Gerichtsvollzieher oder amtlich bestellten Versteigerer, § 385, versteigern, lassen. Der Erlös tritt dann an die Stelle der ursprünglich geschuldeten Sache (Surrogation). Er wird nach Abzug der Kosten für den Gläubiger bei dem Amtsgericht hinterlegt.[226]

4. Annahmeverzug zugleich als Schuldnerverzug

Die Annahme der Leistung ist grundsätzlich keine Pflicht des Gläubigers. Das ist sie aber dann, wenn Vertrag oder Gesetz sie dazu machen. Im Fall 3 hat H im Zweifel seine Tank- und Lagerkapazitäten genau kalkuliert. Wenn A nicht abnimmt, und H das Heizöl nicht sofort weiterverkaufen kann, muss er einen Tank mieten. § 433 II macht für den Kauf die Abnahme zur Pflicht. Es gelten in Bezug auf diese Pflicht in Fall 3 dann nicht nur §§ 293 ff, sondern auch § 323. H kann nach § 323 II den Vertrag sofort beenden und das Heizöl sofort beliebig verkaufen. Die Differenz zwischen Erlös und dem mit A vereinbarten Preis kann er als Schadensersatz statt Leistung verlangen, § 326 II.

[226] Das wäre sozusagen die korrekte Lösung, die in solchen Fällen freilich ziemlich unpraktisch ist. Im wirklichen Leben fragt man sich besser: Was passiert denn, wenn ich es anders mache, z.B. B lässt den Hund laufen oder verkauft ihn so. Schlimmstenfalls Schadensersatzanspruch des A. Den Schaden soll A doch erst einmal nachweisen!

III. Aufrechnung

Fälle

1. *A hat seinem Nachbarn N einen Rasenmäher, dieser dem A einen Häcksler geliehen. Beide Geräte haben denselben Wert, EUR 200. Nun sind A und N zerstritten und wollen nichts mehr mit einander zu tun haben. Um hier auseinander zu kommen, schreibt A dem N einen Brief: „Ich rechne meinen Anspruch auf Rückgabe des Rasenmähers gegen Ihren Anspruch auf Rückgabe des Häckslers auf." N verlangt Rückgabe seines Häckslers. Zu Recht?*

2. *A schuldet der B - Bank ein noch bis zum 31.12. 2010 laufendes Hypothekendarlehen, welches mit 8,5 % p.a. verzinst. Die Restschuld beträgt zum 31.12.02 EUR 50.000. Die Zinsen sind seither sehr gefallen. Das merkt A daran, dass er für sein Termingeld von EUR 100.000 nur 2,5% p.a. bekommt. Als dieses am 31.1.03 fällig wird, rechnet er mit diesem Guthaben gegen seine Schuld gegenüber B auf. B verlangt weiterhin Zinsen von 8,5 % für das Darlehen. Zu Recht?*

3. *A hat ein Grundstück geerbt und für EUR 400.000 verkauft. Den Erlös hat er auf sein Konto in der Filiale 1 der B-Bank eingezahlt. Hier ist ein Bankmitarbeiter M beschäftigt, der vor 25 Jahren in der Filiale 2 der B -Bank tätig war. M erinnert sich, dass A damals in Konkurs geraten war, woraus der B – Bank noch ein längst ausgebuchter Anspruch i.H.v TDM 800 zusteht. Dieser war seinerzeit in der Konkurstabelle festgestellt worden. Dieses meldet M seinem Chef.*[227] *Dieser rechnet auf. A ist empört. Zu Recht?*

4. *B- Bank hat gegen A einen Anspruch über EUR 100.000. A ist klamm und zahlt nicht. B - Bank findet die C- Bank, bei welcher A EUR 100.000 Guthaben hat. B verkauft an C ihre Forderung für EUR 98.000 und C rechnet auf. So haben B und C etwas davon. A verlangt trotz der Aufrechnung von C EUR 100.000. Zu Recht?*

---

[227] Fall aus der Praxis, C war der Verfasser.

5. *Exporteur E hat der B - Bank den Auftrag erteilt zugunsten des G eine Garantie iHv DM 1 Mio zu stellen. Als G die Garantie in Anspruch nimmt, will E das dadurch verhindern, dass er einen Schadensersatzanspruch gegen G an B - Bank abtritt, mit welchem diese gegen den Auszahlungsanspruch des G aufrechnen soll. B - Bank ist einverstanden. G verlangt trotz Aufrechnung Zahlung. Zu Recht?*

1. Grundsatz

Wenn Gläubiger und Schuldner einander dasselbe schulden, ist es nicht sinnvoll, einmal hin und einmal her zu erfüllen. Der Anspruch des Gläubigers kann auch dadurch erfüllt werden, dass der Schuldner mit seiner Gegenforderung aufrechnet.

Theoretisch können alle Leistungspflichten gegeneinander aufgerechnet werden. Voraussetzung der Aufrechnung ist aber, dass die Parteien einander wirklich dasselbe schulden. Das ist in Fall 1 trotz der Wertgleichheit der Geräte nicht gegeben. Die Aufrechnung ist also unzulässig, sodass N den Anspruch auf Herausgabe seines Häckslers trotz der „Aufrechnung" des A behält. Praktisch kommt eine Aufrechung nur bei Geld in Frage. Es muss sich auch um dasselbe Geld handeln. Dollar gegen Euro sind auch bei einem Parikurs nicht gegeneinander verrechenbar. Geldforderungen unterschiedlicher Fristigkeit sind nicht dasselbe. Fall 2: Die Darlehensforderung der B ist noch nicht fällig. A kann zwar ab dem 1.2.03 sein Termingeld fordern, er darf aber seine Schuld gegenüber B noch nicht bewirken, § 387.

Die Aufrechnung ist eine einseitige empfangsbedürftige Willenserklärung, eine Verfügung. Sie bewirkt ohne weiteres die Erfüllung beider Forderungen, soweit die Aufrechnungserklärung reicht.

2. Aufrechnung und Zurückbehaltungsrecht

Die zulässige Aufrechung ist ein Erfüllungsersatz. Das verwandte Zurückbehaltungsrecht, § 273, ist nur eine Einrede. Seine Geltendmachung gibt nur ein Leistungsverweigerungsrecht. Im Fall 1 sind A und B nur Zug – um – Zug gegen Empfang des von ihnen zu Fordernden zur Herausgabe verpflichtet. Trotz Fälligkeit und Mahnung kommt der Schuldner nicht in Verzug, solange er ein Zurückbehaltungsrecht hat.

Das Zurückbehaltungsrecht ist ein Druckmittel. Es ist daher jeweils zu prüfen, ob es angemessen ist. [228] Die beiden Ansprüche müssen daher etwas mit einander zu tun haben, sie müssen aus demselben Sach- oder Rechtsverhältnis stammen.

Das kaufmännische Zurückbehaltungsrecht, §§ 369, 371 HGB, gibt nicht nur eine Einrede, sondern wirkt wie ein Pfandrecht zugunsten des Besitzers und gibt ihm ein Recht auf vorzugsweise Befriedigung in der Insolvenz seines Schuldners.

3. Aufrechnungsrecht

Durch die Aufrechnung darf der Gegner nicht benachteiligt werden. Eine Forderung, gegen welche der Schuldner die Einrede der Verjährung oder eine andere Einreden erheben kann, ist nicht oder nicht ohne weiteres durchsetzbar, sie ist daher nicht genau dasselbe wie eine normale Geldforderung; mit ihr kann man nicht aufrechnen, § 390.

Fall 3: Die Ausbuchung ist ein interner Vorgang, der sich auf den rechtlichen Status der Forderung nicht auswirkt. Die Darlehensforderung der Bank verjährt nach neuem Recht in 3 Jahren, § 195. Ist sie aber rechtskräftig festgestellt wie hier, dann erst in 30 Jahren, § 197. Die Empörung des A ist unberechtigt.

4. Aufrechnungsverbote

a. Gesetzliche

§393 : Begründung folgt aus dem Rechtsstaatsgebot. Der wütende Gläubiger eines insolventen Schuldners könnte sich sonst durch das Vergnügen mutwilliger Schädigung bezahlt machen.

---

[228] Im Arbeitsrechtversucht gelegentlich der Arbeitgeber, seinen vom Arbeitnehmer bestrittenen Schadensersatzanspruch durchzusetzen, indem er das Arbeitszeugnis zurückhält. Das ist unzulässig.

§ 394: Dem Schuldner soll, z.B. bei Lohnansprüchen, das Existenzminimum, welches nicht gepfändet werden kann, auch nicht über den Umweg der Aufrechnung genommen werden.

Das Gesetz kennt außerhalb des BGB noch eine Reihe weiterer Aufrechnungsverbote.[229] Von besonderer praktischer Bedeutung sind §§ 94ff, insbesondere § 96 Insolvenz O: Verbot der Ausnutzung und bewusste Herstellung von masseschädlichen Aufrechnungslagen.

b. Sonderfälle

Es ist an sich gleichgültig, aus welchem Rechtsverhältnis die Forderungen stammen. Man kann auch mit eigens zum Zwecke der Aufrechnung erworbenen Forderungen aufrechen. Grundsätzlich ist daher gegen die von C erklärte Aufrechnung im Fall 4 nichts einzuwenden. Im Bankverkehr ergibt sich nach der Rechtsprechung aber eine Nebenpflicht der Bank, nur mit Forderungen aufzurechnen, die aus dem normalen geschäftlichen Verkehr entstehen, nicht also mit solchen, welche eigens zu diesem Zweck im Markt aufgekauft werden.[230]

Ein Ausschluss der Aufrechung kann sich auch aus der Art des Rechtsgeschäftes ergeben. Die Funktion der Garantie im Außenhandel wäre gefährdet, wenn die Aufrechnung wie im Falle 5 zulässig wäre. E muss seinen Schadensersatzanspruch gegen G gesondert durchsetzen und kann eine Zahlung durch B - Bank nicht verhindern.

---

[229] Palandt § 387 RN 13

[230] Palandt § 387 RN 15 und die dort § 157 RN 15 zitierten Urteile des BGH. Die AGB der Kreditinstitute, vgl. 14 AGB Banken, sehen daher eine Einschränkung der Aufrechnungsmöglichkeit vor auf Forderungen, die im bankmäßigen Geschäftsverkehr erworben wurden. Dasselbe Problem entsteht für die Frage, ob die der Bank haftenden Sicherheiten auch für solche „künstlich" erworbenen Forderungen haften; grundsätzlich nein.

IV. Erlass

Fälle

1. A erbittet von seinem Freund F, der gut verdient, kurzfristig ein Darlehen, um sein Haus umzuschulden. F überweist ihm DM 90.000. Als A dem F das Geld zurück überweisen will und nach der Kontonummer fragt, meint F: „Ach lass man, ich habe genug, und du mit deinen fünf Kindern, ich erlass dir die Schuld." A ist gerührt und antwortet: „Ich weiß nicht recht, ob ich das annehme. Das ist einfach zuviel." Dabei bleibt es

a. Nach einem halben Jahr wird dem A ein Pfändungs- und Überweisungsbeschluss zugestellt, in welchem die Forderung des F gegen ihn für den Gläubiger G des F gepfändet wird.
b. A erhält einen Steuerbescheid des Finanzamtes – Schenkungssteuern – wonach A wegen der Schenkung der DM 90.000 zur Schenkungssteuer veranlagt wird.

Dem G schreibt A in Fall1 a, ihm sei die Rückforderung erlassen worden. Er lehnt Zahlung an G ab. Zu Recht?

Im Fall1 b schreibt A dem Finanzamt; von einer Schenkung wisse er nichts, F habe lediglich auf die Rückforderung verzichtet. Er lehnt Zahlung ab. Zu Recht?

2. Vermieter V und Mieter M streiten seit Jahren über eine offenstehende Nebenkostenabrechnung des V. Eines Tages treffen V und M sich zufällig im Sportlerheim. V sagt zu M: Ich bin zwar der Meinung, dass ich Recht habe – aber Schwamm drüber. Die Sache ist erledigt. M schlägt ein. Später ärgert sich V über seine Großzügigkeit und verlangt Zahlung. Zu Recht?

1. Grundsatz

Der einseitige Verzicht des Gläubigers, seine Rechte geltend zu machen, kann nach Ablauf der Frist zur Verjährung führen, vielleicht auch als Verwirkung angesehen werden, er bringt aber den Anspruch nicht zum Erlöschen. Dazu ist ein Vertrag, der Erlassvertrag, nötig.

Die Erklärung des A gegenüber F in Fall 1 spricht wohl eher dagegen, dass A das Angebot des F auf Abschluss des Erlassvertrages angenommen hat. Die Forderung des F besteht also noch und gehört zum Vermögen des F, wo sie der G pfänden kann. Im Fall 1 a muss F zahlen.

2. Schuldrechtlicher Vertrag

Der Erlassvertrag bewirkt unmittelbar eine Rechtsänderung, weil der betreffende Anspruch erlischt. Dieser Vertrag ist daher ebenso ein abstrakter Vertrag wie § 398 oder § 929. Seine Rechtsgültigkeit wird also abstrakt, unabhängig von dem schuldrechtlichen Rechtsgrund, festgestellt. [231]

Wenn die Forderung erlischt, ist der ehemalige Schuldner um den Forderungsbetrag bereichert. Er hat diese Bereicherung nach § 812 herauszugeben, es sei denn es bestehe ein Rechtsgrund für den Erlassvertrag. Dieser kann sich aus einem Vergleich, § 779, ergeben wie im Fall 2. V wollte dem M nichts schenken, sondern Ruhe haben, ohne sich etwas zu vergeben.

Der Rechtsgrund kann sich aus einem Schenkungsvertrag ergeben. Im Fall 1 b scheint A sich nun auf den Standpunkt stellen zu wollen, der Erlassvertrag sei geschlossen worden. Der schuldrechtliche Rechtsgrund kann dann nur in einer Schenkung liegen. Das Finanzamt hat leider Recht.

[231] Palandt § 397 RN 8

5. Kapitel Beteiligung anderer am Schuldverhältnis

I. Vertrag zugunsten Dritter (VzD)

Fälle

1. *A möchte, ohne dass ihr Erbe E damit befasst wird, nach ihrem Tode ihrer Patentochter T unmittelbar ein Wertpapierdepot bei der B-Bank zukommen lassen, aber zu Lebzeiten darüber frei verfügen. So wird es zwischen A und B vereinbart. A stirbt. T verlangt die Wertpapiere von B. E widerspricht. Zu Recht?*

2. *K kauft unter Vermittlung des von V eingeschalteten Maklers M ein Grundstück von V. Im notariellen Vertrag wird eine Klausel aufgenommen, wonach der Käufer neben dem Kaufpreis auch die Courtage zu zahlen habe. M verlangt direkt Zahlung von K. Zu Recht?*[232]

3. *A bucht bei B eine Ferienreise für sich und seine Frau F. F verlangt Einzelauskünfte zu der Reise. B meint, F sei nicht seine Vertragspartnerin, der er keine Auskunft schulde. Zu Recht?*

4. *Wirtschaftsprüfer W hat den Jahresabschluss der A-AG gemäß §§ 316 ff HGB geprüft und dabei Fehler gemacht. Statt eines Überschusses von EUR 1, 5 Mio, wie von W testiert, hatte A – AG einen Verlust von EUR 5 Mio gemacht. B-Bank gibt der A-AG aufgrund des Testates von W einen Kredit i.H.v. EUR 1 Mio, der verloren geht. Ansprüche der B-Bank gegen W?*[233]

---

[232] BGH NJW 98, 1552: VzD bejaht.

[233] Vgl. BGH NJW 98, 1948; vgl. BGH NJW 98, 1059: Grundstückswertgutachten, Schutzwirkung zugunsten Kreditgeber.

1. Grundsatz

Der Vertrag zugunsten Dritter ist kein eigener Vertragstyp wie z.B. der Kauf- oder Mietvertrag. Der VzD ist nur eine Modalität, eine hinsichtlich der Gläubigerstellung besondere Erscheinungsform, des Vertrages (Kauf-, Miet-, Werkvertrag usw.), §§ 328 ff.

Wird ein Vertrag in der Form eines VzD geschlossen, so wird der Dritte, auch wenn er nichts davon erfährt, schuldrechtlich unmittelbar Gläubiger der Leistung. Das ist *keine* Abtretung dieses Anspruchs, der Dritte erwirbt den Anspruch aus eigenem Recht. Im Fall 1 kann T also das Wertpapierdepot unmittelbar verlangen. Mit Eintritt des Todes tritt die Bedingung ein, der Begünstigte wird ohne weiteres Forderungsinhaber.

Der Dritte wird zwar Gläubiger der geschuldeten Leistung, aber nicht auch Schuldner etwa der Gegenleistung. Die Pflichten aus dem Vertrag, z.B. Depotgebühren zu zahlen, bleiben solange A lebt, bei dieser.

2. Rechtliche Konstruktion[234]

Die Figur des Vertrages zugunsten Dritter scheint eine Besonderheit des deutschen Rechts zu sein. [235] Man unterscheidet zwei Rechtsbeziehungen, hier am Beispiel 1:

Deckungsverhältnis: Der Vertrag zwischen Versprechendem (= Schuldner, hier B-Bank), und dem Versprechensempfänger (= Gläubiger, hier A), bestimmt die Leistung, welche erbracht werden soll, und den empfangsberechtigten Dritten, hier T.

Valuta- oder Erfüllungsverhältnis: Das Rechtsverhältnis zwischen A und T, wonach die T die Leistung mit Rechtsgrund erwirbt, ist im Zweifel eine Schenkung. [236] Möglich sind natürlich auch andere Verträge.

---

[234] Zur Konstruktion im einzelnen Palandt § 331 RN 5

[235] Das frz. Recht kommt aber wohl auf dasselbe hinaus. Auch hier erwirbt der Dritte einen eigenen Anspruch gegen den Schuldner. Dalloz art 1121 Nr. 1

[236] Der schuldrechtliche Vertrag, aufgrund dessen T diese Sparforderung erwerben kann, ist ein Schenkungsvertrag, § 518, zwischen A und T. Da T zu Lebzeiten der A noch nichts von dieser Schenkung wissen soll, behilft man sich formalrechtlich wie folgt: A vereinbart mit Bank als Vertreterin ohne Vertretungsmacht für T einen

Im Fall 2 erwirbt M im Zweifel einen unmittelbaren Anspruch gegen K, obwohl er selbst gar nicht Vertragspartner des Kaufvertrages ist. Das Valutaverhältnis ergibt sich aus dem Maklervertrag mit V.

3. Vertrag mit Schutzwirkung zugunsten Dritter

Der Dritte muss nicht Gläubiger der Hauptleistung sein. Er kann auch nur als Gläubiger der Nebenleistung in den Schutzbereich des Vertrages einbezogen sein.[237] Fall 3: F hat einen eigenen Anspruch gegen B auf Auskunft und Beratung.

Fall 4: B- Bank war nicht Vertragspartner von W. Aber W nimmt gegenüber seinem Vertragspartner und der Öffentlichkeit eine besondere Sachkunde für sich in Anspruch. BGH: Zweck des Gutachtens ist es, Vertrauen nicht nur beim unmittelbaren Vertragspartner zu erwecken, sondern auch bei allen, denen gegenüber das Gutachten normaler Weise verwendet wird. W haftet.[238]

4. Vertrag zulasten Dritter

Einen Vertrag zu lasten Dritter kann es nicht geben, es sei denn mit dessen Zustimmung oder (nachträglicher) Genehmigung.[239]

Der neue § 311 III sieht jedoch eine Einbeziehung Dritter in den Pflichtenkreis eines Vertrages und der vertraglichen Nebenpflichten vor, wenn der Dritte zwar nicht Vertragspartner ist, wohl aber einen wesentlichen eigenen

---

Schenkungsvertrag, den die Bank nach dem Tode der A erfüllt. T braucht diese Willenserklärung der Bank nur noch zu genehmigen, § 177, sobald er von dieser Begünstigung erfährt. Damit ist auch die schuldrechtliche Ebene, als Schenkung, § 518 II, wirksam, und P hat mit Rechtsgrund erworben.

[237] BGH NJW 2000, 725: Ein Vertrag eines Rechtsanwaltes mit einer GmbH, durch den er verpflichtet ist, die Kapitalerhöhung der GmbH rechtlich zu betreuen, kann Schutzwirkung zugunsten der an der Kapitalerhöhung teilnehmenden Gesellschafter haben. Wenn z.B. falsche Beurkundung, Bargründung statt Sachgründung zu Nachforderungen der Gläubiger der GmbH führen kann.

[238] § 311 III gilt für diesen Fall nicht. Palandt 311 RN 60.

[239] Das ist so selbstverständlich, dass es im deutschen Recht nicht einmal gesagt ist; vgl. dagegen art 1165 cc.

Anteil an dem Vertrag, seinem Zweck und Zustandekommen, sowie an den daraus entstehenden Ansprüchen hat. [240]

[240] Vgl. Die Rechtsprechung dazu ist noch im Werden und im einzelnen systematisch schlecht fassbar, Palandt § 311 RN 60 f.

II. Abtretung

Fälle

1. *A hat bei der V - Versicherung eine Kapitallebensversicherung abgeschlossen.. A möchte, dass seine Freundin F gesichert ist und will sie zur Gläubigerin machen. Seine Frau darf davon nichts wissen. Geht das?*

2. *A handelt mit Textilien, die er in China einkauft und in Deutschland verkauft. Manchmal schiebt er große Lagerbestände vor sich her, manchmal fließt die Ware flott an diverse alte und neue Kunden ab. Er bittet B-Bank um Kredit zur Bezahlung seiner Lieferanten. B will Sicherheiten. Was tun?*

3. *A unterhält als Treuhänder der Erbengemeinschaft A, B, C ein Konto bei Y- Bank. B und C sollen unabhängig von A jederzeit Auskunft über den Kontostand erhalten können, nicht aber über das Geld verfügen dürfen. Geht das?*

4. *Mutter M leiht ihrem Sohn S DM 50.000 mit der Verabredung, S solle ihr das Geld zurückzahlen, wenn sie es benötige. M tritt die Rückzahlungsforderung ihrem neuen Freund F ab. Der braucht sofort Geld und verlangt von S Zahlung. S weigert sich. Zu Recht?* [241]

5. *A hat ständig höhere Forderungen gegen die solvente B – GmbH aus Lieferungen. Um seine Buchhaltung zu entlasten kommt er auf die Idee, seinen vielen kleinen Gläubigern statt Zahlung Abtretungserklärungen gegen B zu erteilen. Diese sind damit einverstanden; B wegen der Mehrarbeit in der Buchhaltung nicht. Was kann sie tun?*

1. Grundsatz

Der Eigentümer einer Sache überträgt sein Eigentum durch Vertrag gemäß § 929. Der Forderungseigentümer (als Abtretender heißt er auch Zedent)

[241] vgl. OLG Köln NJW 2000, 295

überträgt seine Forderung gegen seinen Schuldner (= Drittschuldner) an den neuen Gläubiger (= Zessionar) ebenfalls durch einen Vertrag, §§ 398 ff. Die Abtretung (= Zession) ist ein abstrakter Vertrag, denn er ändert unmittelbar das Eigentumsrecht an der Forderung.

Verpflichtungsgeschäft für eine Abtretung können natürlich alle Verträge sein. Häufig kommen in Betracht: Schenkung in Fall 1.[242] Praktisch wichtig ist der Kaufvertrag, Forderungskauf, im Inkasso- und Factoringgeschäft, § 433 I 2. Von großer Bedeutung ist der im BGB nicht geregelte Sicherungsvertrag als schuldrechtliche Basis der Sicherungszession, Fall 2.

2. Rechtliche Ausgestaltung

Die Abtretung ist mündlich gültig. Zumeist wird diese aber vertraglich, § 125, oder gesetzlich von einer besonderen Form abhängig gemacht. Die Allgemeinen Geschäftsbedingungen der Versicherungen sehen Schriftlichkeit nebst Bestätigung seitens der Versicherung vor. Die Abtretung von Steuererstattungsansprüchen steht, kraft Abgabenordnung, unter zusätzlichen Bedingungen usw.

Ansprüche jeder Art können abgetreten werden, auch Nebenansprüche ohne die zugehörigen Hauptansprüche. Fall 3: A könnte natürlich die Bank ermächtigen, B und C die Auskünfte zu erteilen. Diese Ermächtigung könnte A jedoch jederzeit widerrufen, sie gibt B und C daher nicht die erwünschte Sicherheit. Diese wird nur dadurch hergestellt, dass B und C einen eigenen Anspruch auf Auskunft haben. A kann also seinen Auskunftsanspruch an B und C abtreten. Diese könnte von B und C oder Dritten auch gepfändet werden, etwa wenn ein Gläubiger des B wissen will, wie hoch das Guthaben und damit der Anteil des B daran ist.

3. Abtretung künftiger Forderungen

Auch künftige Forderungen können übertragen werden, selbst wenn sie dem Schuldner, wie im Fall 2, noch gar nicht bekannt sind. Wichtig ist nur, dass eindeutig ist, welche Forderungen gemeint sind. Die Formulierung der Globalzessionsverträge im Bankgeschäft lautet etwa:

---

[242] Die leider nicht mehr aufrechterhaltene frühere Rechtsprechung sah in dem Valutaverhältnis zwischen A und F einen sittenwidrigen, da ehewidrigen, Vertrag. Die Versicherungssumme fiel also in das Erbe des A.

Abgetreten werden alle gegenwärtigen und künftigen Forderungen aus Umsatzgeschäften mit den Kunden des Sicherungsgebers, deren Namen mit den Buchstaben A – K(oder auch bis Z) beginnen.

In diesen Fällen ist es üblich, dass die Bank (= Zessionar) den Sicherungsgeber (=Zedenten) ermächtigt, die nun ihr gehörenden Forderungen im eigenen Namen einzuziehen, § 185. Im Fall 2 kann A dann also wirtschaften wie bisher, und niemand merkt etwas. Diese Ermächtigung ist jederzeit widerruflich. [243]

4. Schuldnerschutz

Der Drittschuldner wird nicht gefragt; er wird auch nur dann informiert, wenn Zedent oder Zessionar es wollen. Für ihn bleibt alles beim alten. Im Fall 2 brauchen sich die Kunden des A keine Sorge zu machen, zweimal zahlen zu müssen, §§ 407. [244] Erst wenn sie von der Abtretung in Kenntnis gesetzt worden sind, müssen sie an den neuen Gläubiger zahlen, § 409. Einreden, z.B. Verjährung, Zurückbehaltungsrechte usw., § 404, gegen den Zedenten bleiben dem Drittschuldner auch gegenüber dem neuen Gläubiger erhalten.[245]

Der Schuldner darf infolge der Zession dem Zessionar nicht zu mehr oder anderem verpflichtet sein, als er es dem Zedenten war. Die Forderung kann also nur abgetreten werden, wenn sie ihren Inhalt dadurch nicht ändert. Im Fall 4 nahm das Gericht an, dass der Rückzahlungsanspruch aus diesem Mutter – Sohn – Darlehen gar nicht abgetreten werden konnte, ohne seinen

---

[243] Regelmäßig wird als weitere Bedingung vereinbart, dass die Zessionarin Zahlstelle für den Zedenten ist. Sie kann dann ggfs die Eingänge auf dem Konto mit ihren Kreditforderungen aufrechnen. Wer eine Rechnung erhält, auf welcher ein Stempelaufdruck etwa wie folgt steht: " Überweisungen künftig nur noch auf Konto bei X - Bank", kann erkennen, dass sein Lieferant seine Forderungen in dieser Weise abgetreten hat.

[244] Diese Zahlung ist i. S. v § 816 II gegenüber dem richtigen Gläubiger gültig, so dass dieser gegen den Zedenten einen Anspruch auf Herausgabe der Bereicherung hat, S.247.

[245] BGH NJW 02, 2865: Weiß der Drittschuldner, dass der Zessionar künftig entstehende Forderungen im Voraus abzutreten pflegt, kann er gegen diese Forderungen nicht mit eignen aufrechnen, die er nach dieser Kenntnis erwirbt.

persönlichen Charakter zu verlieren, § 399. Die Abtretung an F wurde daher für unwirksam gehalten, S brauchte nicht zu zahlen. [246]

5. Sicherungsrechte

Gemäß § 401 gehen mit der Abtretung die akzessorischen Sicherungsrechte[247] zwingend auf den neuen Gläubiger über; eine andere Vereinbarung wäre gemäß § 134 unwirksam. Das gilt aus praktischen Gründen im Zweifel aber auch für die nicht akzessorischen Rechte.[248]

6. Abtretungsverbot

Die Abtretbarkeit von Forderungen kann vertraglich ausgeschlossen werden, § 399. Eine dennoch vorgenommene Abtretung ist dann unwirksam. [249]

Im kaufmännischen Verkehr geschieht das häufig. Großunternehmen vereinbaren fast regelmäßig ein Abtretungsverbot. Dazu kann aus unterschiedlichen Gründen ein Bedürfnis bestehen. Fall 5 übertreibt zwar etwas, beleuchtet aber die Interessenlage. B kann sich gegen den Verwaltungsmehraufwand durch ein Abtretungsverbot schützen.

Damit ist aber dem Forderungsinhaber die Möglichkeit genommen, seine Forderungen als Kreditunterlage einzusetzen, wozu häufig ein praktisches Bedürfnis besteht, vgl. Fall 2. In der Insolvenz des Zedenten hätte der Zessionar also nichts in der Hand. Im kaufmännischen Verkehr gilt daher die Sonderregel § 354 a HGB:

- Die Abtretung wird trotz Abtretungsverbotes wirksam. Der Zessionar ist also in der Insolvenz des Zedenten gesichert, aber

---

[246] Das ist rechtlich sicher etwas gewagt! Aber zum Glück sehen manche Richter doch etwas tiefer ins wirkliche Leben. Sollte F wirklich mit dem Geld abziehen?

[247] Das sind die drei folgenden: Bürgschaft, §§ 765 ff; Pfandrecht §§ 1205; Hypothek, §§ 1113 ff. Zur Sicherheit übertragene Forderungen, Sicherungseigentum und die Grundsschuld sind **nicht** akzessorische Sicherungsrechte.

[248] BGH NJW 00, 575: analog anwendbar auf nicht akzessorische Schuldübernahme.

[249] Palandt § 399 RN 8

- der Drittschuldner braucht sich um die Abtretung nicht zu kümmern: er kann bis zur Insolvenz an den alten Gläubiger mit befreiender Wirkung zahlen.

III. Schuldübernahme

Fälle

1. *A, Student der Kunstgeschichte, hat von seinem Vater V die alt eingeführte Weingroßhandlung in Firma „ Joh. Grosz & Söhne" geerbt. V hatte kurz vor seinem Tode eine mündliche Bürgschaft (§ 350 HGB) zugunsten des G über EUR 100.000 übernommen, von der weder A noch B etwas ahnen. A verkauft das Unternehmen an B, welcher die Firma fortführt. G verlangt Zahlung der Bürgschaftssumme von B. Zu Recht?*

2. *A hat von B dessen Haus, welches noch mit einer Grundschuld über TDM 100.000 zugunsten der B-Bank belastet ist, unter Übernahme der Grundschuld gekauft. Wer haftet der B-Bank für die Rückzahlung der Grundschuld*

1. Grundsatz

Schulden kann man nicht abtreten. Aber ein anderer kann durch Gesetz oder Rechtsgeschäft zusätzlich verpflichtet sein, fremde Schulden zu bezahlen.

Die im Fall 1 von V übernommene Bürgschaft war auch mündlich gültig, § 350 HGB. [250] Wenn B den guten Ruf, der an dem Namen des Unternehmens hängt, in Anspruch nehmen will, muss er auch die damit verbundenen Risiken tragen – oder er muss durch Eintragung im Handelsregister offenkundig machen, dass er solche Risiken nicht tragen will. B haftet, und zwar neben A, welcher als Erbe nach seinem Vater haftet.

[250] Die Tatsache, dass V offensichtlich unterlassen hatte, diese Bürgschaftsverpflichtung als Verbindlichkeit in seiner Bilanz auszuweisen, sodass sie sowohl für A als auch für B unerkennbar war, ändert nichts daran, dass sie bestand. Solche Unterlassungen kommen offenbar nicht selten vor: Bilanzen von Unternehmen, die zum Verkauf stehen, werden geschönt, vgl. Fall 8 S. 50.

2. Schuldbeitritt

Durch Vertrag kann man sich verpflichten, für die Schulden eines anderen einzustehen. Dieser im Gesetz nicht geregelte Vertrag ist formlos gültig, Schuldbeitritt. Auf diese Weise könnte die zwingende Formvorschrift des § 766 für die Bürgschaft unterlaufen werden. Die Umdeutung einer mangels Form unwirksamen Bürgschaft in einen formlos gültigen Schuldbeitritt ist aber nur eine theoretische Möglichkeit. In der Rechtspraxis gelingt dieses nicht.

Die Abgrenzung zwischen Bürgschaft und Schuldbeitritt ist nicht leicht. Als Formel gilt:

- Bürgschaft: der Bürge hat kein eigenes Interesse an der Erfüllung der Schuld.
- Schuldbeitritt: der zusätzliche Schuldner hat ein eigenes Interesse daran.

3. Privative oder befreiende Schuldübernahme

Durch den Schuldbeitritt gewinnt der Gläubiger einen zweiten Schuldner. Der erste Schuldner wird von seiner Pflicht nicht befreit. Dieser Fall kann aber vereinbart werden.

In der Praxis kommt dieses eigentlich nur in Fällen vor, welche dem Fall 2 entsprechen. B wird nur dann von der Verpflichtung gegenüber der Bank befreit, wenn diese der Schuldübernahme, §§ 414 ff, zustimmt, § 416.

IV. Gesamtschuld und – gläubiger

Fälle

1. *A und seine Freundin F kaufen sich gemeinsam ein Haus von V für EUR 250.000. F hat geerbt und zahlt schon mal EUR 200.000 auf den Kaufpreis. Nun trennen sich A und F. A hat kein Interesse mehr, F auch nicht. Ansprüche der F und des V?*

2. *A steht in einer Gruppe von Sportsfreunden nach einem verlorenen Spiel. Plötzlich fliegt ein Stein aus der Gruppe, der den G, Anhänger der Gegenmannschaft, am Kopf verletzt. G kann nur den ihm persönlich bekannten A identifizieren. Dieser leugnet, geworfen zu haben, es kann ihm auch nicht nachgewiesen werden. Haftet A?*

3. *A und B haben gemeinsam ein Programm zur Steuerung von Bierzapfanlagen in Großkneipen entwickelt. A ist kaufmännisch geschickt und hat verschiedenen Brauereien Verwertungsrechte daran verkauft. Wem stehen die Gebühren zu?*

1. Grundsatz

Mehrere Personen können gemeinsam zu derselben Leistung verpflichtet sein, Gesamtschuld. Jeder schuldet alles, aber alle insgesamt nur einmal. Der Gläubiger kann sich aussuchen, welchen der Gesamtschuldner er in Anspruch nimmt, alle oder einzelne oder jeden nur zu einem Teil. Gesamtschuld entsteht auf Grund von Vertrag oder Gesetz. Z.B.:

Vertrag: Fall 1; Eheleute kaufen eine Wohnzimmereinrichtung; Gesellschafter einer BGB-Gesellschaft oder einer offenen Handelsgesellschaft (oHG) schließen einen Vertrag.

Gesetz: Mehrere Täter verursachen einen Schaden, § 840. Im Fall s lässt sich nicht ermitteln, wer den Stein geworfen hat, §830 I 2, A haftet, und zwar gesamtschuldnerisch mit allen anderen Gruppenmitgliedern. [251]

[251] Strafrechtlich hingegen kann er natürlich nur belangt werden, wenn nachgewiesen wird, dass gerade *er* geworfen hat.

2. Innen- und Außenverhältnis

A und F schulden in Fall 1 im Außenverhältnis zu V beide den vollen Kaufpreis. Wer im Innenverhältnis welchen Anteil trägt, müssen A und F unter sich regeln; können sie sich nicht einigen, gilt § 426: alle zu gleichen Teilen.

Fall 2: Wenn A die anderen Fans nicht namhaft machen kann, ist es sein Pech; andernfalls haften diese mit ihm anteilig. Kann A den wahren Täter nennen, hat er einen vollen Ausgleichsanspruch entgegen diesen.

3. Gesamtgläubigerschaft

Im Fall 3 gehört das gemeinsam geschaffene Schutzrecht A und B gemeinsam, ihnen stehen daher auch die Lizenzgebühren gemeinsam zu, § 428.

Hat A die Verträge im eignen Namen unterschrieben, ohne etwas davon zusagen, dass er auch für B handele, ist er im Außenverhältnis gemäß § 164 II der alleinige Vertragspartner. Nur er ist berechtigt und verpflichtet. Er kann aber ohne Zustimmung des B nicht erfüllen. Wenn B zustimmt, ist A im Innenverhältnis zum Ausgleich mit B berechtigt und verpflichtet.

Schließt A den Vertrag zugleich im Namen des B ab, so werden beide daraus berechtigt, jeder in voller Höhe – aber der Schuldner muss natürlich nur einmal zahlen. Gesamtgläubigerschaft liegt auch vor, wenn mehrere, etwa Ehegatten, ein gemeinsames Bankkonto haben, sogenanntes Und – Konto.

6. Kapitel Schadensersatzrecht

I. Schuld und Vertretenmüssen

Fälle

1. *A, schick und reich, schriftstellert. Er sucht ein Motiv für einen Roman: Er erzählt der verheirateten F, er suche eine Frau und verführt sie. Dem Ehemann M der F beschreibt er alles in einem Brief, um zu sehen, wie der wohl reagiert. M lässt sich scheiden, F begeht einen Selbstmordversuch, dessen Heilungskosten von der Krankenkasse nicht gedeckt werden. Ansprüche der F gegen A?*

2. *A sieht, wie sein Nachbar N seinem Kind beibringt, regelmäßig im SB- Markt Lebensmittel zu stehlen. A tut nichts. Ansprüche des SB – Marktes gegen A?*

3. *A stößt im Wohnzimmer des B an eine wertvolle Vase und zerstört sie, weil er*
   a. aufgrund eines heftiges Knalls zusammenzuckt
   b. besinnungslos betrunken gestikuliert
   Ansprüche des B?

4. *A, Arbeitgeber des N, sieht, dass N es seinen Mitarbeitern durchgehen lässt, wenn sie Büroartikel entwenden. A verlangt Schadensersatz auch von N. Zu Recht?*

5. *Die 22 jährige M geht auf dem Gehweg abends nach Hause. Plötzlich wird sie von dem Fahrzeug des F zu Boden geschleudert. Sie erleidet eine Querschnittslähmung.*
   a. F war nüchtern, aber etwas übermütig mit dem Fahrrad einen Abhang herunter gefahren,
   b. F wollte M auflauern und töten.
   Wie haftet F?

6. *Chirurg C hatte bereits 12 Stunden operiert, als P als Notfall eingeliefert wird, der sofort operiert werden muss. C begeht einen ziemlichen Kunstfehler, der zu einem Schaden bei P führt. Ansprüche des P gegen C?*

7. *A lässt seine Villa durch den Malermeister M streichen. Der Geselle G des M stößt den Farbtopf auf den wertvollen Teppich, weil*
a er sein Bein dem zuschnappenden Hund des A entziehen will
b. er sich dem A, der soeben hereinkam, bemerkbar machen wollte,
c. A ihn soeben als „ hirnamputierten Handfeger" tituliert hatte.
d. G macht sich bei der Gelegenheit einen Plan der Villa, aufgrund dessen er einen Einbruch verüben kann.
e. G hat bei Gelegenheit seines Einsatzes im Hause des A dessen Lebensgewohnheiten so weit erkundet, dass er ihm zwecks eines Raubüberfalls auf lauern kann.

1. Grundsatz

Wer innerhalb oder außerhalb eines Vertrages handelt, etwas tut oder unterlässt, muss für den daraus entstehenden Schaden nur einstehen, wenn seine Handlung eine Vertragspflicht verletzt oder gegen den Tatbestand einer Schadensersatznorm erfüllt.

Fall 1: Was A der F angetan hat, ist eine Gemeinheit. Die Handlung bleibt aber ohne Schadensersatzfolgen, weil weder ein Vertrag zwischen ihnen besteht noch eine gesetzliche Schadensersatznorm eingreift. [252] Aus demselben Grunde entfällt eine Schadensersatzpflicht des A im Fall 2.

2. Handlung

a. Aktives Tun

Haftungsgrund ist das Handeln eines Menschen. Handlung ist die bewusste Betätigung körperlicher Funktionen. Daran fehlt es im Fall 3 a, sodass eine Schadensersatzpflicht des A von vornherein ausscheidet. Auch im Fall 3 b ist eine Handlung an sich nicht gegeben. Die zum Schadensersatz führende Handlung des A liegt hier aber nicht in der Bewegung, sondern im Betrinken, weil man weiß, dass man dann nicht mehr Herr seiner Bewegungen ist.

[252] Denkbar allenfalls § 826, wenn A den Brief an M gerade zu dem Zweck geschrieben haben sollte, um F in den Selbstmord zu treiben.

b. Unterlassung

Es gibt keinen allgemeinen Rechtsgrundrundsatz, wonach man den Schaden eines anderen abwenden muss. Wenn A im Fall 2 zuschaut, wie N sein Kind verdirbt und anderen Schaden zufügt, ist dieses Verhalten wie in Fall 1 unmoralisch, aber eine rechtliche Pflicht verletzt A nicht.

Eine Handlungspflicht kann durch Vertrag bzw. aus Nebenpflichten infolge des Vertrages entstehen, § 241 I 2, zum Schutze des Vertragspartners und zur Erreichung des Vertragszwecks.[253] Im Fall 4 ist es selbstverständlich, dass N aufgrund seines Arbeitsvertrages gegenüber A verpflichtet ist, Schaden von diesem abzuwenden, indem er im Rahmen seiner disziplinarischen Möglichkeiten die Diebstähle verhindert. N haftet.

Handlungspflichten entstehen auch auf Grund eines Gesetzes bzw. Gewohnheitsrechts. Letzteres sind die Fälle, in denen aufgrund vorangegangenen gefährlichen Tuns eine Handlungspflicht mit dem Ziel entsteht, die Gefahr zu beseitigen. [254]

3. Verschuldensgrade

a. Grundsatz

Der Handelnde schuldet Schadensersatz grundsätzlich nur bei Verschulden.[255] Das Gesetz unterscheidet zwei Verschuldensformen, Vorsatz und Fahrlässigkeit.

Auf diese Unterscheidung kommt es in der Praxis nur selten an. Die leichte Fahrlässigkeit steht der vorsätzlichen Tat grundsätzlich gleich.[256] Fall 5 a und b führen daher zum selben Ergebnis. Bei der Bemessung des Schmer-

---

[253] Palandt § 241 RN 4

[254] vgl. BGH v. 14.8.02 NJW 02, 3719: Selbstmordkandidat S öffnet den Gashahn in seiner Wohnung und bringt damit die Mitbewohner in der Wohnanlage in Gefahr. S ist strafrechtlich und zivilrechtlich verpflichtet, die entstandene Gefahr, etwa durch Alarmierung der Polizei, rückgängig zumachen.

[255] Ausnahmen sind nur die Tatbestände der Gefährdungshaftung. Diese werden in dieser Einführung nicht behandelt. Vgl. allg. Palandt Einf v §823 RN 11

[256] Das ist in USA (Strafschadensersatz – *punitive damages*) manchmal anders.

zensgeldes, § 253, ist allerdings die Art und Schwere des Verschuldens wichtig.

Ausnahmen nennt das Gesetz ausdrücklich: Haftungsbeschränkung auf grobe Fahrlässigkeit, § 300. Diese kann auch vereinbart werden, § 276 I.

b. Im Verkehr erforderliche Sorgfalt, § 276 II

Fahrlässigkeit ist die Außerachtlassung der im Verkehr erforderlichen Sorgfalt, § 276 II.[257] Diese wird nicht subjektiv nach der individuellen Lage des Täters, sondern objektiv für den BGB – Idealbürger festgestellt.

Hätte sich der BGB – Idealbürger auch so verhalten hätte wie der Täter? Ist die Antwort *nein*, so haftet er. Man spricht von einem objektiv-abstrakten Sorgfaltsmaßstab. § 276 II wirft dem Täter also letzten Endes keine persönliche Schuld vor. Ihm wird nur vorgeworfen, dass er sich nicht so verhalten hat, wie es von einem normalen Teilnehmer am Rechtsverkehr in dieser Situation erwartet werden konnte, gleichgültig ob er persönlich in der Lage war, sich so zu verhalten. [258] Im Fall 6 ist daher ein Schadensersatzanspruch wegen fahrlässiger Körperverletzung gegen C zu bejahen, auch wenn in einem Strafprozess C mangels persönlicher Schuld freigesprochen werden würde. [259]

4. Vertretenmüssen

a. Grundsatz

Jeder haftet grundsätzlich nur für sich. Für die Handlungen anderer hat man nur einzustehen, wenn Vertrag oder Gesetz dieses vorschreiben. Das Gesetz spricht von *Vertretenmüssen*, §§ 280 I 2, 286 IV, 287 und sonst. Mit Vertretenmüssen meint das BGB

---

[257] D 9, 2, 44: *levissima culpa venit* = leichte Fahrlässigkeit reicht.

[258] Palandt § 276 RN 15.: *der Schuldner kann den Fahrlässigkeitsvorwurf daher nicht dadurch ausräumen, dass er sich auf fehlende Fachkenntnisse, Verstandeskräfte, Geschicklichkeit oder Körperkraft beruft.*

[259] Palandt §276 RN 15 m. Hinweis auf BGH VersR 53, 338: Überbeanspruchung des Operateurs.

- die Verantwortung für eigenes Verschulden und
- die gesetzlich oder vertraglich vorgeschriebene Übernahme der Verantwortung für fremdes Tun.

b. Erfüllungsgehilfe

Der praktische Hauptanwendungsfall des Vertretenmüssens ist die Haftung des Schuldners für den von ihm eingesetzten Erfüllungshilfen, § 278.

Es ist grundsätzlich erlaubt, eine andere Person zur Erfüllung einer eigenen Verbindlichkeit einzusetzen.[260] Ausnahmen gelten nur für höchstpersönliche Pflichten, z. B. Pflichten aus einem Dienstvertrag, die Aufgaben eines Künstlers, Pflichten der Ehegatten gegen einander usw.[261]

Dem Gläubiger kann es gleichgültig sein, wie und mit wessen Hilfe der Schuldner seine Verpflichtungen erfüllt, es darf nur nicht zu Lasten des Gläubigers gehen. Der Schuldner haftet daher für Handlungen seines Erfüllungsgehilfen wie für eigene. Da der Schuldner selber nur bei Verschulden haftet, haftet er für den Erfüllungsgehilfen auch nur, wenn diesen ein Verschulden trifft. Im Fall 7a haftet M also nicht, weil G kein Verschulden trifft.

Im Falle 7 b ist am Verschulden des G im Sinne von § 276 II nicht zu zweifeln, also haftet M.

Im Fall 7 c kann man zweifeln. Die allgemeine Lebensführung seines Gesellen geht den M nichts an. M haftet nur für solche Handlungen des G, welche in einem Zusammenhang mit der ihm von M übertragenen. Vertragserfüllung stehen. Schadenshandlungen des Erfüllungsgehilfen nur bei Gelegenheit Tätigkeit sind nicht von Erfüllungsherrn (=Schuldner) zu verantworten. Die Tatsache, dass der Erfüllungsgehilfen vorsätzlich von Weisungen des Schuldners abweicht oder im Rahmen der Vertragserfüllung

260 Der Leser möge einmal prüfen, wann er das letzte Mal einen Vertrag geschlossen hat, bei welchem sein Vertragspartner nicht durch einen Erfüllungsgehilfen vertreten war. In unserer arbeitsteiligen Welt kommt es kaum noch vor, dass man mit dem Chef selbst oder dem gesetzlichen Vertretungsorgan seines Vertragspartners verhandelt.

261 Palandt § 278 RN 26 f

strafbare Handlungen, wie hier die vorsätzliche Sachbeschädigung, begeht, soll aber einer Haftung gemäß § 278 nicht entgegen stehen. Die Rechtsprechung ist nicht immer folgerichtig.[262]

Vielleicht kann eine Formel helfen: Der Schuldner haftet für solche Handlungen seines Gehilfen, die durch seine Tätigkeit geprägt sind. Die Handlung des G in Fall 7 c ist von dem Arbeitsauftrag des G geprägt. M haftet. Hätte M dem A eine runtergehauen, wäre das etwas anderes.

In Fall 7c kommt jedoch eine Haftungsminderung infolge eines Mitverschuldens des A in Betracht, da dieser den Gesellen G gereizt hat. Da der Schuldner nur für das Verschulden seines Erfüllungsgehilfen haftet, kommt auch ihm dieses Mitverschulden zugute.

Eine solche Prägung wird man sogar noch im Fall 7 d annehmen. Der Anstreicher hat im Gegensatz zu anderen Handwerkern, z. B. dem Schornsteinfeger, typischerweise Zugang zu sämtlichen Räumen des Hauses. Der Einbruch des G ist von diesem Informationsvorsprung geprägt.

Im Fall 7 d wird man ein solches Gepräge verneinen.

§ 278 gilt nur in (vertraglichen oder gesetzlichen) Schuldverhältnissen.

---

[262] vgl. Palandt § 278 RN 20 f und die dort zitierte nicht immer ganz konsistente Rechtsprechung

II. Vertragliche und gesetzliche Haftung für Schäden

Fälle

1. *Autoverkäufer A schüttet dem B Motoröl auf den Anzug, der neu EUR 400 gekostet hatte und auch wieder kosten würde, aber schon zwei Jahre alt ist. Sein Zeitwert beim Kleiderhändler wäre rd EUR 50.*
   a. *A und B befanden sich in einem Verkaufsgespräch.*
   b. *A hat in B auf der Straße seinen Feind erkannt.*
   Haftet A und wenn ja wie?

2. *Dem A gehört ein Bild seines Großvaters, in welchem dieser in voller Montur als Soldat in Russland dargestellt ist. Dieses Bild zeigt A seinem Vetter V, der von demselben Großvater abstammt. V, ein radikaler Pazifist, sieht das Bild und zerreißt es sofort. Da liegt es in 24 Schnipseln auf dem Teppich. Ansprüche des A?*

3. *A hat in jahrelanger Freizeitarbeit einen maßstabgetreuen Nachbau des Torpedobootes „Dachs" gefertigt. Sein Freund F nimmt das Modell in die Hand und lässt es fallen. Die Reparaturkosten betragen DM 90.000 A verlangt von F Schadensersatz in dieser Höhe. Zu Recht?*[263]

4. *Rechtsanwalt R hat eine Vorschrift des Kündigungsschutzgesetzes übersehen und berät daher seinen Mandanten M (Arbeitgeber) falsch. Der Prozess geht verloren. R meint, auch bei richtiger Beratung wäre der Prozess aus anderen Gründen verloren gegangen.* [264] *Ansprüche?*

5. *Altehrwürdiger Schulfall: A rutscht auf einer von B fortgeworfenen Bananenschale aus; in der Unfallambulanz wird A mit Tuberkulose angesteckt, an welcher er stirbt. Hat die Witwe des A Unterhaltsansprüche gegen B?*

---

[263] BGHZ 92, 85(v. 10.7.84): Das OLG hatte DM 7.500 zugesprochen.
[264] BGH NJW 2000, 731

6. *A fährt schuldhaft bei Rot über die Ampel. So kommt A bei der nächsten Kurve just in dem Augenblick an, als der Betrunkene B ihm in das Auto torkelt. Haftet A?*

7. *A zerstört die Maschine des B; der Reparaturaufwand beträgt 1000 EUR, und die Maschine kann für zehn Tagen nicht benutzt werden. Infolgedessen kann A einen Auftrag nicht erfüllen, an welchem er 5000 EUR verdient hätte. Wofür haftet A?*

8. *Zeitungsbericht im Dezember 2002: Einem Patienten P, schwer an Lungenkrebs erkrankt, soll der erkrankte Lungenflügel herausgenommen werden. Durch ein Versehen des operierenden Arztes A wird nicht der kranke, sondern der noch gesunde Lungenflügel entfernt. P stirbt unmittelbar nach der Operation. A wendet gegenüber dem Schadensersatzanspruch der Hinterbliebenen ein, dass P ohnehin nur noch wenige Monate zu leben gehabt hätte*

9. *A ist bei Arbeitgeber G beschäftigt, seine Kündigungsfrist beträgt drei Monate auf das Jahresende. Am 1.12.2002 bekommt A ein großartiges Angebot von B, allerdings unter der Voraussetzung, dass er bereits zum 1.1. anfängt. Damit ist G nicht einverstanden. A kündigt an, dass er trotzdem gehen werde. Im Januar erscheint A nicht zur Arbeit, woraufhin G fristlos kündigt. Wegen der Bedeutung der von A wahrgenommenen Stelle, schreibt G die Stelle in teuren Inseraten aus. Die dafür aufgewendeten Kosten von 5000 EUR verlangt er von A. Zu Recht?*

10. *Bauer B hat 20.000 Ackerland, das 3 DM/qm kostet. Gemeinde G enteignet 10.000 qm, um es als Bauland auszuweisen. Bei der Enteignungsentschädigung will G berücksichtigen, dass der Quadratmeterpreis der dem B verbliebenen 10.000 qm nun 10 DM/ qm koste. Zu Recht?* [265]

11. *A kauft Gebraucht – und Unfallautos von B und verkauft sie mit Gewinn an T in Turkmenistan. B hat monatlich mindestens 10 Autos zu liefern, welche A mit 110% des Gutachterwertes bezahlt. Im April 2003 liefert B nicht. , A verlangt nach Fristsetzung Schadensersatz statt Leistung. B wendet ein, A habe doch keinen Schaden,*

---

[265] nach BGH NJW 98, 2215

da er von der Pflicht, mehr als den Schätzpreis zu zahlen, befreit sei. A möchte weder seinen Abnehmer noch seine Gewinnmargen offen legen. Was tun?

12. *Der stark kurzsichtige A befindet sich auf einer Urlaubsreise im Himalaya. Vorsichtshalber hatte A eine Ersatzbrille mit auf die Reise genommen, aber diese wurde ihm gestohlen. Die Brille, die er nun noch hat, wird ihm von seinem Reisegenossen R schuldhaft zerstört. Sie ist völlig hin. Die restlichen 14 Tage Himalaya sind für A wertlos geworden, weil er kaum etwas sieht. A möchte Schadensersatz gegen R auch für den Verlust des Urlaubsgenusses geltend machen. Zu Recht?*

1. Grundsatz

a. Vertragliche und gesetzliche Ansprüche

Im Fall 1a ergibt sich die Anspruchsgrundlage für den Schadensersatzanspruch des B aus dem vertraglichen bzw. vorvertraglichen Schuldverhältnis gemäß §§ 280, 241, 311.[266] Im Fall 1 b bestand kein Schuldverhältnis, es kommt nur ein gesetzlicher Anspruch, § 823, in Betracht. Für den Schadensbegriff, Schadenshöhe und seine Berechnung kommt es nicht darauf an, ob der Schadensersatzanspruch vertraglich oder gesetzlich begründet ist. In beiden Fälle gelten §§ 249 ff.

b. Grundsatz der Naturalrestitution

Ausgangspunkt für alle Schadensersatzpflichten ist § 249. Danach gilt: Der Geschädigte ist vom Schädiger so zu stellen, wie er stünde, wenn das Schadensereignis nicht eingetreten wäre.

Daher schuldet der Schädiger Schadensersatz auch dann, wenn der von ihm angerichtete Schaden keinen Geldwert hat. Im Fall 2 hat die Fotografie des Großvaters keinen Geldwert. A hat aber einen Anspruch gegen V auf Wie-

[266] Zusätzlich lässt sich der Schadensersatzanspruch des B natürlich auch aus § 823 herleiten. Der vertragliche Schadensersatzanspruch gibt dem Anspruchsberechtigten aber regelmäßig mehr Rechte als der gesetzliche, sodass es sich praktisch (aber nicht in der Klausur!) meist erübrigt, neben dem vertraglichen noch den gesetzlichen Anspruch zu prüfen.

derherstellung dieser Fotografie. Auch im Fall 3 wird es dem B weniger auf einen Geldbetrag ankommen, als auf die Wiederherstellung seines schönen Bastelschiffs. Dazu ist F verpflichtet, grundsätzlich.

2. Geldersatz

a. Wiederherstellungsinteresse

In erster Linie hat der Geschädigte gemäß 249 I Anspruch auf Wiederherstellung des alten Zustands. Wenn A zu Unrecht ein tiefes Loch auf dem Grundstück eines anderen hinterlässt, muss er es verfüllen. [267] Im Fall 1 kommt also zuerst eine Reinigung in Betracht. Wer das Persönlichkeitsrecht eines anderen durch öffentliche Schmähungen verletzt, ist neben dem Ersatz des immateriellen Schadens, § 253 II, zuerst verpflichtet, durch öffentlichen Widerruf die Schmähung rückgängig zu machen.

In Verträgen werden einer Vertragspartei oft schwer bezifferbare oder überhaupt immaterielle Schutz -, Auskunfts – oder Unterlassungspflichten auferlegt. z.B. A und B vereinbaren im Rahmen ihrer langfristigen Zusammenarbeit regelmäßige jährliche Konsultationen und Informationsaustausch. Wenn eine Seite dieser Pflicht nicht nachkommt, ist der anderen durch einen Schadensersatz in Geld kaum geholfen: Wie viel ist denn die Konsultation und die vorenthaltene Information wert?

Wenn A der aus einem Vorvertrag folgenden Verpflichtung, den Hauptvertrag zu schließen, nicht nachkommt, kann er seinen Vertragspartner B nicht einfach mit einem Geldbetrag abspeisen. Er schuldet den Abschluss des Vertrages, denn B erwartet sich von dem Vertrag vielleicht noch ganz andere Vorteile als nur einen einmaligen Gewinn.

Naturalrestitution im eigentlichen Sinn ist aber nur in wenigen Fällen möglich. Bei der Zerstörung von Sachen besteht die Naturalrestitution in der Beschaffung gleichartiger Sachen, aber die Identität (*aus diesem Glas hat schon Goethe getrunken*) ist hin.[268] Im Fall 1 wird eine Reinigung den Anzug kaum wieder herstellen. A ist daher verpflichtet, einen gleichartigen Anzug zu beschaffen, bzw. B das Geld dafür zugeben.

[267] BGH NJW –RR 86, 675

[268] Palandt § 249 RN 2

Gemäß § 249 II *kann* der Geschädigte aber statt effektiver Wiederherstellung, auch wenn sie möglich ist, auch den zur Herstellung erforderlichen Geldbetrag verlangen.

b. Unmöglichkeit der Wiederherstellung

Ist die Wiederherstellung nicht möglich, wird statt Echtersatz von vorneherein nicht, sondern nur Geldersatz geschuldet, § 251. Es besteht also zwischen § 249 und § 251 dieselbe Beziehung wie zwischen § 275 und 280: Was unmöglich ist, geht halt nicht, dann muss aber wenigstens in Geld ein Ersatz geschaffen werden.

Praxis: Bei Totalschaden eines Autos wird dieses nicht wiederhergestellt, stattdessen wird dem Geschädigten der Wiederbeschaffungswert gezahlt.

c. Unzumutbarkeit der Wiederherstellung

Der Vergleich zwischen § 275 und 280 geht noch einen Schritt weiter. Gemäß § 275 II ist der Schuldner von der Verpflichtung zur Leistung frei, *soweit dieser einen Aufwand erfordert, der in einem groben Missverhältnis zum Leistungsinteresse des Gläubigers steht.*

Mit ähnlichen Worten bestimmt § 251 II, dass der Schädiger den Geschädigten in Geld entschädigen kann, *wenn die Herstellung nur mit unverhältnismäßigen Aufwendungen möglich ist.* Der zum Schadensersatz verpflichtete Schuldner hat mithin unter den Voraussetzungen des § 251 II eine Ersetzungsbefugnis, einen Anspruch gegenüber dem Gläubiger, die an sich geschuldete Wiederherstellung des alten Zustandes durch Leistung an Erfüllungsstatt, nämlich in Geld, zu erbringen.[269]

Beim Kfz - Unfall ist der Anspruch wegen des Grundsatzes in § 249 I durch den Zeitwert des Autos an sich nicht beschränkt. Wenn der Anspruch auf Wiederherstellung aber unzumutbar ist, kann der Geschädigte Schadensersatz auf der Basis des Wiederbeschaffungswerts anbieten.[270]

---

[269] Palandt § 251 RN 6

[270] Palandt § 251 RN 7: Die Rechtsprechung nimmt, im Grunde ganz willkürlich, diesen Fall an, wenn die Reparaturkosten 130 % des Zeitwertes übersteigen.

d. Ermittlung des Geldbetrages

Schadensersatz ist der Ersatz des wirklichen Schadens. Anders als etwa im amerikanischen Recht dient der Schadensersatz nicht zur Bereicherung des Geschädigten, auch nicht zur Bestrafung des Schädigers, vgl. jedoch unten 7.

Der Begriff des Schadens wird wirtschaftlich verstanden. Es wird das in Geld ausgedrückte Vermögen des Geschädigten vor dem Schadensereignis mit seinem Vermögen danach verglichen. Die Differenz wird als Schadensersatz in Geld geschuldet.[271] Im Fall 1 würde der Geschädigte zunächst ein Geschäft machen, denn er erhielte für seinen gebrauchten Anzug von A einen neuen. B hat sich den Restwert des Anzugs anrechnen zu lassen. Im Beispiel ist unterstellt, dass der Restwert von EUR 50 wirklich erzielt werden kann. Kann ein Restwert, etwa mangels Nachfrage, nicht festgestellt werden, kommt in Anlehnung an betriebswirtschaftliche Grundsätze in Betracht, Wertabsetzungen für den Gebrauch der Sache (Abschreibung) vorzunehmen.[272]

Für Liebhaberstücke wird nur der wirtschaftliche, in Geld auszudrückende, Wert ersetzt. Der reine Liebhaberwert, das Affektionsinteresse, bleibt bei der Schadensberechnung daher außer Betracht.[273] Das bedeutet im Fall 3:

- F ist gemäß § 249 grundsätzlich zur Naturalherstellung verpflichtet.
- Die Wiederherstellung des Bastelschiffes ist nur mit unverhältnismäßigen Aufwendungen möglich, F hat daher ein Ersetzungsrecht gemäß § 251 II.

---

[271] Zur Differenztheorie, vgl. Palandt Vorb v § 249 8

[272] Palandt § 251 RN 10. **Exkurs:** Es liegt auf der Hand, dass eine solche verhältnismäßig komplizierte Methode nur dann sinnvoll ist, wenn der beschädigte Gegenstand einen bestimmten Wert darstellt und auch nach der Beschädigung noch darstellt. Vielleicht kann man einen Grundsatz aus dem Bilanzsteuerrecht auch hier nutzbar machen. Gegenstände mit einem Wert bis zu 500 EUR können im Jahr der Anschaffung mit 100% abgeschrieben werden. Ergebnis: für Gegenstände, die einen Wiederbeschaffungspreis von bis zu diesem Betrag haben, wird Schadensersatz in voller Höhe des Wiederbeschaffungswerts geschuldet, ohne dass sich der Gläubiger einen Vorteil dafür anrechnen lassen muss, dass er anstelle einer gebrauchten eine neue Sache bekommt. Folge für Fall 1: A schuldet den vollen Wiederbeschaffungspreis.

[273] Palandt § 251 RN 10

- Der Geldwert des Bastelschiffs muss daher festgestellt werden. Das geschieht durch Ermittlung des Marktwertes.
- Einen Markt für solche Boote gibt es nicht. Das Bastelschiff hat lediglich einen Liebhaberwert, sodass F Schadensersatz nur in Höhe der Materialkosten schuldet.[274]

Der Grundsatz des § 253 gilt auch sonst: kein Ersatz für Nichtvermögensschaden. Also auch kein Ersatz dafür, dass Geschädigter aufgrund der Tat einem Hobby nicht mehr nachgehen kann, z.B.: infolge des Unfalls kann A nicht mehr Klavier spielen. Folglich auch kein Schadensersatz dafür, dass Geschädigter im Hinblick auf sein Hobby nun vergeblich gewordene Aufwendungen gemacht hat, z.B. A hatte sich kurz vor dem Unfall ein Klavier gekauft.[275] Der immaterielle Schaden wird ausschließlich über das Schmerzensgeld abgedeckt.

Hat sich der Liebhaberwert der beschädigten Sache aber so weit objektiviert, dass er zu einem Marktwert führt, wird dieser ersetzt. Die angeblich künstlerisch nicht besonders wertvollen Erzeugnisse des Malers Adolf Hitler wären vermutlich ohne schadensersatzrechtlichen Wert, wenn dieser nicht aus anderem Zusammenhang so bekannt wäre. Nun aber scheinen für Bildchen dieses Künstlers beliebig hohe Preise gezahlt zu werden.

3. Verschuldensgrundsatz

Ein Schadensersatzanspruch entsteht nur, wenn der Täter schuldhaft handelte. Die Schwere des Verschuldens ist an sich für die Höhe des Schadensersatzanspruchs unerheblich. Eine Mitverursachung durch den Geschädigten wird aber schadensmindernd berücksichtigt, § 254. Der Mitverschuldensmaßstab wird aus § 276 genommen.

Das Mitverschulden des Geschädigten ist kein Verschulden im rechtlichen Sinne, man spricht von einer Obliegenheit. Diese ist die Außerachtlassung von Sorgfalt in Bezug auf sich selbst. Sich selbst darf man beschädigen und gefährden, man darf nur die Folgen nicht anderen anlasten.[276]

---

[274] vgl. BGHZ 92, 90: Das OLG hatte nur DM 7.500 Ersatz zugesprochen.

[275] OLG Hamm NJW 98, 2292: Frustrationsschaden wird nicht ersetzt.

[276] Dieser an sich selbstverständliche Grundsatz ist im Arbeits - und Sozialrechts vielfach ausgesetzt: Wer hochalpinen Abfahrtslauf macht, möge das tun, aber bitte

Bei einem Anspruch auf Schmerzensgeld, § 253 II kommt es für die Bemessung des immateriellen Schadensersatzanspruches ebenfalls auf das Verschulden des Schädigers an. In diesem Bereich kann es auch auf die finanzielle Leistungsfähigkeit der Schädigers ankommen. [277]

Eine Beschränkung auf die Leistungsfähigkeit des Schädigers oder Minderung des Anspruches wegen Reichtums des Geschädigten kennt unser Recht sonst nicht. Auch der mittellose Minderjährige, welcher fahrlässig einem Millionenschaden verursacht, kann zur Zahlung von Beträgen an den Multimillionär verurteilt werden, welche er nach menschlichem Ermessen nie wird bezahlen können, und welche letzterer nicht braucht.

4. Rechtswidrigkeit

Eine Handlung oder Unterlassung verpflichtet nur zum Schadensersatz, wenn sie rechtswidrig ist. Die Feststellung der Rechtswidrigkeit ist in der Praxis nur selten ein Problem. Ist der Tatbestand der Schadensersatznorm, zum Beispiel eine Vertragspflicht oder § 823, erfüllt, liegt Rechtswidrigkeit allein durch die Erfüllung des Tatbestandes vor. Der Schädiger muss dann nachweisen, dass die Rechtswidrigkeit im gegebenen Fall doch nicht vorliegt.

Die Rechtswidrigkeit ist ausgeschlossen, wenn der Täter einen Rechtfertigungsgrund nachweist. Rechtfertigungsgründe finden sich verstreut in den Gesetzen, nicht nur im BGB. Die wichtigsten Rechtfertigungsgründe des BGB sind.

Notwehr und Nothilfe, § 227: Die gegen den rechtswidrigen Angriff eines Angreifers gerichteter Verteidigungshandlung rechtfertigt grundsätzlich die daraus folgende Verletzung des Angreifers. Nach der Rechtsprechung muss die Verteidigungshandlung nicht nur erforderlich sein, um das bedrohte Rechtsgut zu schützen, sie muss auch verhältnismäßig sein. Eine immer weichlichere Rechtsprechung schränkt das Notwehrrecht immer mehr ein.

---

auf eigene Gefahr, nicht auf Kosten der Allgemeinheit, welche über ihre Beiträge zu den gesetzlichen und privaten Krankenkassen die Heilungskosten für solche Beinbrüche finanziert, und nicht zu Lasten des Arbeitgebers, welchen die Pflicht zur Lohnfortzahlung trifft.

[277] Palandt § 253 RN 20

Verteidigungsnotstand, § 228: Geht von einer Sache, z.B. einem Hund, eine Gefahr aus, kann zum Schutz des bedrohten Gegenstandes diese Gefahr beseitigt werden, notfalls indem man den Hund erschießt.

Angriffsnotstand, § 904: Zur Abwehr einer Gefahr, wird das Recht eines anderen beeinträchtigt. z.B.: um schneller zu dem Unfallort zukommen, stürzt der Helfer durch ein fremdes Haus, wodurch er den wertvollen Teppich verunreinigt. Der Teppichbesitzer trägt den Schaden.

Selbsthilfe, § 229: Eigenmacht, also Gewalt gegen Personen oder Sachen, zur Durchsetzung eines Anspruchs kann ausnahmsweise gerechtfertigt sein, wenn die Gefahr des endgültigen Rechtsverlustes besteht. z.B: A bekommt in der Schalterhalle einer Bank mit, dass sein hochverschuldeter Schuldner S sich einen großen Geldbetrag bar auszahlen lässt und dem Bankbeamten erzählt, dass er für einige Zeit nach Übersee gehe. A ist gerechtfertigt, S fest zu halten und ihm das Geld wegzunehmen.

Einwilligung: Die Einwilligung, Zustimmung, oder wenn sie nach geschehener Tat erfolgt, die Genehmigung, ist der Rechtfertigungsgrund, welcher als einziger im wirklichen Leben praktisch wichtig ist.[278]

5. Ursächlichkeit zwischen Handlung und Schaden

a. Grundsatz

Schadensersatz wird nur geschuldet, wenn die Handlung des Täters für den Schaden ursächlich (= kausal) war. Man spricht von

- schadensbegründender Kausalität: *Hat der Steinwurf des A den B überhaupt getroffen?* und
- schadensausfüllender Kausalität: *Hat B, weil er von dem Steinwurf getroffen wurde, den behaupteten Schaden erlitten?*

Die schadensbegründende Kausalität fehlt, wenn zwar eine Schadenshandlung vorliegt und auch ein Schaden, wenn aber der Schaden trotzdem ein-

[278] Vgl. Römischer Rechtsatz, der als (weltweites) Gewohnheitsrecht anzusehen ist: *volenti non fit iniuria* = dem Zustimmenden geschieht kein Unrecht.

getreten wäre. Die Behauptung des M in Fall 4 ist wahr, aber einen Anspruch hat M nur, wenn er auch beweist, dass er den Prozess bei richtiger Beratung wirklich gewonnen, und nicht etwa aus anderen Gründen verloren hätte.

b. Adäquate Kausalität

Der Schaden muss durch die Handlung des Schädigers *adäquat kausal* verursacht worden sein. Das so genannte Adäquanzurteil geht auf eine Formel des Reichsgerichts zurück. Dieser Begriff ist weiterhin nützlich. Er bedeutet: Wenn ein Schaden, so wie eingetreten, in den Augen des BGB – Idealbürgers als eine mögliche Folge gerade dieser Schadenshandlung erscheint, hat der Täter den Schaden adäquat kausal verursacht. Das Urteil *adäquat kausal* ist also letztlich ein Wahrscheinlichkeitsurteil.

Im Fall 5 wäre A zwar noch am Leben, wenn er nicht infolge der Nachlässigkeit des B gestürzt wäre. Im wirklichen Leben würde man hier sagen, dass A infolge einer Verkettung unglücklicher Umstände ums Leben gekommen ist. Es liegt aber einfach außerhalb aller Wahrscheinlichkeit, dass man infolge eines Fehltrittes über eine Banane durch Tuberkulose zu Tode kommt. B haftet nicht. Lebenspraktisch ist aber zu berücksichtigen, dass viele Menschen und damit auch Richter dazu neigen, etwas allein deswegen für wahrscheinlich zu halten, weil es nun einmal passiert ist. [279] Die Begriffe der Rechtssprache sind im Einzelfall oft eben nicht ausreichend, um die gestellte Frage zu beantworten.

Der Begriff adäquate Kausalität wird heute durch Ausdrücke wie *Zurechnungszusammenhang* oder auch Handlungs-oder Rechtswidrigkeitszusammenhang ersetzt bzw. ergänzt.[280] Ausgangspunkt dieser nicht identischen aber sich überschneidenden Begriffe ist die Frage nach der Reichweite bzw. dem rechtlichen Zweck der Norm, welche vom Täter verletzt wurde. Wollte diese Norm den konkret eingetretenen Erfolg verhüten, oder hatte sie einen anderen Zweck?

[279] Das deutsche Volk hat mit diesem Phänomen in besonderer Weise zu kämpfen: die Nazizeit ist nun einmal passiert, folglich war sie aus Sicht interessierter Kreise nach dem Gesamtverlauf der deutschen Geschichte auch wahrscheinlich! Was einmal wahrscheinlich war, bleibt es!

[280] Palandt Vorb v §249 RN 54

Der Unfall mit B ist im Fall 6 ursächlich dadurch geschehen, dass A trotz Rot weitergefahren war. Die Norm, welche das Halten vor dieser Ampel gebot, hatte aber nur die Verkehrssicherheit im Bereich dieser Ampel zum Ziel, nicht überall. Was 100 Meter weiter geschieht, gehört nicht mehr zum Schutzbereich dieser Ampel und der Rechtsnorm, welche das Weiterfahren verbot. A haftet nicht. [281]

c. Mittelbarer Schaden

Im Fall 7 hat A einen unmittelbaren Schaden in Höhe von 1000 EUR verursacht. Aber auch der weitere Schaden, der entgangene Gewinn, ist durch die Schadenshandlung adäquat verursacht worden. Es macht keine Schwierigkeiten, die Haftung des A auch für diesen unmittelbaren Schaden zu begründen. Es ist nicht unwahrscheinlich, dass der Ausfall einer Maschine zu einem Verdienstausfall führt. Juristisch eleganter ist aber vielleicht die Erklärung aus einem Zurechnungszusammenhang: Die Norm, welche das Eigentums - und Benutzungsrecht des B an der Maschine schützt, schützt auch die Vermögensaussichten des B, welche mit dem Eigentum an dieser Maschine verbunden sind.

d. Wegfall der Kausalität wegen hypothetischer Ursache ?

Im Fall 8 war unmittelbare Ursache für den Tod des P der Operationsfehler. Mit nur dem kranken Lungenflügel konnte P nicht leben. Es ist aber die Frage, ob der Operationsfehler überhaupt den Tod des P verursacht hat. Diesen konkreten Tod schon; und darauf kommt es an. Bei der Beurteilung des Schmerzensgeldanspruches macht es aber einen Unterschied, ob es um ein junges Leben oder ein durch Alter oder Krankheit ohnehin stark gefährdetes ging. Im Beispielsfall wird man die wahrscheinliche Restlebenszeit bei gelungener Operation zum Ausgangspunkt einer Schadensbemessung nehmen.

Ein Unterfall dieser Frage ist, inwieweit die an sich gegebene adäquate Kausalität für den Eintritt eines Schadens als nicht geschehen angesehen werden soll, wenn auch ein rechtmäßiges Handeln diesen Schaden herbeigeführt hätte. Im Fall 9 hat der Vertragsbruch des A dazu geführt, dass G die Kosten für das Stelleninserat aufwenden musste. Aber diese Kosten wären auch angefallen, wenn A fristgemäß gekündigt hätte. Folge des Ver-

[281] Haftungstatbestände nach Gefährdungshaftung bleiben hier außer Betracht.

tragsbruches sind daher nur solche Mehrkosten, welche G aufwenden musste, um den durch das Verhalten des A plötzlich entstandenem Zeitdruck aufzufangen.[282]

6. Vorteilsausgleich

Der Geschädigte soll durch das Ereignis nicht gewinnen. Vorteile, die der Geschädigte infolge des Schadensereignisses hat, mindern seinen Anspruch, § 255. Auch hier ist eine adäquate Verursachung zwischen Schadensereignis und Vorteil erforderlich. z.B.: Wenn A auf Grund eines von B verschuldeten Verkehrsunfalls beschäftigungslos sein Gipsbein pflegt und aus Langeweile Lotto spielt und gewinnt, dann ist der Lottogewinn zwar durch den Unfall verursacht, aber nicht adäquat. B muss den ganzen Schaden tragen.

Im Fall 10 ist dieser Zusammenhang gegeben. Derselbe Umstand, Enteignung zwecks Ausweisung als Bauland, führte zu einer Werterhöhung des Restgrundstückes. G hat Recht.

Auch ersparte Aufwendungen werden angerechnet; z.B. A vergiftet das Reitpferd des B; bis zur Anschaffung eines neuen spart B die Futterkosten, was seinen Schaden mindert. [283]

7. Erscheinungsformen des Schadensersatzes

a. Positives und negatives Interesse[284]

Negatives Interesse: Bei Schadensersatz aus §§ 823 ff wird nur das negative Interesse ersetzt.[285] Dem Geschädigten ist das Interesse zu ersetzen, welches er daran hat, dass das Schadensereignis nicht eingetreten wäre.

---

[282] Palandt Vorb v § 249 RN 105; BAG NJW 84, 2846

[283] Freilich entbehrt er für diese Zeit sein Reitpferd; der Gebrauchsverlust wird aber hier wohl nicht ersetzt, s.u. 7 c.

[284] Palandt Vorb v § 249 RN 16

[285] BGH NJW 98, 983

Positives Interesse: Bei Vertragsverletzungen muss Schadensersatz statt Erfüllung geleistet werden. Der Geschädigte ist so zustellen, als ob der Schädiger seine Pflicht erfüllt hätte. Wenn der Geschädigte mit der vertragsgemäßen Leistung einen Gewinn gemacht hätte, so ist auch dieser zu ersetzen, § 252.[286]

b. Entgangener Gewinn, § 252

Der entgangene Gewinn kann einmal konkret berechnet werden. Der Geschädigte beweist, welchen Gewinn er wirklich gemacht hätte. Im Fall 11 schuldet B dem A die Differenz zwischen den 110% Schätzkosten, die A hätte zahlen müssen, und dem Preis, den er im Geschäft mit T erzielt hätte.

Der Geschädigte kann aber seinen Schaden auch abstrakt berechnen, dann muss er also nicht konkret nachweisen, dass er eine nicht erhaltene Ware zu einem bestimmten Preis verkauft hätte. Diese Beweiserleichterung kann der Geschädigte aber nur in Anspruch nehmen, wenn es sich um marktgängige Ware handelt, und nur bis zu Höhe des feststellbaren Marktwerts.[287] Im Fall 11 würde wohl diese Berechnungsart versagen, weil die von T gezahlten Preise offenbar keine Marktpreise sind. Für Schadensersatz statt Leistung aus fehlgeschlagenen Handelsgeschäften ist diese Methode üblich.

c. Entgangener Gebrauchsvorteil

Wenn der Geschädigte eine Sache infolge des Schadensereignisses nicht benutzen kann, ist das nachteilig für ihn. Eine Rechtsfrage ist, ob dieser Nachteil auch ein Schaden im Sinne von § 249 ist. In Fall 12 ist dem A ein sehr fühlbarer Nachteil entstanden. Selbstverständlich erhält er den Materialwert der Brille ersetzt. Der Urlaubsgenuss als solcher aber hat keinen Marktwert. Einen Schadensersatzanspruch hat A dafür nicht. [288]

---

[286] **Exkurs:** Vielleicht sollte das Gesetz gar keinen Unterschied zwischen negativem und positiven Interesse machen. Es handelt sich doch gar nicht um verschiedene Formen des Schadensersatzes. Schadensersatz wird geschuldet, weil ein Rechtsgut verletzt wurde. Ersetzt werden soll, was die entsprechende Rechtsnorm schützt. § 823 schützt den Bestand des absoluten Rechtes. Ein Vertrag schützt den Bestand des Vertrages; also die im Vertrag zum Ausdruck kommende Wahrnehmung wirtschaftlicher Möglichkeiten.

[287] BGH NJW 2000, 1409

[288] **Exkurs:** Gemäß § 651 f II kann *wegen nutzlos vertaner Urlaubszeit eine angemessene Vergütung verlangt werden.* Dieses gilt aber nur für den Reisevertrag.

Etwas anderes gilt für Gegenstände, deren Gebrauch einem Marktpreis hat. Hierzu gehören typischerweise PKW. Wer auf Grund eines Unfalls seinen PKW für einige Tage nicht benutzen kann, erhält Schadensersatz auch hinsichtlich des entgangenen Gebrauchswertes.[289] Die Abgrenzung ist im Einzelnen sehr schwierig. Wenn der verlorene Gebrauchsvorteil eines PKW ersatzfähig ist, warum nicht auch der eines Reitpferdes, Pelzmantels, Gemäldes, an welchem man sich erfreut usw. Eine klare Linie in der Rechtsprechung ist schwer zuerkennen.

Als Faustregel kann dienen: Wenn der Gebrauchsgegenstand Teil des Lebensplans des Geschädigten ist, wird der Gebrauchsverlust als wirtschaftlicher Schaden angesehen und ist zu ersetzen. Bei einem PKW wird das ohne weiteres für jedermann, auch für Privatpersonen, unterstellt. [290] Wer jedoch als privat Klavier spielt, wird in den Gebrauchsverlust nicht als Schaden geltend machen können; der Berufspianist aber wohl; wem der Dackel überfahren wird, muss sich mit Geldersatz zur Beschaffung eines neuen Dackels, zufrieden geben; wem aber der Hund als Blinden- oder Wachhund dient, dürfte auch für den Gebrauchsverlust Ersatz verlangen können.

8. Vertragsstrafe

Die Vertragsstrafe ist kein Schadensersatz.. Das Vertragsstrafeversprechen ist ein Vertrag, §§ 339 ff, wonach sich der Versprechende verpflichtet, dem Vertragspartner eine Geldsumme zu zahlen, wenn er die Leistung nicht erbringt. Die Vertragsstrafe ist für den Gläubiger günstig, wenn ein Nach-

---

Eine analoge Anwendung auf andere Schadensersatzfälle wäre wohl nicht zulässig. – Es ist immerhin ein interessantes Schlaglicht auf den Zustand unserer Zivilisation, dass vertane Urlaubszeit ohne Rücksicht auf berufliche Bedürfnisse, also auch bei zeitlosen Rentnern, einen Ersatzanspruch in Geld rechtfertigt. Die Lebenszeit, welche wir als Geschädigte oder als Mutter eines geschädigten Kindes infolge eines Schadensereignisses vertun müssen, wird aber nicht gerechnet Ausnahme nur: wir können nachweisen, dass uns gerade in diesen Stunden ein konkretes Entgelt entgangen ist.

[289] Palandt § 249 RN 30. vgl. überhaupt die sehr umfangreiche Rechtsprechung allein zum Kfz – Schadensrecht, aaO RN 20 ff.

[290] Die Rechtsprechung ist weniger systematisch zu begründen als prozessökonomisch: die pauschale Lösung verhindert ausufernde Kasuistik, die auch niemanden befriedigt. Aber diese Rechtsprechung führt eben zu der Frage, warum das, was für Autos gilt, nicht auch für Fahrräder, Rollstühle oder Wohnmobile gilt.

weis des Verschuldens auf Seiten des Schuldners zur Begründung von Schadensersatzansprüchen schwierig sein wird.

Sehr wichtig ist die Vertragsstrafe für die Höhe des Schadensersatzes. Der Gläubiger muss nachweisen, ob überhaupt und in welcher Höhe ihm ein Schaden entstanden ist. Dieser Beweis setzt oft die Offenlegung vertraulicher Kalkulationen und Geschäftsbeziehungen voraus. Im Fall 11 hat A offenbar ein Interesse daran, diese Dinge für sich zu behalten. Im Fall 11 kann man A aber davon nicht entbinden. Für künftige Fälle ist ihm, wie im kaufmännischen Verkehr üblich, § 348 HGB, die Vereinbarung einer Vertragsstrafe zu empfehlen. Diese erleichtert den Schadensnachweis oder macht ihn überflüssig. [291]

9. Herausgabe des Ersatzes

Wenn der Schuldner aufgrund des Umstandes, der ihm die Leistung unmöglich macht, einen Ersatz oder Ersatzanspruch erwirbt, so ist er verpflichtet, diesen dem Gläubiger auf Verlangen herauszugeben, § 285. Hierzu gehören insbesondere Schadensersatzansprüche gegen Dritte, aber auch Versicherungsansprüche. Herauszugeben ist auch der Gewinn, den der Schuldner daraus zieht, dass er die geschuldete Sache unter Bruch des Vertrages mit dem Gläubiger einem anderen verkauft und übereignet hat. [292]

[291] Die Vertragsstrafe kann auch in Allgemeinen Geschäftsbedingungen vereinbart werden, wegen ihrer Gefährlichkeit für den Verpflichteten ist dann aber besonders zu prüfen, ob die angemessen ist. BGH NJW 98, 3488

[292] Palandt § 285 RN 7

III. Schadensersatz für immateriellen Schaden

Fälle

1. *M, ein 19jähriges Mädchen, wird von A angefahren. M erleidet eine Querschnittslähmung. Ansprüche der M?*
2. *Caroline, Prinzessin eine Zwergstaates, reich, verwöhnt und polygam, liest zu ihrem Verdruss in der Zeitung Z : „ Caroline – vom Taxifahrer schwanger?" Ansprüche der C gegen Z?*

1. Grundsatz

Für einen Schaden, der nicht Vermögensschaden ist, kann eine Entschädigung in *Geld* nur in den vom Gesetz besonders angeordneten Fällen verlangt werden, § 253 I. Damit ist zunächst der Grundsatz der Naturalrestitution gemäß § 249 bestätigt. Wer einem anderen einen nicht bezifferbaren ideellen Schaden zufügt, ist zunächst verpflichtet, diesen Schaden rückgängig zumachen, unabhängig von einem eventuell auch geschuldeten Schmerzensgeld.[293] Wenn der Arbeitgeber vereinbarungswidrig seinem Arbeitnehmer ein unfreundliches Arbeitszeugnis stellt, ist dem Arbeitnehmer mit einem Geldersatz meist nicht gedient; er behält Anspruch auf Erstellung des vereinbarten Zeugnisses.[294]

§ 253 II, welcher für bestimmte Nichtvermögensschäden auch eine *billige Entschädigung in Geld* vorsieht, ist in gewissem Sinne eine Fortführung des Gedankens aus § 251 I, in welchem es heißt: *Soweit die Herstellung des Schadens nicht möglich ist, hat der Ersatzpflichtige den Gläubiger in Geld zu entschädigen.*

---

[293] Palandt § 253 RN 3

[294] Pflichten, welche nur von einer bestimmten Person erfüllt werden können, werden gemäß § 888 ZPO dadurch vollstreckt, dass dem Verpflichteten solange ein Beugegeld auferlegt wird, bis er tut, was er soll.

§ 253 II ist selbst keine Anspruchsgrundlage, er gibt nur den Rahmen für die Bemessung des Schadens an. Der Anspruch auf Schadensersatz muss sich aus §§ 823 ff bzw. anderen Gesetzen ergeben.[295]

2. Funktion des Schmerzensgeldes

Die in § 253 II genannten Fälle greifen tief in die menschliche Existenz. Ein verlorenes Bein kann durch keine Prothese ersetzt werden, eine erlittene Vergewaltigung nicht dadurch geheilt werden, dass der Vergewaltiger das Opfer heiratet. Der Schaden ist schlechterdings nicht wieder gutzumachen.

Fall 1 ist ein Alptraum für jeden. Das in § 253 I vorgesehene Schmerzensgeld hat daher von vorneherein eine andere bzw. zusätzliche Funktion als nur die einer Wiedergutmachung. Das Schmerzensgeld hat nach der Rechtsprechung im wesentlichen drei Funktionen.

Ausgleichsfunktion: Diese soll den Geschädigten in den Stand setzen, sich ein Vergnügen zu verschaffen, welches ihn für den erlittenen Verlust in anderer Weise entschädigt. Das Schmerzensgeld für das verlorene Bein ist daher für einen Wanderer auch unter dem Gesichtspunkt zu bemessen, dass er sich vielleicht eine schöne Reise leisten kann.

Genugtuungsfunktion: Bei schwerem Verschulden, insbesondere Vorsatztaten soll dem Opfer gezeigt werden, dass die Rechtsordnung den ihm zugefügten Schaden nicht hinnimmt.[296] Es ist wohl unfein, von einem Rachebedürfnis zusprechen, welches die Rechtsordnung hier befriedigt. Letztlich kommt es aber wohl darauf hinaus.[297] Das Schmerzensgeld der M in Fall 1

[295] Theoretisch ist auch möglich, dass vertragliche Ansprüche über § 253 II bestimmt werden, etwa wenn die Vertragspartner vereinbaren, dass im Falle der Verleumdung einer Partei diese der anderen ein Schmerzensgeld zahlen soll. Systematisch wird man diese Vereinbarung aber eher als Vertragsstrafe ansehen.

[296] BGH NJW 03, 443; hier auch zu aktuellen Tendenzen zur Höhe des Schmerzensgeldes.

[297] Palandt § 253 RN 11. Die deutsche Rechtssprechung tut sich schwer damit, diesem Gedanken etwas abzugewinnen. Das - wenn dieser Ausdruck erlaubt ist - in vieler Hinsicht primitivere oder urtümlichere amerikanische Recht hat diese Bedenken nicht. Der dort übliche Strafschadensersatz führt auch aus diesem Grunde

wird daher höher liegen, wenn A betrunken gefahren war, als wenn er nur leicht fahrlässig war.

Abschreckungsfunktion: Mit der Genugtuung verbunden ist eine dritte Funktion des Schmerzensgeldes. Namentlich bei Eingriffen in das Persönlichkeitsrecht bekannter Zeitgenossen durch intime Fotos und Berichte muss das Schmerzensgeld so hoch bemessen werden, dass sich ein Verstoß für das entsprechende Medienorgan nicht lohnt. Fall 2: Im Grunde ist es ungerecht, aber durch die Abschreckungsfunktion gerechtfertigt, der Prinzessin ein Schmerzensgeld zuzugestehen, welches deutlich über dem liegt, welche M im Fall 12 zu erwarten hat.

3. Höhe des Schmerzensgeldes

Nur der unmittelbar Geschädigte kann einen Schmerzensgeldanspruch haben. Ausnahmen sind nur nahe Angehörige.[298] Schmerzensgeld für Verletzung des Persönlichkeitsrechtes folgt der Analogie aus Art. 2 GG.[299] Höhe des Anspruchs liegt im Ermessen des Gerichtes. Die deutsche Rechtsprechung ist im Vergleich zu ausländischen eher zurückhaltend bei der Bemessung. Geringe Schäden werden dabei wohl relativ gut bedacht. Aber es scheint eine langsam steigende Tendenz zu geben.[300]

---

zu Schadensersatzleistungen, die das in Deutschland Vorstellbare bei weitem übersteigen.

[298] Vgl. den menschlich schwierigen Fall OLG Nürnberg NJW 98, 2293: 12jähriges Kind bekommt mit, wie seine Mutter von deren Freund erschossen wird. Gericht billigt dem Kind einen Anspruch auf Schmerzensgeld iHv DM 10.000 zu.

[299] BVerfG NJW 98, 1381: *Neue Blatt* behauptet über Caroline von Monaco und Franziska van Almsick Heiratsabsichten. Darstellung und Gegendarstellung in der Presse.
BGH NJW 95, 861: Prinzessin Caroline liest Bunte: DM 180.000 Schmerzensgeld! Vgl. Körner NJW 2000, 241 f.

[300] ZB: OLG Dresden, BILD – Zeitung v. 11.2.03: EUR 7500 für zwei ausgeschlagene Schneidezähne nach Unfall im Spaßbad. LG Frankfurt NJW 98, 2294: Mehrfache Vergewaltigung, verbunden mit sadistischer Gewaltanwendung mit schweren psychischen Folgen kann ein Schmerzensgeld in Höhe von TDM 100 rechtfertigen. OLG Koblenz NJW 99, 1639: TDM 40, bei stundenlanger Vergewaltigung einer 17jährigen.

IV. Drittgeschädigte

Fälle

1. *A hat dem Taxifahrer T eingeschärft, pünktlich zu sein; eine Versäumnis seines Flugzeuges werde zu dem Verlust eines Auftrags und einem Schaden von TEUR 50 führen. Auf dem Weg zum Flugplatz wird T von B schuldhaft gerammt; A versäumt sein Flugzeug und erleidet den Schaden.*

2. *Die Ehefrau E des A besorgt den Haushalt mit fünf Kindern. Durch Verschulden des B erleidet E einen Unfall mit 4-wöchigem Krankenhausaufenthalt. A engagiert eine Haushaltshilfe für EUR 2.500/ Monat.*

3. *wie 2, aber: E ist die Sekretärin des A; A engagiert eine Zeitarbeitskraft zum Mehrpreis von EUR 1.500.*

4. *V in Bremerhaven hat dem K in Leipzig eine Partie frischer Seefische verkauft und über den Spediteur S auf den Weg gebracht. Bei Magdeburg rammt B den LKW des S, dieser kippt um, und die Fische verderben.*

5. *Laut Testament des T muss Erbe E das zum Nachlass gehörende Meißener Porzellan an Vermächtnisnehmer V herausgeben. Durch Verschulden des Einbrechers E wird dieses zerstört.*

Wer hat Ansprüche?

1. Grundsatz

Nur der direkt Geschädigte hat Ansprüche. Das ergibt sich schon aus §§ 844 ff, die sonst überflüssig wären,[301] auch aus den Abschnitten I und II. Das ist aber wegen der besonderen Wichtigkeit noch einmal von einer anderen Seite zu beleuchten. Fall 1: B hat zwar ein Recht des T im Sinne des § 823 verletzt, Eigentum am Taxi, aber kein Recht des A. Hätte T den Un-

[301] Palandt Vorb v § 249 RN 108

fall fahrlässig verursacht, käme ein vertraglicher Schadensersatzanspruch des A gegen T in Betracht. So aber muss A seinen Schaden selber tragen.

Fall 2 ist wegen der ausdrücklichen Regelung in § 845 kein Problem. Im Fall 3 aber hat A Pech. B ist natürlich verpflichtet, den Schaden der E zu ersetzen. Gegenüber A hat B aber nur dessen Recht auf Vertragserfüllung der E verletzt. Da vertragliche Ansprüche aber nur im Verhältnis der Vertragspartner zueinander wirken und insbesondere kein *sonstiges Recht* i. S. von § 823 sind, hat B jetzt keine Ansprüche. [302]

2. Drittschadensliquidation

Wenn der Gläubiger zu einer dritten Person in einem Rechtsverhältnis steht, kraft dessen die normale Risikolage auf diese verlagert ist, entsteht der Schadensersatzanspruch formalrechtlich bei dem Geschädigten, aber der wirtschaftliche Schaden verwirklicht sich nur in der Person des Dritten. Der Dritte aber hat keinen rechtlichen Anspruch. Für den Schädiger die ideale Lösung!

Fall 4: V war zur Zeit des Unfalls noch Eigentümer der Fische, nur er hatte also einen Anspruch gegen B aus § 823, bzw. Straßenverkehrsgesetz. Aufgrund von § 447 war aber die Gefahr des zufälligen Unterganges, das typische Risiko des Eigentümers, schon auf K übergegangen. V behält seinen Anspruch auf Zahlung des Kaufpreises gegen K; ihn geht Unfall gar nichts mehr an. K ist aber noch nicht Eigentümer, sodass § 823 für ihn noch keine Rechte begründet. Auch mit dem Spediteur hat er keinen Vertrag, sodass er, falls S an dem Unfall schuld gewesen sein sollte, nicht einmal einen Anspruch gegen diesen hat.[303] Ebenso Fall 5: Eigentümer des Porzellans war der Erbe E, sodass nur er einen Anspruch aus § 823 gegen D hat. E durfte das Porzellan aber sowieso nicht behalten, der Schaden traf den V.

Fälle dieser Art können auch auftreten, wenn der Gläubiger sich im Annahmeverzug befindet und die Leistung des Schuldners durch eine zum

[302] LG Hildesheim NJW – RR 86, 453

[303] Hier wäre allerdings zu prüfen und wohl auch zu bejahen, ob der zwischen V und S geschlossene Frachtvertrag nicht (auch) ein Vertrag zu Gunsten Dritter, nämlich des K, ist, sodass K jedenfalls neben V den vertraglichen Schadensersatzanspruch gemäß § 280 gelten machen könnte.

Schadensersatz verpflichtende Handlung einer dritten Person unmöglich wird. Die Preisgefahr ist gemäß § 300 bereits auf den Gläubiger übergegangen, aber das Eigentum an der Sache liegt noch bei dem Schuldner. Die Systematik des BGB geht hier irgendwie nicht auf.[304]

Die Rechtsprechung hilft wie folgt: Der wirtschaftlich Geschädigte, also K im Fall 4 oder V im Fall 5, hat gegen den formalrechtlichen Anspruchsinhaber einen Anspruch auf Abtretung des für diesen ja wertlosen Anspruch gegen den Schädiger, § 398.[305] Damit sind Schaden und Schadensersatzanspruch wieder vereint, sodass der Geschädigte nun Ersatz vom Schädiger verlangen kann.[306]

[304] Zur Vertiefung: Büdenbender NJW 2000, 986.

[305] **Exkurs:** Dazu ist der Geschädigte gemäß § 285 verpflichtet. Derselbe Umstand, der ihm die Leistung unmöglich macht, erbringt ihm einen Schadensersatzanspruch gegen den Schädiger. Diesen hat er dem Gläubiger herauszugeben.
Die Lösung der Rechtsprechung wirkt künstlich; einen solchen leeren Anspruch gibt es sonst im Recht nicht. Das Ergebnis ist vernünftig, aber unsystematisch. Die Lösung sollte über den Gedanken des Schutzbereiches bzw. Zurechnungskreises usw. gesucht werden. Welches Risiko hat die Schadensersatznorm vor Augen? Das Schadensersatzrecht basiert auf den Risikozuweisungen des Rechtes. Dazu gehört insbesondere die Risikozuweisung des zufälligen Untergangs an den Eigentümer bzw. Rechtsinhaber, *casum sentit dominus.* § 823 und entsprechende Haftungsnormen schützen eigentlich nicht das Eigentum, Recht usw. Sie schützen vor den Folgen, wenn sich das Risiko des zufälligen Unterganges, Beschädigung usw. durch die Handlung eines Schädigers verwirklicht. Die Haftungsnorm schützt also den Rechtsträger nur in seiner Eigenschaft als Risikoträger. Ist der Risikoträger kraft gesetzlicher Zuordnung ausnahmsweise ein anderer als der Rechtsträger, so ist dieser der Geschädigte und folglich Gläubiger des Anspruches. In diesem Sinne ergäbe sich eine Neuformulierung des § 823 I: *Wer vorsätzlich oder fahrlässig das Leben,...... eines anderen widerrechtlich verletzt, ist zum Ersatz des daraus entstehenden Schadens demjenigen gegenüber verpflichtet, der die Gefahr des zufälligen Unterganges des betreffenden Rechtes trägt. Es wird vermutet, dass dieser andere der Rechtsträger ist.*

[306] Palandt Vorb v § 249 RN 112

3. Teil Gesetzliche Vertragstypen des Besonderen Schuldrechts

Einleitung

1. Vertragsfreiheit und Typenfreiheit

Das Leben ist bunt, es kommen die verrücktesten Fälle vor. Es gibt mehr Fälle als Vorschriften. Die im BGB genannten Vertragstypen sind nur Beispiele für Verträge, wie sie aus Sicht des Gesetzgebers des BGB um 1890 als typisch oder praktisch häufig gelten konnten. Die Vorschriften sind nur Hilfen für die Vertragspartner. Sie gelten nur, wenn die Parteien nichts anderes vereinbaren! Manche Vertragstypen des BGB haben kaum mehr praktische Bedeutung, z.B. Leibrentenvertrag, § 759; andere haben ihre praktische Bedeutung heute in Bereichen, die das BGB nicht mehr erfasst. Z.B. § 762, Spiel, Wette; Anweisung, § 783, weil sie Teil anderer Rechtsgebiete, hier des Bank- und Börsenrechtes, geworden sind.

Die Parteien können neue Vertragstypen erfinden. Das ist gerade in den letzten Jahrzehnten oft der Fall gewesen. Zu denken ist an Bankvertrag, Garantievertrag, Reisevertrag, Leasingvertrag, Franchisevertrag, Bauträgervertrag, Verwertungsvertrag des Urheberrechtes, Softwareüberlassungsvertrag und Dutzende, wenn nicht Hunderte von anderen Vertragstypen. Aber auch wenn die Parteien einen Vertragstyp vereinbaren, der im BGB geregelt ist, sind sie mit Ausnahme solcher Vorschriften, welche im Gesetz ausdrücklich als zwingend oder unabdingbar bezeichnet werden, an die Vorschriften des BGB nicht gebunden. [307] Die Parteien können beim Kaufvertrag z. B. die Sachmängelregelung gemäß § 434 anders gestalten, sie auch völlig ausschließen, [308] sie können den Gefahrübergang gemäß § 447 auf einem anderen Zeitpunkt verschieben, die Folgen des Schuldner – oder Annahmeverzugs anders regeln usw.

[307] Praktisch wichtigste Ausnahme: Verschiedene Vorschriften in der Wohnraummiete, z.B. §§ 569 V VI, 573 IV, 575 IV; Vorschriften im Dienst- bzw. Arbeitsvertrag sind durchweg zwingend; Formvorschriften.
[308] Palandt §437 RN 3

2. Geschäfte des normalen Lebens

Wann hat der Leser das letzte Mal einen Miet-, Werk- oder Dienstvertrag geschlossen? Wann eine Bürgschaft abgegeben? Mit dieser Frage soll deutlich gemacht werden, dass manche Verträge alltäglich, andere Verträge selten sind.

Die im BGB geregelten Vertragstypen geben im Großen und Ganzen die Verträge wieder, die im Leben so vorkommen. Die Bürgschaft seltener, aber schon mal, Werkverträge nicht allzu häufig, aber doch immer mal wieder. Miet- und Dienstverträge sind im Leben eines normalen Arbeitnehmers regelmäßige Erscheinungen, und besonders wichtig natürlich der Kaufvertrag. Dieser wird von jedem Bürger täglich verwirklicht – vom Kauf der Bild-Zeitung am Kiosk, bis zum Kauf des Eigenheimes.

Es handelt sich hier um Verträge, die zwischen Bürgern geschlossen werden, welche üblicherweise keine rechtlichen Vorkenntnisse haben, Verbraucher im Sinne des § 13. Das Gesetz nimmt ihnen die Notwendigkeit solcher Kenntnisse ab, indem es vorschreibt, man sollte besser sagen: vorschlägt, was im Normalfall gerecht ist. Wer Brötchen kauft oder den Klempner bestellt, braucht keinen schriftlichen Vertrag. Das Gesetz regelt das für ihn.

3. Großverträge der Wirtschaft

Wenn die Bedürfnisse der Vertragspartner auf Grund der Spezialisierung ihrer Geschäfte andere werden, werden die gesetzlichen Regelungen unwichtiger. Kein Gesetzbuch der Welt kann alle Vertragskonstellationen erfassen. Es wird mit steigendem Grad der Schwierigkeit und Bedeutung der Verträge immer wichtiger, dass die Vertragspartner das zwischen ihnen geltende Recht selbst gestalten.

Ein Vertrag zwischen der Ruhrgas AG und der norwegischen Statoil über die Lieferung von Erdgas über einen Zeitraum von vielen Jahrzehnten, wobei bestimmte Preisentwicklungen vorweggenommen werden, Qualitätsanforderungen definiert und gesichert werden müssen, wo bestimmte Anlieferungsdrücke und Mindestmengen eingehalten werden sollen, aber im Winter wieder andere als im Sommer, aber auch nicht überschritten werden dürfen, wenn nicht bestimmte Vorkehrungen dafür getroffen sind usw. usw., kann weiterhin als ein Kaufvertrag angesehen werden. Das ist er auch insofern, als Kern des Geschäftes die Übereignung von Erdgasmolekülen an einem bestimmt bezeichneten Übergabepunkt ist. Aber es wird zugleich deutlich, dass eine solche Bezeichnung den rechtlichen Gehalt dieses Vertrages nicht ausschöpft.

Der Kreditvertrag inzwischen der Deutschen Bank AG als Führerin eines internationalen Konsortiums mit einem Staate, sagen wir, Brasilien, über 5 Milliarden Dollar ist formal ein ebensolcher Kreditvertrag, wie wenn der Kunde sein Konto überziehen möchte. Es liegt aber auf der Hand, dass bei solchen Großaktionen viele zusätzliche Einzelheiten geregelt werden müssen, welche zwar den Charakter als Kreditvertrags nicht verändern. Aber es bedeutet rechtlich auch nichts, wenn hier noch der Begriff Kreditvertrag benutzt wird. In einem Streitfall sind letztlich nicht die gesetzlichen Vorschriften des anwendbaren Recht des wichtig, sondern die Auslegung der Vertrags.

Als Faustregel kann also gelten: Je größer der Vertragswert, desto unwichtiger die Regeln, welche das anwendbare Gesetz für diesen Vertragstyp eigentlich vorsieht; und umgekehrt: je geringer der Vertragswert, desto näher am geschriebenen Gesetz.

4. Vertragstypenvermischung

Beispiel:

> *A ist Jäger. Er möchte seinen runden Geburtstag am 18. 11 im Restaurant des R in St. Michael im Allgäu feiern. A verabredet mit R. dass dieser eine selbst geschossene Hirschkeule zubereiten wird. Für den Fall, dass diese nicht ausreichen wird, soll R Hirschkeule von Dritten zukaufen. Die Hirschkeule des A wird dem R geliefert. R kauft 5 kg hinzu. R ist erfreut über diesen Auftrag und sagt, in seinem Restaurant sei es bei Aufträgen dieser Art üblich, dass die Gäste am Ende des Abends ein Geschenk auf Kosten des Hauses erhalten. A ist einverstanden.*
>
> *Pünktlich am 18.11. finden sich A und seine Gäste bei R ein. M, die alte Mutter des A nimmt auf einem der edlen Stühle des R Platz. Diese hatte R erst vor kurzem von dem Tischler T renovieren las-*

sen. Ein Stuhlbein ist unerkennbar verwurmt, und M fällt mit dem Stuhl in sich zusammen. Dabei zerreißt nicht nur ihr Kleid, sie erleidet einen Schock und möchte an der Feier nicht mehr teilnehmen. M fragt, welche Ansprüche sie gegen R hat.

Auf Bitten des A fährt MA, den A für einen Mitarbeiter des R hält, die M in ihre Wohnung. MA kann die Wohnung nicht finden und bringt M wieder mit. MA verlangt ein Entgelt von 20 EUR.

Das aufgetragene Hirschgericht schmeckt den Gästen nur teils teils. Manche lassen es ganz zurückgehen. A will nicht bezahlen, jedenfalls nicht den vollen Preis.

Zum Schluss des Abends überreicht R, wie angekündigt, jedem Gast ein Geschenk, bestehend aus einem Medaillon des Hl. Michael. Gast N, ein etwas schnoddriger Neffe des A, schaut das Medaillon an und sagt unter Zustimmung vieler, aber nicht aller, Gäste, zu R: „Was soll denn der Scheiß?“ Daraufhin verlangt R die Rückgabe des Medaillons auch von den Gästen, die es schon empfangen haben. Diese weigern sich.

Ansprüche?

a. Grundsatz

Gemischte Verträge sind der Normalfall des Lebens. Chemisch reine Elemente finden sich nur im Labor, juristisch reine Rechtsfragen nur in Lehrbüchern.

Der praktische Jurist muss daher die Vertragstypen des Gesetzes kennen, auch die typischen Lösungen auf typische Frage. Seine Hauptaufgabe im Vertragsrecht aber ist es, die Rechte und Pflichten der Parteien innerhalb eines zusammenhängenden Vertragsverhältnisses zu bewerten. Der Eingangsfall ist eine einheitliche Begebenheit, die als solche keinem Vertragstypen des BGB entspricht. Freilich können einzelne Bestandteile des Falles bestimmten Vertragstypen des BGB zugeordnet werden. Das ist auch erforderlich, um die in Betracht kommenden Ansprüche zu bewerten. Eine angemessene Lösung wird nur möglich sein, wenn sie nicht nur isoliert betrachtet werden. Stets müssen sie auch unter dem Gesichtpunkt beurteilt werde, dass sie Teil eines übergreifenden Vertrages sind. Das sei anhand der folgenden Lösungsskizze verdeutlicht.

b. Gemischte Verträge – Hirschkeulenfall

1. Zunächst sind die Ansprüche der M zu prüfen. war. Vielleicht kommt ein Anspruch der M gemäß § 536 a in Frage, nämlich auf Grund eines zwischen A und R geschlossenen Mietvertrages, aus welchem M im Sinne des Vertrages zu Gunsten Dritter eigene Schutzrechte gegen den Vermieter hätte.

Gemäß § 536 haftet Vermieter einer Sache auch ohne Verschulden für Mängel, welche die Tauglichkeit der Mietsache aufheben. Zwischen A und R wurde kein Mietvertrag abgeschlossen. Insofern der Bewirtungsvertrag aber auch die Benutzung der von R zur Verfügung gestellten Möbel beinhaltete, enthielt in er in Bezug auf die Benutzung dieses Stuhls auch Elemente eines Mietvertrages. Der Schutz, welcher § 536 a dem Mieter gewähren will, begründet sich darin, dass der Mieter die Mietsache nicht kennt. Der Vermieter muss sie kennen, damit nur solche Gegenstände in fremde Hände geraten, welche keinen Schaden verursachen. Ein Schadensersatzanspruch der M gegen R kommt also aus „Mietvertrag" in Betracht; es wird entscheidend sein, ob die Wurmstichigkeit des Stuhlbeins von R zu vertreten war.

2. Es ist dann zu prüfen, ob MA einen Anspruch gegen A hat, z. B. aus einem Werkvertrag, § 631. Beförderung gilt als Werk. Ein Werkvertrag führt aber zu einem Werklohn nur, wenn das Werk fertiggestellt ist. Das von MA in Angriff genommene Werk ist aber gescheitert. Ein entsprechender Anspruch daher wohl nicht entstanden. Es ist aber zu prüfen, ob der Tätigkeit des MA vielleicht eher als Dienstvertrag anzusehen ist, § 611. Hier wird nicht der Erfolg bezahlt, sondern die vom Arbeitnehmer/Dienstverpflichteten zur Verfügung gestellte Zeit.

Genaugenommen und wollte A aber weder Dienst – noch Werkvertrag mit MA schließen. Er hatte nur im Rahmen des Bewirtungsvertrags die Hilfe des MA in Anspruch genommen. Vielleicht liegt daher nahe, die Dienstleistung des MA als vertragliche Nebenpflicht des Bewirtungsvertrages anzusehen und im Sinne eines unentgeltlichen Auftrages, § 662, dem MA nur Anspruch auf Ersatz seiner Kosten, z.B. MA hat ein Taxi benutzt, zuzugestehen.

3. Die aufgetragene Hirschkeule schmeckte nicht. Haftet R gemäß § 434? Der Bewirtungsvertrag ist kein Kaufvertrag, aber er enthält, soweit es sich um die Bereitstellung der Speisen handelte, Elemente des Kaufvertrages.

Die Qualität der Kaufsache, hier die von R bereitgestellte Hirschkeule, ist von R gemäß § 434 zu verantworten. Der Gesamtzusammenhang des vorliegenden Vertrages, welcher einen besonderen festlichen Rahmen andeutet, gibt die Leitlinie für § 434 Abs. 1 Satz 1, wenn es sich nämlich darum handelt, ob die Beschaffenheit der *Sache für die nach dem Vertrag vorausgesetzte Verwendung* geeignet ist. Es entscheidet nicht, ob die Speisen mangelfrei sind, sondern ob sie dem Rahmen entsprechend zubereitet sind. Eine Bratensosse auf Maggibasis tut es hier z. B. nicht.

4. Ein Teil des Bratens aber war von A selbst bereitgestellt worden. R war verpflichtet, die Hirschkeule zuzubereiten. Der Bewirtungsvertrag ist kein Werkvertrag, aber er enthält Elemente des Werkvertrages.

Ausgangspunkt ist also § 645. Sollte also das von A gelieferte Fleisch mangelhaft gewesen sein, ist nicht nur die Haftung des R ausgeschlossen, sondern es bleibt auch sein Anspruch gegen A auf volle Bezahlung bestehen, *weil das Werk infolge des vom Besteller gelieferten Stoffes unausführbar geworden ist.*

Diese Haftungsverteilung gilt für einen normalen Werkvertrag, z.B. A liefert dem Schneider rissigen Stoff für einen neuen Anzug. Sie passt aber nicht auf einen Vertrag wie hier. Aus dem übergreifenden Vertragsziel, festliche Geburtstagsfeier mit selbst geschossenem Hirsch, folgt für R eine allgemeine Schutzpflicht, das von A gelieferte Fleisch auf erkennbare Mängel zu prüfen, ehe er es auf den Tisch bringt.

5. R möchte das Bildnis von den Gästen zurückhaben. Anspruchsgrundlage könnte § 530 sein. Der Kommentar des N und Reaktion der anderen Gäste legt Undank aller nahe.

Die Überreichung dieses Bildes durch R trug sicherlich Schenkungselemente in den Bewirtungsvertrag. Einen eventuellen Sachmangel dieses Bildes hätte R daher nicht zu vertreten. Die typische Situation der Schenkung, welche § 530 im Auge hat, lag aber auch nicht vor. Die Übergabe des Bildnisses geschah im Rahmen des Gesamtvertrages. Dieser Zusammenhang nahm der Überreichung des Medaillons den typischen Schenkungscharakter, sie konnte von A und seinen Gästen als ein Teil der Gesamtleistung des R angesehen werden. Ein Anspruch aus § 530 scheidet also aus.

1. Kapitel Kauf

I. Der normale Kaufvertrag, § 433

Fälle

1. *Käufer K kauft mit Vertrag vom 1.3. von Verkäufer V ein gebrauchtes Wohnhaus Das Haus soll von V vollständig renoviert werden. Übergabe soll am 1.8. sein. In dem Kaufvertrag ist vereinbart, dass K den Ausbau mitgestalten darf. Hierzu erhält K das Recht des freien Zutritts.*

   a. *Das ständige Dreinreden des K geht dem V so auf die Nerven, dass er ihm zum 1.5. Hausverbot erteilt und ihm mitteilen lässt: K könne später ja Gewährleistungsansprüche stellen, jetzt aber solle K ihn mit seinen Verbesserungsvorschlägen in Ruhe lassen. K findet das eine Unverschämtheit und möchte von dem Vertrag zurücktreten. Geht das?*
   b. *K erfährt am 1.6., dass das Haus bis vor kurzem als Bordell diente; seine Freunde haben ihn schon damit aufgezogen. K möchte von dem Vertrag herunter. Geht das?*
   c. *Wie b: das Datum ist aber der 1.10., also nach Übergabe des Hauses.*

2. *Arbeitgeber A möchte einen Betriebsteil, nämlich die Kantine mit 32 Mitarbeitern, ausgliedern und an die Cateringfirma C verkaufen. Mitarbeiter M möchte nicht „ verkauft" werden. Was kann er tun?*

3. *K kauft bei V 50.000 L Heizöl zum 1.10. V hat zum 5. 10. bei seinem Vorlieferanten bereits eine neue Partie geordert, die er in seinem Tank lagern will.*
   a. *K hat einen billigeren Lieferanten gefunden und will nicht mehr.*
   b. *Der Tank des K ist ohne sein Verschulden leck geschlagen, er kann das Öl nicht aufnehmen.*

   V lagert das Heizöl bei Lagerhalter L ein, was 1000 Euro/Monat kostet. V verlangt von K Ersatz. Zu Recht?

1. Grundlagen des Kaufvertrages

a. Reform des Kaufrechts

Der Kaufvertrag ist das einzige Rechtsgeschäft, welches der normale Bürger regelmäßig vornimmt. [309] Mehr noch als in anderen Verträgen ist es daher für den Kaufvertrag die Aufgabe des Gesetzes, diesen so auszugestalten, dass zwar den gegenseitigen Interessen von Käufer und Verkäufer Rechnung getragen wird, dass aber zugleich dem allgemeinen Interesse des Rechtsverkehrs gedient ist. Dieses allgemeine Interesse fordert eine rasche und sichere Abwicklung von Kaufverträgen. Bis müssen möglichst schnell klare Verhältnisse bestehen, weil Ansprüche auf Rückabwicklung und Schadensersatz den Rechtsverkehr wegen der Fülle der Transaktionen blockieren könnten.

Es bestand Einigkeit darüber, dass das deutsche Kaufrecht modernisierungsbedürftig war. Die Neufassung des Kaufrechtes war daher ein Schwerpunkt des Schuldrechtsmodernisierungsgesetzes zum 1.1.2002. Es ist nicht sicher, ob es dem Gesetzgeber ganz gelungen ist, die genannten beiden Ziele zu verwirklichen.

---

[309] Diese besondere praktische Bedeutung gerade des Kaufvertrages, welche sich für den internationalen Warenverkehr offensichtlich ständig erhöht, hat seit Jahrzehnten zu Versuchen geführt, für das Kaufrecht weltweit möglichst einheitliche Regeln zu schaffen. Vorerst letztes Ergebnis dieser Bemühungen ist das **UN – Übereinkommen über Verträge über den internationalen Warenkauf Kaufrecht, CISG, v. 11.4.80** wegen seines Abschlussortes auch **Wiener Kaufrechtsübereinkommen** genannt; vgl. Piltz NJW 2000, 553. Palandt EGBG 28 RN 7. Seine praktische Bedeutung ist bisher noch schwer abzuschätzen. Dieses findet automatisch anstelle des nationalen bzw. deutschen Rechtes Anwendung, wenn der Kaufvertrag zwischen Partnern mit Sitz in Vertragsländern des UN - Kaufrechtsabkommens geschlossen wird. Da Deutschland und die EU - Länder dazugehören, gilt im EU - Warenverkehr dieses Recht. Die Parteien können aber – gemäß § 28 EGBGB – ein nationales, also z.B. deutsches Recht vereinbaren. Dieses scheint bisher noch die Regel zu sein. Jedenfalls liegt nur sehr wenig Rechtsprechung zu diesem Kaufrecht vor.

BGH NJW 98, 1259: Zum stillschweigenden Verzicht auf den Einwand der Verspätung einer Rüge der Vertragswidrigkeit, Art. 39 I CISG

Die Regelung des Sachmangels in § 434, welche zum Teil freilich auch durch europäisches Recht [310]veranlasst ist, wirkt gegenüber der entsprechenden Vorschrift in § 459 a. F. reichlich aufgebläht. Wenn die neue Regelung, wie die Kommentarliteratur anzunehmen scheint, inhaltlich keine wesentlichen Änderungen gegenüber § 459 alter Fassung enthält, dann ist sie störend und sinnlos. Sollte aber der Gesetzgeber wie anzunehmen einen Richtungswechsel zu verstärktem Verbraucherschutz vorgesehen haben, dann wäre diese Vorschrift nur ein weiteres Beispiel dafür, dass viele Wörter kein gutes Gesetz machen. Das Ergebnis vieler Wörter ist, dass sich die Gerichte immer weniger an den Wortlaut des Gesetzes halten.

Eine besondere Schwierigkeit für den Kaufvertrag besteht freilich darin, dass dieser eine große Bandbreite umfasst: vom Erwerb der morgendlichen Bild-Zeitung am Kiosk bis zum Unternehmenskauf, vom Erwerb leicht verderblicher Nahrungsmittel bis zum Kauf eines Landgutes, vom Kauf eines komplizierten technischen Gerätes bis zum Kauf von Computersoftware.

---

[310] **Exkurs:** Art. 153 des EU – Vertrages nennt Verbraucherschutz als eines der vorrangigen Ziele der Europäischen Union. Es ist zu erwarten, dass die Kommission diese ziemlich allgemein gefasste Rechtsgrundlage dazu nutzen wird, immer weitere Bereiche des Zivilrechtes in ihre Kompetenz zu ziehen, wie es in anderen Bereichen auch geschieht.

Damit entsteht ein, bisher nur in den Randgebieten sichtbar gewordenes, Problem. Insofern eine Vorschrift wie § 434 BGB auch der Umsetzung von EU-Richtlinien dient, vgl. den amtlichen Hinweis zu den neuen Kaufrechtvorschriften, liegt die Auslegung dieser an sich deutschen Vorschrift nicht mehr in der letzten Kompetenz des Bundesgerichtshofs, sondern in der der Europäischen Gerichtsbarkeit. Es ergibt sich dann die nicht nur theoretische Möglichkeit, dass der Bundesgerichtshof für die Auslegung von Satz 1 und das europäische Gericht für die Auslegung von Satz 2 zuständig ist. Bei der gewohnten Sorgfalt, mit welcher in Deutschland neuerdings Gesetze gemacht werden (Ironie!!) ist zu befürchten, dass der deutsche Gesetzgeber solche Zusammenhänge gar nicht beachtet hat, als er sich entschloss, das Verbraucherschutzrecht, so weit es im wesentlichen europäisches Recht ist, in das BGB, und hier besonders in das Kaufrecht, zu integrieren. Vereinfacht gesagt: bisher war nur die Auslegung einer Vorschrift des Verbraucherkreditgesetzes nach europäischem Recht vorlagepflichtig, jetzt ist es auch die Auslegung von Vorschriften des BGB!

b. Kaufrecht als Sonderrecht ab Gefahrübergang der Kaufsache

Eine Ausprägung des Allgemeininteresses an einer schnellen und sicheren Abwicklung von Kaufverträgen findet sich darin, dass für Leistungsstörungen ein Sonderrecht gilt, allerdings erst ab dem Zeitpunkt, zu welchem die Besonderheiten des Kaufvertrages deutlich werden. Das ist der Zeitpunkt des Gefahrüberganges, § 434. Das ist normalerweise der Zeitpunkt, in welchem der Besitz an der Kaufsache auf den Käufer übergeht, § 446.

Nur die kaufvertragstypischen Ansprüche unterliegen besonderen Regeln, §§ 437 ff, welche diesem Bedürfnis entsprechen, zum Beispiel die Verjährungsregelung in § 438. Bis zum Zeitpunkt des Gefahrüberganges aber gelten für Leistungsstörungen auch im Kaufvertrag die allgemeinen Regeln des BGB.

Fall 1a: der Kaufvertrag ist zwar geschlossen, aber die Kaufsache noch nicht übergeben. Es ist daher gemäß §§ 323, 324 zu prüfen, ob die Weigerung des V, den K in das Haus zu lassen, und seinen Vorstellungen Geltung zu verschaffen, eine so schwerwiegende Pflichtverletzung ist, dass K zum Rücktritt berechtigt ist. Das kommt durchaus in Betracht, offensichtlich war es einen wesentlicher Vertragsinhalt, dass K den Ausbau eng begleitete. Dabei kommt es schon mal zu Reibereien. K wird Recht haben.[311]

Ähnlich für Fall 1b: Die Tatsache, dass ein Haus früher als Bordell gedient hat, kann, abhängig von den Umständen, also auch dem Preis des Hauses, für einen privaten Nutzer eine verkehrswesentliche Eigenschaft sein, welche zur Anfechtung gem. § 119 II berechtigt. K wird anfechten können.

Ist das Haus aber übergeben, Fall 1 c, stellt sich nur noch die Frage, ob es Mängel im Sinne von § 434 aufweist. Die Geschichte dieses Hauses wird man wohl nicht als Mangel der Beschaffenheit ansehen können, sodass der Käufer hieraus keine Ansprüche herleiten kann.[312] Nach Übergabe kommen allgemeine Vorschriften, welche sich auf die Regelung von Mängelansprüchen beziehen wie §§ 119, 323 ff also nicht mehr zur Anwendung. Sie werden von § 437 als Spezialnorm verdrängt.

---

[311] K muss sich schon ziemlich unmöglich benehmen, ehe V zu so radikalen Maßnahmen berechtigt wird; ist das Verhalten des V nicht berechtigt, stellt es eine Vertragsverletzung gemäß § 324 dar, welche K mit dem Rücktritt beantworten darf.

[312] Vgl. OLG Hamm NJW – RR 00, 1183.

2. Abschluss des Kaufvertrages

a. Grundsatz

Der Kaufvertrag kann sich auf alle Gegenstände beziehen, die passiv rechtsfähig sind, also z. B.

- Sachen, §§ 433
    - Mobilien
    - Immobilien, einschließlich Erbbaurecht
    - auch unkörperliche Sachen wie Erdgas oder Fernwärme
    - Wertpapiere wie Aktien, Schuldverschreibungen, Wechsel

- Rechte und Forderungen, § 453
    - Forderungen auf Geld
    - Ansprüche aus Verträgen
    - Rechte an Grundstücken, z.B. Grundschulden/Hypotheken nebst Forderungen
    - Programme [313]
    - Gesellschaftsanteile

Gelegentlich sind Sach- und Rechtskauf fast ununterscheidbar. Fall 2 betrifft der Kaufvertrag zunächst die sächlichen Gegenstände der Kantineneinrichtung. A hat sich in dem Vertrag mit C allerdings auch verpflichtet, seine Ansprüche aus dem Arbeitsvertrag mit M zu übertragen. Insofern kann von einem Rechtskauf gesprochen werden. Fraglich ist jedoch, ob A diese Verpflichtung ohne Zustimmung des M füllen kann; Ansprüche auf persönliche Leistungen können nicht abgetreten werden. Wenn M nicht zustimmt, bleibt A sein Arbeitgeber.[314] Nach dem neuen Recht sind die Rechtsfolgen für Sach - und Rechtsmängel identisch, sodass es auf die Unterscheidung kaum mehr ankommt.

---

[313] Der BGH wendet für Standardsoftware und deren Mängel die kaufrechtlichen Gewährleistungsansprüche entsprechend an. NJW 98, 408; auch Meier/Wehlau NJW 98, 1586

[314] vgl. § 613 a. M läuft allerdings Gefahr, dass A ihm nun eine betriebsbedingte Kündigung schickt, da sein Arbeitsplatz infolge des Verkaufes an C weggefallen ist. M kann sich nur dann leisten, seine Zustimmung zu dieser Abtretung zu verweigern, wenn unkündbar geworden ist.

b. Form

Der Kaufvertrag ist unabhängig von dem Wert des Vorganges formfrei. Der Devisenhandel zwischen Banken ist rechtlich ein Kaufvertrag über Forderungen. Hierbei werden im Einzelfall Werte von mehreren 100 Millionen Dollar bewegt, und zwar nur auf Zuruf per Telefon. Die nachfolgende schriftliche Fixierung hat nur die Beweisbedeutung, ist aber für die Gültigkeit des Geschäftes nicht erforderlich.

Ausnahmen von der Formfreiheit:

- Notarielle Beurkundung: bei Ver-/Ankauf , auch Vorkaufsvertrag über ein Grundstück § 311 b,
- GmbH-Anteil, §§ 15 II, III GmbHG. Beachte: Aktienpakete können formlos mündlich übertragen werden.

Zu beachten ist, dass auch bei Formfreiheit des schuldrechtlichen Vertrages das Gesetz die Erfüllung des Vertrages unter eine besondere Form stellen kann, vgl. § 873 II. Auch der Verkauf einer Wechselforderung ist schuldrechtlich formfrei, bedarf aber zur Erfüllung des schriftlichen Indossaments.

Der Kauf von Sachgesamtheiten wie der Unternehmenskauf folgt den normalen Regeln.[315] § 311 b bzw. andere Formvorschriften sind zu beachten, wenn zu dem Unternehmen ein Grundstück oder ein Vermögensgegenstand gehört, der nur unter Beachtung einer Form verkauft werden kann.

Beachte den Abstraktionsgrundsatz:

Stets ist zwischen dem schuldrechtlichen Geschäft, nämlich der Verpflichtung zur Eigentumsverschaffung und dem dinglichen Geschäft zur Erfüllung des schuldrechtlichen Vertrages und Änderung der Rechtslage zu unterscheiden.

---

[315] Der Vertrag über den Verkauf eines mittelständischen Unternehmens mit mehreren tausend Mitarbeitern zu einem Betrag von rund DM 70 Millionen kann daher in einer Bar in Marbella verbindlich vereinbart werden.

3. Pflichten aus dem Kaufvertrag

a. Verkäufer

1. Übergabe: Verschaffung des unmittelbaren Besitzes an den Käufer ggfs seinen Besitzdiener, § 855; nur wenn vereinbart Besitzverschaffung an Dritte, sodass der Käufer mittelbarer Besitz wird.

2. Eigentumsverschaffung: Alle Handlungen, die zum Erwerb des Eigentums erforderlich sind: Abgabe von Erklärungen, Einholung behördlicher oder privater Genehmigungen usw. Es ist Rechtsfrage, ob der ggfs nach ausländischem Recht zu beurteilende Eigentumsübergang wirklich eintritt; dafür ist Verkäufer nicht mehr verantwortlich, wenn er alles getan hat.

3. Mangelfreiheit: Wesentliche Änderung gegenüber § 433 a.F.: Mangelfreiheit ist Hauptleistungspflicht; ein Sach - oder Rechtsmangel führt also nicht nur zu Gewährleistungsansprüchen, sondern hält die Hauptpflicht offen.

4. Nebenpflichten: Je nach den Umständen Aufklärungs -, Beratungs - und Schutzpflichten.

b. Käufer

1. Zahlung: Geldzahlung; andernfalls liegt Tausch vor, § 480

2. Abnahme, § 433 II. – Zunächst ist die Abnahme Obliegenheit des Gläubigers: Bei Verweigerung Annahmeverzug. Der Gläubiger kann mit der Verweigerung der Abnahme in den Schuldnerverzug geraten, welcher zum Schadensersatz verpflichten kann, §§ 280, 286.

Im Fall 3 ist es zwar grundsätzlich Sache des V, wie er sein Heizöl lagert. Die Abnahme ist aber zugleich eine Pflicht des K. Kommt er damit in Verzug, hat er dem V, welcher insofern sein Gläubiger ist, den Schaden zu ersetzen, Fall 3 a. In der Variante b befindet sich K aber mangels Verschuldens nicht in Verzug, sodass V die Lagerkosten nicht geltend machen kann.

II. Mängelhaftung beim Sachkauf

Fälle

1. *K kauft von V einen japanischen Edelkarpfen, Koi, einer bestimmten Sorte für 500 EUR. Nach drei Monaten zeigt der Koi Symptome einer Infektionskrankheit. In Deutschland gibt es diese Sorte nur selten, manchmal ist sie gar nicht erhältlich; in Japan gibt es sie verhältnismäßig häufig. Der Tierarzt würde für die Behandlung des Fisches 600 EUR verlangen. K stellt gegen V gesetzliche Ansprüche. Welche sind das?*

2. *K kauft von V ein am Stadtrand gelegenes unbebautes Grundstück, um darauf einen SB-Markt zu errichten. Die Baugenehmigung kann aus Gründen des Polizeirechts nicht erteilt werden. K fragt nach seinen Rechten gegen V.*

3. *Käufer K sieht bei dem Antiquitätenhändler A einen Schreibtisch aus dem 18. Jahrhundert für EUR 5000. Er zögert. A sieht, wie sehr K mit dem Stück liebäugelt. A erzählt, dass dieser Schreibtisch einer Schwester Friedrichs des Großen gehört habe. Darauf sagt K: Wenn das so ist, nehme ich das gute Stück! Der Schreibtisch ist tadellos und den Preis wert; er stammt auch aus dem 18.. Jahrhundert, aber K, ein Verehrer des großen Königs, muss erfahren, dass der Schreibtisch nur dem damaligen Bürgermeister von Bern gehört habe. Ansprüche gegen A?*

4. *A kauft bei V ein Sportrad zum Preis von 500 EUR. Dieses wird in der Verpackung geliefert, A stellt es so in den Keller und vergisst es irgendwie. Nach 2 ½ Jahren, als sein Sohn ein Sportrad haben will, erinnert A sich und findet nun statt eines Sportrades ein Mountainbike in der Verpackung. A will umtauschen und ggfs sein Geld wiederhaben. Zu Recht?*

5. *K ist bei B-Bank tätig. In dieser Eigenschaft weiß er, dass das Möbelhaus M sich in Schwierigkeiten befindet, und dass der B- Bank der gesamte Warenbestand zur Sicherung*

übereignet ist und die Kundenforderungen zur Sicherung abgetreten sind. In der „Schnäppchenwoche" des M kauft K am 1.4. ein tadelloses Ledersofa zu einem ausgesprochen günstigen Preis. Am 3.4. meldet M Insolvenz an. Es stellt sich heraus, dass M unter Einkaufspreis verkauft hat. Sein Chef bei der B - Bank verlangt von K, dass er entweder das Möbelstück herausgebe oder die Differenz zum Einkaufspreis nachzahle. K ist die Sache peinlich, außerdem hat er festgestellt, dass er das Sofa farblich nicht mag. Er möchte von dem Vertrag zurück Ansprüche?

6. *Sammler S ersteigert auf einer Auktion in London ein Originalgemälde von Lukas Cranach für 7 Millionen EUR. Die Auslieferung des Gemäldes wird verhindert auf Grund einer einstweiligen Verfügung auf Antrag des Herzogs von Sachsen – Hildburghausen. Dieser kann beweisen, dass dieses Bild seit über hundert Jahren im Schloss seiner Familie gehangen hatte, als amerikanische Truppen Hildburghausen besetzten. Tatsächlich stellt sich heraus, dass das Auktionshaus dieses Bild von einem amerikanischen Einlieferer zur Versteigerung entgegengenommen hat, dessen Vater als Mitglied der amerikanischen Armee in der fraglichen Zeit in dem fraglichen Raum eingesetzt war. S möchte nicht in einen Rechtsstreit hineingezogen werden, außerdem findet er, dass er doch etwas viel bezahlt hat. Er möchte von dem Vertrag herunter. Geht das?*

7. *K kauft von V, den er seit langem als seriösen Geschäftsmann kennt, 1000 Original Levis Jeans. V, der auch im Balkangeschäft tätig ist, hatte sich in der letzten Zeit auf Grund finanzieller Schwierigkeiten veranlasst gesehen, einige unklare Geschäfte zu abschließen, so auch den Import dieser Jeans. Bevor K noch eine Hose verkauft hat, wird die gesamte Partien von der Kriminalpolizei beschlagnahmt. Ansprüche des K gegen V?*

8. *K kauft bei V ein Computerspiel für 50 EUR. V hat sich dieses, was K nicht weiß, schwarz besorgt und gebrannt. Das Spiel ist mit Viren verseucht, welche das Spiel praktisch unmöglich machen, die Viren bewirken darüber hin-*

aus, dass der Datenbestand des K auf seinem PC, z.B. seine WORD – Version, zerstört wird. Ansprüche?

8. *K kauft am 1.4. 03 bei V ein Bücherbord für EUR 100, das er entsprechend der Montageanleitung zusammenbaut. Die in der Montageanleitung mitgelieferten Bodenträger, auch die Bretter passen nicht genau, aber doch so einigermaßen, sodass A sich nichts dabei denkt. K stellt seinen Großen Brockhaus ein. In der Nacht zum 2. 4. 05 bricht das Bücherbord zusammen und zerschlägt das Aquarium, wodurch weiter der edle Seidenteppich beschädigt wird, Schaden EUR 1000. Ansprüche des K?*

1. Grundsatz

a. Mangelfreiheit als Erfüllungsanspruch des Käufers

Der Verkäufer hat Anspruch auf den Kaufpreis nur, wenn er seine Pflicht erfüllt. Das tut er nur, wenn die Kaufsache im Zeitpunkt des Gefahrüberganges, also bei Übergabe, §§434 I, 446, frei von Sachmängeln ist. Es kommt also auf ein Verschulden des Verkäufers hinsichtlich der Mängel nicht an.

Wird die Kaufsache vereinbarungsgemäß an den Käufer versendet, so kommt es auf den Zeitpunkt an, in welchem der Verkäufer die Sache dem Beförderer übergibt, § 447. Die Haftung für Mängel ist also an die effektive Einflussmöglichkeit auf die Sache, also den Besitz, geknüpft. Was ein Sachmangel ist, wird in § 434 abschließend beschrieben.

Die Regelung in §§ 434 ff stellt eine komplette Neufassung des bisherigen Gewährleistungsrechtes in §§ 459 ff alter Fassung dar. Es bleibt abzuwarten, ob das neue Recht in der Praxis zu wirklich erheblichen neuen Gesichtspunkten führen wird. Es ist zu vermuten, dass sich diese eher in Grenzen halten werden. Das neue Recht ist aber auf jeden Fall übersichtlicher und einfacher geworden.

b. Beweislast

Es gilt der Weltrechtssatz: Wer einen Anspruch geltend macht, muss, falls sein Gegner den Anspruch bestreitet, beweisen, dass dessen Voraussetzungen gegeben sind. Fall 1: K muss beweisen, dass der Fisch erkrankt ist, und dass dieses auf einen Mangel zurückzuführen ist, der schon bei Übergabe vorhanden war. Beachte aber die Beweislastregelung im Gebrauchsgüterkauf, unten 8.

Der Zahlungsanspruch des Verkäufers entsteht also nur, wenn die Kaufsache mangelfrei ist. Wird dieses vom Käufer bestritten, trifft den Verkäufer die Beweislast, dass die Kaufsache mangelfrei ist.

Hat der Käufer die Sache aber als Erfüllung entgegengenommen, kehrt sich die Beweislast um. Nun muss der Käufer beweisen, dass die erbrachte Leistung doch keine Erfüllung war, er muss also nun beweisen, dass die Kaufsache bei Übergabe mangelhaft war, §363. [316]

c. Arten des Sachmangels

§ 434 nennt 7 Fälle, in denen der Verkäufer für oder wie für einen Sachmangel haftet. Diese können in drei Gruppen unterteilt werden

- Beschaffenheitsmangel, § 434 I.
- Montagemangel, § 434 II
- Fehlerfüllung, §434 III.

Einen eigentlichen Sachmangel stellt nur der Beschaffenheitsmangel dar. Das Gesetz stellt Montagemangel und Fehlerfüllung dem Sachmangel nur gleich, es sind aber keine.

2. Beschaffenheitsmangel, § 434 I

a. Vereinbarte Beschaffenheit, § 434 I Satz 1

In Klausur und Praxis ist zuerst zu fragen: Liegt eine Vereinbarung über die Beschaffenheit der Kaufsache vor? Ein Mangel ist gegeben, wenn die Sache der Vereinbarung nicht entspricht, unabhängig davon, ob die Beschaffenheit sonst verkehrsüblich ist. Nach altem Recht galt: Der Verkäufer haftete für eine bestimmte Eigenschaft (nicht Beschaffenheit!) der Kaufsache

[316] Palandt § 434 RN 57

nur, wenn er ihr Vorhandensein ausdrücklich garantierte (zugesicherte Eigenschaft). Heute haftet der Verkäufer für das Vorhandensein solcher Beschaffenheitsmerkmale, welche sich entweder ausdrücklich oder nach den Umständen aus dem Vertrag ergeben.

Beschaffenheit geht über den Begriff der Eigenschaft hinaus. Die Eigenschaft, vgl. § 119 II, haftet dem Gegenstand untrennbar an. Als Beschaffenheit einer Sache sind aber auch allgemeine wirtschaftliche und rechtliche Umstände anzusehen, welche für ihre im Vertrag zugrunde gelegte Benutzbarkeit und dafür die Bewertung der Kaufsache eine Bedeutung haben.

Im Fall 2 gehört es zu der vereinbarten Beschaffenheit des Grundstücks, dass dieses mit einem SB- Markt bebaut werden kann. K hat Ansprüche gemäß § 434. [317] Im Fall 3 kommt es darauf an, ob die Tatsache, dass der Schreibtisch nicht der Prinzessin, sondern nur einem Bürgermeister gehört hat, als Beschaffenheit des Schreibtisches anzusehen ist. Das wird man bejahen. Es mag albern sein, den Wert eines Möbelstücks davon abhängig zumachen, wem es vor zwei Jahrhunderten gehört hat – aber so ist das nun mal. Meine Haartolle im Friseurladen wird weggefegt; wenn sie aber von Elvis Presley stammt, wird sie teuer bezahlt.

b. Eignung zur vertraglich vorausgesetzten Verwendung, § 434 I S. 2 Nr. 1

In den meisten Fällen treffen die Vertragsparteien keine Vereinbarung über die Beschaffenheit der Kaufsache. Der Käufer zeigt seine Bedürfnisse, der Verkäufer, was er im Laden hat. Der BGB- Idealbürger wird als Vertragspartner gedacht und befragt: Wie muss die Sache beschaffen sein, damit sie in diesem Falle ihren Zweck erfüllt? Z.B.: K möchte für seinen 14 -jährigen Sohn zu Weihnachten eine Einführung in die deutsche Geschichte kaufen. Verkäufer, ganz im Banne der politischen Korrektheit, verkauft dem K ein Buch über die Nazizeit; die gehört zwar auch zur deutschen Geschichte ist aber nicht *die* deutsche Geschichte, also Sachmangel. Oder: Der vom Verkäufer als Gastwirt erkannte G kauft eine Kaffeemaschine; das Gerät ist für einen Privathaushalt geeignet, aber nicht für ein Gasthaus, also Sachmangel.

---

[317] Nach altem Recht der war es wichtig, festzustellen, ob es sich hier um einen Rechtsmangel oder einen Sachmangel handelte. Im Fall eines Sachmangels verjährte der Anspruch des Käufers in sechs Monaten, im Fall eines Rechtsmangels in 30 Jahren. Diese Unterscheidung kann nach neuem Recht dahinstehen, die Rechtsfolgen sind in beiden Fällen gleich; vgl. Palandt § 435 RN 14

c. Eignung zur gewöhnlichen Verwendung, § 434 I S. 2. Nr. 2 [318]

Die meisten Kaufverträge werden heute über industriell gefertigte Normgegenstände geschlossen. Wer eine Glühbirne kauft, und muss sich nicht darüber beraten lassen, wie hell diese ist, die angegebene Wattzahl gibt auch dem Laien davon eine Vorstellung. Dosenbier, eingelegte Gurken, Autoreifen oder Sonnenschirme werden als Markenartikel in einer Standardqualität angeboten, welche nicht mehr zwischen Käufer und Verkäufer diskutiert wird. Erst eine Abweichung von dieser führt zu einem Mangel.

Der Unterschied des hier beschriebenen gegenüber dem unter b. erörterten Mangel liegt in der vom konkreten Vertrage unabhängigen objektiven Geeignetheit der Ware für den Gebrauch, wofür sie üblicherweise gedacht ist. Wer im Warenhaus etwas kauft, darf erwarten, dass die Sache so funktioniert, wie sie es normalerweise tut.

Diese objektive Qualität wird in § 434 II noch einmal anhand verschiedener Kriterien eingegrenzt. Im Ergebnis haftet der Verkäufer für die Beschaffenheit, welche der Hersteller durch Werbung herausstellt, und welche in der öffentlichen Wahrnehmung dem entsprechenden Produkt anhaftet. [319]

---

[318] Umsetzung der EU – Richtlinie zum Verbrauchsgüterkauf

[319] **Exkurs:** Damit wird der Begriff des Sachmangels unmerklich in die Richtung einer Art Enttäuschungshaftung verschoben. Es geht bei dieser Art des Sachmangels nicht mehr darum, ob eine Sache als solche tauglich ist - wenn sie es nicht ist, greift bereits § 434 I. Die Bezugnahme auf Werbeaussagen für ein Produkt zur Bestimmung der Sachmängel kann dazu führen, dass Wettbewerbsparameter, die sich einer rechtlichen Konkretisierung entziehen, in einer Weise verrechtlicht werden, die dem Wettbewerb selbst wohl nicht gut tun wird. Eine Wettbewerbsaussage von der Art „*Schokoriegel und ihr Kind ist fröhlich*" kann dann im Extrem dazu führen, dass der EDEKA - Händler wegen Sachmangels in Anspruch genommen wird, wenn das Kind – vielleicht weil es zuviel Schokolade bekommt – trotz Schokoriegel knatschig bleibt.

3. Montagemangel, § 434 II [320]

a. Anbringungsmangel

Wer eine Einbauküche kauft, wird in den wenigsten Fällen in der Lage sein, diese selbst zu montieren. Nach altem Recht war die Montage eine vertragliche Nebenpflicht, deren Verletzung die Hauptpflichten aus dem Kaufvertrag nicht berührte. Auch wiederholte und schlechte Anbringung berechtigte den Käufer allenfalls zu Schadensersatz, nicht aber dazu, wegen Nichterfüllung vom Kaufvertrag zurückzutreten. Die jetzige Regelung macht die vertraglich übernommene Montage seitens des Verkäufers zur Hauptpflicht. Die fehlerhafte Montage gilt als Fehler der Kaufsache.

Der Käufer kann im Falle der fehlerhaften Montage gemäß § 439 Nacherfüllung verlangen. Wenn diese gemäß § 440 fehlgeschlagen ist oder unzumutbar wird, kann der Käufer vom Kaufvertrag zurücktreten.

b. Mangelhafte Montageanleitung, § 434 II 2[321]

Wer bei IKEA ein Möbelstück kauft, weiß, dass er dieses zuhause selber zusammensetzen muss. Er dabei vertraut darauf eine mehr oder weniger lesbare Montageanleitung. Diese Vorschrift macht es zu einem Mangel der

---

[320] Umsetzung der EU – Richtlinie zum Verbrauchsgüterkauf.
Exkurs: Trotz des gesetzlichen Wortlautes (*Ein Sachmangel ist auch dann gegeben...*) ist der Montagemangel systematisch kein Sachmangel. Es handelt sich um eine gesetzlich ausformulierte Nebenpflicht des Verkäufers, welche nur in jeder Hinsicht als Sachmangel behandelt werden soll. Ohne diese im Grunde willkürliche Gleichsetzung läge es nahe, den Montagemangel als werkvertragsähnliche Pflicht anzusehen. Dadurch werden, trotz der durch das neue Recht erfolgten weitgehenden Gleichstellung zwischen Werkvertrag und Kaufvertrag, kaufvertragsfremde Gesichtspunkte in den Kaufvertrag hineingetragen, was dem Bestreben des Gesetzgebers, das Kaufrecht jetzt so einfach wie möglich zu machen, zuwiderlaufen kann. Es ist abzuwarten, ob dieser Systembruch in der Praxis wirklich zu einer Vereinfachung führen wird.
Eher zu befürchten ist eine Verwirrung: Wenn bei der Montage, wie wohl immer, die Mitwirkung des Käufers nötig ist, ergeben sich Fragen des Abnahmeverzuges, § 642, wenn der Käufer blockt, sowie eine Reihe von Fragen, auf welche zwar das Werkvertragsrecht, Antworten gibt, nicht aber das kraft gesetzlichen Befehls allein zuständige Kaufrecht.
[321] Umsetzung der EU – Richtlinie zum Verbrauchsgüterkauf

Kaufsache selbst, wenn die Montageanleitung für einen normalen verständigen Verbraucher nicht verständlich ist. [322]

Diese Regelung ist problematisch. Ein Fehler in der Montageanleitung muss sich nicht sofort auswirken. Ein Blücherbord auf Grund einer falschen Anleitung schlecht zusammengesetzt, wird oft eine ganze Weile halten und erst dann zusammenbrechen, wenn es z. B. ist. mit dem Großen Brockhaus beschwert wird. Bis dahin ist aber die Verjährungsfrist gemäß § 438 im Zweifel vergangen.

4. Fehlerfüllung, § 434 III

a. Falschlieferung, § 434 III Alt. 1

Wenn der Käufer etwas anderes liefert, als vereinbart, hat er den Vertrag nicht erfüllt. Der Erfüllungsanspruch bleibt bestehen, welcher gemäß § 195 in drei Jahren verjährt. Im Fall 4 hätte A also eigentlich noch einen Anspruch auf Erfüllung, Lieferung des Sportrades. Gemäß § 434 III ist aber jetzt die falsche Lieferung dem Sachmangel gleichgestellt. Das Mountainbike ist im Sinne des Gesetzes ein „ mangelhaftes Sportrad." K hat daher nur einen Anspruch wegen Sachmangels, dieser Anspruch ist verjährt, § 438 I 3, in zwei Jahren.

Die Regelung nimmt die des aufgehobenen § 378 HGB auf. Der gemäß § 378 a.F. HGB erhebliche Unterschied zwischen dem normalen Kauf und dem Handelskauf ist entfallen. Entfallen ist auch die Unterscheidung in § 378 a.F. HBG zwischen genehmigungsfähiger Falschlieferung (= Anspruch wegen Sachmangels) und nicht genehmigungsfähiger (= Erfüllungsanspruch). § 434 III muss dahin verstanden werden, dass es in dem Gesetz auf diese Unterscheidung nicht mehr ankommt.

[322] **Exkurs:** Es ist ein Zeichen mangelnden Selbstvertrauens, wenn der deutsche Gesetzgeber diesen Fall in Umsetzung der EU-Richtlinie als Sachmangel beschreibt. Das wäre nicht nötig gewesen. Ein Fehler der Montageanleitung hätte ohne weiteres zum Schadensersatz wegen Verletzung einer Nebenpflicht (PVV) geführt. Der verbleibende Unterschied (Haftung nur bei Verschulden) war durch die Beweislastregelung praktisch verschwunden.

Künftig wird die falsche Lieferung nur noch in besonders eklatanten Fällen als Nichterfüllung angesehen werden können, z.B. statt Saatkartoffeln liefert die landwirtschaftliche Genossenschaft einen Gabelstapler, und der Otto -Versand liefert statt der bestellten Badehose die leider dort auch im Programm befindlichen Sexartikel. [323]

b. Minderlieferung, § 434 III Alt. 2

Wenn der Kaufvertrag auf zehn Hosen lautet, und es werden nur acht geliefert, dann besteht an sich noch ein Erfüllungsanspruch bezüglich zweier Hosen. Auch der Mengenfehler wird aber gemäß § 434 III dem Sachmangel gleichgestellt. Der Käufer hat also einen Anspruch auf Nachlieferung nicht als Erfüllungsanspruch aus § 433, welcher in drei Jahren verjährt, sondern gemäß § 439 als Mangelanspruch, welcher in zwei Jahren verjährt.

Auch hier stellt sich die Frage ob diese Regelung auch in eklatanten Fällen gelten soll: Wenn 10.000 Ziegelsteine geschuldet, aber nur 100 Stück geliefert werden, wirkt es künstlich, 100 Ziegelsteine als „mangelhafte 10.000“ anzusprechen. Mit Ausnahme der unterschiedlichen Verjährungsfristen sind allerdings die rechtlichen Unterschiede nicht groß.[324]

5. Rechtsmangel, § 435

Zur Mangelfreiheit gehört auch die Freiheit von Rechtsmängeln. Der Verkäufer hat die Sache so zu verschaffen, dass der Käufer, vorbehaltlich einer anderen Vereinbarung, mit der Sache so verfahren kann wie man es als Eigentümer halt tut, nämlich völlig frei. Wenn ein Dritter auf Grund des Gesetzes befugt ist, den Käufer in seinem Recht zu stören, liegt ein Rechtsmangel vor.

---

[323] Als der Verfasser noch Oberkirchenratspräsident in Schwerin war,1995, hatte der Inhaber des Otto – Konzerns dem Verfasser auf seine Bitte brieflich zugesagt, auf solche Artikel verzichten wollen.

[324] Es ist freilich nicht auszuschließen, dass sich die Unterschiede dann deutlicher bemerkbar machen, wenn deutsches Kaufrecht einschließlich der Verjährungsfristen von einem ausländischen Gericht angewendet wird. Verjährungsfristen werden nämlich etwa im englischen Recht als prozessual qualifiziert, sodass die Fristen des Staates gelten, in welchem das Gericht seinen Sitz hat; Gewährleistungsfristen hingegen werden wohl überall als materiell qualifiziert und werden von einem fremden Gericht so angewendet wie im deutschen Recht.

Der Hauptanwendungsfall ist, dass der Käufer kein vollgültiges Eigentum erwirbt. Auf Grund der Gutglaubensvorschrift gemäß § 932 stellt sich die Frage in den allermeisten Fällen nicht. Aber Fall 5 könnte in Betracht kommen. Der Verkäufer M war zur Zeit des Verkaufes nicht Eigentümer, und K wusste das. Es gilt aber § 366 HGB, wonach der gute Glaube an die Verfügungsmacht des Verkäufers (aber nur unter den dort beschriebenen Voraussetzungen!) geschützt ist. Dem K braucht die Sache nicht peinlich zu sein, allerdings hat er auch keine Handhabe, den Kaufvertrag rückgängig zumachen, denn ein Rechtsmangel liegt nicht vor.

Im Fall 6 liegen die Dinge anders. Das Bild ist abhanden gekommen ist, sodass nach deutschem Recht ein gutgläubiger Eigentumserwerb ausgeschlossen ist, § 935. Es ergeben sich hier eine Reihe sehr komplizierter internationalrechtlicher Fragen, welche vielleicht doch zu dem Ergebnis führen, dass der Herzog entgegen § 935 sein Eigentum verloren hat, S folglich Eigentümer geworden ist. Ein Rechtsmangel ist aber nur gegeben, wenn er wirklich vorliegt. Im Fall 6 möchte S nicht in einem Rechtsstreit hineingezogen werden, dessen Ausgang nicht sicher ist. Die Möglichkeit, dass einer Sache ein Rechtsmangel anhaftet, ist aber kein Rechtsmangel.[325]

Von großer wirtschaftlicher Bedeutung sind Rechtsmängel, wie sie in Fall 7 angesprochen sind. K hat offenbar vollgültiges Eigentum von V erworben. Die Jeans waren allerdings mit der Marke „Levis Jeans" versehen, und der Inhaber dieser Marke hatte für die Herstellung der in Frage stehenden Hosen offenbar keine Lizenz gegeben. Der Markeninhaber hatte daher gemäß § 18 Markengesetz einen Anspruch auf Vernichtung dieser Hosen; und zwar ohne Entschädigungsanspruch des Eigentümers![326]

[325] Palandt § 435 RN 18; Kaufverträge namentlich zwischen internationalen Partnern enthalten daher in aller Regel eine Klausel, welche auch im Inland zu empfehlen ist, die etwa wie folgt lautet: *Der Käufer ist befugt, die aus dem anwendbaren Kaufrecht sich ergebenden Ansprüche gegen den Verkäufer, auch nach Ablauf einer eventuellen Verjährungsfrist, geltend zu machen, wenn ein Dritter die Rechte des Käufers ernsthaft in Frage stellt. Die Klageerhebung des Dritten bei einem zuständigen Gericht gilt als ernsthaft.*

[326] Dem Verfasser wurde einmal auf einer Delegation nach Jugoslawien ganz naiv eine erfolgreiche Textilfabrik gezeigt, in welcher „ Original Levis Jeans" hergestellt worden. Hersteller und Importeure solcher Ware laufen Gefahr, diese bei Übertritt der EU - Außengrenzen ersatzlos zu verlieren.

6. Folgen des Mangels

a. Vorrang der Nacherfüllung

Die Folgen des Sachmangels ergeben sich aus § 437. Der Mangelanspruch ist kein Schadensersatzanspruch. Der Käufer hat die Ansprüche gemäß § 437 also auch dann, wenn der Verkäufer die Mängel nicht zu vertreten hat.

Der Käufer hat vier Ansätze, zu seinem Recht zu kommen. Ausgangspunkt ist, dass der Verkäufer verpflichtet ist mangelfrei zu liefern. Ist also die Kaufsache mit Sach - oder Rechtsmängeln behaftet, so hat der Verkäufer nicht erfüllt sodass vor allem anderen ein Anspruch des Käufers auf Erfüllung besteht, dem auf der anderen Seite ein Erfüllungsrecht des Verkäufers entspricht. Der Käufer kann daher den Kaufpreis weder mindern noch vom Kaufvertrag zurücktreten oder Schadensersatz verlangen, bevor nicht Nacherfüllung versucht wurde.[327]

Der Nacherfüllungsanspruch gibt dem Käufer gemäß § 439 die Wahl zwischen einem Anspruch auf

- Beseitigung des Mangels
- oder auf Lieferung einer neuen mangelfreien Sache

Beide Ansprüche sind ihrerseits als normale Ansprüche des Schuldrechts ausgestaltet, sodass es sie neben der Sonderregel gemäß § 439 den allgemeinen Regeln gemäß §§ 275 ff unterlegen.

b. Beispiel: Scheiternde Nacherfüllung (Fall 1):

K kann sich für die Beseitigung des Mangels entscheiden. Das kann nach Lage der Dinge nur durch eine tierärztliche Behandlung geschehen. Diese ist teurer als das Tier selbst. Es ist daher gemäß § 439 Abs. 3 i. V. m. § 275 II zu prüfen, ob diese Kosten unverhältnismäßig ist. Es ist also im Sinne von § 275 II zu prüfen, ob der Aufwand von 600 EUR für den Tierarzt *unter Beachtung des Inhaltes des Schuldverhältnisses und der Gebote von Treu und Glauben in einem groben Missverhältnis zu dem Leistungsinteresse des Gläubigers steht.*

---

[327] Palandt § 437 RN 4

Vielleicht kann in diesem Zusammenhang erwogen werden, dass das Tier gemäß § 90 a. zwar der Sache gleichgestellt ist, aber im Sinne des Gesetzes keine Sache ist.[328] Es kann sich also aus einer Gesamtbetrachtung die Überlegung ergeben, dass der an sich unverhältnismäßige Aufwand zur Behebung des Sachmangels hier angebracht ist.

Kommt man zu dem Ergebnis, dass der Aufwand von 600 EUR unverhältnismäßig ist, wird der Käufer gemäß § 439 III Satz 3 auf den Anspruch auf Lieferung eines gesunden Koi beschränkt. Für diese Tiere gibt es nur einen engen Markt. Ist also ein solches Tier nicht oder nur schwer erhältlich, kann V unter den Voraussetzungen des §§ 439 III 1 i. V. m. § 275 II und III geltend machen, dass er von der Verpflichtung zur Erfüllung befreit sei.

Die Rechte des Käufers K bestimmen sich dann aus § 275 IV. Über die dort genannten Verweisungen ergibt sich die Möglichkeit für K, vom Vertrag zurückzutreten oder Schadensersatz statt Leistung zu verlangen. Ein Schadensersatz kommt etwa in Betracht, wenn V sich nicht ordentlich bemüht hat, die in Deutschland oder Europa tätigen Koi – Händler anzusprechen, sodass K sich nun direkt nach Japan werden muss.

c. Rücktritt vom Kaufvertrag § 437 Nr. 2 Alt. 1

Die Rücktrittsvoraussetzungen sind beim Kauf grundsätzlich dieselben wie in anderen gegenseitigen Verträgen, § 323. Das Gesetz gibt in § 440 jedoch für den Kauf eine zusätzliche Regelung, wonach die grundsätzlich erforderliche Fristsetzung in Einzelfällen entbehrlich ist. Kauftypisch ist die Regelung in § 440 Satz 3, wonach vermutet wird, dass die Nachbesserung fehlgeschlagen ist, wenn sie zweimal versucht wurde.

d. Anspruch auf Kaufpreisminderung, § 437 Nr. 2 Alt. 2

Durch die gültige Erklärung wird der Kaufpreis auf den Preis gemindert, den der Käufer angibt. Gültig ist die Erklärung dann, wenn sie nicht nur die normalen Voraussetzungen einer Willenserklärung erfüllt, sondern auch den Minderungssatz richtig angibt.

---

[328] Grundsätzlich mag es schon sein, was Palandt zu § 90a sagt: Diese Vorschrift ist eine gefühlige Deklamation ohne rechtlichen Inhalt.

e. Schadensersatz, § 437 Nr. 3

Nach altem Recht hatte der Käufer einen Schadensersatz wegen Nichterfüllung nur bei arglistiger Täuschung oder Fehlen einer zugesicherten Eigenschaft. Die nunmehrige Regelung ist sehr viel einfacher. Es gelten die allgemeinen Vorschriften der §§ 280 ff.

Die nach altem Recht ebenfalls komplizierte Regelung des Schadensersatzes im Falle eines Mangelfolgeschadens hat sich praktisch erledigt, weil die allgemeinen Regeln gelten. Im Fall 8 haftet V daher zunächst gemäß § 437 auf Nacherfüllung, nämlich Lieferung eines neuen Computerspiels; darüber hinaus haftet er gemäß § 437 Nr. 3 i. V. m. § 280 für den Schaden, den K infolge des Verlustes seiner Daten erleidet, hier z.B. Neueinrichtung von WORDS.

7. Verjährung der Mängelansprüche, § 438

a. Grundsatz

Das vielleicht wichtigste Element des alten Kaufrechtes war die kurze Verjährungsfrist der Gewährleistungsansprüche, jetzt Mängelansprüche genannt, innerhalb von sechs Monaten, § 477 alter Fassung. Diese kurze Verjährung stand in einem sachlich nicht immer gerechtfertigten Gegensatz zu der für andere Ansprüche geltenden Regelverjährung von 30 Jahren.

Es spielte daher eine ganz erhebliche Rolle, ob ein Anspruch als Gewährleistungsanspruch oder als Erfüllungs- oder Schadensersatzanspruch, aus PVV oder *culpa in contrahendo*, der ebenfalls erst in 30 Jahren verjährte, zu qualifizieren war. Durch die Herabsetzung der Regelverjährung gemäß § 195 auf drei Jahre und die Heraufsetzung der Verjährung für Mängelansprüche auf grundsätzlich zwei Jahre, § 438 I Satz 3, haben sich für die Praxis die meisten Probleme entschärft, wenn nicht überhaupt aufgelöst.

Ein wichtiger Unterschied. zwischen der allgemeinen Verjährung und der Verjährung der Mängelansprüche besteht in der Frage des Verjährungsbeginns. Zunächst gilt die allgemeine Regel § 199: *Die regelmäßige Verjährungsfrist beginnt mit dem Schluss des Jahres, in dem der Anspruch entstanden ist und der Gläubiger von den den Anspruch begründenden Um-*

ständen und der Person des Schuldners Kenntnis erlangt oder ohne grobe Fahrlässigkeit erlangen musste. [329]

Für die Mängelansprüche des Kaufrechtes ist aber in § 438 II bestimmt: *Die Verjährung beginnt bei Grundstücken mit der Übergabe, im übrigen mit der Ablieferung der Sache.* Die Verjährungsfrist bei Mängelansprüchen beginnt also nicht erst mit der Kenntnis des Mangels, sondern schon in dem Augenblick, in welchem der Käufer tatsächlich in der Lage ist, die Kaufsache auf ihre Vertragsgemäßheit zu überprüfen. Der Käufer ist dazu nicht verpflichtet; er kann das tun, wenn er es aber nicht tut, hat er noch zwei Jahre Zeit, ohne seine Rechte aus der Mängelhaftung zu verlieren..[330] Aber zwei Jahre nach Ablieferung ist Schluss.

Schadensersatzansprüche des Käufers, welche sich aus sonstigen Rechtsgründen ergeben können, verjähren in drei Jahren und außerdem kann die Verjährung später beginnen. Es ist also im Einzelfall weiterhin von Bedeutung, ob ein Anspruch ein Mangelanspruch ist oder ein allgemeiner Schadensersatzanspruch.

In Fall 9 ist der Mangelanspruch gemäß § 434 II verjährt. K hat auch wegen des Bücherbords selbst, EUR 100, gegen V keine Ansprüche mehr.

b. Zusätzliche Ansprüche

In Beispielsfall 9 kommt in Betracht, dass K gemäß § 280 wegen schuldhafter Vertragsverletzung (früher: *culpa in contrahendo/PVV)* Schadensersatz von V verlangen kann. Ein solcher Anspruch verjährt in drei Jahren, aber gerechnet ab Kenntnisnahme.

K hat von dem Fehler des Bücherbords bzw. der Montageanleitung erst am 2.4. 05 Kenntnis gehabt, sodass ein entsprechender Schadensersatzanspruch erst zum 31.3.2008 verjährt. Der Gesetzgeber scheint gemeint zu haben, dass solche zusätzlichen Ansprüche neben der Mängelhaftung nicht in Betracht kommen. Es besteht aber eigentlich kein Anlass, dem K die Gel-

[329] Vgl. auch § 12 ProdukthaftungsG: 3 Jahre ab Kenntnis.

[330] Palandt § 438 RN 15: *Die Ablieferung muss nicht aber kann sich mit den Übergabe (§ 433 I Satz 1) decken.* Man muss sich fragen, ob es wirklich nötig war, mit dem Begriff *Ablieferung* ein neues Element in die ohnehin schon nicht ganz einfache Materie einzuführen.

tendmachung seines Schadens an dem Aquarium zu verwehren. [331] Dazu besteht umso weniger Grund, als K gemäß § 1 I Satz 2 Produkthaftungsgesetz einen Anspruch gegen den Hersteller des Bücherbords beziehungsweise gemäß § 4 III dieses Gesetzes gegen den Lieferanten hätte.

---

[331] Häublein NJW 03, 388

III. Verbrauchsgüterkauf, § 474

1. Begriff

Verbrauchsgüterkauf ist ein Kaufvertrag über eine bewegliche Sachen, wenn der Käfer ein Verbraucher, § 13, und Verkäufer ein Unternehmer, § 14, ist. Für den Verbrauchsgüterkauf werden zum Schutze des Verbrauchers Vorkehrungen dagegen getroffen, dass der Verbraucher durch Vereinbarungen, deren Tragweite er vielleicht nicht durchschaut, Rechte aus namentlich der Mangelhaftung verliert, § 475 I.

2. Abgrenzungen

Durch die Einführung des Begriffes Verbrauchsgüterkauf hat der Gesetzgeber es für richtig gehalten, eine neue Erscheinungsform des Kaufvertrags geschaffen. Es gibt jetzt drei:

- Normalkaufvertrag, § 433:
  - beide Parteien sind Verbraucher
  - beide sind Unternehmer, ohne Kaufmann i.S.d. § 1 HGB zu sein.
  - Unternehmer kauft von Verbraucher;

- Verbrauchsgüterkauf, § 474:
  - Verbraucher kauft von Unternehmer

- Handelskauf, § 373 HGB[332]
  - Beide Parteien sind Kaufleute und es handelt sich für sie um ein Handelsgeschäft, § 343 HGB

3. Beweislast bei Verbrauchsgüterkauf

Gemäß § 476 gilt für den Verbrauchsgüterkauf zugunsten des Käufers eine praktisch vermutlich sehr wichtig werdende Beweislastregel. Die durch §

---

[332] Es ist zu erwarten, dass das HGB in den nächsten Jahren abgeschafft werden wird. Es ist auch in der Neufassung zum 1.1.1999 antiquiert und weithin überflüssig.

361 angeordnete Beweislastumkehr wird für diesen Fall für sechs Monate ausgesetzt und gleichsam auf den Stand zurückgestellt, in welchem die Vertragspartner vor Übergabe der Kaufsache standen. *Zeigt sich innerhalb von sechs Monaten seit Gefahrüberganges ein Sachmangel, so wird vermutet, dass die Sache bereits bei Gefahrübergang mangelhaft war,* § 476. Im Fall 1 (Koi – Fall) ist daher K von der Beweislast befreit, dass der Karpfen bereits bei Übergabe von der Krankheit befallen war, wenn V gewerblicher Verkäufer war, § 14.

Der Verkäufer kann sich dagegen wehren und die Beweislastverteilung gemäß § 363 wiederherstellen. Dazu muss er den Beweis führen, dass diese Vermutung in dem gegebenen Fall nicht passt oder, wie das Gesetz sich ausdrückt, unvereinbar ist mit

- *der Art der Sache*: dieses kommt in Betracht, wenn die Sache zum raschen Verbrauch bestimmt ist. z.B.: Wenn ein Kohlkopf nach zehn Tagen Faulstellen zeigt, liegt das eher daran, dass er nicht inzwischen gegessen wurde, als dass er von Anfang an mangelhaft war
- *oder des Mangels:* z.B. der Fahrradschlauch weist nach dreimonatigem Gebrauch ein Loch auf. Es spricht viel dafür, dass dieses Loch nicht auf einen anfänglichen Mangel zurückgeht, sondern auf eine Heftzwecke o.ä. auf der Straße. Oder Fall 1: Die Inkubationszeit für die Infektion des Kois ist kürzer als sechs Monate.

Vermutung ist kein Beweis. Der Verkäufer daher kann die Vermutung entkräften, wenn er etwa er zeigt, dass der aufgetretene Mangel Folge des unsachgemäßen Gebrauches ist. Im übrigen gelten in die normalen Regeln des Beweisrechts, etwa die Grundsätze der Rechtsprechung zum Anscheinsbeweis.

IV. Rechtskauf, § 453

Fälle:

1. *S, ein etwas heruntergekommener Spross des Grafen von S. braucht Geld und hat zwei Ideen:*
   a. Er möchte dem A, der gerne adlig wäre, seinen Namen verkaufen
   b. Da ihm als einzigen Sohn seines reichen Vaters nach dessen Tode ein Pflichtteilsanspruch zustehen wird, möchte er diesen an den Finanzmakler F auf Rentenbasis verkaufen. F sieht darin ein Geschäft. Geht das?

2. *K betreibt ein Factoringgeschäft, darin kauft er gewerbsmäßig Kundenforderungen von Gewerbetreibenden an, so auch von V.*
   a. Eine Forderung des V gegen K 1 über EUR 8.000 steht in den Büchern, kann aber sonst nicht (etwa durch Lieferscheine) belegt werden;
   b. Die Forderung gegen K 2 über EUR 9.000 ist gut belegt, aber K 2 ist pleite.
   c. Die Forderung gegen K 3 über EUR 10.000 ist ebenfalls gut belegt, aber K 3 meint, die Forderung sei verjährt, hilfsweise rechnet er mit einer Gegenforderung, die er gegen V zu haben behauptet, auf.
   Ansprüche?

3. *A hat von B eine zum 1. 10. fertigzustellende Doppelhaushälfte für 250.000 EUR gekauft. A lässt sich scheiden und kann das Haus nicht mehr halten, er verkauft und tritt ab seinen Anspruch auf Lieferung der Doppelhaushälfte an Z. Nachdem Z als Eigentümer eingetragen worden ist, stellt er erhebliche Mängel des Hauses fest. Bauunternehmer B ist pleite, sodass Z sich an A hält. Zu Recht?*

1. Grundsatz

Das Gesetz beschreibt, wie Forderungen und Rechte übertragen werden, also den Eigentümer wechseln. Grundsätzlich ist keine Form erforderlich. Im Einzelnen muss geprüft werden, ob ein Recht übertragen werden kann. Rechte, welche sich aus der Persönlichkeit eines Menschen ergeben, können nicht Gegenstand von Rechtsgeschäften sein, Ausnahme sind Schutzrechte für geistige Leistungen.

S kann daher im Fall 1 a weder seinen Namen noch, wenn ihm das angesichts eines wohlhabenden Asylsuchers einfallen sollte, seine Staatsangehörigkeit verkaufen. Umgehungsgeschäfte wie vorgetäuschte Heirat, Adoption usw. sind daher nicht selten.

Die Anwartschaft auf den zu erwartenden Pflichtteil kann dem S, wenn er sich nicht schwerer Vergehen gegen seinen Vater schuldig machen wird, nicht streitig gemacht werden. Er kann aber trotzdem über dieses Recht bei Lebzeiten des Erblassers keine Verträge schließen, § 311 b IV.

Die Art und Weise, wie diese Rechte ihren Eigentümer wechseln, sagt noch nichts darüber aus, aus welchem Grunde ein solcher Eigentumswechsel stattfindet. Hier begegnet wiederum der Abstraktionsgrundsatz. Die schuldrechtliche Grundlage für solche Übertragungen ist in aller Regel ein Kaufvertrag. Beispiel 2 bezeichnet den praktisch wichtigen Fall eines Rechtehändlers. Auch der Handel mit Auswertungs- und Aufführungsrechten an Filmen, welche auf Grund der in Betracht kommenden Urheberrechte für den Urheber entstehen, ist Rechtskauf.

2. Regeln des Kaufvertrages

Der Vertrag, mit welchem sich der Verkäufer verpflichtet, einem Käufer das Eigentum an einer Forderung oder einem Recht zu verschaffen, folgt grundsätzlich den Regeln des Sachkaufs. Naturgemäß entfällt die Pflicht nach § 433 zur Übergabe der Sache, es gibt nichts zu übergeben. Als Nebenpflicht kann jedoch die Pflicht bestehen, dem Käufer Beweisurkunden und solche Dokumente zu übergeben, welche die Wirksamkeit des übertragenen Rechtes beweisen oder seine Wahrnehmung erleichtern.

3. Mängel des Rechtes

Das verkaufte Recht kann Mängel haben ähnlich wie die Sache, naturgemäß keine Sachmängel, sondern nur Rechtsmängel. Im Fall 2 gilt:

Variante a: V muss der Nachweis führen, dass die Forderung besteht; die Tatsache, dass Urkunden fehlen, bedeutet für sich genommen noch keinen Rechtsmangel des Rechtes.

Variante b: Die Tatsache, dass der Drittschuldner zahlungsunfähig ist, macht die Forderung nicht mangelhaft.[333] Der Käufer hätte sich, um davor geschützt zu sein, von V eine Garantie geben lassen sollen (Delkrederehaftung),

Variante c: Die verkaufte Forderung hat Rechtsmängel. Hinsichtlich der Folgen gilt § 437.

Kein Rechtsmangel ist es, wenn die Sache, worauf sich der verkaufte Anspruch bezieht, mangelhaft ist. Im Fall 3 hat A dem Z einen rechtsgültigen Anspruch auf Übereignung übertragen; dieser hätte einen Rechtsmangel, wenn er z.B. zu Gunsten eines Dritten gepfändet wäre. Die Tatsache, dass die Doppelhaushälfte Sachmängel aufweist, macht aber das verkaufte Recht nicht mangelhaft. In der Praxis werden in solchen Fällen zugleich sämtliche Ansprüche aus Gewährleistungen auf den Zessionar des Übereignungsanspruches übertragen. Z muss sich an B halten, von A hat er nichts zu fordern.

4. Software

PC – Programme sind nach deutschem Recht dem Urheberrecht gleichgestellt. Der Handel mit Software-Programmen ist daher rechtlich dasselbe wie der Handel mit Verlagsrechten in Bezug auf Bücher, Filme, Musik usw.

Mängel der Software sind aber weder Sachmängel im eigentlichen Sinne, noch Rechtsmängel im beschriebenen Sinn. Diese Unsicherheit spielt prak-

[333] Palandt § 453 RN 22

tisch aber keine Rolle, da die Haftung für Mängel jetzt unabhängig davon ist, ob es sich um Sache - oder Rechtsmängel handelt.

Für die Rechtsentwicklung auf diesem rasant fortschreitenden Rechtsgebiet wird es richtig sein, sich von dem traditionellen Mängelbegriff ohnehin zu verabschieden und einen spezifischen Begriff des Programmfehlers (Softwaremangels) zu entwickeln.

V. Vorkauf, § 463

Fall:

V wohnt allein in einem schönen Haus am Rande des Stadtwaldes. Verkehrswert rd 600.000 EUR. K hat seit langem ein Auge darauf geworfen. Auf Bitte des K schließt V mit ihm am 1.4.2000 einen notariellen Vertrag wie folgt: Sollte V das Haus bis zum 1.1.2010 einem Dritten verkaufen, ist K berechtigt, in die Bedingungen dieses Vertrages einzutreten. Am 1.12.2000 verkauft V, ohne K etwas zu sagen, an D zum Preis von 700.000 EUR. Das hätte K auch bezahlt. Hat K Ansprüche?

1. Grundsatz

Der Vorkaufsvertrag ist ein Vertrag unter aufschiebender Bedingung. Der Vertrag wird also gültig, wenn

- Verkäufer mit irgendjemandem einen Vertrag über die Sache schließt, und
- Käufer in diese Bedingungen einsteigt.

Dieses – im Gegensatz zum dinglichen Vorkaufsrecht – schuldrechtliche Vorkaufsrecht genannte Recht kann naturgemäß nur zwischen den Vertragspartnern Rechte begründen. D ist daran nicht gebunden. K hat also keine Ansprüche gegen D.

Gegenüber V hat K Ansprüche nach § 275 IV auf Schadensersatz statt Leistung. Da V sein Haus an D über dem Verkehrswert verkauft hat, kann K keinen Schaden begründen. Die Vertragsverletzung des V bleibt also ohne Sanktion.

2. Andienungspflicht

In der Praxis sind Fälle häufig, in denen Vertragspartner einander versprechen, einen künftigen Vertrag über einen bestimmten Gegenstand mit einem Dritten erst zu schließen, nachdem die Vertragspartner einander die Möglichkeit gegeben haben, ein Angebot abzugeben.

Die Verletzung dieser Pflicht wird nur selten zu einem berechenbaren Schaden, dessen Ersatz gefordert werden könnte, führen. Zur Vermeidung solcher Schwierigkeiten kann eine Vertragstrafe vereinbart werden.

3. Dingliches Vorkaufsrecht

Wenn K sich in dem Beispielsfall dagegen sichern will, dass V, ohne ihn zu fragen, das Haus einem Dritten übereignet, hat nach § 1094 die Möglichkeit, den bedingten Übereignungsanspruch als dingliche Belastung auf dem Grundstück des V eintragen zulassen.

Gegen die grundbuchliche Eintragung ist kein guter Glaube möglich, §§ 891 ff. Ein eintragungswidriger Verkauf an Dritte hat die relative Unwirksamkeit dieser Eigentumsübertragung zur Folge, § 1098. K kann zwar den Vertrag des V mit D nicht wieder rückgängig machen, aber K kann durch Erklärung gegenüber D die Wirkungen des Vertrages auf sich überleiten. Damit hat K einen Übereignungsanspruch gegen D. Die Ausübung des Vorkaufsrechtes ist eine einseitige empfangsbedürftige Willenserklärung.[334]

[334] Ausübung bei Grundstücken: BGH NJW 98, 2352

VI. Kauf unter Eigentumsvorbehalt, § 449

Fall

K kauft von V Stahlbauteile. K kann das Geld nicht sofort aufbringen, aber er braucht die Ware sofort. K will Raten zahlen oder später in einer Summe. V ist bereit, den Kaufvertrag abzuschließen und die Ware auch sofort zu übergeben

Variante a: K ist Wiederverkäufer und will die Ware seinerseits einen Dritten D verkaufen, bevor er selbst bezahlt hat. Aus dem Verkaufserlös soll V bezahlt werden.

Variante b: K baut die Stahlteile in einen von ihm gefertigten Kran, zu dessen Bau er auch Bauteile anderer Lieferanten verwendet, welche ebenfalls unter Eigentumsvorbehalt geliefert haben.

Variante c: V gehört zum V- Konzern, dessen weitere Tochtergesellschaft T noch Forderungen gegen K aus einem anderen Vertrag hat. V erhält von der Konzernleitung Weisung, diese Forderungen auch gleich mit zu sichern..

V möchte sich für den Fall sichern, dass ein Gläubiger des K die Ware pfändet oder dass K insolvent wird. Was tun?

1. Grundsatz

Der Abstraktionsgrundsatz besagt, dass das Verpflichtungsgeschäft, § 433, und das Erfüllungsgeschäft, §§ 929 f, jeweils ein eigenes rechtliches Schicksal haben können. Der Kaufvertrag kann nichtig sein oder überhaupt fehlen, dann kann das Erfüllungsgeschäft, nämlich die Übereignung der Sache, immer noch gültig sein und umgekehrt

V kann seine zur Einigung gemäß § 929 erforderliche Willenserklärung unter die aufschiebende Bedingung der vollständigen Bezahlung des Kaufpreises stellen, § 158. Wird K insolvent, bevor der Kaufpreis bezahlt ist. Fällt die Bedingung aus, V ist immer noch Eigentümer der Ware; diese fällt nicht in die Masse, V hat ein Aussonderungsrecht.

2. Anwartschaftsrecht

Auch der Verkäufer kann insolvent werden. Der Käufer muss dagegen gesichert werden, dass dann die ihm noch nicht (ganz) gehörige Sache weggenommen wird, obwohl er seine Verpflichtungen gegenüber dem Verkäufer, etwa im Rahmen der vereinbarten Ratenzahlung, eingehalten hat.

Die Rechtsprechung gewährt dem Käufer ein im Gesetz nicht geregeltes Anwartschaftsrecht als eigentumsähnliches dingliches Recht. Solange der Käufer seine Verpflichtungen gegenüber dem Vorbehaltseigentümer aus dem Kaufvertrag erfüllt, wird er behandelt, als wäre er bereits Eigentümer. Das Anwartschaftsrecht, also eine Art Vor-Eigentum, gehört als solches zum Vermögen des Käufers und kann als solches von Gläubigern des Käufers gepfändet werden und fällt in ggf. in seine Insolvenzmasse. Ein Gläubiger des Käufers kann mit dem Anwartschaftsrecht allerdings nur dann etwas anfangen, wenn er den Eigentümer hinsichtlich seiner noch ausstehenden Forderungen befriedigt. Dieser bleibt also gesichert.

3. Geltendmachung des Eigentums nach Rücktritt

Das Anwartschaftsrecht kann dem Käufer nur entzogen werden, nachdem der Vorbehaltseigentümer gültig vom Kaufvertrag zurückgetreten ist, § 449 II. Ein Rücktrittsrecht entsteht nach den allgemeinen Vorschriften, §§ 323 f. Der bloße Zahlungsverzug des Käufers reicht daher noch nicht. Theoretisch, wenn auch praktisch selten, entsteht ein Rücktrittsrecht gemäß § 324 auch, wenn der Käufer mit der Sache so umgeht, dass das Sicherungsrecht über die üblichen Nutzungsverluste hinaus an Wert verliert.

Im Falle eines Rücktritts müssen sich die Parteien das auf Grund des Vertrages Erlangte zurückerstatten, §§ 346 ff. Der Käufer hat nicht nur die Sache zurückzugeben, sondern auch für die aus ihrem Gebrauch gezogenen Nutzungen der Ersatz leisten.[335] Umgekehrt hat der Eigentümer die bereits gezahlten Raten des Käufers zu erstatten, sodass im Ergebnis ein Verrechnungssaldo auszugleichen ist..

---

[335] vgl. auch § 818 I, II

4. Verlängerter Eigentumsvorbehalt

Die Hintereinanderschaltung von Eigentumsvorbehalt und Sicherungsabtretung heißt verlängerter Eigentumsvorbehalt. Es kann K nicht zugemutet werden, sein unter Eigentumsvorbehalt gekauftes Gut dauerhaft im eigenen Besitz zu behalten. Zweck der Übung ist es gerade, dass K durch Umsatzgeschäfte einen Mehrwert erwirtschaftet. Im verlängerten Eigentumsvorbehalt tritt die vom Vorbehaltskäufer durch den Weiterverkauf erworbene Forderung an Stelle des Eigentums des noch nicht befriedigten Vorbehaltsverkäufers.

Variante a: V wird im Kaufvertrag mit K folgendes vereinbaren.

- Eigentumsvorbehalt
- Befugnis, § 185, zu Gunsten des K, die Sache im eigenen Namen zu übereignen. Damit kann D Eigentum von K erwerben, ohne dass es auf seinen guten Glauben, § 932, ankommt. Wer sich heute geschäftlich auskennt, weiß, dass praktisch alle Gegenstände in irgendeiner Weise sicherungsübereignet sind oder unter Eigentumsvorbehalt stehen – käme es also auf den guten Glauben an, könnte in vielen Fällen eine Eigentumsübertragung gar nicht mehr stattfinden.
- Verpflichtung des K, dem V die Kaufpreisforderungen gegen D und gegebenenfalls andere Vertragspartner abzutreten. Diese schuldrechtliche Verpflichtung (Sicherungsvertrag) wird verbunden mit der gleichzeitig abgegebenen Willenserklärung gemäß § 398, wonach die künftigen Forderungen des K gegen D und andere im Augenblick ihrer Entstehung dem V gehören sollen. V erwirbt dann die Kaufpreisforderungen des K gegen D, in demselben Augenblick, in welchem K diese erwirbt.

Variante b: Im Fall b wird die erworbene Ware zusammen mit von anderer Seite erworbenen Waren zu einer neuen verarbeitet. Durch Verarbeitung von Gegenständen, die einem oder mehreren anderen Eigentümern gehören, zu einer neuen Sache wird der Verarbeiter allein Eigentümer dieser neuen Sache, § 950. [336]Hier wird K also Alleineigentümer des Krans.

---

[336] Für den Eigentumsverlust wird Entschädigung gemäß ungerechtfertigter Bereicherung geschuldet, § 951.

Künftiges Eigentum kann ebenso übereignet werden wie eine künftige Forderung abgetreten werden kann. Der verlängerte Eigentumsvorbehalt kann also auch in der Weise vereinbart werden, dass K und V darüber einig sind, dass das Eigentum an den Kran in dem Augenblick, in welchem es in der Person des K entsteht, auf V übergehen soll.

Mehrere Personen können an derselben Sache Eigentum haben, § 741. Es spricht also nichts dagegen, dass K diese Vereinbarung mit allen seinen Lieferanten, soweit diese sich das Eigentum vorbehalten haben, trifft. Das Eigentum an dem Kran wird dann den Vorbehaltslieferanten anteilig in der Höhe der jeweiligen Forderungen zustehen.

5. Objektbeschränkung des Eigentumsvorbehalts, § 449 III

Der Eigentumsvorbehalt dient dazu, dem Verkäufer hinsichtlich seiner Kaufpreisforderung eine Sicherheit zugeben. Durch die neu ins Gesetz eingeführte Regelung gemäß Abs. 3 ist es aber verboten, den Eigentumsvorbehalt als allgemeines Kreditsicherungsmittel einzusetzen.

Die im Fall 4 gewünschte Erweiterung des Sicherungszwecks ist unzulässig. Aus der Formulierung (*soweit*) folgt, dass Eigentumsvorbehalt hinsichtlich der Erweiterungsformen in Variante a und b zulässig ist, in Variante c aber ungültig.

2. Kapitel Vertragstypen des BGB – Bereitstellungsverträge*

I. Darlehensvertrag, § 488

Fall

1. *A hatte bei der Sparkasse ein Darlehen, welches mit 6 % zu verzinsen war. Die Zinsfestschreibungsfrist lief noch bis zum 31. März 2005. Die Zinsen sind gesunken. A würde gerne bei einer anderen Bank ein Darlehen für 4% aufnehmen, um damit das Darlehen bei der Sparkasse zu tilgen. Geht das?*

2. *Da A sein ursprüngliches Hausdarlehen in Höhe von DM 400.000 auf DM 100.000 getilgt hat, hatte die Sparkasse eigentlich überschüssige Sicherheit in Höhe von DM 300.000 in den Händen. A kauft sich ein Auto für DM 30.000 und bezahlt mit einem Scheck, wodurch sein Konto überzogen wird. Unter Hinweis auf die vorhandenen Sicherheiten bittet er die Sparkasse um die Einräumung eines entsprechenden Kontokorrentkredits. Diese tut gar nichts und berechnet statt der normalen Kontokorrentzinsen die um fünf Prozentpunkte höhere Überziehungsprovision. Auf Vorstellungen des A reagiert die Sparkasse nicht. A ist empört und kündigt das Hausdarlehen fristlos. Zu Recht?*

3. *Die Sparkasse widerspricht der Kündigung nicht und fordert A auf, den restlichen Darlehensbetrag von DM 100.000 binnen zehn Tagen zu zahlen. Das hatte A gar nicht erwartet. A bittet seinen Bruder B, ihm das Geld vorzustrecken. B tut das. Sonst haben A und B nichts miteinander verabredet. Nach einiger Zeit verlangt B von A DM 100.000. A meint, er habe gar keinen gültigen Vertrag mit B, er werde zahlen, wenn er mal wieder Geld habe. Zu Recht?* *

---

* Bezeichnung vom Verfasser für die in diesem Kapitel behandelten Verträge. Diese sind dadurch geprägt, dass ein Vertragspartner aus seinem Vermögen dem anderen etwas zur Nutzung im eignen Interesse bereitstellt.

* Aus dem echten Leben des Verfassers, hier A, im Leben nicht ganz so schäbig wie hier gezeichnet. B, im Leben Dr. A, ist Arzt in Rottweil.

1. Grundsatz

Der Darlehensvertrag ist ein gegenseitiger Vertrag, in welchem sich der Darlehensgeber verpflichtet, das vereinbarte Darlehen auszuzahlen. Der Darlehensnehmer ist verpflichtet, die vereinbarten Zinsen zu zahlen. Der Darlehensnehmer ist nicht wie der Käufer zur Abnahme verpflichtet, er muss nur die vereinbarten Zinsen bezahlen, § 488 I Satz 2.

Darlehens- und Mietvertrag haben dieselbe innere Form. Es handelt sich um ein Dauerschuldverhältnis, in welchem der Vermieter/Darlehensgeber dem Mieter/Darlehensnehmer für die vereinbarte Dauer einen Gegenstand (Sache/ Geld) zur Benutzung überlässt. Die Rückgabepflicht ist daher in beiden Fällen keine Hauptpflicht, sondern eine juristische aus dem Vertrag.

Der wirtschaftliche Unterschied zwischen Miete und Darlehen liegt darin, dass der Darlehensgeber das Eigentum an dem zum Gebrauch überlassenen Gegenstand verliert, denn der Darlehensnehmer wird Eigentümer des Geldes. Wird der Darlehensnehmer insolvent, hat der Darlehensgeber daher keinen Aussonderungsanspruch, wie ihn der Vermieter hat. Dieser *strukturelle Defekt* des Darlehens wird namentlich beim gewerblichen Darlehen dadurch ausgeglichen, dass üblicherweise zusätzlich zum Darlehensvertrag ein Sicherungsvertrag geschlossen wird.

2. Rückzahlung des Darlehens

Wie der Mieter nicht einfach ausziehen und die Mietzahlung einstellen kann, wann er will, so muss sich auch der Darlehensnehmer an die vereinbarte Laufzeit halten. Im Fall 1 muss A den Ablauf der Festschreibungsfrist abwarten, vorher kann er nicht kündigen, § 489 I Nr. 1. [337]

[337] **Exkurs:** Der eingeschränkten Kündigungsmöglichkeit des Darlehensnehmers liegt wirtschaftlich folgendes zu Grunde: Der gewerbliche Darlehensgeber ist ein Händler. Dieser vermietet nicht sein eigenes Geld, sondern das Geld, welches er sich selbst im Kapital- oder Geldmarkt leiht. Wenn der Darlehensnehmer eine feste Zinsbindungsfrist wünscht, kann der Darlehensgeber diese nur gewähren, wenn er sich kongruent, d. h. zu entsprechenden Zinsen und Fristen, das Geld im Markt besorgt. Hätte der Kunde in einem solchen Fall ein freies Kündigungsrecht, bliebe die Bank gegenüber ihrem Geldgeber auf den vereinbarten Zinsen sitzen, hätte aber ihren Anspruch gegen den Kunden auf die entsprechenden Zinsen verloren.

§ 490 II gibt dem Darlehensnehmer trotz der im Exkurs genannten Gründe ein außerordentliches Kündigungsrecht, wenn *seine berechtigten Interessen dies gebieten.* Die Wortwahl ist verhältnismäßig scharf, *gebieten;* es muss sich also um einen Sonderfall handeln. Solche Fälle sind angenommen worden, wenn ein dringendes Bedürfnis besteht, das Haus zu verkaufen, z.B. im Falle der Scheidung oder eines sachlich bedingten Umzuges.[338]

Es gelten im übrigen die normalen Regeln des Vertragsrechtes, gemäß § 490 III bleiben die Vorschriften der §§ 313, 314 unberührt. Im Fall 2 kann A geltend machen, dass sich die Sparkasse ihm gegenüber in einer Weise verhalten hat, die ihm eine Fortsetzung des Vertrags bis zum Ablauf der Kündigungsfrist unzumutbar machte. Bei einer Sicherheitenlage wie beschrieben, war es ein Zeichen unberechtigten Misstrauens, dem A die erbetene Kontokorrentlinie zu verweigern. A durfte daher den Darlehensvertrag aus wichtigem Grund ohne Frist kündigen. Dadurch wurde er verpflichtet, das Restdarlehen mit Zinsen bis zum Rückzahlungstag sofort zurückzuzahlen. Weitere Ansprüche hatte die Sparkasse nicht.

3. Verbraucherschutz

Das auf Europäisches Recht zurückgehende frühere Verbraucherkreditgesetz ist im Zuge der Neufassung des BGB als solches aufgehoben und in das BGB eingegliedert worden, §§ 491 ff.

Der Verbraucherdarlehensvertrag ist ein Vertrag zwischen einem Verbraucher, § 13, und einem Unternehmer, § 14. Wesentliche Besonderheit dieses Verbrauchervertrages ist, dass gemäß § 492 bestimmte unverzichtbare Regeln, dazu gehört insbesondere die zwingende Schriftform, eingehalten werden müssen, damit der Vertrag gültig ist.

Im Fall 3 handelt es sich um einen Darlehensvertrag zwischen Privatpersonen, §§ 490 gelten also nicht. Dieser bedurfte daher nicht der Schriftform gemäß § 492. B konnte das Darlehen gemäß § 488 III mit drei Monaten Frist kündigen.

[338] Palandt § 490 RN 12

II. Schenkung, § 516

Fall

Der 75-jährige Großindustrielle Friedrich Flick möchte sein Haus bestellen, aber noch nicht ganz abtreten. Im Rahmen einer vorweggenommenen Erbfolge schenkt er sein Vermögen im Wert von mehreren Milliarden DM seinem Sohn S, behält sich aber gewisse Entscheidungsrechte vor. S ist bald der Meinung, dass sein Vater die Geschäftsführung der Flick-Holding nur stört, und er betreibt dessen Entmündigung. Friedrich Flick ist empört und möchte die Schenkung rückgängig machen. Geht das?

1. Grundsatz

Der Schenkungsvertrag kommt wie jeder Vertrag durch Angebot und Annahme zu Stande. Es handelt sich um einen einseitig verpflichtenden Vertrag, der nur den Schenker, nicht den Beschenkten verpflichtet. Das schließt nicht aus, dass den Beschenkten Nebenpflichten treffen, wie sie sich aus den Umständen ergeben.

Der verpflichtende Vertrag ist nur gültig, wenn die Schenkung sofort vollzogen wird. Grund: Es sagt sich leicht, man wolle etwas schenken. Wenn man es wirklich will, kann man es auch sofort tun. Ein Schenkungsvertrag, welcher nicht sofort erfüllt wird, ist nur gültig, wenn er notariell beurkundet wird, § 518. Die in der sofortigen Weggabe der Schenksache liegende Warnfunktion wird also hier durch die notarielle Beurkundung ersetzt.

Der Grundsatz des § 518 ist in § 2301 noch einmal für das Erbrecht wiederholt: Auch das Schenkungsversprechen unter der Bedingung des eigenen Todes hat nur dann Rechtsgültigkeit, wenn es in den Formen der Schenkung oder denen des Erbrechts geschieht.

2. Besonderheiten

Der Schenker hat ein Rückforderungsrecht, wenn er selber innerhalb von zehn Jahren, § 529 II, bedürftig wird.[339] Der Schenker hat ein Rückforderungsrecht im Falle groben Undanks, § 530.[340] Der obige Beispielsfall stammt aus der deutschen Wirtschaftsgeschichte nach dem Zweiten Weltkrieg. Der Rückforderungsanspruch wurde bejaht.

339 BGH NJW 2000, 728: Es reicht nicht aus, dass binnen dieser Frist Umstände eintreten, die eine Bedürftigkeit nur erst möglich machen.

340 BGH NJW 99, 1623: Schwiegersohn S hatte von seinen Schwiegereltern eine Eigentumswohnung geschenkt erhalten. Widerruf wegen grober Ehewidrigkeiten. BGH NJW 2000, 3201: es reicht aber nicht jede Kleinigkeit.

III. Mietvertrag, §§ 535 ff

Fälle:

1. *M unterhält bei der B - Bank ein Schließfach, in welchem er diskrete Bargeld und Wertpapiere aufbewahrt. Da sein Konto bei der B- Bank ziemlich überzogen ist, wird die Bank nervös, als eines Tages ein Gläubiger des M sein Konto bei B-Bank pfändet. B- Bank macht daraufhin ein Pfandrecht an dem Inhalt des Schließfachs unter Berufung auf die Allgemeinen Geschäftsbedingungen geltend. Zu Recht?*

2. *Eigentümer V vermietet an Mieter M ein noch zu erstellendes Ladenlokal in der Fußgängerzone. Es stellt sich nach Fertigstellung heraus, dass der Laden namentlich bei Regenwetter für die Kunden schlecht zu erreichen ist. Die Kunden bleiben aus. M hält das für einen Mangel der Mietsache und verlangt Schadensersatz von V.*[341]

3. *V hat dem M ab 1.4.00 sein Wohnhaus fest auf fünf Jahre vermietet zum monatlichen Mietzins von 1000 EUR. Am 1.4. 0 1 stellt V fest dass M das Haus sang- und klanglos verlassen hat. V kann das Haus für nur für 800 EUR/Monat vermieten. Durch einen Zufall erfährt V, dass M auch Steuerschulden gehabt hatte, deretwegen habe das Finanzamt einen Fernseher und die Musikanlage des M gepfändet und auch schon zu einem Erlös von 5000 EUR verwertet M fragt, ob er Ansprüche hat.*

1. Grundsatz

Der Mietvertrag ist ein gegenseitiger Vertrag, in welchem sich auf Seiten des Vermieters die Hauptpflicht zur Überlassung der Mietsache und auf Seiten des Mieters die Hauptpflicht zur Zahlung des Mietzinses gegenüberstehen. Der Mieter wird Besitzer der Sache. Als Besitzer der Sache hat der Mieter die alleinige Befugnis, die Sache zu nutzen und zu besitzen, der

[341] BGH NJW 2000, 1714

Eigentümer bzw. Vermieter hat, solange das Mietverhältnis dauert, kein Recht zum Besitz.

Im Fall 1 hat die Bank kein Pfandrecht an dem Inhalt des Schließfachs. Alleiniger Besitzer auch des Inhalts ist M. Vorbehaltlich eines Notfalls gemäß § 229 muss die Bank trotz fälliger Forderungen den M mit allem, was das Schließfach birgt, davon ziehen lassen.

Der Vermieter muss nicht notwendigerweise der Eigentümer der Mietsache sein, und der Mieter nicht notwendigerweise der unmittelbare Besitzer, so im Fall der Untervermietung. Das Untermietverhältnis ist ein normales Mietverhältnis.

2. Mangel der Mietsache

Wie der Verkäufer dem Käufer die Kaufsache mangelfrei übergegeben muss, so ist Vermieter verpflichtet, die Mietsache dem Mieter in einem vertragsgemäßen Zustand zu übergeben. Der Mietvertrag ist ein Dauerschuldverhältnis. Die Pflicht des Vermieters zur mangelfreien Gebrauchsüberlassung entsteht gleichsam ständig neu, sodass auch seine Verpflichtung, die Mietsache in einem vertragsgemäßen Zustand zu übergeben, gleichsam ständig neu entsteht, § 535 I S. 2. Der Vermieter hat also dafür zu sorgen, dass die Mietsache für die Dauer des Vertrages in einem vertragsgemäßen Zustand bleibt.

Ist die Mietsache bei Übergabe mangelhaft oder wird sie es im Laufe der Mietzeit, ist der Mieter für die entsprechende Zeit von der Verpflichtung zur Gegenleistung (Mietzahlung) frei, § 536, und zwar gleichgültig, ob der Vermieter das zu vertreten hat oder nicht. Hat der Vermieter die Verletzung dieser Pflicht nach § 536a zu vertreten, wird er dem Mieter darüber hinaus schadensersatzpflichtig.

Damit ist § 536 eine Spezialvorschrift für den Mietvertrag, die im Grunde aber nur dasselbe sagt wie § 326: Wer als Gläubiger in einem gegenseitigen Vertrag, aus welchen Gründen auch immer, seine Verpflichtungen nicht erfüllen kann, verliert den Anspruch auf die Gegenleistung.

Das Gesetz meint in § 536 einen unmittelbar an der Sache haftenden Mangel, ähnlich also wie im Kaufrecht der Sachmangel verstanden wird. Z.B.

das gemietete Zelt lässt den Regen durch, das gemietete Auto hat abgefahrene Reifen usw. [342]

Auch äußere Umstände können einen Fehler in der Beschaffenheit der Mietsache begründen, aber nur wenn sie die Tauglichkeit des Mietobjektes unmittelbar berühren. Die Lage des Ladens in Fall 2 war daher kein Mangel.[343]

3. Vermieterpfandrecht

a. Grundsatz

Der Vermieter hat wegen seiner Ansprüche aus dem Mietverhältnis ein gesetzliches Pfandrecht an den eingebrachten Sachen § 562. Das Vermieterpfandrecht entsteht für Mietverträge über Wohn- und andere Räume, sowie Grundstücke, § 578.

Das Pfandrecht erstreckt sich auf alle Sachen, die dem Mieter gehören, auch auf Bargeld in seiner Tasche.[344] Auch das Anwartschaftsrecht an einer unter Eigentumsvorbehalt gekauften Sache gehört dem Mieter, sodass auch dieses unter das Pfandrecht fällt. Der Vermieter hätte also die Möglichkeit, die restlichen Raten gegenüber dem Vorbehaltsverkäufer zu zahlen und damit das Pfandrecht an dem Anwartschaftsrecht zu einem Pfandrecht an der Sache selbst zu machen.

Das Pfandrecht entsteht als besitzloses Pfandrecht kraft Gesetzes allein durch die Tatsache, dass die Sache über die Türschwelle getragen wird. Es kommt nicht darauf an, ob der Vermieter/Eigentümer davon Kenntnis hat. Im Rahmen des Vermieterpfandrechts in Bezug auf gewerbliche Räume ist es daher von entscheidender Bedeutung, ob die von Mieter eingebrachten Sachen bereits zur Sicherung übereignet waren oder ob sie erst nach Einbringung Gegenstand eines solchen Sicherungsübereignungsvertrages wurden.[345]

[342] Palandt § 536 RN 22

[343] Palandt § 536 RN 23; vgl. Entscheidung in Fall 2;

[344] Palandt § 562 RN 7

[345] In der Bankpraxis wird die Kreditbereitschaft der Bank grundsätzlich davon abhängig gemacht, dass der Vermieter, gegebenenfalls unter Bedingungen oder mit Betragsbegrenzung, auf sein Vermieterpfandrecht verzichtet.

Die innere Begründung für dieses Recht liegt in Folgendem: Der Mieter ist erst nach Ablauf der meist über Jahre laufenden Mietdauer verpflichtet, die Mietsache wieder herauszugeben. Da der Vermieter keinen unmittelbaren Zugang zu der Mietsache hat, können sich daran beträchtliche Schäden eingestellt haben.

b. Sicherungsumfang

Das Vermieterpfandrecht dient ausschließlich zur Sicherung der Ansprüche aus dem Mietverhältnis. Damit sind nicht nur die Ansprüche auf Mietzins, sondern auch auf eventuelle Schadensersatzansprüche des Vermieters gemeint, welche sich aus dem Mietvertrag ergeben.

Gesichert sind auch künftige Ansprüche des Vermieters, § 562 II.[346] Gemäß § 562 b hat der Vermieter ein Selbsthilferecht gegenüber dem Mieter. Es handelt sich um eine spezielle Anwendung des allgemeineren Grundsatzes gemäß § 229.

4. Kauf bricht nicht Miete

Wenn der Vermieter den vermieteten Gegenstand verkauft, tritt der Erwerber ohne weiteres in den Vertrag mit dem Mieter ein, auch wenn er von dem Mietvertrag nichts weiß. Voraussetzung: der Mieter ist im Besitz der Mietsache, § 566.[347] Das gilt aber nur für Wohnraum.

---

[346] **Durchsetzung des Vermieterpfandrechts:** Im Fall 4 hat V Anspruch gegen M auf die Miete für noch vier Jahre, also 4 x 12 x (1000 – 800)= 7200 Euro. Die vom Finanzamt gepfändeten Sachen des M unterlagen dem Vermieterpfandrecht des V. Er hatte daher ein vorrangiges Befriedigungsrecht daran. Da das Finanzamt bereits verwertet hat, ist es zu seinen Lasten ungerechtfertigt bereichert und hat dem V den Betrag herauszugeben, für welchen diese Sachen hafteten. Gemäß § 562 II beschränkt sich das Vermieterpfandrecht auf Ansprüche aus dem laufenden und folgenden Mieterjahr. V kann daher seinen Mietausfall nur für die Zeit vom 1.4. 01 – 31.3.03 geltend machen. V hat also gegen das Finanzamt Ansprüche in Höhe von (24 x 200 =) 4800 EUR.

[347] **Exkurs:** Angesichts einer drohenden Zwangsversteigerung ihres Hauses versuchen Eigentümer oft, durch fingierte Mietverträge dem Gläubiger Knüppel zwischen die Beine zu werfen oder auch über Scheinvermietung an Freunde sich selbst das Besitzrecht an ihrem Hause zu sichern. Grundsätzlich gilt § 566 auch im Falle des Eigentumswechsels im Falle der Zwangsversteigerung. Abgesehen von dem

5. Ende des Mietverhältnisses und Kündigung

Ein Dauerschuldverhältnis endet durch Ablauf der Zeit, für welche es vereinbart wurde. Ist kein Endzeitpunkt vereinbart, so kann jede Vertragspartei das Dauerschuldverhältnis mit der vereinbarten oder mangels einer Vereinbarung der gesetzlichen Kündigungsfrist kündigen, § 580 a.

Nach Ablauf der Mietzeit hat der Mieter die Sache dem Vermieter zurückzugeben, § 546. Tut er das nicht, kann der Vermieter den bisherigen Mietzins und einen darüber hinausgehenden Schadensersatz verlangen, § 546 a.

6. Mietverhältnis über Wohnraum

Mietverhältnisse über Wohnraum werden von einem Sonderrecht geregelt, welches nicht Gegenstand dieses Buches ist. Dieses Sonderrecht ist kompliziert, widersprüchlich und ungerecht. Für Mietverhältnisse über Wohnraum gibt es aus politischen Gründen keine Vertragsfreiheit.[348] Wesentliche Aspekte dieses Sonderrechts sind:

Der Vermieter kann den Mietvertrag nur kündigen, wenn er ein berechtigtes Interesse an der Beendigung des Mietverhältnisses hat. Der wichtigste Grund, welchen der Vermieter an der Beendigung haben könnte, nämlich dass der Mieter eine höhere Miete bezahlt, ist aber ausdrücklich als Kündigungsgrund ausgeschlossen, § 573 I.

Störeffekt, der immerhin potenzielle Bieter in Zwangsversteigerung Verfahren abschrecken kann, haben solche Versuche aber deswegen keinen Erfolg, weil der scheinbare Mieter nicht wirklich Besitz von der Wohnung/Haus genommen hatte.

[348]**Exkurs:** Der in Zeiten der Not, etwa nach dem Zweiten Weltkrieg, völlig legitime Mieterschutz ist heute, in einer Zeit potenziellen Überangebots von Wohnraum zu einem makroökonomischen Unsinn von einsamer Größenordnung geworden. Es ist nicht sinnvoll, die Fehlentwicklungen hier wiederum anzuprangern. Das Arbeitsrecht und der Mieterschutz sind ein Lieblingsfeld für Sozialisten unter ein durchaus lukratives Arbeitsfeld für Funktionäre und Rechtsanwälte, und nicht zuletzt für juristische Autoren.

Die Miethöhe kann nur zu Beginn des Mietverhältnisses einigermaßen frei verhandelt werden, danach ist der Vermieter an die so genannte Vergleichsmiete gebunden, §§ 557 ff..

IV. Leasing

Problemstellung:

> *LN, Leasingnehmer, hat gute Kontakte zu Bauunternehmen und kennt deren Bedürfnisse, insbesondere im Bereich Baumaschinen. Was er nicht so gut kennt: Bezugsquellen und Möglichkeiten, gebrauchte Maschinen wieder abzustoßen. LN hat auch wenig Kapital und genießt nur geringe Kreditwürdigkeit. Die Schwächen von LN sind die Stärke von LG.*

1. Grundsatz

Der Leasingvertrag ist ein Vertrag, in welchem eine Sache oder Sachgesamtheit dem Leasingnehmer gegen ein in Raten gezahltes Entgelt zum Gebrauch überlassen wird, wobei aber die Gefahr oder Haftung für Instandhaltung, Sachmängel, Untergang und Beschädigung der Sache allein den Leasingnehmer trifft.[349]

In vielen Fällen wird der Leasingvertrag mit einem Mietkauf kombiniert. Mietkauf ist ein Mietvertrag, bei dem der Vermieter dem Mieter das Recht einräumt, innerhalb einer bestimmten Frist die Sache zu einem vorher bestimmten Preis zu kaufen, Kaufoption, wobei die bis dahin gezahlte Miete ganz oder zum Teil auf den Kaufpreis angerechnet wird.[350]

Der Leasingvertrag, gleichgültig in welcher Kombination mit anderen vertraglichen Elementen, ist daher ein Mietvertrag mit Zusatzvereinbarungen. Der Charakter als Mietvertrag wird insbesondere deutlich im Fall der Insolvenz des Leasingnehmers: der Leasinggeber hat ein Aussonderungsrecht und nimmt am Konkurs seines Leasingnehmers nur hinsichtlich der Miet/-Leasingraten und eventueller Schadensersatzansprüche teil.

---

[349] Palandt Einf v. § 535 RN 37
[350] Palandt Einf.v. § 535 RN 30

2. Leasing

Auslösende Kraft für das Leasinggeschäft waren steuerliche Erwägungen. Diese haben auch heute nicht ganz an Bedeutung verloren haben, treten im modernen Leasinggeschäft immer mehr zurück.

Von zunehmender Bedeutung im Leasinggeschäft ist die professionelle Verwaltung des Leasinggutes und die damit verbundene Dienstleistungen, etwa im Bereich des Immobilienleasings, durch den Leasinggeber. Steuerliche Gesichtspunkte werden etwa beim Kommunalleasing ganz unwichtig, wo eine Steuerpflicht des Leasingnehmers nicht besteht.

V. Leihvertrag

Fall

A überlässt seinem Bruder B nebst Familie seit Jahren unentgeltlich sein Ferienhaus in den Alpen. B verbringt dort jeweils unterschiedlich lange zusammen mit seiner Familie oder allein Ferientage. Als B am 1.9. wieder einmal in das Ferienhaus zieht, stellt er fest, dass sich ein Dachfenster gelockert hat und merkt sich vor, A darauf aufmerksam zu machen. Am 2. 9. zieht ein mäßiger Sturm auf, welcher das Dachfenster herunterreißt und den Wanderer W schwer verletzt.

W verlangt von B Schadensersatz. Zu Recht?

1. Grundsatz

Wie die Schenkung sich zum Kaufvertrag verhält, so die Leihe zum Mietvertrag. Der Leihvertrag ist ein einseitig verpflichtender Vertrag, in welchem der Verleiher dem Entleiher den Gebrauch einer Sache unentgeltlich überlässt. Der Entleiher wird für die Dauer der Leihe Besitzer der Sache.

Abzugrenzen ist das Gefälligkeitsverhältnis. Auf Grund eines Gefälligkeitsverhältnisses werden keine Rechte begründet, der Entleiher wird nicht Besitzer, sondern gilt als Besitzdiener, § 855, des Verleihers. Im Beispiel kommt es also darauf an, ob B in dem einen oder anderen Verhältnis das Haus nutzte. Beim Leihvertrag war B zur Zeit des Unfalls Besitzer des Hauses, sodass er gemäß § 836 für den Schaden des W haftete.

2. Pflichten

Der Unentgeltlichkeit des Leihvertrages entspricht die eingeschränkte Haftung des Verleihers für die Beschaffenheit der Sache. Er haftet nur für grobes Verschulden, §§ 599, 600.

Der Entleiher ist verpflichtet, die gewöhnlichen Kosten der Erhaltung zu tragen, braucht aber den Wertverlust infolge einer vertragsgemäßen Benutzung der Sache nicht zu ersetzen, § 602.

3. Kapitel Dienstleistungsverträge

I. Dienstvertrag, § 611

Fälle

1. *N ist bei Arbeitgeber G als einer von zwei Dutzend Lagerarbeitern mit einer Tätigkeit beschäftigt, die jeder ausüben kann. N muss eine 14 tägige Ersatzfreiheitsstrafe antreten. Um seinen Arbeitsplatz nicht zu gefährden, überredet er seinen zur Zeit arbeitslosen Vetter V, der ihm sehr ähnlich sieht, an seiner Stelle die Arbeit zu erfüllen, V geht darauf ein. Die Sache fliegt, nachdem V 14Tage tadellos gearbeitet hat, doch auf. G will weder dem V noch dem N Lohn bezahlen. Zu Recht?*

2. *P gibt Klavierstunden zu 15 EUR /Stunde, unter anderen den zwei Kindern des A. Dazu kommt er in das Haus des S. So sollte es auch am 1.4. sein. A muss die Stunde wegen Erkrankung absagen. Am Ende des Monats verlangt er für die ausgefallenen zwei Stunden 30 EUR. Zu Recht?*

3. *A ist bei Arbeitgeber G beschäftigt. An einem Montag fühlt A sich nicht ganz extra und meldet sich für drei Tage krank. G zieht dem A am Ende des Monats den anteiligen Lohn für drei Arbeitstage ab. A verlangt den ungekürzten Lohn. Zu Recht?*

1. Grundsatz

Der Dienstvertrag ist ein gegenseitiger Vertrag, in welchem der Dienstleistende verpflichtet ist, seine Arbeitskraft dem Dienstgeber zur Verfügung zu stellen. Der Dienstgeber ist verpflichtet, dem Dienstverpflichteten den vereinbarten Lohn zu zahlen und Gelegenheit zur Arbeit zu geben.

Im Fall 1 ist offenbar einwandfrei gearbeitet worden, allerdings nicht von N. Dienste sind in eigener Person zu leisten, § 613. Der Anspruch des N auf Gelegenheit zur Arbeit kann nicht abgetreten werden, der Arbeitsvertrag ist nicht erfüllt.

Neben diesen Hauptpflichten kommen eine Reihe von Nebenpflichten in Betracht, insbesondere die Pflicht des Dienstgebers zu Schutzmaßnahmen, damit der Dienstleistende bei der Ausübung seiner Dienste nicht gefährdet wird, § 618. Die konkreten Pflichten werden durch Vertragsgestaltungserklärungen des Dienstgebers bestimmt. Soweit sich eine Weisung des Dienstgebers im Rahmen des Vertrages hält, muss der Dienstnehmer sie erfüllen.

Auf Seiten des Dienstverpflichteten ist die Pflicht zur dienstlichen Verschwiegenheit zu nennen.

Für den Dienstvertrag gelten die allgemeinen Regeln des Schuldrechts, insbesondere § 326. Im Fall 2 folgt daraus, dass P keinen Anspruch auf sein Honorar hat, denn er hat auch seine eigene Leistung nicht erbracht.

Für den Dienstvertrag gilt der Grundsatz der Vertragsfreiheit uneingeschränkt, im Arbeitsvertrag nicht.

2. Arbeitsvertrag

a. Grundsatz

Der Arbeitsvertrag ist eine Ausprägung des Dienstvertrages. Die große Bedeutung des Arbeitsvertrages im heutigen Wirtschaftsleben führt dazu, dass der Dienstvertrag in seiner ursprünglichen Form auf wenige Anwendungsfälle beschränkt ist.

Der Arbeitsvertrag hat sich zwar aus dem Dienstvertrag entwickelt, in ganz entscheidenden Punkten gelten aber andere Regeln. Im Fall 3 ist die Lösung jedermann klar: Selbstverständlich darf der Arbeitgeber dem Arbeitnehmer den Lohn nicht kürzen. Der Unterschiede zum Fall 2 liegt allein in dem Begriff Arbeitnehmer/Arbeitgeber. Wer als Arbeitnehmer Dienste leistet, hat Anspruch auf die Gewährleistungen des Arbeitsrechts, wer lediglich als Dienstnehmer Dienste leistet, muss mit den Ansprüchen zufrieden sein, welcher das allgemeine Recht bietet.

b. Grundbegriffe des Arbeitrechts

Eine Person, welche aufgrund eines Arbeitsvertrages Dienste verrichtet, ist Arbeitnehmer. Arbeitsvertrag ist ein Dienstvertrag im Sinne des § 611

BGB, in welchem der Dienstverpflichte über einen längeren Zeitraum mindestens die Hälfte seiner Arbeitskraft zur Verfügung stellen muss und mit dem dadurch verdienten Lohn seinen Lebensunterhalt bestreitet.

Das Arbeitsrecht besteht aus einer großen Anzahl von Gesetzen und – besonders wichtig – Urteilen der Arbeitsgerichte. Es gibt kein Arbeitsgesetzbuch.

c. Grundregeln des Arbeitsrechts

Das Arbeitsrecht:ist in starkem Maße politisiertes Recht, dessen Hauptcharakteristikum darin besteht, dass die Vertragsfreiheit von Arbeitgeber und Arbeitnehmer weitgehend aufgehoben ist. Die meisten arbeitsrechtlichen Vorschriften sind zwingendes Recht, können also durch Vereinbarung der Parteien nicht zu Lasten des Arbeitnehmers verändert werden, wohl aber zu Gunsten des Arbeitnehmers, Günstigkeitsprinzip.

3. Organschaftlicher Dienstvertrag

Dienstverträge zwischen juristischen Personen und ihren Geschäftsführern/Vorständen sind keine Arbeitsverträge. Für sie gilt z.B. das Kündigungsschutzgesetz nicht Diese Personengruppe (Organe) gilt nicht als Arbeitnehmer, obwohl die Definition des Arbeitnehmers auf sie ebenso zutrifft, nämlich

- die Einbindung in einen Betrieb
- und die Erbringung der Dienste im fremden Interesse.

Die rechtliche Stellung der Organe weicht nur darin ab, dass sie von keinen Weisungen eines Arbeitgebers abhängig sind.[351]

Verträge dieser Art, fallen formal unter die Vorschriften der §§ 611 ff. In der Praxis werden diese Verträge allerdings detailliert ausgehandelt, sodass für die Anwendung des Gesetzes nur wenig Raum bleibt.

Am ehesten findet noch § 626 Anwendung. [352] Dieser ist die allgemeine Vorschrift zur außerordentlichen Kündigung. Von besonderer Bedeutung

[351] Allg. Fischer NJW 03, 333

ist § 626 II: ein Grund zur außerordentlichen Kündigung verfällt 14 Tage nach Kenntnisnahme durch den Kündigungsberechtigten.

[352] vgl. BGH NJW 03, 431: wg. GmbH – Gechäftsführer: angebliche Spesenvergehen als Vorwand für einen sonst nicht möglichen Rausschmiss.

II. Werkvertrag, §§ 631 ff

Fälle:

1. *A, gelernter Metzger, hat einen Fachbetrieb als Ausbeiner. Eine Genehmigung zur Arbeitnehmerüberlassung nach dem Arbeitnehmerüberlassungsgesetz hat A nicht. A wird mit seinen Mitarbeitern im städtischen Schlachthof in München tätig. Der Vertrag wurde von der Stadt vor Ablauf des Vertrages fristlos gekündigt. A verlangt Schadensersatz. Zu Recht?*[353]

2. *A beauftragt den Unternehmer U, in seinem Keller den Abfluss neu zu installieren. Auf Basis eines schriftlichen Angebotes einigen sich A und U auf einen Pauschalpreis von DM 1600. Es zeigt sich, dass der Keller mit einem sehr harten Betonestrich unterlegt ist. Diesen kann U nur unter Einsatz einer Spezialbohrmaschine aufbrechen, die er sich selbst mieten und von auswärts anfahren muss. U braucht für die Arbeit fast dreimal so lange wie ursprünglich veranschlagt. U verlangt von A aus diesen Gründen statt des vereinbarten Werklohns DM 3000. Zu Recht?* •

3. *B hat U beauftragt, in seinem Keller eine Sauna einzubauen. U rückt mit mehreren Mann an und legt gewaltig los. Es knattert und krümelt, es staubet und bebt – aber U kommt irgendwie nicht zu Rande. A hat schließlich keine Lust mehr und fragt, ob er den Vertrag beenden kann. Geht das?*

   Variante: Schließlich ist U doch irgendwie fertig geworden. B findet zwar alles etwas anders, als er es sich gedacht hatte, aber er sagt zu U: „Ende gut, alles gut!" Es zeigen sich dann aber so viele Mängel, dass B von dem Vertrage wieder herunter will. Geht das?

4. *B hat unter Eigentumsvorbehalt des M einen Mercedes gekauft, den er am 1.4. bei BRABUS zum Aufmotzen gibt. BRABUS macht*

---

[353] BGH v. 25.6.02 NJW 02, 3317

• Echtfall aus dem Leben.

das in gewohnter Qualität und stellt dem B die Rechnung in Höhe von 35.000 EUR.. B steht am Ende einer Serie von geschäftlichen Misserfolgen, er hält BRABUS eine Weile hin, aber am 1.7. wird das Insolvenzverfahren gegen ihn eröffnet. M verlangt den Mercedes von BRABUS heraus; dieser ist damit nur einverstanden gegen Zahlung von 35.000 EUR. Zu Recht?

1. Grundsatz

Der Werkvertrag ist ein gegenseitiger Vertrag, in welchem der Unternehmer verpflichtet wird, das versprochene Werk auszuführen. Der Auftraggeber ist verpflichtet, das Werft abzunehmen, § 640, und den damit fällig werdenden Lohn zu bezahlen.
Der Begriff des Werkes ist nicht festgelegt, er umfasst alles was durch menschliche Anstrengung hergestellt werden kann: Gemälde, Gebäude, die Anlegung eines Gartenteichs, Ausrichtung einer Beerdigung durch den Bestatter, Anzug, Schrank; aber auch abstrakte Dinge können Werk im Sinne des Gesetzes sein, etwa die Ausarbeitung einer Reiseroute, die Analyse eines Aktiendepots usw.

Werkvertrag und Dienstvertrag sind manchmal schwer gegen einander abzugrenzen. Es kommt nicht darauf an, wie die Parteien ihren Vertrag bezeichnen, sondern darauf, wie der Vertrag praktisch durchgeführt wird. Diese Abgrenzung kann wichtig sein. Handelt es sich im Fall 1 um einen Werkvertrag, ist der Anspruch des A gegeben. Nach Meinung des Bundesgerichtshofs waren A und seine Leute im Schlachthof der Stadt München aber nicht auf Grund eines Werkvertrages tätig, sondern im Rahmen eines Dienstvertrages. Es fehlte dem A jedoch die Genehmigung, seine eigenen Arbeitnehmer einem anderen Arbeitgeber zur Ausübung von Arbeiten zu überlassen. Der geschlossene Vertrag war daher gemäß § 134 unwirksam. Ein Anspruch des A auf Schadensersatz kam so nicht in Betracht.[354]

[354] In Frage kam nur Anspruch des A auf Herausgabe der Bereicherung, welche darin bestand, dass die Arbeitnehmer ohne Rechtsgrund Leistungen für die Bekl. erbracht hatten.

Exkurs: Diese Abgrenzungsfragen spielen eine besondere Rolle im Sozialrecht, und zwar unter dem Gesichtspunkt, ob der Auftraggeber - im Beispiel die Stadt München - für die Tätigen Beiträge zur Sozialversicherung abführen muss. Werden die Tätigen als Arbeitnehmer qualifiziert, dann besteht diese Pflicht; werden sie als Auftragnehmer im Rahmen eines Werkvertrages angesehen, entfällt sie. Erwar-

Faustregel für die Abgrenzung: Im Werkvertrag wird die Herbeiführung eines Erfolges geschuldet, im Dienstvertrag wird nur die Bereitstellung von Arbeitskraft zur eventuellen Erreichung des Erfolges geschuldet. Solange der Erfolg nicht eingetreten ist, hat der Unternehmer seinen Lohn nicht verdient. Der Arbeitnehmer/Dienstnehmer verdient seinen Lohn hingegen auch dann, wenn der erwünschte Erfolg ausbleibt.

Im Fall 2 war ein bestimmter Erfolg vereinbart. Ohne diesen brauchte A den vereinbarten Betrag nicht bezahlen. U hatte auch keinen Anspruch auf Anhebung des Lohns. U hatte Pech; er hätte sein Angebot sorgfältiger vorbereiten müssen.

2. Sach- und Rechtsmängel

a. Grundsatz

Es gelten wie beim Kauf auch beim Werkvertrag die allgemeinen Regeln des Leistungsstörungsrechts. Diese werden nur hinsichtlich der Besonderheiten des Werkvertrages im Einzelnen ausgestaltet. [355]

Der Unternehmer ist verpflichtet, das Werk mangelfrei herzustellen, § 633, vgl. § 433 I Satz 2. Es kommt nicht darauf an, ob der Unternehmer den Mangel zu vertreten hat. Auch die Rechtsfolgen von Mängeln sind denen beim Kauf ähnlich. Wie beim Kauf wird auch hier unterschieden zwischen dem Zeitraum

- vom Vertragsabschluss bis Übergabe/Abnahme: es gilt allgemeines Recht, §§ 280; § 634 hat noch keinen Platz

tungsgemäß versuchen die Sozialversicherungsträger die Arbeitnehmereigenschaft so weit wie möglich auszudehnen, allerdings nur so weit es sich um die Begründung der Versicherungspflicht handelt; am anderen Ende der Skala, wenn es um die Frage der Rentenberechtigung geht, wird auf Grund der schlecht aufeinander abgestimmten Vorschriften der Sozialgesetzbücher, welche unterschiedliche Arbeitnehmerbegriffe zulassen, gerne argumentiert, dass eine Rentenberechtigung mangels Arbeitnehmereigenschaft nicht entstanden sei.

[355] Palandt Vorb v. § 633 RN 6

- und nach Übergabe/Abnahme: es gilt Spezialrecht des Werkvertrages. Die Pflicht des Unternehmers ist auf das hergestellte Werk beschränkt. Der Besteller hat nur noch Mangelansprüche gemäß § 634 f

Im Fall 3 hat U die Arbeiten begonnen, aber diese sind noch nicht abgenommen worden. Die Umstände entscheiden, ob B auf Grund der offenbar mangelhaften Arbeit im Einzelnen gemäß § 324 vom Vertrage zurücktreten kann, oder ob er unter Fristsetzung nach § 323 der Weiterarbeit des U ein Ende setzen kann.

In der Variante hat B das Werk grundsätzlich als vertragsgemäß angenommen. Seine Ansprüche beschränken sich nun gemäß und §§ 633, 634 auf die Sauna wie sie nun steht.

Beachte: Gemäß § 649 kann B auch ohne jeden Grund jederzeit kündigen, er muss dann aber dem U die vereinbarte Vergütung, gegebenenfalls unter Abzug der von U ersparten Aufwendungen bezahlen.

b. Mängel

Die Sach- und Rechtsmängel werden im Werkvertrag ganz ähnlich wie im Kaufvertrag beschrieben. Danach ist das Werk ist frei von Sachmängeln,

- wenn es die vereinbarte Beschaffenheit hat: z.B. A beauftragt B, für seine Kellerbar eine 17 leuchtige Lampe anzufertigen. Wozu die gut ist, muss A entscheiden. Hat die Lampe 16 oder 18 Leuchten, ist sie mangelhaft.

So weit die Beschaffenheit nicht vereinbart ist, ist das Werk frei von Sachmängeln, wenn es

- sich für die nach dem Vertrag vorausgesetzte Verwendung eignet: A wünscht für seine Kellerbar ausdrücklich eine „Barbeleuchtung“: helle Raumausleuchtung mit Strahlern wäre daher mangelhaft;
- sonst für die gewöhnliche Verwendung eignet: zu hell oder zu schummerig wäre mangelhaft.

Zusätzlich zu diesen echten Mängeln wird wie beim Kauf als Sachmangel behandelt, wenn der Unternehmer ein anderes als das bestellte Werk oder ein Werk in zu geringer Menge herstellt. Auf die Ausführungen beim Kauf wird verwiesen.

3. Folgen des Mangels, § 634

Der Besteller hat die Wahl zwischen

a. Nacherfüllung, § 635.
b. Ersatzvornahme nach erfolgloser Fristsetzung, § 627
c. Rücktritt oder Minderung, §§ 636,638.
d. Schadensersatz: Mangelfreiheit ist primäre Vertragspflicht, ihre schuldhafte Verletzung führt zu einem Anspruch aus § 280. Zu ersetzen sind auch die genannten Mangelfolgeschäden, vgl. Fall 9.Kauf: der Hersteller des fehlerhaften Bücherbordes muss auch das Aquarium und den Teppich ersetzen.

4. Abnahme

a. Grundsatz

Zentraler Begriff des Werkvertrages ist die Abnahme, § 640. Die Abnahme ist die Hauptpflicht des Bestellers wird fällig, sobald das Werk fertig ist. Abnahme ist die körperliche Entgegennahme, also des Besitzgreifung des hergestellten Werkes. Z.B.: Besteller setzt sich auf den restaurierten Stuhl und bringt zum Ausdruck, dass der nunmehrige Zustand des Stuhls seinen Vorstellungen entspricht. Oder: der Bauherr begeht mit dem Unternehmer die fertiggestellte Eigentumswohnung und stellt fest: das ist sie.

Die Abnahme entspricht der Übergabe der Sache beim Kauf. Nach Abnahme hat der Unternehmer seine Hauptpflicht erfüllt.

Die Abnahme ist in erster Linie ein tatsächlicher Vorgang. Der Abnahme steht es gleich, wenn der Besteller das Werk nicht innerhalb einer ihm vom Unternehmer bestimmten angemessenen Frist abnimmt, obwohl er dazu verpflichtet ist. Verweigert der Besteller die Abnahme, muss der Unternehmer auf Zahlung verklagen. Da der Unternehmer die Voraussetzungen seines Anspruches zu beweisen hat, muss er auch die Fälligkeit der Vergütung beweisen, also die Tatsache, dass das Werk vertragsgemäß hergestellt ist.

b. Wirkung der Abnahme

Die Abnahme bedeutet die Entgegennahme des Werkes als grundsätzlich vertragsgerecht. Im Fall 3 hat B zwar Bedenken, aber er akzeptiert die Sauna letztlich als das, was er bestellt hatte. Der allgemeine Erfüllungsanspruch des Bestellers erlischt, und seine Ansprüche beschränken sich nun auf Mängelansprüche in Bezug auf das abgenommene Werk.[356] Der Unternehmer braucht nicht zu befürchten, ein völlig neues Werk herstellen zu müssen. Der Werklohn wird mit Abnahme fällig, § 641.

Mit Abnahme beginnt die Verjährungsfrist für die Mängelansprüche des Bestellers, § 634 a II.

Die Abnahme bedeutet nicht, dass der Besteller auf Ansprüche wegen verborgener Mängel verzichtet, § 640 II.

5. Gesetzliches Pfandrecht des Unternehmers

Dem Unternehmer steht an dem Werk ein gesetzliches Pfandrecht zu, § 647. Dieses entsteht wie das Vermieterpfandrecht kraft Gesetzes, ohne dass es eines besonderen Rechtsaktes bedarf. Da das Pfandrecht nicht rechtsgeschäftlich gemäß § 1205 bestellt wurde, kommt die Vorschrift über den Erwerb kraft guten Glaubens, § 932, nicht zum Zuge. Ein gutgläubiger Erwerb des Pfandrechts an dem Auto durch BRABUS im Fall 4 scheidet also aus. [357] Der Unternehmer kann aber ein Pfandrecht an dem erwerben, was dem Besteller gehört, das ist hier sein Anwartschaftsrecht auf das Auto.

Wenn M von dem Vertrag mit B zurücktritt und Herausgabe seines Eigentums verlangt, dann setzt sich das Pfandrecht des Unternehmers an dem Erstattungsanspruch des B gemäß § 346 fort, den dieser gegen M wegen seiner bereits gezahlten Raten hat.

---

[356] Palandt § 640 RN 11
[357] Palandt § 647 RN 4

III. Maklervertrag, §§ 652 ff

Fall

A beauftragt Makler M, ihm die Möglichkeit zum Erwerb eines beschriebenen Wohnhauses nachzuweisen. M weist dem A die Möglichkeit nach, in einer bestimmten Zwangsversteigerung ein dem A zusagendes Haus zu ersteigen. A ersteigert daraufhin das Haus, weigert sich aber die Maklerprovision zu bezahlen. Zu Recht?[358]

1. Grundsatz

Der Maklervertrag ist ein gegenseitiger Vertrag, in welchem der Makler verpflichtet ist, dem Auftraggeber die Möglichkeit zum Abschluss eines bestimmten Rechtsgeschäftes nachzuweisen; der Auftraggeber ist verpflichtet den Maklerlohn zu bezahlen. [359]

In der gesetzlichen Ausgestaltung wird der Makler für seine Bemühungen nicht bezahlt. Sein Anspruch entsteht nur, wenn der Vertrag auf Grund seiner Vermittlung auch wirklich geschlossen wird. Wenn der Auftraggeber sich aus sachfremden Gründen entschließt, den an sich möglichen Vertrag doch nicht zu schließen, entsteht der Maklerlohn nicht.

2. Ursächlichkeit des Maklernachweises

Der Anspruch des Maklers entsteht nur, wenn seine Vermittlung für der Vertragsschluss ursächlich ist. Dabei reicht es, wenn die Tätigkeit des Maklers neben anderen Ursachen auch ursächlich geworden ist. Hat der Auftraggeber das Objekt und den Verkäufer vorher schon gekannt, dann ist die Ursächlichkeit zu verneinen, wenn der Makler dem Auftraggeber dieses Objekt benennt. Anders liegt es vielleicht, wenn der Makler durch zusätzliche Informationen den Ver-/Kaufentschluss der Parteien beeinflusst.

---

[358] BGH NJW 99, 2271: Auftraggeber hat das vom Makler nachgewiesene Objekt in der Zwangsversteigerung erworben - keine Ursächlichkeit.

[359] BGH NJW 2000, 282: zum Abschluss des Vertrages

Die Maklertätigkeit ist nach Meinung des Bundesgerichtshofs dann nicht ursächlich, wenn das Objekt und seine Verkäuflichkeit öffentlich bekannt sind.

IV. Auftrag, § 662

Fall:

1. *A steht neben B auf dem Bahnsteig und sagt zu ihm: „Könnten Sie für 5 Minuten auf meinen Koffer aufpassen, ich muss eben zur Toilette?" B sagt: In Ordnung! Nach 3 Minuten geht B weg; der unbekannte Dieb stiehlt den Koffer. Schadensersatzanspruch des A gegen B?*

2. *Wie 1: A sagt noch: Ich kann mich doch auf Sie verlassen? Der Koffer enthält wichtige persönliche Dinge. B : Ja, gewiss doch!*

3. *A bittet seinen Nachbarn B am 1.4, ihm zwei Karten zu etwa je EUR 50 für das Varietetheater am 30.4.zu besorgen, da B im Hause daneben arbeitet.*

   Variante a: B sagt den Auftrag zu, lässt die Sache aber einige Tage schluren. Als er sich dann am 10.4. zur Kasse begibt, hört er, dass die letzten Karten am 9.4. verkauft worden seien.

   Variante b: B erzählt seiner Frau F, er habe für A noch die letzten Karten der Saison erwischt. F meint, sie selbst sollten diese Karten nutzen. A müsse halt ein anderes Mal ins Variete gehen. A fragt den B abends, ob er die Karten bekommen hat; B sagt nichts. A ahnt etwas und fährt für EUR 25 Taxi zum Variete und stellt fest, dass B die letzten Karten erhalten hat. A kauft sich auf dem Schwarzmarkt für je EUR 75 Karten. Er verlangt von A EUR 50 plus EUR 25 für das Taxi Schadensersatz. Zu Recht?

   Variante c: A hat nicht gesagt, wie teuer die Karten sein dürften, darum kaufte B Karten in den ersten Reihen zu EUR 50 /Person. Es wären auch Karten hinten zu 25 EUR/Person erhältlich gewesen. A weigert sich, den teureren Preis zu zahlen. Zu Recht?

1. Grundsatz

Der Auftrag ist ein einseitig verpflichtender Vertrag. In der gesetzlichen Ausgestaltung hat nur der Beauftragte Pflichten. Ein Entgelt sieht das Gesetz nicht vor, § 662. Wegen der Unentgeltlichkeit ist der Auftrag vom unverbindlichen Gefälligkeitsverhältnis abzugrenzen. Fall 1: Zweifelhaft, ob A den B wirklich verpflichten wollte, B wollte es sicher nicht. Wohl kein Anspruch. Fall 2: A wollte eindeutig einen Bindungswillen bei B erzeugen; B hätte „nein" sagen können. Jetzt haftet er.

Die Abgrenzung zum Dienstvertrag kann schwierig sein. Als Grundsatz gilt: Der Dienstverpflichtete handelt nach Einzelanweisung in Abhängigkeit von fremdem Willen, der Auftragnehmer handelt nach Allgemeinweisung aufgrund eigener Planung. Im Fall 3 a kommt daher ein Schadensersatzanspruch des A in Betracht, wenn man einen Dienstvertrag annimmt, da B die Pflicht hatte, den Vertrag ohne schuldhaftes Zögern zu erfüllen. Nimmt man aber, wie hier wohl angemessen, einen Auftrag an, dann war es dem B mangels näherer Weisungen des A selbst überlassen, wann und wie er die Theaterkarten besorgen wollte; ein Verzug scheidet aus.

2. Pflichten

a. Auftragnehmer

Herausgabepflicht, § 667: Der Auftragnehmer ist verpflichtet, das aus dem Auftrag Erlangte an den Auftraggeber herauszugeben. Fall 3 b: B muss die Karten an A herausgeben. Wenn er es nicht tut, haftet er dem A gemäß § 280 auf Schadensersatz statt Nichterfüllung. Er schuldet also Taxikosten und den Mehrpreis.

Auskunftspflicht, § 666: Der Auftragnehmer handelt in eigener Verantwortung und ist daher im Zweifel besser als der Auftraggeber über die Umstände informiert, welche sich auf das Geschäft beziehen. Er ist daher verpflichtet, Auskunft zu geben und über die Ausführung des Auftrages Rechenschaft zulegen.[360] Fall3b: B verweigert schuldhaft die Erfüllung des Auskunftsanspruches des A. Er haftet dem A für den Schaden, den dieser

[360] Diese Pflicht des Beauftragten besteht auch, wenn sich der Auftraggeber die Auskunft selbst verschaffen könnte, BGH NJW 98, 2669

dadurch erleidet, dass er sich die vorenthaltene Auskunft selber besorgen muss; ein Anspruch auf Ersatz der Taxikosten dürfte gemäß § 280 begründet sein.

b. Auftraggeber

Der Auftraggeber hat dem Auftragnehmer die Aufwendungen zu erstatten, welche dieser für erforderlich halten durfte, § 670. Fall 3 c: A handelt als Beauftragter selbstverantwortlich, es kam, mangels näherer Weisungen des A, auf sein Urteil an, welche Preisklasse er für A wählte. A muss also 2 x EUR 50 ersetzen.

V. Geschäftsbesorgungsvertrag, § 675

Fälle :

1. *A beauftragt Rechtsanwalt B, gegen C EUR 10.000 durchzusetzen. A hatte nicht mehr an einen Brief des C, in welchem dieser die Forderung des A anerkannt hatte, gedacht und B nichts davon gesagt. Die Klage des B wird wegen Verjährung abgewiesen. B meint, A habe selber schuld, er hätte ihn besser informieren sollen. A verlangt EUR 10.000 Schadensersatz von B. Zu Recht?*

2. *A unterhält bei der B - Bank ein Wertpapierdepot zu normalen Bedingungen. Dividenden i.H.v EUR 500 werden nicht gutgeschrieben. A verlangt Schadensersatz. Zu Recht?*

3. *A zahlt seinem Gläubiger C DM EUR 10.000 per Banküberweisung durch Auftrag an B - Bank. B- Bank stellt dann aber fest, dass A gar kein Guthaben bei ihr hat. Sie verlangt von A EUR 10.000. Zu Recht?*

1. Grundsatz

Der Geschäftsbesorgungsvertrag ist gegenseitiger Vertrag, in welchem der Geschäftsbesorger/Auftragnehmer verpflichtet ist, das Interesse des Auftraggebers in eigener Verantwortung unter Einsatz seiner besonderen Fachkunde wahrzunehmen. Der Geschäftsbesorgungsvertrag ist ein Werk- oder Dienstvertrag "höherer Art": Rechtsanwälte, Steuerberater, Unternehmens- und Vermögensberater schließen mit ihren Mandanten Geschäftsbesorgungsverträge ab.[361] Es gelten daher zusätzlich zu den Regeln des Dienst- oder Werkvertrages die §§ 662 ff.

[361] **Strafrechtlich** gilt als Faustregel: der Bruch eines Geschäftsbesorgungsvertrages ist strafbare Untreue, § 266 StGB. Der Bruch anderer Verträge ist strafrechtlich grds unbeachtlich

Fall 1: Der Auftraggeber muss den Auftragnehmer über alle erheblichen Dinge informieren, der Auftragnehmer kann davon ausgehen, dass der Besteller ihn ausreichend ins Bild setzt. Im Rahmen des Geschäftsbesorgungsvertrages waren aber von Rechtsanwalt B seine besonderen Fachkenntnisse gefordert. Es war seine Aufgabe, die Verjährungsfrage zu prüfen, und er hätte den A von sich aus nach erheblichen Schriftstücken fragen müssen. B kann sich also wohl nicht auf § 642 I berufen.

Der Auftraggeber ist verpflichtet, das vereinbarte oder mangels einer Vereinbarung das übliche Honorar zu bezahlen. Der Geschäftsbesorgungsvertrag ist entgeltlich, vgl. §§ 612, 632.

2. Praktische Anwendungsfälle

Die gesetzliche Regelung ist mager. Das gilt insbesondere unter dem Gesichtspunkt, dass immer mehr Wirtschaftsbereiche sich als Dienstleister und Geschäftsbesorger verstehen. Die Wirtschaft behilft sich damit, dass sie über allgemeine Geschäftsbedingungen oder Standardverträge typische Rechtsgestaltungen für bestimmte Dienstleistungsbereiche verwendet.

Praktisch wichtigstes Beispiel: Die Allgemeinen Geschäftsbedingungen der Banken und Sparkassen.

3. Bankrecht[362]

Der Bankvertrag ist Geschäftsbesorgungsvertrag.[363] Es ist unangemessen, dass der große Bereich des Bankvertragsrechtes sich praktisch nur auf § 675 als Rechtsgrundlage berufen kann.

Fall 2: Aufgrund des Depotvertrages ist die Bank verpflichtet, die Geschäfte des Kunden in der Weise wahrzunehmen, dass fällige Zinszahlungen entgegengenommen und dem Kunden gutgeschrieben werden. Als gesetzliche Grundlage kann die Herausgabepflicht gemäß § 667 genannt werden,

[362] vgl. Aden ZRP 97, 358f: *Empfiehlt sich die Schaffung eines Bankvertragsgesetzes?*

[363] Als Einführung ins Bankrecht: M. Aden "Bankrecht" Fischer / Heymanns 1995 ISBN 3-597-12496-4

neuerdings auch §§ 676 f und g. In der Praxis sind diese Verträge jedoch standardmäßig bzw. in Allgemeinen Geschäftsbedingungen ausformuliert. [364]

Fall 3: In der juristischen Konstruktion hat B- Bank einen Anspruch gegen A aus § 670. Sie hat in seinem Auftrage den genannten Betrag überwiesen. Diesen darf sie aufgrund des Bankvertrages geltend machen, indem sie das Konto des A mit dem Betrag belastet, den sie für die Durchführung des Überweisungsauftrages aufgewendet hat.

4. Treuhandvertrag

a. Grundsatz

Rechtliches und wirtschaftliches Eigentum sind grundsätzlich identisch. Der Eigentümer eines Hauses, eines GmbH-Anteils, eines Bankkontos usw. ist grundsätzlich auch derjenige, dem der Gegenstand wirtschaftlich zusteht. Dieses wirkt sich vor allem in der Insolvenz und Zwangsvollstreckung aus. Den Gläubigern haftet das, aber auch nur das, was dem Schuldner rechtlich gehört.

Es sind aber Interessenlagen denkbar, in denen rechtliches und wirtschaftliches Eigentum auseinanderfallen müssen. Das ist der Fall in Treuhandverträgen. Der Treuhandvertrag ist ein Geschäftsbesorgungsvertrag mit zwei Komponenten

- Treugeber überträgt dem Treuhänder durch dinglichen Vertrag gemäß § 929 das Eigentum an einem Vermögensgegenstand, und
- Treugeber und Treuhänder vereinbaren einen Geschäftsbesorgungsvertrag, wonach der Treuhänder über nun *sein* Eigentum nur in der vertraglich vorgesehenen Weise verfügen darf.

---

[364] **Exkurs:** Die bisher vom Gesetzgeber unternommenen Versuche, Teile des Bankvertrages, nämlich den Überweisungs-, Zahlungs- und Girovertrag, auszuformulieren, wirken nicht besonders überzeugend. Irritierend ist die große Anzahl von Wörtern, welche der Gesetzgeber verwendet, um einige Bereiche zu regeln, welche Jahrzehnte lang ohne gesetzliche Regelung funktionierten. Für die betreffenden §§ 676 a bis 676 h werden doppelt so viele Wörter verwendet, wie z. B für das wichtige Rechtsinstitut der ungerechtfertigten Bereicherung insgesamt.

Der Treuhänder wird damit gegenüber jedermann, auch gegenüber dem Treugeber selbst, in die rechtliche Position des vollen Eigentümers gestellt. Der Treugeber kann die Verfügungsbefugnis des Treuhänders nicht mehr wie der Vollmachtgeber widerrufen. Das wirtschaftliche Eigentum bleibt bei dem Treugeber. Die Konsequenz, auf welche es im wesentlichen ankommt, besteht in folgendem:

- bei Insolvenz des Treugebers bleibt das Treuhand-Eigentum Teil seiner Insolvenzmasse

- bei Insolvenz des Treuhänders fällt das Treuhand-Eigentum nicht in seine Insolvenzmasse

Dieses ist gesetzlich nicht geregelt. Es ist aber seit langem von der Rechtsprechung anerkannt und als Gewohnheitsrecht Teil unserer Rechtsordnung.

b. Anwendungsfälle

Treuhandverhältnisse kommen als Treuhandkonten vor, wenn z.B. ein Notar auf einem sogenannten Anderkonto Gelder als Treuhand-Eigentümer hält.

Auch Strohmanngeschäfte fallen hierunter. Z.B: Prof. A., der auf seinen guten Ruf Wert legt, möchte zwar nicht mit der Eros-Center -GmbH in Verbindung gebracht werden, möchte aber auch nicht auf die Gewinnmöglichkeiten aus einem solchen Etablissement verzichten. Es ist ihm zu raten, eine vertrauenswürdige Person vorzuschieben, welche im eigenen Namen den Gesellschaftsanteil übernimmt, nach außen also Gesellschafter ist, aber im Innenverhältnis aufgrund des Treuhandvertrages verpflichtet ist, die Gewinne an A abzuführen.

Das Risiko von Treuhandverhältnissen besteht in der Zuverlässigkeit des Treuhänders. Dieser kann das anvertraute Eigentum leicht an sich bringen, ohne dass dem Treugeber in den meisten Fällen ein rascher Rechtsschutz zur Verfügung steht.

3. Kapitel Beteiligungsverträge

I. Gesellschaft, § 705

Fälle:

1. *A, B und C sind Arbeitskollegen und bilden seit zwei Jahren eine Tippgemeinschaft. A gibt den Lottoschein im eigenen Namen ab und verteilt Gewinne, wenn welche kommen. Die drei zahlen monatlich je 10 EUR, die A einsammelt. Während seiner sechswöchigen Kur hat C völlig vergessen, seinen Beitrag zu leisten. A und B haben auch nicht daran gedacht, aber wie üblich gespielt. Jetzt knallt der Topf. A und B gewinnen 250.000 EUR. Hat C mitgewonnen?*

2. *A, B und C betreiben in der Rechtsform einer GbR ein Leasinggeschäft, in welchem sie Baukräne verleihen. Der Baukran Nr. 11 ist der B- Bank sicherungsübereignet, er ist an M in Süddeutschland vermietet. Nach Kündigung der Kredite verlangt im B-Bank von C die Herausgabe des Baukrans Nr. 11C, nur für den Innendienst zuständig, weiß gar nicht, wo sich der befindet und meint, B- Bank habe gegen ihn allenfalls Anspruch auf Schadensersatz. Zu Recht?*

3. *A, B und C schließen einen BGB-Gesellschaftsvertrag, wonach jeder EUR 10.000 in die gemeinsame Kasse zahlt. Im Gesellschaftsvertrag heißt es: „Die Gesellschafter haben Vertretungs - und Verpflichtungsbefugnis nur für das Gesellschaftsvermögen." A kauft bei Kläger eine Maschine für EUR 15.000 und unterschreibt mit i. V. „GbR-mbH A+B+ C". Kläger verlangt, da die Gesellschaftskasse leer ist und auch A nichts hat, von B und C Zahlung. Zu Recht?*[365]

[365] BGH NJW 99, 3484

1. Grundsatz

Die BGB- Gesellschaft (=GbR, Gesellschaft bürgerlichen Rechts) kann man insofern als gegenseitigen Vertrag ansprechen, als jeder der mindestens zwei Gesellschafter sich deswegen zu etwas (Geldeinlage, Dienstleistungen, Überlassung von Nutzungsrechten usw.) verpflichtet, weil auch der bzw. die anderen sich zu einer entsprechenden Leistung verpflichten. Die Interessen der Vertragspartner sind aber nicht wie beim normalen gegenseitigen Vertrag gegenläufig, sondern gleichgerichtet: sie verpflichten sich, einen gemeinsamen Zweck zu verfolgen, § 705. Sie gehen nicht, wie etwa beim Kaufvertrag, nach Erfüllung ihrer Pflichten bzw. Empfang der ihnen geschuldeten Leistung auseinander, sondern sie beginnen mit dem in das gemeinsame Vermögen Geleisteten, Gesellschaftsvermögen, einen gemeinsamen Weg.

Die Regeln zur Leistungsstörung, also §§ 275,280, 323 usw., gelten auch für die GbR; im einzelnen aber mit Abweichungen, die sich aus dem Charakter des Vertrages ergeben.

Der Vertrag wird formlos mündlich geschlossen. Die Spannweite der BGB-Gesellschaft ist sehr weit. Von der Tippgemeinschaft bis zum Internationalen Konsortium kann alles von einer BGB-Gesellschaft erfasst sein.

Vermögen zur gesamten Hand: Das Vermögen der GbR gehört den Gesellschaftern im Verhältnis ihrer Anteile zur gesamten Hand. Der einzelne Gegenstand im Vermögen der GbR soll dem Gesellschaftszweck dienen und kann daher ohne Zustimmung der anderen Gesellschafter nicht entnommen werden, solange die Gesellschaft besteht. Kein Gesellschafter kann daher über einen einzelnen Gesellschaftsgegenstand oder seinen Anteil daran verfügen. Dieser gehört ihm nicht; ihm gehört nur sein Anteil an der GbR.

Rechtsgemeinschaft §§ 741 f: Zur GbR besteht ein Unterschied darin, dass den Gemeinschaftseigentümern ein Anteil an den Gegenstand selbst gehört. Standardbeispiel: Ehepaar kauft ein Haus, welches jeden Ehegatten zur Hälfte gehört. Jeder kann über seine Eigentumshälfte verfügen.

2. Gemeinschaftlicher Zweck

Die Gesellschafter sind verpflichtet, zur Erreichung des vereinbaren Zwecks zusammenzuwirken. Diese Verpflichtung der kann Geldzahlungen beinhalten, ist aber damit nicht erschöpft. Das Ergebnis des gemeinschaftlichen Wirkens ist gemeinschaftliche Beteiligung am Erfolg, am Gewinn und am Verlust.

Im Fall 1 hatten die Beteiligten formlos eine BGB - Gesellschaft gegründet. Aufgrund des Gesellschaftsvertrages ist C verpflichtet, die Beiträge zu leisten. Die Tatsache, dass er dieses längere Zeit nicht getan hat, führt – nach Mahnung – zum Verzug. A und B hätten ihm zur Zahlung eine Frist setzen müssen, um dann den Rücktritt/Kündigung von Gesellschaftsvertrag auszusprechen. So ist C weiter Mitgesellschafter und hat Anspruch auf seinen Anteil am Gewinn, er bleibt freilich verpflichtet, die rückständigen Beiträge in die Lottokasse zu leisten.

3. Die GbR als Rechtsperson

GbR besitzt nach der Rechtsprechung des Bundesgerichtshofs[366] volle Rechtsfähigkeit, insofern sie am Wirtschaftsverkehr teilnimmt.[367] Sie ist parteifähig, § 50 ZPO. Sie kann als solche Mitglied einer juristischen Person oder einer anderen BGB – Gesellschaft sein. Gemäß § 11 II Nr. 1 Insolvenzordnung ist sie auch als solche, nicht nur ihre Gesellschafter, insolvenzfähig.

Sie ist aber keine juristische Person im eigentlichen Sinne. In Bezug auf jeweils in Betracht kommende Rechtsbeziehungen muss daher festgestellt werden, ob sie wie eine juristische Person zu behandeln ist. [368]

---

[366] BGH v. 29.1.01 NJW 01, 1056

[367] Palandt § 705 RN 24

[368] BayObLG v. 31.10.02 NJW 03, 70: Eine GbR ist nicht grundbuchfähig. Sie kann nicht unter ihrem Namen als Eigentümerin eines Grundstücks oder als Berechtigte eines dinglichen Rechtes in das Grundbuch eingetragen werden.

4. Geschäftsführung und Vertretung

Die Gesellschafter sind gemeinsam zur Geschäftsführung und zur Vertretung befugt, §§ 709,714. Das kann durch Vereinbarung anders geregelt werden, auch die Bedingungen, unter denen die Vertretungsmacht wieder entzogen werden kann, § 715.

5. Haftung der Gesellschafter

Durch die Anerkennung der Rechtsfähigkeit der GbR ist diese von der offenen Handelsgesellschaft, oHG, des HGB kaum mehr zu unterscheiden. Es ist daher konsequent, dass die Gesellschafter der GbR grundsätzlich in derselben Weise haften wie die Gesellschaft einer offenen Handelsgesellschaft.[369] Jeder Gesellschafter haftet persönlich für die Gesellschaftsschuld. Nur wenn Erfüllung unmöglich ist, kann er den Gläubiger auf einen Schadensersatz Anspruch verweisen. [370] Im Fall 2 haftet C also auf Herausgabe des Krans, nicht nur auf Schadensersatz.

Die Beschränkung der Haftung ist nur möglich auf Grund einer vertraglichen Vereinbarung mit dem einzelnen Gläubiger.[371] Ein Zusatz wie in Fall 3 hätte vor der Änderung der Rechtsprechung des Bundesgerichtshofs vielleicht einen Sinn gehabt, jetzt geht er ins Leere. Eine GbR-mbH gibt es als Gesellschaftsform nicht. Die drei Gesellschafter, also auch B und C, haften mit ihrem Privatvermögen.

6. Beendigung der GbR

Die BGB - Gesellschaft wird entweder durch Kündigung oder durch Erreichung ihres Zwecks beendet. Im Falle der Auflösung der Gesellschaft oder des Ausscheidens eines Gesellschafters wird das Gesellschaftsvermögen anteilig ausgekehrt, § 736. Auch ohne Vereinbarung kann ein Gesellschafter aus der Gesellschaft ausgeschlossen werden, wenn die Fortsetzung der Gesellschaft seinen Mitgesellschafter nicht zumutbar ist. [372]

---

[369] Palandt § 714 RN 12
[370] Palandt § 714 RN 14
[371] Palandt § 714 RN 18
[372] BGH NJW 98, 3771: Kein Kündigungsrecht wegen Zerrüttung; §§ 723,737 sind abschließende Regelung.

II. Bürgschaft, §§ 765

Beispiel:

1. *Gläubiger G hat einen Gewährleistungsanspruch gegen S. Im Auftrag des S erstellt die Bank B am 1. 4. zu Gunsten des G eine Gewährleistungsbürgschaft zur Sicherung dieses Anspruchs. Am 25.03. hatte G seinen Anspruch aber bereits an Z abgetreten. Z macht Ansprüche aus der Bürgschaft gegenüber B geltend. Zu Recht?* [373]

2. *V ist Inhaber eines Baugeschäfts. Zu Erlangung eines dringend benötigten Kredites i.H.v. DM 500.000 verlangt B – Bank als Sicherheit u.a. eine Bürgschaft in dieser Höhe von S, dem Sohn und Erben, des V. S, ohne weiteres Vermögen, hat soeben sein Studium beendet; er ist jung verheiratet und verdient als Angestellter eines anderen Unternehmens DM 5000/Monat. Auf dringende Bitte seines Vaters zeichnet S die Bürgschaft. Nach 2 Jahren geht V in Konkurs. B – Bank verlangt Zahlung von S. Muss S zahlen? (nach einem Fall der BGH – Rechtsprechung)*

1. Grundsatz

Der Bürgschaftsvertrag ist ein einseitig verpflichtender Vertrag, aus welchem nur der Bürge verpflichtet ist, nicht aber der Bürgschaftsgläubiger. Die Verpflichtung des Bürgen ist nur gültig, wenn sie schriftlich erteilt ist, § 766; eine Ausnahme gilt für die Bürgschaft des Kaufmanns, welche dieser im Betriebe seines Handelsgeschäftes übernimmt, § 350 HGB. Auf Seiten des Bürgschaftsgläubigers braucht die Bürgschaftsurkunde nicht schriftlich zu sein.

Der Bürge wird gegenüber dem Gläubiger eines anderen (Hauptschuldner) verpflichtet, dessen Schuld zu bezahlen. Die Pflicht des Bürgen ist abhän-

[373] BGH v. 15.8.02 NJW 02 3461

gig von dem Bestand der Schuld des Hauptschuldners (Akzessorietäts - oder Abhängigkeitsgrundsatz).[374]

In Fall 1 ist es fraglich, ob Z einen Anspruch aus der Bürgschaft hat. In dem Augenblick, in welchem B- Bank die Bürgschaft zu Gunsten des G übernahm, war G nicht mehr Inhaber der Forderung. Die formgültig übernommene Bürgschaft der Bank ist daher unwirksam.

2. Grundfall der Bürgschaft

Aus dem Abhängigkeitsgrundsatz folgt, dass der Bürge sich auf alle Einreden berufen kann, welche der Hauptschuldner gegenüber seinem Gläubiger hat: Verjährung, Aufrechnungsrecht, Minderungsrecht usw.

Der gesetzliche Normalfall gibt dem Bürgen zusätzlich die Einrede der Vorausklage, § 771. Der Bürge kann erst in Anspruch genommen werden, nachdem der Gläubiger beim Hauptschuldner erfolglos vollstreckt hat. In der Praxis, insbesondere in der Formularpraxis der Banken, ist aber immer vorgesehen, dass der Bürger auf diese Einrede verzichtet. Dadurch wird die Bürgschaft zu einer *selbstschuldnerischen Bürgschaft*. Der Bürge haftet dann neben dem Schuldner wie ein Gesamtschuldner.

Insofern der Bürge den Gläubiger befriedigt, geht dessen Forderung ohne weiteres kraft Gesetzes auf den Bürgen über, § 774 (gesetzliche Zession).

3. Bürgschaftsformen

In der Praxis haben sich verschiedene Anwendungsformen der Bürgschaft herausgebildet. Diese sind gesetzlich nicht geregelt. Im Rahmen der Vertragsfreiheit können diese Formen beliebig kombiniert und für den Einzelfall besonders ausgestaltet werden.

[374] BGH v. 1.10.02 NJW 03, 60: *Das Akzessorietätsprinzip bewirkt, dass der Gläubiger vom Bürgen nur das verlangen kann, was er vom Hauptschuldner nach dem jeweiligen Bestand der Hauptschuld zu bekommen hat, es schützt den Bürgen also vor der Verpflichtung, mehr leisten zu müssen als jener.* Aus diesem Grunde gilt ein Teilverzicht zwischen Insolvenzverwaltung und Hauptschuldner auch zu Gunsten des Bürgen.

Ausfallbürgschaft: Diese ist praktisch bedeutsam. Der Bürge haftet entsprechend näherer Vereinbarung mit dem Gläubiger nur für den Betrag, den der Gläubiger nicht in anderer Weise vom Hauptschuldner oder aus sonstigen Sicherheiten bekommt. Bei der Aushandlung einer Ausfallbürgschaft muss sorgfältig beschrieben werden, wann der Ausfall als festgestellt gilt. In der Formularpraxis der Banken werden nicht selten Regelungen vorgesehen wie folgt:

> *Der Ausfall gilt in der Höhe der Restforderung des Gläubigers, welche sich(6, 12 usw.) Monate nach Fälligkeit der Forderung ergibt, als festgestellt.*

Die Bestimmung des Ausfall ist oft schwierig, sodass an sich gegen eine solche Fristenlösung nichts einzuwenden ist, aber eine zu kurze Frist ist im Zweifel ungültig.[375]

Nachbürgschaft: Die Nachbürgschaft sichert die Zahlungsfähigkeit des Erstbürgen. Die Zahlungspflicht des Nachbürgen entsteht also erst, wenn die Zahlungsunfähigkeit des Erstbürgen nach Maßgabe des Vertrages festgestellt ist. Ein praktisches Bedürfnis für die Nachbürgschaft kann entstehen, wenn eine Konzerngroßmutter die von ihrer Konzerntochter gegenüber der Konzernenkelin übernommene Bürgschaft absichern will, ohne die Konzerntochter aus ihrer erstrangigen Bürgschaftsverpflichtung entlassen zu wollen.

Rückbürgschaft: Der Rückbürge haftet dem Hauptbürgen, wenn er vom Gläubiger in Anspruch genommen wird. Er sichert also den Hauptbürgen, nicht den Gläubiger. Ein praktisches Bedürfnis dafür kann entstehen, wenn der im wirtschaftlichen Sinne eigentliche Bürge, der Rückbürge, gegenüber dem Gläubiger nicht in Erscheinung treten will und den Hauptbürgen nur vorgeschoben hat.

[375] BGH NJW 98, 2138: Bei einer Ausfallbürgschaft ist eine Klausel in AGB unwirksam, wonach der Ausfall als in der Höhe als festgestellt gilt, wie die Restforderung nach 6 Monaten noch besteht.

4. Garantie und Bürgschaft auf erstes Anfordern

Der Garantievertrag ist ein im Gesetz nicht geregelter gegenseitiger Vertrag.[376] Im internationalen Handel ist die Garantie auf erstes Anfordern, Abrufgarantie, von großer praktischer Bedeutung.[377]

Der Garant verpflichtet sich gegenüber dem Garantiebegünstigten, eine bestimmte Geldsumme unter einer bestimmten Bedingung zu zahlen; die Standardbedingung für die Fälligkeit der Zahlungspflicht des Garanten ist die schlichte Zahlungsanforderung.

Die Garantie ist abstrakt; sie ist sozusagen eine Bürgschaft, welche nicht von einer Hauptforderung abhängig ist. Die Abrufgarantie ist dadurch gekennzeichnet, dass als praktisch einzige Bedingung vereinbart ist, dass der Gläubiger die Garantie schriftlich abruft. Der Garant muss dann zahlen, ohne dass es auf irgendwelche weiteren Beweise ankäme.

Die Rechtsprechung anerkennt auch, dass es Bürgschaften auf erstes Anfordern gibt. Wegen der Gefährlichkeit für den Bürgen sollen diese aber nicht durch AGB vereinbart werden.[378] Diese Bürgschaft ist der Garantie auf erstes Anfordern weitgehend angenähert.[379] Der Bürge muss also auf Anfordern erst einmal zahlen, ohne sich, wie sonst bei der Bürgschaft, auf Einreden des Hauptschuldners berufen zu können; das darf der Bürge hier erst im zweiten Schritt. Schlagwort: Erst zahlen, dann prozessieren![380]

---

[376] Vgl. aber die jetzt §§ 443, 477 im Kaufvertrag.

[377] Palandt Einf v § 765 RN 25

[378] BGH NJW 98, 2280; BGH NJW 99, 55: Die Bürgschaft auf erstes Anfordern ist im allgemeinen so auszulegen, dass der Gläubiger gegenüber dem Rückforderungsanspruch des Hauptschuldners nicht mit streitigen Forderungen aufrechnen darf. BGH NJW 99, 2360: Der Gläubiger einer Bürgschaft auf erstes Anfordern muss beweisen, dass der geltend gemachte Anspruch durch die Bürgschaft gesichert ist. Erst wenn dieser Nachweis geführt ist, gilt der Satz: erst zahlen dann prozessieren.

[379] Palandt Einf v § 765 RN 14

[380] BGH NJW 99, 1542: Voraussetzungen und Folgen eines selbständigen Garantieversprechens.

5. Sittenwidrige Bürgschaft der Nahbereichsperson

In der deutschen Rechtsprechung ist seit etwa zwanzig Jahren die Frage aufgekommen, ob eine Bürgschaft aus persönlichen Gründen des Bürgen als sittenwidrig unwirksam sein kann, § 138. Diese Gründe liegen nach der Rechtsprechung vor, wenn

- der Bürge in einer besonderen menschlichen Bindung zum Hauptschuldner (als Ehegatte, Kind, Lebenspartner, Geschwister) steht und daher in seiner Entscheidung, die Bürgschaft für diesen übernehmen nicht, völlig frei war, und wenn zusätzlich
- der Bürge zur Zeit der Bürgschaftsübernahme sowie auf absehbare Zeit über kein Vermögen verfügt, welches der übernommenen Verpflichtung entspricht. [381]

[381] Palandt § 765 RN 8.; vgl. BGH NJW 2000, 362: Bürgschaft kann in diesem Fall unwirksam sein, auch wenn sie nach den Grundsätzen des AGB-Gesetzes wirksam wäre.

Exkurs: Bis etwa 1980 gab es zur Frage der Gültigkeit der Bürgschaft praktisch keine Rechtsprechung. Seither ist sie auf viele hundert angeschwollen, welche immer neue Fallgruppen abgrenzen.

Zunächst ging es um die Frage, ob die vermögenslose Ehefrau sich gültig für ihren Ehemann verbürgen könne; im Zuge der politisch offenbar gewollten Auflösung der Ehe ergab sich dann die Frage, ob auch die nicht verheiratete Partnerin unter diesen Schutz falle. Nachdem dieses bejaht wurde, stellte sich die Frage, wie lange die Partnerschaft bestehen müsse. Wenn aber die Partnerin unter diesen Schutz fällt, warum nicht auch der homosexuelle Freund, und erst recht sollten dann auch Geschwister, vielleicht auch weitere Verwandte in den Schutzbereich dieser Rechtsprechung einbezogen werden, usw. Es gilt wie so häufig, wenn man von einer Regel des Gesetzes abweicht: *Beim ersten seid ihr frei, beim zweiten seid ihr Knechte (Goethe, Faust).* Die Rechtsprechung hat die Entwicklung nicht mehr in der Hand. Unter makroökonomischen Gesichtspunkten stellt sich die Frage, ob der in den Einzelfällen erzielte Gerechtigkeitsgewinn, wenn er denn wirklich vorliegen sollte, zu den Folgekosten dieser Rechtssprechung in einem erträglichen Verhältnis steht. Diese Frage wird aber kaum je gestellt; von Juristen schon gar nicht. Diese Kosten entstehen, indem Hunderte von Juristen in Gang gesetzt werden, um vorhandene Formulare neu zu fassen, zahllose Artikel geschrieben werden (der Verfasser selbst ein halbes Dutzend hierzu). Rechtsstreitigkeiten, welche früher entweder gar nicht zu Gericht kamen oder in der ersten Instanz erledigt waren, wurden angesichts dieser neuen Rechtsprechung in vorher nicht bekannter Fülle zum Bundesgerichtshof getragen.

Wenn im Fall 2 der studierte S nicht wusste, was eine Bürgschaft bedeutet, weiß es niemand. Die rechtliche Antwort ist daher einfach: Natürlich muss er zahlen! Damit ist allerdings das bürgerliche Leben des S und seiner Familie auf Jahre und Jahrzehnte zerstört. Sein Gehalt reicht nicht einmal, um aus den pfändbaren Beträgen die Zinsen zu bedienen. Der BGH hat daher die Bürgschaft des S für unwirksam angesehen; als Sohn des V habe er bei der Zeichnung der Bürgschaft nicht wirklich frei entscheiden können.

4. Kapitel Gesetzliche Schuldverhältnisse

I. Geschäftsführung ohne Auftrag (GoA)

Fälle

1. *A wertet veröffentlichte Aufforderungen an unbekannte Erben aus. So ermittelte er für den überraschten E, dass er Erbe im Werte von EUR 50.000 geworden sei und versprach, den Erbfall offen zu legen, wenn E ein Honorar von EUR 2500 zahle. E lehnte ab. Jetzt hellhörig gemacht, ermittelte E nun selber und erhielt sein Erbe. A verlangt von E sein Honorar.* [382]

2. *A findet in den Unterlagen seines verstorbenen Vaters V, dessen Alleinerbe er ist, ein Romanmanuskript. Er veranlasst die Drucklegung des Werkes, wozu er eine Druckkostenzuschuss von 3000 EUR aufwendet. Nun stellt sich heraus, dass dieses Manuskript von F, einem Freunde des V, stammt, der es diesem zur Einsicht überlassen hatte. A verlangt von F Ersatz von EUR 3000. F verlangt Herausgabe der Autorenhonorare.*

3. *Krankenhaus K beauftragte den A, den schwer erkrankten B mit Hubschrauber zu einer Spezialklinik zu fliegen. Als K diesen Flug nicht zahlen will, verlangt A von B Zahlung. Zu Recht?* [383]

4. *A fährt völlig verkehrsgerecht auf einer geraden Straße. Plötzlich rennt ihm das Kind K vor das Auto. A kann die Verletzung des K nur dadurch verhindern, dass er sein Auto in den Graben lenkt. Den erheblichen Sachschaden möchte er von K oder dessen Eltern ersetzt haben.*

5. *B ist auf längerer Reise. Angesichts eines besonders günstigen Angebots des G, lässt sein Vetter, der Schlüssel zu dem Hause hat, die*

[382] BGH NJW 2000, 72
[383] vgl. LG Landau NJW 2000, 1046

alte Ölheizung durch eine moderne Gasheizung austauschen. Die Kosten von EUR 4000 will V von B wiederhaben.

6. *B ist mit unbekanntem Ziel auf Urlaub. Sein Nachbar A sieht, dass der Sturm das Wohnzimmerfenster eingeschlagen hat. Er beauftragt den Glaser mit der Reparatur und bezahlt diesem 300 EUR. Er verlangt diese von B ersetzt.*

7. *A hat sich in den Bergen verstiegen. B sieht das und ruft per Händi die Bergwacht, obwohl A laut protestiert, er werde sich selbst helfen können. Die Bergwacht verlangt von A EUR 800 für den Einsatz, A verlangt diese von B.*

8. *A hat dem B sein Auto umsonst überlassen. B merkt, dass die Reifen völlig abgefahren sind und lässt kurzerhand für EUR 400 neue aufziehen. A will das Geld dem B nicht ersetzen.*

9. *A hat davon gehört, dass V sein Haus verkaufen will. Er macht K ausfindig, der sich für dieses Haus interessiert. A möchte gerne eine Maklerprovision verdienen und ruft bei V und K an, indem er sich als Mitarbeiter des stadtbekannten Maklerbüros M vorstellt und das Geschäft abschließt. K bezahlt dem A die vereinbarte Maklerprovision. In Höhe von 5000 EUR. Als M das erfährt, verlangt er von A Herausgabe von 5000 EUR.*

Zu Recht?

1. Grundsatz

Das gesetzliche Schuldverhältnis der Geschäftsführung ohne Auftrag will zwei einander widersprechende Interessen mit einander versöhnen: Einerseits geht es nicht, dass sich jemand ungefragt in fremde Angelegenheiten mischt. Der eigene Bereich einer Person ist geschützt, rechtswidrige Eingriffe führen zu Abwehr- und Schadensersatzansprüchen gegen den Eindringling. Zum anderen aber darf die Bereitschaft, einem anderen Hilfe zu leisten, wo sie angebracht ist, nicht zum Schaden des Helfers werden.

Das gesetzliche Schuldverhältnis der Geschäftsführung ohne Auftrag (GoA) regelt daher

- Einserseits: Ansprüche des Geschäftsherrn, also der Person, in deren Bereich der Fremde (= Fremdgeschäftsführer) eingreift, infolge des unberechtigten Eingriffs, §§ 678, 684, 687.

- Andererseits: Ansprüche des Geschäftsführers auf Ersatz seiner Aufwendungen, wenn sein Eingriff berechtigt war, § 683.

Ein Fremder ist gerechtfertigt, die Angelegenheiten eines anderen ohne Auftrag zu besorgen und sich in dessen Angelegenheiten einzumischen:

Wenn die Handlung sowohl dem *Interesse* wie auch dem *wirklichen Willen* des Geschäftsherrn entspricht, § 677. Ist dieser Wille nicht feststellbar, z.B. Geschäftsherr ist krank oder nicht erreichbar, so entscheidet dessen *mutmaßlicher Wille,* § 677 a.E. Auf den Willen des Geschäftsherr kommt es nicht an, wenn die Geschäftsbesorgung der Erfüllung einer im öffentlichen *Interesse liegenden Pflicht* entspricht, § 679.

2. Fremdes oder eigenes Geschäft

Ein Vertrag zwischen dem Geschäftsführer und den Geschäftsherren ist in keinem der Beispielsfälle gegeben. Ein Ersatzanspruch des Handelnden kann sich also, wenn überhaupt, nur aus dem Gesetz ergeben, § 683. Hauptvoraussetzung für diesen Anspruch ist, dass der Geschäftsführer ein fremdes, nicht sein eigenes, Geschäft besorgt. Mit Geschäft ist hier nicht Rechtsgeschäft gemeint; besser wäre es, von fremden Angelegenheiten zusprechen. Statt von Geschäftsführung ohne Auftrag also von Besorgung fremder Angelegenheiten ohne Auftrag.

Eigene Interessen werden nicht dadurch zu fremden Angelegenheiten, dass auch die Interessen eines anderen berührt sein können. Im Fall 1 hat A auf eigene Rechnung und Gefahr Informationen beschafft, welche für E nützlich waren. Damit erschloss er sich eine Verdienstmöglichkeit. E war nicht verpflichtet, hierauf einzugehen. A hat nicht ein fremdes, sondern ein eigenes Geschäft betrieben.[384]

---

[384] BGH aaO: A handelt in eigener gewerblicher Absicht, um dem E seine Recherchen zu verkaufen.

Im Fall 2 vergreift A sich an dem Manuskript des F, es liegt ein fremdes Geschäft vor. Handelt es sich um ein fremdes Geschäft, ist weitere Voraussetzung, dass die Geschäftsführer die Vorstellung hat, eine fremde, und nicht etwa eigene, Angelegenheiten zu besorgen, Fremdgeschäftswille, § 687 I. Dieser fehlt im Fall 2. A war der Meinung, kraft Erbrechts Inhaber des Urheberrechtes an dem Manuskript zu sein. Er glaubte also, ein eigenes Geschäft zu betreiben. § 683, kommt nicht in Betracht, § 687 I. Aber auch F hat keinen Anspruch gemäß § 684 auf Herausgabe etwa der Honorare. [385]

Dritte, im Grunde aber die erste und wichtigste, Voraussetzung ist, dass der Handelnde nicht auf Grund eines Vertrages, sei es auch auf Grund eines Vertrages mit einem Dritten, tätig geworden ist. So aber lag es im Fall 3. A wurde auf Grund eines Vertrages mit K tätig. A hat Ansprüche gegen seinen Vertragspartner. Eine andere Frage im Fall 3 ist, ob das Krankenhaus K seinerseits aus GoA berechtigt ist, von B Ersatz der Aufwendungen zu verlangen, welche K auf Grund des Vertrages an A zu zahlen hat.[386]

Eigentlich unlösbar ist Fall 4. Das Gerechtigkeitsgefühl spricht dafür, dem A irgendwie einen Anspruch gegen K bzw. seine Eltern zu geben. Es wird ein Anspruch gemäß § 683 zugebilligt: A hat eine Angelegenheit des K bzw. seiner Eltern dadurch besorgt, dass er sich selbst gefährdete. Das ist arg weit ausgelegt. [387] Dennoch wird dieses wohl die juristisch beste Lösung sein, um A einen Anspruch zuzugestehen. Vielleicht sagt man besser im Sinne einer Rechtsanalogie: Die §§ 677 ff sind Ausdruck eines Gerechtigkeitsgedankens, wonach dem Helfer eine Anspruch auf Schadlosstellung gegen den zu steht, dem geholfen wurde.

3. Eingriff in fremde Angelegenheiten

Der gute Wille allein gibt kein Recht, sich in fremde Angelegenheiten zu mischen, auch dann nicht, wenn die Maßnahme eigentlich im Interesse des

---

[385] F hätte freilich einen Anspruch direkt aus § 812. A hat das ihm nicht zustehende Urheberrecht des F für eigene Zwecke eingesetzt, er ist damit ohne Rechtsgrund zu Lasten des F bereichert. Diesem Anspruch des F wird A im Rahmen des § 818 III die aufgewendeten 3000 EUR entgegenhalten dürfen.

[386] LG Landau NJW 00,1046: Die Meinung, wonach der Geschäftsführer in solchen Fällen sowohl vertraglich wie auch nach GoA berechtigt sein könne, überzeugt nicht. Der Geschäftsführer kann nicht Diener zweier Herren sein.

[387] Vgl. Palandt § 679 RN 8 f

Geschäftsherrn liegen müsste. Es war von V in Fall 5 nett gemeint, aber B muss selbst wissen, welchen Heizungstyp er will. V bekommt also nichts; er schuldet vielmehr gemäß § 823 Schadensersatz. Er muss, wenn B darauf besteht, die neue Heizung wieder herausreißen und die alte wieder einbauen, § 249.

Freilich gibt es Fälle, in denen bei vernünftiger Betrachtung eine andere Maßnahme als die von dem Geschäftsführer getroffene nicht in Betracht kommt. Fall 6: Was sonst wäre zu tun, als den Glaser zu bestellen? Sollte B wirklich die Absicht gehabt haben, das Wohnzimmerfenster nicht auszubessern, so konnte A dieses nicht im Sinne von § 678 erkennen; B hat dem A seinen Aufwand zu ersetzen.

4. Geschäftsführung gegen den Willen des Geschäftsherrn

Es geht niemanden als nur meinen Gläubiger G etwas an, ob ich meine Pflichten erfülle. Wenn mein Gläubiger aber nicht nur der G ist, sondern auch die Allgemeinheit, gilt etwas anderes, § 679. Dann darf ein anderer an meiner Stelle die Pflicht erfüllen, und ich muss seine Aufwendungen dafür ersetzen.

Schwierig ist Fall 7. Nach § 323 c StGB ist B strafrechtlich verpflichtet, dem A zu helfen. B kann von seiner Stelle wohl auch besser als A beurteilen, wie groß die Gefahr des A wirklich ist. Liegt es im öffentlichen Interesse, dass A gerettet wird? Anders ausgedrückt: Hat die Allgemeinheit einen Anspruch darauf, dass A sich retten lässt? Nach den in Mitteleuropa herrschenden Vorstellungen, ist dieses zu bejahen. B hat Anspruch auf Ersatz seiner Aufwendungen.

Im Fall 8 liegt es anders. A war zwar gesetzlich (stvzo) verpflichtet, seine Autoreifen zu erneuern. Diese Pflicht lag aber nicht im öffentlichen Interesse, A hätte sein Auto auch stehen lassen können. Es war nicht die Aufgabe des B, dafür zu sorgen, dass A seine Pflichten einhält. Kein Anspruch.[388]

---

[388] Allerdings ist A nun auf Kosten des B um den Wert der neuen Reifen bereichert. Es kommt ein Anspruch aus ungerechtfertigter Bereicherung des B gegen A in Betracht. Zu beachten ist aber § 814.

5. Ansprüche

a. Ansprüche des Geschäftsherrn

Berechtigte GoA ist Rechtfertigungsgrund, mit welchem eine an sich gegebene Schadensersatzverpflichtung des Geschäftsführers vermieden wird. Wenn im Fall 6 im Zusammenhang mit der Reparatur des Fensters Kratzschäden auftreten sollten, haftet A dafür nicht. Die unberechtigte GoA führt hingegen zur Schadensersatzhaftung des Geschäftsherrn, wenn die Tätigkeit zu einem Schaden bei dem Geschäftsherren führt.

Darüber hinaus kann der Geschäftsherr den falschen Geschäftsführer an seiner angemaßten Tätigkeit festhalten. Er kann ihn rückwirkend als seinen Auftragnehmer behandeln und verlangen, dass er die aus seiner Tätigkeit erlangten Vorteile wie ein Beauftragter herausgibt, § 687 II. Im Fall 9 hätte A die Provision vielleicht auch verdient, wenn er mit K und V ganz offen gewesen wäre. A hat sich aber offenbar etwas davon versprochen, sich auf M zu beziehen. A hat die geschäftliche Stellung des M wie seine eigene behandelt. M kann ihn beim Wort nehmen: gegen Erstattung der notwendigen Aufwendungen des A kann M das Geschäft als seines betrachten und Herausgabe der Provision verlangen.[389] So wäre auch die Lösung in Fall 1, wenn A erkannt hätte, dass es sich um ein fremdes Manuskript handelte.

b. Ansprüche des Geschäftsführers

Ist die Geschäftsführung berechtigt, so hat der Geschäftsführer sämtliche Ansprüche eines vertraglichen Auftragnehmers gemäß §§ 662 ff, insbesondere also auf Ersatz seiner Aufwendungen, § 683 i. V. m. § 670.

[389] § 113 HGB enthält einen ähnlichen Gedanken wie § 687 II.: Wenn ein Gesellschafter entgegen dem Wettbewerbsverbot ein Geschäft macht, welches eigentlich die Gesellschaft hätte machen sollen, dann haben seine Mitgesellschafter einen Anspruch auf Herausgabe des daraus Erlangten.

II. Ungerechtfertigte Bereicherung[390]

Fälle

1. *Kellner K gibt dem G auf EUR 200 heraus, obwohl G nur einen 100 – Euroschein gegeben hatte. K verlangt von G Rückzahlung.*

2. *A in Hannover schuldet der Firma Meyer – Bremen DM 112.000. Durch ein Versehen des Buchhalters wird das Geld der Firma Meyer – Oldenburg überwiesen, mit der A auch in Verbindung steht. Die Bank der Firma Meyer – Oldenburg vereinnahmt das Geld, weil diese kurz vor der Pleite steht. A will das Geld wieder haben.*[391]

3. *A hat im Nachtlokal des N ziemlich gesumpft und eine große Zeche gemacht. Total betrunken unterschreibt er einen Scheck über DM 90.000 zugunsten des N. Ist A verpflichtet? (Fall der Rechtsprechung)*

4. *A hat einen Anspruch gegen Schuldner S auf Zahlung von DM 26.000. Auf seinen Antrag wird das Kontoguthaben des S bei der B- Bank gepfändet. Obwohl das Guthaben des S zum Zeitpunkt der Pfändung nur DM 10.000 betrug, zahlte die Bank infolge Irrtums den Pfändungsbetrag in voller Höhe von DM 26.000 an A. Bank verlangt Rückzahlung von DM 16.000 von A.*[392]

5. *Für einen Werbespot verwendet A eine Melodie, die er für ein altes Studentenlied hält. Er ist ganz erstaunt, als B ihm nachweist, dass er der Urheber der Melodie sei. A entschuldigt sich, aber zahlen will er nichts. Muss er?*

---

[390] Der lateinische Ausdruck für diesen Anspruch *condictio* lebt in Begriffen wie Leistungs-/Eingriffs *kondiktion* fort.
[391] OLG Oldenburg WM 98, 711
[392] BGH NJW 02, 2871

6. *Der 16jährige M schmuggelt sich aus Abenteuerlust auf ein Flugzeug der Lufthansa nach New York. Die LH verlangt von M den Normalpreis für einen Flugschein.*[393]

7. *A nutzt ohne Rechtsgrund ein Schutzrecht des B. A hat zur Vorbereitung dieser Nutzung staatliche Fördermittel i.H.v TDM 10 erhalten. B verlangt eine angemessene Lizenzgebühr plus die TDM 10.* [394]*Zu Recht?*

8. *Beamter B bezieht von seiner Dienststelle D seit 10 Jahren Gehalt. Diese hat den Ortszuschlag falsch errechnet. B hat über die 10 Jahre DM 10.000 zuviel Gehalt bezogen. Ansprüche der D?*

   Variante: B hat den Fehler zu Beginn des 5. Jahres gemerkt, aber nichts gesagt.

9. *A manipuliert einen Verkehrsunfall und lässt sich von Versicherer V TDM 10 Versicherungssumme auf das Konto seines Sohnes S überweisen, über welches A Vollmacht hat. A hebt das Geld ab und verbraucht es. V verlangt von S Herausgabe der TDM 10.*
   Zu Recht? [395]

10. *A sieht bei dem Kunsthändler K das Gemälde „ Blumenwirbel." Er kauft es für DM 25.000 und nimmt es gleich mit. Sein Freund, dem er seine Erwerbung zeigt, weiß, dass dieses Bild vor einiger Zeit dem Sammler S gestohlen wurde. Da das Bild eigentlich nur rd DM 15.000 wert ist, meint S, A solle das Bild nur behalten. Er verlangt aber von K DM 25.000. Zu Recht?*

11. *V und K dealen in Drogen. V hat dem K ein verbotenes Betäubungsmittel für EUR 100.000 verkauft, und K hat bereits eine Anzahlung von 50.000 EUR geleistet. V liefert den Stoff nicht. K verlangt von V die Rückzahlung der Anzahlung. Zu Recht?*

---

[393] BGH 55, 128
[394] vgl. OLG Saarbrücken NJWE- WettbR 2000, 77
[395] OLG Köln NJW 2000, 1045

1. Grundsatz

Eine Vermögensverschiebung hat nur dann Bestand, wenn sie mit Rechtsgrund erfolgt. Wer einen Vorteil innehat, den früher ein anderer innehatte, darf diesen Vorteil nur behalten bzw. nutzen, wenn er, der Bereicherte, einen Rechtsgrund angeben kann, aufgrund dessen er gegenüber dem früheren Inhaber, dem Entreicherten, berechtigt ist, diesen Vorteil innezuhaben und zu behalten.

Eines der wichtigsten Rechtsinstitute des bürgerlichen Rechtes, die ungerechtfertigte Bereicherung, beschreibt

- Was ungerechtfertigte Bereicherung ist und
- Welche Ansprüche sich zwischen dem Entreicherte (= Gläubiger) und dem Bereicherten (=Schuldner) ergeben.

Der Bereicherungsanspruch kann sich mit anderen Anspruchsgrundlagen überschneiden, etwa mit dem Schadensersatzanspruch. Auch der Schadensersatzanspruch kann dazu führen, dass eine ungerechtfertigte Vermögenslage rückgängig gemacht wird. Der Dieb ist zur Rückgabe der gestohlenen Sache nicht nur gemäß § 823, sondern auch gemäß § 812 verpflichtet, und wer aus Unachtsamkeit das Bier seines Thresennachbarn trinkt, ist nicht nur gemäß § 812 zu dessen Lasten bereichert und muss ihm ein neues Bier kaufen; derselbe Anspruch folgt auch aus § 823. Es bestehen aber wesentliche Unterschiede zwischen dem Bereicherungsanspruch nach § 812 und dem Schadensersatzanspruch nach § 823.

Das Gesetz unterscheidet in § 812 I 1:

Leistungskondiktion: Bereicherung infolge einer Leistung, zu der keine Pflicht bestand, und

Eingriffskondiktion: Bereicherung in sonstiger Weise, also anders als durch Leistung des Entreicherten.

2. Leistungskondiktion

a. Grundsatz

Leistung ist die bewusste Mehrung fremden Vermögens. Oder: Leistung ist die bewusste Erfüllung einer Rechtspflicht. [396] Mit dieser Definition wird ausgedrückt, dass Gegenstand des Bereicherungsanspruches nicht nur eine bezifferbare Vermögensposition ist, sondern auch Rechtspositionen, welche noch kein Vermögensvorteil sind, aber es werden können.

Im Fall des § 812 will der Leistende eine Pflicht erfüllen, die nicht oder nicht so besteht. Fall 1: K schuldet Rückgeld auf EUR 100, aber nicht auf EUR 200. G ist durch die irrtümliche Leistung des K ohne Grund bereichert. Der Anspruch des K ist also begründet. Ähnlich im Fall 2: A schuldete Meyer – Oldenburg nichts, also geschah seine Leistung ohne Rechtsgrund. Meyer –Oldenburg war zur Rückzahlung verpflichtet. [397]

Eine Leistungskondiktion ist gegeben, wenn der Vertrag, in dessen Erfüllung geliefert wird, von Anfang an, z. B. gemäß § 138, oder später, z.B. gemäß § 119, unwirksam ist oder wird. Im Fall 3 schuldete A zwar Geld für den Verzehr, aber der Scheckübereignungsvertrag, § 929, war infolge seiner Trunkenheit nichtig, § 105 II. N muss den Scheck nach § 812 wieder herausgeben. [398]

---

[396] Palandt § 812 RN 3

[397] **Exkurs:** A hatte seine Zahlung auf das Konto von Meyer- Oldenburg bei der B-Bank geleistet. Meyer war zwar zur Rückzahlung verpflichtet, aber erst einmal war er (Abstraktionsprinzip!) Eigentümer der Forderung gegen B-Bank geworden. Die Forderung gehörte nun zum Vermögen von Meyer; B-Bank hatte selbst Forderungen gegen Meyer, sodass die Bank aufrechnen konnte. Das ändert zwar nichts an Meyers Pflicht, an A zurückzuzahlen - aber Meyer war pleite und konnte nicht zahlen. B – Bank hatte sich nach geltendem Recht völlig korrekt verhalten. Der Verfasser hat hierzu allerdings folgende Theorie vorgetragen: Die Überweisung einer Geldsumme auf das Konto eines Bankkunden ist eine doppelte Leistung, einmal eine Leistung an den Bankkunden selbst, zum anderen eine Leistung an die Bank, nämlich die Zuwendung einer formalen Aufrechnungsposition. In Bezug auf diese war die Bank des Meyer – O ungerechtfertigt bereichert.

[398] Ein andere Frage ist, ob N gegen diesen Anspruch mit Gegenforderungen aufrechnen kann. Diese Forderungen stammen aus dem Bewirtungsvertrag, und sind nur insoweit rechtsgültig entstanden, als A bei Aufgabe der Bestellung noch nüchtern war. Der Bundesgerichtshof hat also festgestellt, bis zu welcher Betragshöhe

b. Leistung im Dreierverhältnis

Das Rechtsverhältnis zwischen Bereichertem und Entreichertem ist kein Vertragsverhältnis, es heißt Leistungsverhältnis. Ein feststehender Grundsatz der Rechtsprechung besagt: Eine rechtsgrundlose Leistung wird in dem Leistungsverhältnis rückabgewickelt. Es ist daher im Einzelfall wichtig zu bestimmen, zwischen wem das Leistungsverhältnis besteht.

Ein Leistungsverhältnis besteht zwischen dem Empfänger der Leistung und der Person, welche aus Sicht des Empfängers einen Anspruch des Empfängers erfüllen will. Es wird also gefragt, als wessen Leistung und zu wessen Gunsten das Zugewendete erscheint. Für die Sicht des Empfängers wird wiederum der BGB – Idealbürger bemüht. Entscheidend ist also die *objektive Betrachtung aus Sicht des Zuwendungsempfängers unter Berücksichtigung der Gesichtspunkte des Vertrauensschutzes und der Risikoverteilung.*[399]

Im Fall 4 ist eine Rückforderung von Schuldner ist wohl aussichtslos; es ist also wichtig, in welchem Leistungsverhältnis B-Bank geleistet hat. Als wessen Leistung erscheint dem BGB – Idealbürger die Zahlung der DM 26.000 durch B – Bank an A? Als Leistung des S oder als Leistung der B?

1.Alternative: Erscheint die Zahlung als Leistung des S, so hat A bekommen, worauf er Anspruch hat; er ist nicht ungerechtfertigt bereichert. B hat also keinen Anspruch gegen A.

2. Alternative: Erscheint die Zahlung als Leistung der B-Bank, so hat A von B etwas erhalten, worauf er (von B!) keinen Anspruch hatte. B kann also zurückfordern (=kondizieren).

An sich erfüllt die Bank ihre Verpflichtung gegenüber ihrem Kunden, wenn sie in dessen Auftrag oder dessen Interesse Zahlungen an Dritte leistet.

---

die Bestellungen des A noch als von seinem rechtsgeschäftlichen Willen gedeckt angesehen werden konnten. Bis zu dieser Höhe schuldet der A den vertraglich vereinbarten Preis, auch wenn er - wie bei dieser Bar anzunehmen - deutlich überhöht war. Oberhalb dieser Beitragshöhe schuldete A nur noch aufgrund von § 812 die Herausgabe der Bereicherung, welche darin bestand, dass er die Getränke und Leistungen des N entgegengenommen hatte.

[399] Palandt § 812 RN 41; BGH NJW 99, 1393

Wenn sie daher mehr zahlt, als sie muss, kann sie Ansprüche nur im Leistungsverhältnis mit ihrem Kunden, hier also S, durchsetzen. A hat damit nichts zu tun. Dieser bekommt sein Geld von seinem Schuldner S, wobei B-Bank nur als Erfüllungsgehilfe des S erscheint. Das spricht also für die 1. Alternative.

Hier zahlt die Bank aber nicht *nur* auf Grund ihrer Verpflichtung gegenüber dem Kunden S, sondern vor allem aufgrund eines gesetzlichen Befehls, des Pfändungs- und Überweisungsbeschlusses. Durch diesen wurde B-Bank veranlasst, eine Zahlung unmittelbar an den Pfändungsgläubiger zu erbringen, ohne zu fragen, ob A, S oder sonst wer berechtigt war, das Geld zu empfangen. Das ergab sich endgültig aus dem Pfändungs- und Überweisungsbeschluss. Der Bundesgerichtshof war daher der Meinung, dass ein Leistungsverhältnis gemäß 2. Alternative vorlag. A musste den Betrag zurückzahlen, welcher das Guthaben des Schuldners überstieg, also DM 10.000.

3. Eingriffskondiktion

Bereicherung kann in vielfacher Weise stattfinden, ohne dass der Entreicherte daran wie bei der Leistungskondiktion beteiligt ist, z.B. dadurch dass der Bereicherte, schuldhaft oder nicht, ein Recht des Entreicherten für sich nutzt. Fall 5. A schuldet mangels Verschuldens keinen Schadensersatz, aber er ist um die ersparte Lizenzgebühr, die er dem B eigentlich hätte zahlen müssen, bereichert. Diese Ersparnis muss er nun als ungerechtfertigte Bereicherung herausgeben.

Allgemein gilt: Wer die Bereitschaft eines anderen, Leistungen aufgrund eines Vertrages gegen Entgelt zur Verfügung zu stellen, für sich ausnutzt, ohne einen Vertrag zu schließen, bereichert sich ohne Rechtsgrund, so im Fall 6. [400]

---

[400] Palandt § 812 RN 28; Der Verfasser gesteht, dass er als kleiner Junge unter der Zeltbahn in einen Zirkus geschlichen ist. Leider muss er auch gestehen, dass er sich als 16- jähriger heimlich einer Reisegruppe anschloss und so das, sehr hohe, Eintrittsgeld in das Vatikanische Museum sparte. Das tut ihm heute schrecklich leid! Aber die Bereichungsansprüche des Zirkus und des Hl. Vaters sind auch nach alten Recht verjährt.

4. Bereicherung

Der Bereicherte muss *etwas* erlangt haben. Das Wort erlaubt eine weite Auslegung. Es muss sich aber um einen Vermögensvorteil handeln oder um etwas, was zu einem solchen werden kann. Eine unrichtige Grundbucheintragung begründet zwar keinen Vermögenswert, sie ist ja unrichtig, aber sie kann über § 892 dazu werden. [401]

Bereicherung kann auch in der Ersparnis von Aufwendungen bestehen, vgl. Fälle 5 und 6.[402]

5. Auf dessen Kosten

Nur wenn der Bereicherte auf *Kosten* des entreicherten Gläubigers bereichert ist, besteht der Anspruch. Kongruenz der Vermögensverschiebung ist nötig. [403]In den allermeisten Fällen ist dieses kein Problem, vgl. aber Fall 7. A ist ohne weiteres verpflichtet, dem B eine Lizenzgebühr für die Nutzung des Schutzrechtes zu zahlen, vgl. schon Fall 5. Die Fördermittel, welche A in Anspruch genommen hat, haben aber mit dem Schutzrecht des B nichts zu tun, sie stammen aus dem Vermögen des Landes. Es ist zwar anzunehmen, dass A auf Grund öffentlich-rechtlicher Vorschriften diese Fördermittel an das Land zurückzahlen muss, aber dem B stehen sie nicht zu.

6. Umfang des Anspruchs

In erster Linie ist das tatsächlich Erlangte herauszugeben. Wenn das nicht möglich ist, vgl. Fall 6, oder nicht mehr da ist, schuldet der Bereicherte das, was an die Stelle des Erlangten getreten ist, z.B. Versicherungsanspruch/bzw. -zahlung für eine zerstörte Sache.[404] Herauszugeben sind auch

[401] Palandt § 812 RN 18

[402] BGH NJW 98, 2354: Bereicherungsschuldner hatte ungerechtfertigt erhaltenen Geldbetrag zur Tilgung von Verbindlichkeiten eingesetzt - die ersparten Schuldzinsen waren herauszugeben.

[403] In ganz ähnlicher Weise, und im inneren Gusammenhang mit § 812, ist es für die Erfüllung des Betrugstatbestandes, § 263 StGB, erforderlich, dass der Nachteil des Getäuschten mit dem Vorteil des Betrügers *kongruent* ist.

[404] Vgl. die entsprechende Regelung in § 285.

die Früchte des unrechten Gutes wie Zinsen und der Gebrauchsnutzen, § 818 I und II.

Es handelt sich aber nicht um einen Schadensersatzanspruch. Es kommt also nur auf die effektiv gezogene Bereicherung an, nicht die, welche möglich gewesen wäre. . Der Bereicherte muss aber umgekehrt auch die gezogene Bereicherung herausgeben, welche der Entreicherte nicht gezogen hätte.

7. Wegfall der Bereicherung

a. Grundsatz

§ 818 III ist eine Kernvorschrift des Bereicherungsrechts. Im Augenblick der Anspruchserhebung wird ein Vermögensvergleich beim Schuldner vorgenommen. Der infolge der Bereicherung noch vorhandene Überschuss des Vermögens gegenüber dem Vermögen vor Eintritt der Bereicherung wird geschuldet. Wenn der Bereicherte das Erlangte im Lebensvollzug ausgegeben hat, ist er nicht mehr bereichert und braucht daher auch keine Bereicherung mehr herauszugeben. [405] Faustregel: Hat der Bereicherte seine Bereicherung verschwendet, ist er nicht mehr bereichert, und der Gläubiger hat das Nachsehen. [406]

Hat B in Fall 8 als guter Hausvater die Bereicherung zur Schuldentilgung verwendet, oder auf ein Sparkonto eingezahlt, so ist er um die nicht mehr vorhandenen Schulden bzw. das Sparguthaben bereichert und hat dieses herauszugeben. Hätte er es verjuxt, wäre er frei.

Zur Feststellung des Bereicherungsanspruches ist von der noch vorhandenen Bereicherung das abzuziehen, was der Bereicherte für den Erwerb des erlangten Gegenstandes aufgewendet hat. [407]

b. Bösgläubigkeit

Wenn der Bereicherte den Mangel des rechtlichen Grundes kennt, kann er sich auf § 818 III nicht berufen, § 819. Im Fall 6 wusste M, dass eine Flug-

[405] Palandt § 818 RN 25
[406] Palandt § 818 RN 35
[407] Palandt § 818 RN 46

reise nicht umsonst zu haben ist. Seine Bereicherung war zwar spätestens entfallen, als er wieder zu Hause war, aber auf § 818 III kann er sich nicht berufen. Er musste, jedenfalls nach Meinung des BGH, bezahlen.

In der Variante des Falls 8 kann B sich hinsichtlich der nach Ablauf von fünf Jahren gezahlten Beträge nicht mehr auf dem Bereicherungswegfall berufen.

Im Fall 9 ist diese Sache insofern eindeutig, als natürlich A bösgläubig war. Rechtlich war aber nicht A, sondern S durch die Zahlung der Versicherung bereichert worden. Diese wusste, so hatte er jedenfalls im Prozess behauptet, von der Sache ganz und gar und partout nichts. S könnte also § 818 III geltend machen: Er hat das Geld bekommen, aber infolge der Abhebung durch A wieder verloren. Die Frage, ob S sich auf Bereicherungswegfall berufen darf, oder ob er als bösgläubig anzusehen ist, wird gemäß § 166 I beantwortet. Musste der Kontoinhaber S sich die Bösgläubigkeit seines Bevollmächtigten A zurechnen lassen? Das OLG Köln hat das bejaht.

Der Bösgläubigkeit steht gleich, wenn der Entreicherte Klage erhebt.

8. Sonderfälle

a. Leistung trotz Kenntnis der Nichtschuld

Wer bewusst eine nicht geschuldete Leistung erbringt, führt eine ungerechtfertigte Bereicherung bei dem Leistungsempfänger herbei, aufgedrängte Bereicherung. Der Rückforderungsanspruch gemäß § 812 wird aber ausdrücklich, § 814, ausgeschlossen. Der Versandhändler, der einem Kunden eine nicht gewünschte Leistung aufdrängen will, handelt also auf eigene Gefahr.

b. Verfügung eines Nichtberechtigten, § 816

Die Verfügung eines Nichtberechtigten ist an sich ungültig, führt also zu keiner Änderung der Vermögenslagen. Im Fall 10 war die Verfügung des K ungültig, denn A konnte nicht Eigentümer werden, § 935. S kann diese Verfügung aber genehmigen, § 184. Damit wurde sie gültig, A wird Eigentümer, und der Fall des § 816 I ist gegeben: S kann von K DM 25.000 verlangen. § 816 II betrifft etwa den Fall, dass der Schuldner in Unkenntnis der Abtretung an den alten Gläubiger, den Zedenten, zahlt, vgl. S. 83 Fall 3.

Er braucht nicht noch einmal zu zahlen, der Zedent muss das Empfangene an den Zessionar herausgeben.

§ 816 I und II beschreibt zwei Sonderfälle der Eingriffskondiktion, welche sich, fehlte diese Vorschrift, auch unschwer nur mit § 812 lösen ließen.

c. Rückforderungsausschluss bei beiderseitiger Sittenwidrigkeit, § 817

Vielleicht eine der schwierigsten Vorschriften des BGB ist § 817. Wenn die Vertragspartner einander aufgrund eines beiderseits als sittenwidrig erkannten Vertrages Leistungen erbringen, dann haben sie zwar ohne Rechtsgrund geleistet, das Recht versagt aber seinen Schutz, und es bleibt so wie es ist.

Fall 11:Der Vertrag zwischen V und K ist zweifellos unwirksam, nicht nur wegen Gesetzesverstoßes, § 134, sondern auch wegen Sittenverstoßes, § 138. Beide wussten das. K kann seinen Anspruch auf Rückzahlung nicht durchsetzen. Dasselbe gilt, wenn A den Beamten B besticht und auch bezahlt, B aber seine „ Verpflichtung" nicht erfüllt.[408]

d. Schenkung, § 822

Wenn der Bereicherte den empfangenen Gegenstand einem Dritten weiterverschenkt hat, ist nicht er bereichert, sondern der Dritte. Ausnahmsweise lässt das Gesetz hier einen Durchgriff auf den Dritten zu, § 822..

[408] vgl. lateinischen Grundsatz: *In pari tupitudine melior est pars possidentis* – bei Sittenwidrigkeit auf beiden Seiten, ist derjenige in der besseren Lage, dem geleistet wurde; oder einfacher: Wer hat, der hat. Es liegt auf der Hand, dass dieser Grundsatz kriminalpolitisch problematisch ist; K wird geradezu eingeladen, sein „Recht" mit Gewalt durchzusetzen.

III. Unerlaubte Handlung

Fälle

1. *A zerschlägt die Fensterscheibe des B. Kosten EUR 50. Ansprüche?*

2. *A sucht einen Programmierer. Er trifft P, der soeben, wie er dem A sagt, einen Vertrag mit seinem Konkurrenten K unterzeichnet hat. A bietet dem K TDM 50 / a mehr. K muss nun einen Programmierer einstellen, der ebenso teuer ist wie P jetzt. Ansprüche gegen A?*

   Variante: A sucht gar keinen Programmierer, er will nur verhindern, dass K den befähigten P einkauft.

3. *A hat auf dem Heiliggeistfeld in Hamburg eine Baustelle. Die Stadt Hamburg genehmigt in deren Nähe eine „Rave – Party." Teilnehmer dieser Party tanzen auf den Baucontainern des B und verursachen einen Schaden. Ansprüche des B gegen die Stadt*[409]

4. *Infolge einer Preisabsprache zwischen A und B muss C bei B mehr bezahlen als sonst. C verlangt Ersatz von B.*

5. *Der 16jährige A nimmt auf seinem Moped seine 13jährige Freundin F mit. Durch grobes Verschulden des A kommt es zum Unfall, bei dem F schwer verletzt wird. Deren Krankenversicherung wendet DM 150.000 auf, deren Ersatz sie von A verlangt.*[410]

6. *A beauftragt den G damit, die in seinem Garten stehende Birke zu fällen. G macht das so ungeschickt, dass die fallende Birke das Balkongitter des Nachbarn N zerstört. Ansprüche des N gegen A?*

---

[409] LG Hamburg NJW 98, 1411
[410] BVerfG NJW 98, 3557

1. Grundsatz

Art. 1382 des französischen Code Civil sagt: *Wer einem anderen schuldhaft Schaden zufügt, muss ihn ersetzen.*[411] Die entsprechende Vorschrift des deutschen Rechtes, § 823, sagte das nicht. Die Besonderheit des gesetzlichen Schadensersatzrechtes in Deutschland besteht darin, dass ein Ersatzanspruch nur entsteht, wenn der Täters ein absolutes Recht des Geschädigten verletzt.
Es muss sich um eines der in § 823 genannten Rechte handeln. Für den vertraglichen Schadensersatzanspruch genügt es, dass der Schädiger eine Vertragspflicht verletzt und dass infolgedessen ein Schaden des Gläubigers entsteht.

Im Rahmen der Rechtsverletzung nach § 823 I ist die Verletzung des Eigentums der praktisch bei weitem häufigste Fall, Fall 1: Es kommt nicht nur die direkte Verletzung des Eigentums in Betracht, sondern auch der Mangelfolgeschaden. [412] Der nächst häufigste Fall ist die Verletzung von Körper und Gesundheit. [413]

Wie Straftaten können auch unerlaubte Handlungen sowohl durch aktives Tun (A wirft Stein) oder durch Unterlassung (Vater schaut zu, wie sein Sohn den B verprügelt und verletzt) begangen werden.[414]

---

[411] Wörtlich: Jede menschliche Handlung, welche einem anderen Schaden zufügt, verpflichtet denjenigen, durch dessen Schuld diese Handlung geschehen ist, den Schaden zu ersetzen.

[412] BGH NJW 98, 1942: Kläger stellt Zentralverriegelungen für Pkw her. Dazu baut er Transistoren der Beklagten ein. Diese sind fehlerhaft. Hat Beklagter das Eigentum des Klägers an den von ihm aus den verschiedenen Komponenten hergestellten Zentralverriegelungsgerät verletzt oder haftet Beklagte nur nach Kaufrecht? BGH: Anspruch nach § 823. - Die Frage der Abgrenzung zwischen einem Anspruch gem. Kaufrecht oder nach § 823 hat durch die Angleichung der Verjährungsfristen sowie die Änderung des Kaufrechtes an Bedeutung verloren, ist aber nicht völlig unerheblich geworden.

[413] Beachte für Arbeitsverhältnisse: Bei fahrlässiger Verletzungshandlung gegenüber einem Arbeitskollegen haftet der Verletzter nicht. Die zuständige Berufsgenossenschaft übernimmt den Schaden, § 106 III SGB VII; vgl. Jahnke NJW 2000, 265

[414] BGH NJW 03, 522: Totschlag durch Unterlassen begangen durch DDR – Politiker.

2. Sonstiges Recht

Kernfrage des § 823: Was ist *sonstiges Recht?* Es ergibt sich bereits aus der Aufzählung im § 823 I, dass das sonstige Recht von derselben Art und Würdigkeit wie Leben, Eigentum usw. sein muss. Wenn alle anderen Rechte als sonstiges Recht anzusehen wären, wäre diese Aufzählung sinnlos.

Als *sonstiges Recht* werden solche Rechte angesehen, welche wie das Eigentum, Leben, Freiheit, Gesundheit usw. ohne weiteres einen Schutz gegenüber jedermann begründen, absolute Rechte. Dingliche Rechte, wie der Besitz, das Erbbaurecht, insbesondere aber das Persönlichkeitsrecht und die daraus entwickelten Rechte wie Namens- und Freiheitsrechte fallen darunter.

Beachte: Kein sonstiges Recht ist ein vertraglicher Anspruch.

Im Fall 2 verletzt A zweifellos die vertraglichen Ansprüche des K, welche dieser aufgrund seines Vertrages mit P hat. Die Handlung des A verletzt aber kein Recht des K im Sinne des § 823 I, er schuldet keinen Schadensersatz. In der Variante kann etwas anderes gelten, wenn A nicht nur aus Nachlässigkeit oder Eigensucht den P zum Vertragsbruch überredete, sondern wenn er kein anderes Ziel verfolgt, als den K zu schädigen, § 826.

3. Allgemeine Verkehrssicherungspflicht

Wer eine Gefahrenlage schafft, muss Sicherungsmaßnahmen zugunsten aller Personen treffen, die dadurch verletzt werden könnten. Im Fall 3 hätte die Stadt voraussehen können, dass eine solche Chaosparty zu Schäden an Privateigentum führt. Sie haftet.[415]

---

[415] Weitere Beispiele: BGH NJW 99, 2365: 7 jähriger hebt als Notausstieg dienenden Deckel vor der Schule und fällt hinein. BGH: Die Pflicht des Verkehrssicherungspflichtigen, Kinder vor den Folgen ihre unvernünftigen Tuns zu bewahren, hat auch Grenzen. OLG Brandenburg 16.4.02 NJW 03, 147: Werden *auf einem Schulhof auf Fußballtore ohne Netz aufgestellt, hat der Eigentümer des Schulgeländes Sicherungsvorkehrungen (z.B. Errichtung von Fangzäunen) zur Vermeidung der Schädigung Dritter zu treffen.*

Der Bereich der Verletzung von Verkehrssicherungspflichten dürfte nach dem Vertragsrecht der häufigste Bereich sein, mit dem sich die praktische Justiz zu befassen hat. Grundsätzlich handelt es sich um einen Anspruch wegen einer Unterlassungstat. Der Geschädigte muss also nachweisen, dass

- der Beklagte verpflichtet gewesen wäre, Sicherungsmaßnahmen zutreffen und dass
- diese die Sicherungsmaßnahme schuldhaft unterlassen hat, und dass
- diese Sicherungsmaßnahmen den Schaden verhindert hätten

Die grundsätzlich dem Kläger obliegende Beweislast wird von der Rechtsprechung durch den so genannten Beweis des ersten Anscheins, *prima facie Beweis,* erleichtert. Praktisch ergibt sich damit eine Beweislastumkehr zu Lasten des Verkehrssicherungspflichtigen.

4. Schutzgesetz

Der Verletzung eines absoluten Rechtes steht gleich die Verletzung eines Schutzgesetzes, § 823 II.

Es gibt keine allgemeinen Regeln, wonach ein Gesetz ein Schutzgesetz ist oder nicht. Dieses wird von Fall zu Fall durch Auslegung ermittelt. Ausgangsfrage ist, ob das Gesetz neben einer allgemeinen Vorschrift auch den Schutz des einzelnen Bürgers im Auge hat. Was ist z. B. mit § 21 a StVZO (Gurtpflicht), § 34 BeurkundungsG (Pflicht des Notars, sein Siegel zu verschließen) – wohl keine Schutzgesetze.

Die meisten Strafvorschriften des StGB gelten als Schutzgesetze, also § 242 stgb, Diebstahl, und praktisch wichtig, § 266 StGB, Untreue. § 242 StGB, ist sicherlich ein Gesetz, welches das Eigentum auch des Privatmanns schützen soll; § 80 StGB, welches die Vorbereitung eines Angriffskrieges unter Strafe stellt, ist aber ebenso sicherlich kein Gesetz, welches den einzelnen Bürger schützen will. Im Fall 4 haben A und B keine Rechte des C gemäß § 823 I verletzt. Sie haben aber gegen § 1 GWB (Kartellgesetz) verstoßen. Das GWB schützt nicht nur die Allgemeinheit, sondern auch den einzelnen gegen Wettbewerbsbeschränkungen, C hat daher einen Anspruch.

Eine sehr schwierige Frage ist, ob der Gleichheitssatz gemäß Art. 3 II GG ein Schutzgesetz ist. Bisher wird das meistens verneint.[416] Es scheint aber eine Tendenz zu bestehen, jedenfalls für öffentlich- rechtliche Organisationen und Großbetriebe eine allgemeine Pflicht zur Gleichbehandlung zu sehen.

5. Haftung Minderjähriger

Ab 7 Jahren ist der Mensch deliktsfähig, d.h. er hat für die von ihm verursachten Schäden im Rahmen seiner Einsichtsfähigkeit zu haften. Es ergibt sich insofern ein gewisser Widerspruch, als ein 15-jähriger Mensch davor geschützt wird, sich in Höhe von z.B.1000 EUR zu verschulden, er wird aber nicht davor geschützt, durch deliktisches Handeln in einen Zustand lebenslanger Überschuldung zu geraten.

Fall 5: A haftet, auch wenn er wahrscheinlich lebenslang überschuldet sein wird. [417]

6. Haftung für unerlaubte Handlungen Dritter

a. Haftung für Verrichtungsgehilfen

Wer als Auftraggeber einen Auftragnehmer/ Verrichtungsgehilfen zur Vornahme einer Handlung veranlasst, haftet Dritten gegenüber für dessen rechtswidrige (nicht notwendig schuldhafte) Handlungen. Ein Entlastungsbeweis kann geführt werden: der Gehilfe sei sorgfältig ausgewählt worden, § 831.

Fall 6. Ein Vertragsverhältnis besteht zwischen A und N nicht, folglich haftet A für G nicht gemäß § 278. A hat aber den Schaden letztlich veranlasst; A haftet also. Er kann sich von der Haftung jedoch gemäß § 831 entlasten, wenn er G ordentlich ausgesucht hat, z. B. G ist ein Fachbetrieb und kein Schwarzarbeiter.

---

[416] Rädler NJW 98, 1621

[417] Das BVerfG erörtert die Frage, dass ein Mensch durch einen Augenblick des Fehlverhaltens sein eigenes Leben zerstören kann, als verfassungsrechtliches Problem. Darf das Gesetz so hart sein? Aber das verletzte Mädchen hat nun auch ihr Schicksal zu tragen. Das BVerfG meint, das Gesetz dürfe so sein.

Beachte: Findet diese Handlung im Rahmen eines Schuldverhältnisses zwischen Auftraggeber und Drittem statt, hat der Auftraggeber als Schuldner das Verschulden des Gehilfen (= jetzt: Erfüllungsgehilfe) gemäß § 278 zu vertreten; kein Entlastungsbeweis!

b. Elternhaftung

Eltern haften für die rechtswidrigen – nicht notwendig schuldhaften – Handlungen ihrer minderjährigen Kinder § 832. Entlastungsbeweis ist möglich: Das Kind sei hinreichend beaufsichtigt worden.[418]

7. Gefährdungshaftung

In vom Gesetz besonders bestimmten Fällen kommt eine Ersatzhaftung in Betracht, obwohl dem Täter kein Verschulden trifft, Gefährdungshaftung. Der Grund dieser Haftung besteht in der vom Täter begründeten Gefährdung durch den Betrieb eines gefährlichen Gegenstandes oder Anlage. Mit Ausnahme der Schuld sind aber für die Begründung der Haftung alle weiteren Tatbestandsmerkmale erforderlich.[419]

Das BGB kennt nur die Tierhalterhaftung, § 833, als echten Fall der Gefährdungshaftung. Der praktische Hauptfall ist heute die Haftung des Kfz-Halters für Unfälle auf Grund des Straßenverkehrsgesetzes. Die verschuldensunabhängige Gefährdungshaftung gilt durchweg auf Grund neuerer

[418] Vgl. Aden, *Die Haftung der Eltern für ihre Kinder nach französischem und deutschem Recht.* Bonner – Dissertation, 1971

[419] **Exkurs:** Es gehört zu den komplizierteren juristischen Grundfragen, ob ein Handeln oder Unterlassen, welches an sich nicht rechtswidrig ist, trotzdem zu einer Schadensersatzpflicht führen kann, und wenn ja weswegen. Der moderne Staat muss es bis zu einem gewissen Grade erlauben, dass gefährliche Anlagen betrieben werden. Die damit zusammenhängenden Gefahren werden bewusst in Kauf genommen. Die im Verhältnis zur Allgemeinheit bestehende Rechtmäßigkeit der Betätigung einer solchen Anlage, bedeutet aber nach Meinung des Verfassers nicht ohne weiteres die Rechtmäßigkeit dieses Tuns in Bezug auf Einzelpersonen. Der Verfasser möchte daher eine Theorie der gespaltenen Rechtmäßigkeit vertreten. Dieselbe Handlung kann also gegenüber der Allgemeinheit rechtmäßig, gegenüber der Einzelperson aber rechtswidrig sein. Dieses gibt es sonst auch: Das Handeln eines Staates kann gegenüber anderen Staaten rechtswidrig, völkerrechtswidrig, sein, aber bezogen auf das Binnenrecht rechtmäßig und umgekehrt.

Rechtssetzung für den Betrieb von technischen Anlagen aber auch für das Inverkehrbringen von Waren, vgl. ProdukthaftungsG.

IV. Vorsätzlich sittenwidrige Schädigung, § 826

Fälle

1. *A fragt in der fremden Stadt den B nach dem Weg.*
   a. *B antwortet fahrlässig falsch: links, statt rechts.*
   b. *B antwortet absichtlich falsch, weil er den Frager irreführen will.*[420]

   Infolge der Verspätung entgeht dem A ein Auftrag in Höhe von EUR 1000.Ansprüche?

2. *A behauptet eine Forderung über DM 100.000 gegen B zu haben. A macht ihm Angst und schlägt vor, man solle sich auf DM 75.000 einigen, und es sei dann am kostengünstigsten für B, wenn A einen Mahn- und Vollstreckungsbescheid (VB) erwirke und B dagegen keinen Einspruch erhebe. So geschieht es. Der VB wird rechtskräftig. Nun stellt B fest, dass er dem A überhaupt nichts schuldet.*[421]

1. Grundsatz

Wer einen anderen vorsätzlich und böswillig schädigt, haftet auch dann, wenn er nicht ein absolutes Recht verletzt hat.[422] Unterschiede/ Übereinstimmungen zwischen § 823 und § 826:

---

[420] Ein Fall aus der Praxis des Verfassers, dem die Variante b einmal in Serbien passierte, weil man ihn wegen seiner Autonummer aus Sarajewo für einen Bosnier hielt.

[421] vgl. BGH NJW 98, 1257

[422] **Exkurs:** Die Regelung in § 823 I, welche den Schadensersatz Anspruch an die Verletzung eines bestimmten Rechtes knüpft, will eine unkontrollierte Ausweitung des Schadensersatzanspruches vermeiden. Genau das ist nämlich das Problem der französischen Regelung: Die Vorschrift des Art. 1382 ist derartig weit, dass das Problem der französischen Rechtsprechung darin besteht, die Fälle abzugrenzen, welche nicht mehr schadensersatzpflichtig sein sollen, obwohl sie an sich unter den Wortlaut fallen. Wenn der Schädiger jedoch wie in § 826 vorausgesetzt vorsätzlich und sittenwidrig handelt, ist durch den Vorsatz der Schadensbereich schon so weit eingegrenzt, dass eine unkontrollierte Ausweitung des Anspruches nicht zu befürchten ist.

- § 823 : Fahrlässigkeit und Vorsatz gelten gleich
- § 826: Vorsatz plus Sittenwidrigkeit.
- § 823: absolutes Recht muss verletzt sein
- § 826: jede Vermögensposition ist gegen Arglist geschützt.

2. Haftung

Fall 1: In der Variante a handelt B fahrlässig. Die fahrlässige Verletzung eines Rechts führt gemäß § 823 I zwar zu einem Schadensersatzanspruch; hier hat B aber kein Recht des A verletzt, sondern allenfalls seine Hoffnung, eine richtige Antwort zu bekommen. Kein Anspruch. In der Variante b hat B die falsche Antwort gegeben, um A zu schädigen, Anspruch aus § 826.

Fall 2: Gegen einen rechtskräftigen Titel kann man eigentlich nichts mehr machen. Die Rechtsprechung gewährt aber in besonders schweren Fällen einen Anspruch auf Unterlassung der Zwangsvollstreckung, § 826. B wird damit hier vielleicht durchdringen.

4. Teil Sachenrecht

1. Kapitel Herrschaft über Sachen

I. Besitz

Fälle

1. *B hat bei seinem Arbeitgeber A eine Schlagbohrmaschine mitgehen lassen. Sein Kollege K entdeckt diese in B's Garage und will sie mitnehmen, um sie wieder an den Arbeitsplatz zu bringen. B wehrt sich, es kommt zum Gerangel, B fällt und stürzt und verlangt Schmerzensgeld von K. Schuldet K dem B Schmerzensgeld?*

2. *E steht mit seinem Koffer auf dem Bahnsteig und wartet auf den Zug. Für 3 – 4 Minuten wendet er sich zu dem Fahrplan und lässt seinen Koffer in etwa 30 m Entfernung stehen. A nimmt diesen an sich und geht. E hinterher, entreißt ihm den Koffer, dabei stößt er den A, dass er fällt. A macht Schmerzensgeld gegen E geltend. Zu Recht?*

3. *A hat von E, der im Nachbarhaus wohnt, Haus und Garten gemietet. E schüttet seinen Gartenabfall immer zu A rüber, in – wie er sagt – seinen Garten. A befürchtet, dass E das immer wieder tun wird. Was kann er unternehmen?*

1. Grundsatz der Sachenrechte

Das Sachenrecht beschreibt Rechte an Sachen. Sachen sind körperliche Gegenstände, § 90, also Dinge, die man sehen und anfassen kann. An Sachen ist Besitz und Eigentum möglich.[423]

[423] Die Leiche eines Menschen ist die einzige Sache, an der kein Eigentum möglich ist. Das gilt aber nicht unbeschränkt: An ägyptischen Mumien besteht Eigentum,

Eigentum ist das umfassende Herrschaftsrecht an einer Sache. Der Eigentümer ist befugt, die Sache nach Belieben zu nutzen; er kann sie verbrauchen, verkaufen, zerstören, aufessen, Bäume darauf pflanzen, Bildchen hineinzumalen usw. Insbesondere hat er einen Anspruch gegen alle anderen Personen, ihn hierbei nicht zu stören, § 903.[424] Aus dem Eigentum lassen sich weitere Herrschaftsrechte in Bezug auf eine Sache herleiten, z.B. das Erbbaurecht, Nießbrauch, Reallast, Dienstbarkeiten. Praktisch wichtig ist das Pfandrecht, welches wiederum in verschiedenen Formen vorkommt. Das Pfandrecht bezeichnet die Beziehung zwischen einer Person (Pfandgläubiger) und einer Sache, die ihr das Recht gegen jedermann, einschließlich den Eigentümer, gibt, bei Fälligkeit der durch die verpfändete Sache gesicherten Forderung, die Sache zu verkaufen, um sich daraus bezahlt zu machen, §§ 1205 ff.

Auch Hypothek und Grundschuld, §§ 1113 ff, sind Pfandrechte, nur an Grundstücken.

2. Besitz

Besitz ist die räumliche Beziehung eines Menschen zu einer Sache, die es ihm erlaubt, sich ihrer jederzeit tatsächlich zu bemächtigen. Besitz ist tatsächliche Herrschaft, unabhängig von einem Recht zum Besitz. Das Recht schützt den Besitzer in seiner Herrschaft; wer ein besseres Recht hat oder behauptet, muss dieses im Gerichtswege durchsetzen. Gewalt (Selbsthilfe) darf er mit Ausnahme von Notfällen, nicht anwenden.

Auch der Dieb ist daher in seinem Besitz geschützt. Es ist ein rechtswidriger Angriff, wenn jemand, sei es auch der Eigentümer, ihm den Besitz gewaltsam entreißen will, § 858. Grund: Vielleicht ist der Dieb gar kein Dieb, vielleicht ist der Eigentümer gar nicht der Eigentümer. Das kann letztlich nur der Richter entscheiden. Fall 1: Der Angriff des K war rechtswidrig,

---

weil infolge des Zeitablaufs die Menschenwürde des Mumifizierten gegen Null geschrumpft ist. Der lebende Mensch gehört sich nicht selbst, sonst dürfte er sich selbst in die Sklaverei verkaufen oder auf Wunsch töten lassen.

[424] Zu beachten sind freilich die verfassungsmäßigen Grenzen des Eigentums, Art. 14 GG. OVG Münster NJW 2000, 754: Der Eigentümer eines Grundstücks muss es dulden, dass die Gemeinde im Straßenkörper Bäume pflanzt und unterhält, die ihn möglicherweise stören.

denn B war nun einmal, wenn auch unberechtigter, Besitzer der Maschine. B durfte sich wehren, § 859 I. K schuldet Schmerzensgeld.

Auch der Eigentümer genießt den Besitzschutz, aber nur wenn er zugleich Besitzer ist. Fall 2: Die entscheidende Frage ist, ob noch E, wie wohl zu bejahen, oder schon A Besitzer des Koffers war.

3. Weitere Formen des Besitzschutzes

Der Besitz ist sonstiges Recht i. S. v. § 823 I. Der Besitzer ist auch gegenüber dem Eigentümer geschützt, Fall 3. A hat Anspruch auf Schadensersatz. Er kann aber auch verlangen, dass E seine Form der Abfallentsorgung künftig unterlässt, weil dieses seinen Besitz stört, § 862.

Der Besitzer hat gegen den Besitzstörer folgende Ansprüche:

- Schadensersatz: bei Rechtswidrigkeit und Verschulden des Störers.
- Unterlassungsanspruch: es genügt Rechtswidrigkeit, Schuld ist nicht nötig.
- Vorbeugender Unterlassungsanspruch: rechtswidrige Besitzstörung in Zukunft ist wahrscheinlich;

II. Eigentum

Fälle

1. *A hat einen sonnigen Garten. Sein Nachbar B hat nur einen schattigen Garten. Immer wenn B weiß, dass A nicht zu Hause ist, legt er sich mit seiner Wolldecke in den Garten des A. B ist sehr rücksichtsvoll, er hinterlässt keinerlei Schmutz. A will das trotzdem nicht dulden. Muss er?*

2. *Der 50 jährige A findet beim Aufräumen ein altes, offensichtlich sehr wertvolles Buch, welches laut Stempelaufdruck der Kirchengemeinde Schortens gehört. A erinnert sich, dieses schon als Kind in den Beständen seines Vaters, dessen Erbe er ist, gesehen zu haben. Wem gehört das Buch?*

3. *A kauft in einer Nebenstraße des Bahnhofs München von Frau B, die er flüchtig kennt, eine alte Geige für DM 130.000 in bar. Das gute Stück ist etwa DM 170.000 wert. Eigentümer der Geige war E, welche der B die Geige auf einige Tagewegen angeblicher Kaufabsicht zur Ansicht überlassen hatte. E verlangt von A die Geige heraus. Zu Recht?* [425]

4. *A sieht bei dem Kunsthändler K das Gemälde „ Blumenwirbel". Er kauft es für DM 25.000 und nimmt es gleich mit. Dieses Bild war vor einiger Zeit dem Sammler S gestohlen worden. S verlangt das Bild A; A will aber jedenfalls sein Geld wiederhaben, denn K ist inzwischen pleite.*

5. *Bankräuber B hat seine Beute sorgfältig im Wald versteckt. Hin und wieder holt er sich einige Banknoten, die alle registriert sind und bezahlt seine Rechnungen, z.B. bei A mit einem EUR 200 – Schein. Die Polizei will den Schein bei A beschlagnahmen. Zu Recht?*

[425] Vgl. OLG München NJW 03, 673

1. Grundsatz

Eigentum ist das umfassende Herrschaftsrecht einer Person über eine Sache. Dieses Herrschaftsrecht kann nur durch Gesetz, z.B. § 904, eingeschränkt werden oder durch einen Vertrag, in welchem sich der Eigentümer selbst bindet, z.B. Vermietung der Sache. Der Eigentümer muss nicht begründen, warum und wie er sein Herrschaftsrecht ausüben möchte. Im Fall 1 will A einfach nicht, dass andere auf seinem Grundstück in der Sonne liegen. Das genügt. [426]

2. Erwerb des Eigentums kraft Gesetzes

Eigentum wird entweder durch Gesetz oder Vertrag erworben. Folgende gesetzliche Erwerbsgründe kommen in Betracht.

Aneignung, § 958: Die Sache muss herrenlos sein. Eine verlorene Sache ist nicht herrenlos.

Ersitzung, § 937: Fall 2: Ist A aber gutgläubig? Der Stempelaufdruck bewirkt allein wohl noch keine Bösgläubigkeit.

Ersteigerung : vgl. § 90 Zwangsversteigerungsgesetz

Öffentliches Recht: Zuweisung an neuen Eigentümer kraft Enteignung.[427]

3. Erwerb des Eigentums kraft Vertrages

Vertraglich wird Eigentum durch Einigung und Übergabe übertragen bzw. erworben, § 929. Übereignung ist ein dinglicher Vertrag, dessen Rechtswirksamkeit unabhängig davon geprüft wird, ob das zugrunde liegende Rechtsverhältnis, welches zu der Übereignung verpflichtet, gültig ist.

---

[426] BGH NJW 00, 1719: *Der bloße Umstand, dass der Eigentümer sein Grundstück nicht nutzt, führt nicht dazu, dass er die Nutzung durch einen anderen dulden muss.*
[427] Enteignung ist nur durch oder aufgrund eines Gesetzes zulässig, Art. 14 GG.

4. Andere Übereignungsformen

Die Übergabe kann gemäß § 930 durch eine Vereinbarung ersetzt werden, wonach der alte Eigentümer im Besitze der Sache bleibt.

Das ist wichtig für die Sicherungsübereignung, weil vereinbart werden kann, dass der Übereignende im Besitz der Sache bleibt und sie gebrauchen kann. Darin liegt der große Vorteil gegenüber dem Pfandrecht. Dieses sieht vor, dass der Pfandgeber dem Pfandnehmer den effektiven Besitz der Sache überlässt, § 1205. Das Sicherungseigentum darf aufgrund des Sicherungsvertrages nur in der Weise genutzt werden, dass der Eigentümer sich im Falle der Insolvenz des Sicherungsgebers daraus vorrangig befriedigt.[428]

Einigung und Übergabeersatz, hier in der Form, dass der Herausgabeanspruch des alten Eigentümers an den neuen Eigentümer abgetreten, § 398, wird, § 931. Das wird praktisch im nationalen und internationalen Handel, wenn eine Sache während des Transportes verkauft und übereignet wird.[429]

5. Erwerb vom Nichtberechtigten

a. Eigentumsvermutung kraft Besitzes

Niemand kann Rechte übertragen, die er selbst nicht hat.[430] Wer aber einen Vertrag schließt, übernimmt das Risiko dafür, dass der Vertragspartner ihn nicht übervorteilt. Tut er es doch, indem er die Sache unterschlägt und einem gutgläubigen Dritten übereignet, dann erwirbt dieser, sofern er gutgläubig in Bezug auf das Eigentum des Verkäufers war, Eigentum, § 932. Im Fall 3 gilt zunächst § 1006. Zugunsten des Besitzers einer Sache wird vermutet, dass er der Eigentümer sei. Diese Vermutung muss E widerlegen. Das gelang in diesem Falle. OLG München: *Wer ein hochwertiges Musikinstrument deutlich unter dem Verkehrswert an einem Ort erwirbt, an dem kein Handel mit solchen Gegenständen stattfindet, handelt grob fahrlässig.*

---

[428] BGH NJW 2000, 352: Pflicht zur bestmöglichen Verwertung, aber keine Pflicht, jeden vom Sicherungsgeber benannten Interessenten zu kontaktieren.

[429] Die Übereignung geschieht im internationalen Handel häufig auch dadurch, dass ein Dokument, welches das Eigentum repräsentiert gemäß § 929 übereignet wird, z.B. Konnossement.

[430] So wörtlich der lateinische Rechtssatz: *nemo plus iuris transferre potest quam ipse habet.*

A wurde also nicht Eigentümer, er hat die Geige herauszugeben, sein Geld ist er los.

b. Böser Glaube

Der Eigentumserwerb vom Nichtberechtigten ist ausgeschlossen, wenn der Erwerber nicht im guten Glauben war, wenn also die Umstände die Vermutung zugunsten des Besitzes widerlegen, § 932 II. Wer einen Gebrauchtwagen verkauft, ohne im Besitz des Kfz-Briefs zu sein, ist verdächtig. Da hilft dem Schnäppchenjäger auch § 1006 nicht.

6. Abhanden gekommene Sache

Ist die Sache dem Eigentümer ohne Willen aus dem Besitz geraten, abhanden gekommen, so gilt § 932 nicht, sondern § 935 I.

Im Fall 4 hat A kein Eigentum erworben, auch wenn er selbst und K gutgläubig sind. Die Kaufsache leidet an einem Rechtsmangel. A ist verpflichtet, das Bild dem S herauszugeben, § 985. A hat aus dem Kaufvertrag einen Anspruch gegen K. Wie dieser Anspruch befriedigt wird, geht den S nichts an; wenn K pleite ist, muss A den Schaden selber tragen.

Gemäß § 935 II gilt die Regel in § 935 I nicht für Geldzeichen, also Münzen und Banknoten, ebenso wenig für Inhaberpapiere, § 793. Im Fall 5 mag die Polizei gemäß Strafprozessordnung befugt sein, den Geldschein aus kriminalistischen Gründen zu beschlagnahmen, aber er gehört dem A. Nach Ende der Spurensicherung muss er zurückgegeben werden.

III. Eigentümer – Besitzer – Verhältnis, § 985

Fall

1. *Dem A läuft eine trächtige Rassehündin des Eigentümers E zu. A weiß nicht, wem der Hund gehört. Er füttert das Tier. Als 5 Welpen zur Welt kommen, lässt er diese für EUR 200 in einem Zwinger erziehen und verkauft sie dann für EUR 500 / Stück. Eines Tages meldet sich E und macht Ansprüche geltend. Welche?*

2. *Der Kunstkenner A hat im Antiquariat des B eine mittelalterliche Marienfigur außerordentlich günstig gekauft. Er traut sich zu, sie selbst zu restaurieren, dabei verdirbt die alte Goldauflage. Jetzt meldet sich die Kirchengemeinde K, der diese Figur gestohlen worden war. K verlangt ihr Eigentum zurück. Ansprüche?*

3. *Der arbeitslose Ausländer A eröffnet bei der C- Bank am 1. 4. ein Konto. Umsätze finden darauf nicht statt. Nach 3 Wochen reicht A einen von B auf die Firma Randel & Söhne, Edelsteinimport, ausgestellten Verrechnungsscheck über DM 497.000 zu diesem Konto ein. 3 Tage später lässt er sich den Betrag in bar auszahlen. Randel & Söhne reklamieren bei B die ausbleibende Zahlung. Der V- Scheck war von B an Randel & Söhne per Post verschickt worden. Auf unerklärliche Weise ist er in die Hände des A gelangt. A ist nicht mehr auffindbar. Hat B Ansprüche gegen die C- Bank? (Echtfall aus der Praxis des Verfassers).*

1. Grundsatz

Der Eigentümer hat einen Herausgabeanspruch gegen den Besitzer seiner Sache, § 985, es sei denn, dass der Besitzer zum Besitz berechtigt ist, § 986. Dass kann aufgrund eines vertraglichen oder gesetzlichen Schuldverhältnisses der Fall sein.

Wenn zwischen Eigentümer und Besitzer ein Rechtsverhältnis besteht, wonach der Besitzer zum Besitz berechtigt ist oder sein könnte, z.B. als Mieter, Entleiher, Sicherungsgeber im Falle von Sicherungseigentum, Verwahrer, Unternehmer im Falle eines Reparaturauftrages bezüglich einer Sache des Eigentümers usw., regeln sich die gegenseitigen Rechte und Pflichten aus diesem Rechtsverhältnis, und zwar ausschließlich.

Der Vertrag geht als die speziellere Regel stets dem Gesetz vor. Nur wenn es kein solches Rechtsverhältnis zwischen Eigentümer und Besitzer gibt, Fälle 1 – 3, muss das Gesetz eine Lösung anbieten. Das Eigentümer – Besitzer – Verhältnis, EBV, ist also ein gesetzliches Schuldverhältnis, welches nur insoweit eingreift, als zwischen Eigentümer und Besitzer keine anderen Rechtsbeziehungen bestehen.[431] Das Eigentümer – Besitzer – Verhältnis ist eine der schwierigeren Materien des BGB. Im Verhältnis zu seiner Schwierigkeit ist es eigentlich praktisch nicht so bedeutsam.

Praktischer Hinweis: Bei der Lösung eines Falles geht man grundsätzlich erst alle anderen möglichen Anspruchsgrundlagen durch, ehe man EBV prüft.

2. Anspruch des Eigentümers

Der Eigentümer kann sein Eigentum und dessen Früchte, § 99, vom Besitzer herausverlangen, § 985. Fall 1: Auch die Welpen sind also herauszugeben. Da aber diese nicht mehr da sind, muss A gemäß § 988 i.V.m §§ 812,

[431] Das Verhältnis der Ansprüche aus dem EBV zu Ansprüchen aus anderen gesetzlichen Schuldverhältnissen, insbesondere aus ungerechtfertigter Bereicherung, §§ 812 ff, und unerlaubter Handlung §§ 823 ff, ist sehr umstritten, vgl. Kommentierung im Palandt Vorbemerkung zu § 987. Grundsätzlich gilt:
a. §§ 985 ff gelten ausschließlich für das sachenrechtliche Verhältnis zwischen Eigentümer und Besitzer.
b. §§ 812 ff gelten zusätzlich, weil sie nicht das sachenrechtliche Verhältnis betrachten, sondern allein die Frage der ungerechtfertigten Vermögensverschiebung.
c. §§ 823 ff gelten nicht zusätzlich, denn §§ 990 wollen eine abschließende Regelung treffen.

818 Wertersatz in Höhe des erzielten Kaufpreises, aber abzüglich seiner Aufwendungen, leisten.

3. Schadensersatzanspruch des Eigentümers

Schadensersatz setzt Verschulden voraus. Fall 1: A kannte den E nicht. Objektiv hat er zwar das Eigentum des E an den Welpen durch Verkauf vernichtet, aber er war gutgläubig. Gemäß §§ 989, 990 haftet er auf Schadensersatz erst, nachdem er von dem Eigentum des E weiß oder damit rechnen muss, dass E der Eigentümer ist (Haftung ab Rechtshängigkeit).

> **Beachte:** §§ 823 ff werden durch die Spezialvorschriften der §§ 987 ff verdrängt und gelten nicht.

Fall 2: A hat durch Fahrlässigkeit das Marienbild beschädigt. Objektiv ist also § 823 erfüllt. A meinte aber, das Bild gehöre ihm, dann durfte er damit verfahren wie ein Eigentümer. Erst wenn er ernsthaft damit rechnen muss, das Bildnis gehöre ihm nicht, §§ 989, 990 haftet er. Die Fallgestaltung lässt die Möglichkeit offen, dass A von Anfang an wusste oder wissen musste, dass die Figur gestohlen war, er also kein Eigentum daran erwerben konnte. Dann gilt seine Haftung von Anfang an.

Fall 3: Der Scheck ist ein Inhaberpapier, gemäß § 935 II kann auch an einem abhanden gekommen Scheck Eigentum erworben werden, aber wie stets nur bei Gutgläubigkeit des Erwerbers. Ein gutgläubiger Erwerb nach § 990 und Art. 21 ScheckG ist bei grober Fahrlässigkeit nicht möglich. Die lag hier bei C- Bank wohl vor. Diese haftet dem Scheckeigentümer, also dem Absender B, auf Schadensersatz. So vom BGH entschieden.

4. Gegenansprüche des Besitzers

Der gutgläubige Besitzer, der die Sache als sein Eigentum angesehen und vielleicht auch so gepflegt hat, muss diese dem Eigentümer trotzdem herausgeben. Der Eigentümer profitiert also von den Aufwendungen und Verbesserungen, die der Besitzer daran vorgenommen hat.

§§ 994 ff regeln die Gegenansprüche des Besitzers. Diese werden danach abgestuft, ob der Besitzer sich für den Eigentümer halten durfte

- § 996: Nützliche Verwendungen. Fall 1: A kann EUR 200 Erziehungskosten nur für die Zeit verlangen, bis er gemäß § 990 bösgläubig wurde.
- § 994: Notwendige Verwendungen. Tiere müssen fressen; A wird daher die Unterhaltungskosten auch dann verlangen dürfen, wenn er von Anfang an weiß, dass E der Eigentümer ist. Beachte aber §994 I 2: ist der schlichte Besitz der Hunde eine Nutzung? Das Gesetz muss wohl so verstanden werden, andernfalls wäre das Ergebnis nicht recht vertretbar.

IV. Erwerb des Rechtes an Grundstücken und Grundstücksrechten

Fälle:

1. *Am Strand von Mallorca trifft der A den B, mit welchem er ein unaufschiebbares Geschäft bespricht. Dazu braucht A einen Kredit i.H.v EUR 250.000. Er ruft bei seiner Hausbank H an und verspricht gegen Einräumung dieses Kredits dieser auf seinem unbelasteten wertvollen Hausgrundstück Goethestr. 49, seinem Elternhaus, eine Grundschuld über diesen Betrag an 1. Rangstelle. Daraufhin zahlt H das Darlehen sofort telegrafisch aus. Nach Rückkehr will A der H eine Grundschuld lieber auf seinem schon belasteten Betriebsgrundstück einräumen, da er sein Elternhaus unbelastet halten möchte.*

   H besteht auf der Grundschuld auf dem Hausgrundstück Goethestraße. Zu Recht?

2. *Nach dem Tode seines Vaters V findet sein einziger Sohn A im Schreibtisch des V ein Testament, dass ihn enterbt und seine Kusine K, der Nichte des V zur Erbin einsetzt. Zum Nachlass gehört das Haus Hölderlinweg 75. A vernichtet das Testament und wird als gesetzlicher Erbe als Eigentümer eingetragen. Das Haus verkauft er umgehend dem C.*

   Kusine K kann nach langem Prozess ihr Erbrecht nachweisen und möchte das Haus von C wiederhaben. Zu Recht?

1. Grundbuch

a. Allgemein

In Deutschland, wie in den meisten entwickelten Staaten, ist jeder Quadratmeter des Staatsgebietes katastermäßig[432] erfasst. Die Rechtsverhältnisse

[432] Also nach Größe, Nutzungsart, Topographie usw. verzeichnet. Zuständig sind die Landesvermessungsämter.

in Bezug auf Grundstücke werden in Grundbuchblättern von den Grundbuchämtern verzeichnet.[433] Über jedes Grundstück führt das Grundbuchamt ein Grundbuchblatt. [434] Die Grundbücher werden bei den Amtsgerichten, je für deren Bezirk, geführt, § 1 GBO. Das Grundbuchblatt wird in drei Abteilungen unterteilt, vgl. Anhang.

Das Verfahren, nach welchem das Grundbuchamt vorgeht, also eine Prozessordnung für das Grundbuchverfahren, findet sich in der Grundbuchordnung, GBO.

b. Grundbuchgrundsätze

Eintragungsgrundsatz: Rechte und Rechtsänderungen an Grundstücken und Grundstücksrechten entstehen, mit seltenen Ausnahmen,[435] nur aufgrund entsprechender Eintragungen im Grundbuch.

Antrags- und Bewilligungsgrundsatz: Das Grundbuchamt nimmt Eintragungen nur aufgrund eines Antrags desjenigen entgegen, der ein Recht erwerben will.

Bewilligungsgrundsatz: Wird damit, wie in der Regel, zugleich das Recht einer bereits eingetragenen Person berührt, wird dem Antrag nur entsprochen, wenn diese Person die Eintragung bewilligt.

c. Notarielle Beglaubigung

Zur Sicherheit des Rechtsverkehrs ist bestimmt, dass Antrag und Bewilligung grundsätzlich der notariellen Beglaubigung bedürfen, § 29 GBO.

---

[433] Vgl. § 2 II GrundbuchO: *Die Grundstücke werden im Grundbuch nach den in den Ländern eingerichteten Verzeichnissen benannt(Liegenschaftskataster).* Das Grundstück, auf welchem das Haus des Verfassers steht, heißt z.B. Amtsgericht Essen- Steele, Grundbuch von Burgaltendorf Blatt 1935

[434] Ausnahme bestimmte im öffentlichen Eigentum stehende Grundstücke, z.B. Gelände eines Truppenübungsplatzes.

[435] Z.B. Gerechtsame wie Wegerechte aus der Zeit vor Inkrafttreten des BGB.

2. Grundbuchpflichtigkeit

a. Grundsatz

Der Abstraktionsgrundsatz wirkt sich insbesondere im Grundstücksrecht aus. Die Verpflichtung, eine Grundschuld oder eine andere Belastung einzuräumen, ist ein Sicherungsvertrag, dieser ist formfrei gültig. H-Bank hat also im Fall 1 einen schuldrechtlichen Anspruch auf Einräumung der Grundschuld wie vereinbart, also Goethestraße.

Eine zweite Frage ist, wie diese Verpflichtung erfüllt wird. Das geschieht durch Einigung zwischen A und H, § 873 I. Diese Einigung ist für A nur dann verbindlich, wenn sie notariell beurkundet ist, § 873 II.[436]

b. Formbedürftigkeit

Wenn es sich um die Übereignung eines Grundstücks handelt, heißt der dingliche Vertrag aus historischen Gründen Auflassung, § 925. Für die Auflassung besteht die Besonderheit, dass sie in Gegenwart beider Parteien erklärt werden muss.

3. Gutgläubiger Erwerb, § 891

Es wird vermutet, dass ein im Grundbuch eingetragenes Recht so besteht, und ein nicht eingetragenes Recht nicht besteht, § 891. Das Vertrauen in eine Grundbucheintragung wird geschützt, § 892, öffentlicher Glauben des Grundbuchs.[437]

---

[436] Fall 1: H – Bank muss also den A notfalls auf Erfüllung des schuldrechtlichen Vertrages verklagen. In dem Urteil wird festgestellt, dass A verpflichtet ist, der H – Bank die Einigung bezüglich einer Grundschuld über 250.000 EUR auf dem Grundstück Goethestraße zu erklären und die Eintragung zu bewilligen. Mit Rechtskraft des Urteils gelten die erforderlichen Erklärungen des A als erteilt, § 894 ZPO.

[437] Hier liegt ein wichtiger Unterschied zum Handelsregister, § 15 HGB: Nur Schutz gegen das Unrichtigwerden! Die eingetragene Tatsache muss einmal richtig gewesen sein,

Fall 2: Durch den Erbfall war nicht A, sondern seine Kusine K Eigentümerin geworden. Die Eintragung des A als Eigentümer war unrichtig. Aber C hat von dem als Eigentümer eingetragenen A erworben, also wurde er Eigentümer, § 892. K hat Ansprüche gegen A, nicht gegen C.

Der gute Glaube gemäß § 892 hilft nicht in den Fällen, in denen das Gesetz den guten Glauben überhaupt nicht schützt. War A z. B. bei Verkauf an C geschäftsunfähig, so konnte C kein Eigentum von A erwerben, auch nicht gutgläubig. K wäre dann aufgrund des Testamentes immer noch Eigentümerin und könnte die Herausgabe des Grundstücks und Berichtigung des Grundbuchs verlangen. [438]

[438] Das gilt auch für Verfügungsbeschränkungen aufgrund des Familien- und Ehegüterrechtes, denn diese werden im Grundbuch nicht eingetragen. Problematisch daher insbesondere, wenn über das Internationale Privatrecht Verfügungsbeschränkungen einer anderen Rechtsordnung zu beachten sind.

2. Kapitel Herrschaftsbeschränkende Grundstücksrechte

I. Sicherungsrechte

Fälle :

1. *V verkauft dem K am 1. 4. In der Form des § 311 b sein Hausgrundstück Goethestr. 32 für EURO 500.000. V möchte noch 6 Monate in dem Hause wohnen bleiben. K, der sich das Haus nur erst sichern wollte, ist froh, dass er noch nicht gleich bezahlen muss, da seine Finanzierung noch nicht ganz steht. Am 1. 6. macht C dem V ein Angebot über EUR 550.000. V kann nicht widerstehen und verkauft das Haus dem C und übereignet es ihm auch sofort. Ansprüche des K?*

2. *Eigentümerin E verspricht ihrem Neffen N, dass dieser sie beerben soll. Um ihm hinsichtlich ihres Hausbesitzes in der Schillerstr. 59 schon mal eine gewisse Sicherheit zu geben, räumt sie dem N 1979 ein Vorkaufsrecht für das Grundstück zum Preis von TDM 200.000 ein. Der entsprechende Übereignungsanspruch wurde mit Vormerkung gesichert, der 1980 eingetragen wurde. !990 räumte E auch dem K ein Vorkaufsrecht ein, welches durch Vormerkung von 1990 gesichert wurde. Nach dem Tode der E wurde N Erbe und Eigentümer des Grundstücks. Nun übt K vertragsgemäß sein Vorkaufsrecht aus. E will das Grundstück nicht übereignen und meint, sein Recht sei älter.[439] Wer hat Recht?*

3. *A hat von seinen Eltern ein schuldenfreies Haus im Wert von EUR 250.000 geerbt. Dieses will er für die Familie behalten. Er möchte aber Umbauten vornehmen. Er nimmt bei seinem Freund F ein Darlehen über EUR 50.000 auf; für F wird in dieser Höhe eingetragen*
   a. *eine Hypothek*
   b. *eine Grundschuld*

---

[439] Vgl. BGH NJW 2000, 1033

Nach fünf Jahren hat A das Darlehen auf EUR 35.000 zurückgeführt. In welcher Höhe ist das Grundstück noch belastet?

1. Vormerkung, § 883

Der schuldrechtliche Anspruch des Käufers auf Übertragung des Eigentums oder auf Einräumung eines dinglichen Rechtes an einem Grundstück, z.B. Grundschuld, könnte vom Verpflichteten dadurch vereitelt werden, dass er den Vertrag bricht und das Recht einfach einem anderen überträgt. Zwar schuldet er dem Berechtigten dann Schadensersatz, §§ 280, aber der Dritte hat das Recht erworben.

Fall 1: K hat Ansprüche gegen V auf Schadensersatz statt Erfüllung und auch auf Herausgabe des Mehrerlöses, § 285, aber gegen C hat er keine Ansprüche; das Haus bekommt er nicht. K hätte sich schützen können, wenn er mit V die Eintragung einer Vormerkung, § 883, vereinbart und ihre Eintragung im Grundbuch beantragt hätte, wonach sein Übereignungsanspruch gesichert worden wäre. Die Vormerkung wird in Abteilung II des Grundbuchs eingetragen.

Die Vormerkung ist als solche kein dingliches Recht. Sie dokumentiert nur eine schuldrechtlich vollzogene Verpflichtung und bewirkt durch die Eintragung eine gegenüber jedermann wirkende Verfügungsbeschränkung des eingetragenen Rechtsinhabers nach Maßgabe ihres Inhalts. Die Vormerkung zerstört den guten Glauben, etwa des C im Fall 1, an die unbeschränkte Verfügungsfreiheit des eingetragenen Rechtsinhabers.

Ist eine Vormerkung zu Gunsten des Übereignungsanspruches des C eingetragen, bleibt A zwar weiterhin Eigentümer und kann theoretisch über das Grundstück verfügen. Ein eventueller Käufer wäre aber auf Verlangen des C verpflichtet, dessen früheres Recht anzuerkennen und diesem das Grundstück herauszugeben. Alle späteren Verfügungen des eingetragenen Rechtsinhabers, die dem vorgemerkten Anspruch widersprechen, sind gegenüber dem gemäß Vormerkung Berechtigten unwirksam, § 883 II.

Entscheidende Frage ist, welcher Anspruch durch die Vormerkung gesichert ist. Fall 2: Zur Zeit der Ausübung seines Vorkaufsrechtes war N schon Eigentümer, sein mit der Vorbemerkung gesicherter Anspruch hatte sich also erledigt. Das Recht des K war jetzt allein bestehen geblieben.

2. Grundpfandrechte, § 1113

a. Grundsatz

Auch ohne Rechtskenntnisse hat eigentlich jedermann eine Vorstellung davon, was eine Hypothek ist. Das Pfandrecht auf einem Grundstück ist eines der ältesten Rechtsinstitute der Rechtsgeschichte. Für die Kreditwirtschaft spielt das Grundpfandrecht auch heute eine überragende Rolle als das klassische Sicherungsmittel für insbesondere langfristige Darlehen.

Das Grundpfandrecht begründet zugunsten des Grundpfandgläubigers das auch im Konkurs des Grundstückeigentümers bestehende Recht, bei Fälligkeit und Nichtzahlung der gesicherten Summe das belastete Grundstück zu verwerten, um sich bezahlt zu machen. Die Verwertung geschieht durch Zwangsversteigerung. Das ziemlich komplizierte Verfahren ist im Zwangsversteigerungsgesetz geregelt.

Das deutsche Recht kennt zwei Typen des Grundpfandrechtes: Hypothek und Grundschuld.[440] Bestellt werden Hypothek/ Grundschuld aufgrund eines Sicherungsvertrages, der angibt, für welche Forderung(en) die Hypothek/ Grundschuld haftet. Dinglich entsteht das Recht gemäß §§ 873 ff nebst Eintragung.

b. Hypothek, § 1113

Die gesetzliche Regelung geht von der Hypothek als der Normalform aus. Das ist das akzessorische, also von der Forderung abhängige Recht. Das Grundstück ist also jeweils nur in der Höhe belastet, wie die Forderung besteht.[441]

Fall 3a: Obwohl die Hypothek noch mit EUR 50.000 in Abteilung III des Grundbuchs steht, besteht sie nur i.H.v EUR 35.000; in Höhe von EUR 30.000 hat sie sich kraft Gesetzes in eine Eigentümergrundschuld umgewandelt, steht also dem Eigentümer selbst zu, § 1177.

[440] Die Rentenschuld, §§ 1199 f spielt keine praktische Bedeutung mehr.
[441] Vgl. Bürgschaft: die Pflicht des Bürgen besteht nur in der Höhe, wie die Schuld des Schuldners noch besteht.

In der Bank- und Kreditpraxis ist die Hypothek wegen ihrer im Verhältnis zu der Grundschuld sehr komplizierten rechtlichen Ausgestaltung fast ganz ausgestorben.

c. Sicherungshypothek

Solange im Grundbuch noch EUR 100 stehen, könnte ein gutgläubiger Erwerber der Hypothekenforderung gemäß §§ 891, 892 das eingetragene Recht in dieser Höhe gutgläubig erwerben.[442]

Das Gesetz kennt daher zusätzlich die Sicherungshypothek, § 1184, welche mit diesem Namen ins Grundbuch eingetragen wird. §§ 891, 892 gelten nicht für diese nicht. Das Grundpfandrecht kann nur in der Höhe erworben werden, in der die Forderung wirklich besteht. Die Sicherungshypothek ist daher das vom Gesetz vorgesehene Zwangsvollstreckungsmittel in Grundstücke, § 866 ZPO. Die Hypothek spielt nur noch in dieser Form eine praktische Rolle.

d. Grundschuld, § 1191

Die Grundschuld ist ein abstraktes, also von keiner Forderung abhängiges Recht. Fall 3 b: Die Grundschuld besteht immer noch in alter Höhe als Recht der Bank Diese ist aber aufgrund des Sicherungsvertrages verpflichtet, die Grundschuld nur in der Höhe der gesicherten Forderung geltend zu machen. Die bei der Hypothek zum Schutze des Grundstückseigentümers kraft Gesetzes bestehende Verknüpfung zwischen Pfandrecht und Forderung wird bei der Grundschuld durch den Sicherungsvertrag hergestellt. [443]

---

[442] Der gutgläubige Erwerber hätte dann i.H.v von EUR 35.000 eine normale Hypothek erworben. Ein gutgläubiger Erwerb an einer Forderung ist aber nicht (Ausnahme: § 1155) möglich, also hat der Erwerber nun iHv EUR 35.000 eine forderungslose Hypothek, § 1138, die es ja nach dem Grundsatz der Akzessorietät gar nicht geben dürfte! An solchen Feinheiten mag sich der juristische Geist schulen, praktische Bedeutung haben sie – jedenfalls heute – nicht mehr.

[443] **Exkurs:** Die Grundschuld ist theoretisch gefährlicher für den Eigentümer als die Hypothek. Sie kann als vollwertig an einen Dritten abgetreten werden, obwohl die Schuld schon getilgt ist.

Der Schutz infolge der Forderungsabhängigkeit der Hypothek hatte Bedeutung, als zumal in ländlichen Gebieten Privatleute einander Darlehen gegen Grundpfandsicherung gaben. Im heutigen Kreditgeschäft mit Banken bestehen die Gefahren, vor denen die komplizierte Hypothek schützen will, nur theoretisch. Damals bestand

Beachte: Die Grundschuld ist als Sicherungsgrundschuld (= Grundschuld + Sicherungsvertrag bezüglich einer bestimmten Forderung) das entscheidende Sicherungsmittel der Kreditwirtschaft.

auch ein Bedürfnis für die Verbriefung von Grundpfandrechten durch Hypothekenbriefe, denn dieses konnten, ähnlich wie Wechsel, leicht zu Bargeld gemacht werden. Die moderne Kreditwirtschaft hat auch diese weithin überflüssig gemacht.

II. Nutzungsrechte an Grundstücken

Fälle:

1. *Der katholischen Schwesternschaft „Zur Schmerzhaften Mutter Maria“ gehört seit Jahrhunderten ein großes bisher landwirtschaftlich genutztes Grundstück, welches durch Wachsen der Stadt zum Standrand geworden ist. Die Stadt will dieses als Bauland für Einfamilienhäuser erschließen. Die Kirchengemeinde möchte ihr Eigentum dauernd behalten, hat aber weder Geld noch Fachwissen, um die Häuser selbst zu erstellen. Was tun?*

2. *Der 70 jährige Graf G ist Eigentümer eines Weinguts, das er von seinen Vorfahren geerbt hat Sein Sohn S soll den Betrieb weiterführen. Solange G aber lebt, möchte er die Dinge nicht ganz aus der Hand geben, andererseits aber dem S schon die Rechte einräumen, die er als künftiger Eigentümer haben wird. Was tun?*

   Variante: Graf G möchte das Gut dauerhaft in der Familie halten und überlegt, wie er den Sohn des S, den E, bereits in seine Planungen einbeziehen kann.

1. Erbbaurecht

Ein Grundstück kann in der Weise belastet werden, dass ein anderer darauf bauen kann, Erbbaurecht, § 1 ErbbaurechtsVO. Das Eigentum bleibt dem Eigentümer. Der Erbbauberechtigte erwirbt ein eigentumsähnliches Recht, welches auch selbständig veräußert werden kann. Der Erbbauberechtigte zahlt dem Erbaurechtsausgeber einen Erbauzins, § 9 ErbrechtsVO. Der Bau steht für die Dauer des Erbbaurechts in der Verfügungsgewalt des Erbbauberechtigten. Nach Ablauf des Erbbaurechtes erwirbt der Grundstückseigentümer das Eigentum an dem Haus, Heimfallanspruch §§ 3, 4.

Fall 1 gibt die typische Interessenlage bei Einräumung eines Erbbaurechts wieder. In den letzten Jahrzehnten wird das Erbbaurecht jedoch zunehmend angesehen von Seiten des

- Grundstückseigentümers: als langfristiges Renditegeschäft; die früher praktisch vernachlässigbaren Erbauzinsen werden heute als interessante Möglichkeit erkannt, Grundeigentum zu Geld zu machen, ohne es zu verlieren. Der Eigentümer trägt, anders als der Vermieter, keinerlei Instandhaltungsrisiko, er hat keinen Ärger mit Mieterschutz usw.

- Erbbauberechtigten: als kapitalschonende Art des Eigenheimerwerbs, da nur der Bau, nicht aber das Grundstück bezahlt werden muss. Der Erbbauzins ist i.d.R. günstiger als der für den Erwerb des Eigentums aufzubringende Darlehenszins.

2. Nießbrauch, § 1030

Eine Sache kann in der Weise belastet werden, dass der Berechtigte die Nutzungen ziehen kann, ohne dass sich am Eigentum etwas ändert, Nießbrauch. Der Nießbrauch kann auf Zeit und Lebenszeit eingeräumt werden. Der Nießbrauch begründet für den Nießbraucher ein dingliches, daher konkursfestes, Recht auf Nutzung der Sache. Fall 2: Wenn G sich anders besinnt oder in Insolvenz fällt, bleibt dem S doch die Existenzgrundlage. Ein Entgelt kann, nicht muss, vereinbart werden.

Nießbrauch ist an Sachen möglich, aber auch an Rechten und Vermögensgesamtheiten, § 1085.

Die wirtschaftliche Bedeutung des Nießbrauches liegt herkömmlicher Weise etwa in dem Umfeld wie gemäß Fall 2. Auch in umgekehrter Gestaltung: G schenkt das Gut dem S und behält sich den Nießbrauch vor.

Fallvariante: G könnte seinem Enkelsohn E das Eigentum an dem Gut schenken unter Belassung des Nießbrauchs für S, und zwar mit der Auflage, dass E, wenn er alt genug ist, das Gut seinem Enkel unter entsprechenden Auflagen schenkt usw.

III. Dienstbarkeiten, § 1018

Fälle

1. *Ferngasgesellschaft R möchte demnächst eine Gasleitung von der Küste nach Essen legen. Die Planungen berühren das Grundstück des Bauern B in Ostfriesland. B meint, er selber wolle den Bau der Leitung ja dulden, aber er werde seinen Hof demnächst verkaufen, ob ein eventueller Käufer damit einverstanden wäre, wisse man nicht. Was tun?*

2. *Gastwirt G schenkt auf seinem Betriebsgrundstück ein Premium - Pils der S.-Brauerei aus Essen aus. Dafür hat S. dem G den Betrieb eingerichtet und ihm ein langfristiges Darlehen gegeben. S möchte sicherstellen, dass auch ein Nachfolger des G S. – Bier ausschenkt.*

3. *Oberkirchenratspräsident Dr. A. aus Schwerin hat ein Problem. Ein kleines Mecklenburger Dorf hat keine Kirchenmitglieder mehr, aber eine gut erhaltene Kirche. Künstler K aus Berlin möchte die Kirche kaufen, um darin ein Atelier einzurichten. Dr. A ist damit einverstanden, aber er möchte dauerhaft verhindern, dass K oder ein Nachfolger aus der Kirche ein Bumslokal machen. Was tun?*

Die Belastung eines Grundstücks kann zugunsten des jeweiligen Eigentümers eines anderen, herrschenden, Grundstücks derart erfolgen, dass der Eigentümer des herrschenden Grundstücks auf dem belasteten bestimmte Handlungen vornehmen darf, oder auch dass auf dem beherrschten Grundstück gewisse Handlungen nicht vorgenommen werden dürfen,

Ein Grundstück kann auch in der Weise belastet werden, dass die berechtigte Person das Grundstück in bestimmter Weise benutzen darf, §§ 1090 ff, beschränkt persönliche Dienstbarkeit. Die wirtschaftliche Bedeutung ergibt sich im wesentlichen aus dem Umfeld der Eingangsfälle.

Fall 1: Leitungsrechte, unter- oder oberirdisch, spielen eine wichtige Rolle. R tut gut daran, sich ein eigentumsähnliches, also dingliches, Recht, auf dem Grundstück des B eintragen zu lassen, um so von den Dispositionen künftiger Eigentümer unabhängig zu sein.

Fall 2: Gaststätten, Tankstellen, Einzelhandel usw. vereinbaren zur Sicherung von Absatzwegen bestimmte Verpflichtungen des jeweiligen Grundstückseigentümers zu Gunsten des Berechtigten. Dieses geschieht auch zur Markenschonung, z. B. Verbot des Betriebes eines Bordells in einem Gebäude, solange darin Stauder -Bier ausgeschenkt wird. Im Fall 3 wird Dr. A. darauf achten, dass zu Gunsten der Kirche auf dem Grundstück eine entsprechende Beschränkung für K und seine Nachfolger eingetragen wird.

5. Teil Erbrecht

Fälle

1. *Echtfall: Dr. A. ist Syndikus einer Bank. Die 75jährige Kundin K klagt ihm, sie sei sehr wohlhabend, aber sie habe weder Kinder noch irgendwelche Verwandte, sie wisse nicht, was mir ihrem Vermögen nach ihrem Tode geschehe. Ihrer Freundin F möchte Sie zwar einige Wertpapiere hinterlassen, aber doch nicht alles.*

2. *Prof. Dr. A ist mit F seit 20 Jahren verheiratet und hat fünf Kinder. Durch juristische Bücher hat er exakt EUR 1 Million netto verdient. Er hat vergessen, ein Testament zu machen. Wem fällt sein Vermögen nach seinem Tode zu?*

   Variante: A wendet sich einer neuen Frau zu. Die soll, wenn er stirbt, alles erben.

3. *Echtfall: Millionär M deutscher und mexikanischer Staatsangehörigkeit, wohnhaft in Acapulco, hat aus erster Ehe 2 Kinder, die ihrerseits schon Kinder haben. Er ist nun mit der 25 jährigen F verheiratet. Kinder haben sie noch nicht; vielleicht bekommen sie noch welche. M macht sich Gedanken über sein Vermögen nach seinem Tode: Wenn er von F Kinder bekommt, sollen diese erben und auch F soll versorgt werden. Aber F soll nichts, und diese künftigen Kinder ganz wenig bekommen, wenn F binnen 3 Jahren nach seinem Tode wieder heiratet. In diesem Fall sollen die beiden Töchter T1 und T2 aus 1. Ehe etwas haben, T 1 aber dann nicht, wenn sie sich scheiden lässt. Seine Frau 1. Ehe soll unter keinen Umständen etwas bekommen, und zwar auch nicht als Erbin seiner eventuell vorversterbenden Töchter usw. , usw. Zulässig? Sinnvoll?*

4. *Fürst von F. ist nicht nur Träger eines uralten Namens, auch sein Vermögen ist seit Jahrhunderten in seiner Familie mit seinem Namen verbunden. Er fühlt die Verpflichtung, diese Tradition fortzusetzen. Lieder hat er das Gefühl, dass sein Sohn und Erbe S nicht sonderlich traditionsbewusst ist und eher der Schicki-Micki- Szene zuneigt. Jedenfalls ist er noch lange nicht verheiratet, geschweige*

denn standesgemäß. F ist aber davon überzeugt, dass nur eine standesgemäße Heirat, die Familientradition fortsetzen kann.

Was müssen die Beteiligten tun?

1. Grundsatz

Wenn ein Mensch stirbt, tritt sein Erbe oder die Erben in alle seine rechtlichen Beziehungen ein, soweit diese nicht höchst persönlicher Art wie Ehe, Arbeitsverhältnis u.ä. sind. Der oder die Erben werden im Augenblick des Todes des Erb *-lassers* Eigentümer/ Berechtigte des gesamten Nachlasses, auch wenn sie nichts von dem Tode oder dem Vorhandensein des Vermögens wissen. Das gilt zunächst für das positive Vermögen, § 1922.

Der Erbe haftet aber auch für die Schulden, §§ 1967 ff. Der Erbe kann allerdings seine Haftung auf den Nachlass beschränken. Wenn der Erbe nichts unternimmt, muss er mit eigenem Vermögen Nachlassverbindlichkeiten begleichen. Praktisch häufig: Erbausschlagung mit anschließendem Nachlasskonkurs. Das gleiche gilt, wenn er bestimmte Fristen versäumt oder Handlungen unterlässt.

Kein Mensch stirbt ohne Erben. Notfalls erbt der Staat, § 1964. Fall 1: Die Freundin würde also mangels Testamentes gar nichts bekommen, und alles fiele an den Staat, Bundesland.

2. Gesetzliche Erben und gesetzlicher Erbteil

Der Mensch wird von seinen gesetzlichen Erben beerbt, es sei denn er hat eine gültige Letztwillige Verfügung getroffen. Die gesetzlichen Erben sind in §§ 1924 ff aufgeführt, also Kinder, Enkel, Ehegatten, Verwandte.

Fall 2: Die Kinder erben neben der Ehefrau zu, also insgesamt EUR 750.000 jedes einzelne also EUR 150.000, § 1931. Die Ehefrau erhält ¼.

Das Erbrecht der Ehefrau wird durch den ehelichen Güterstand beeinflusst. Im gesetzlichen Güterstand er Zugewinngemeinschaft erhöht sich der gesetzliche Erbteil der F um ein Viertel, §§ 1931, 1371.[444] Die Kinder erhielten also je EUR 100.000 und die Ehefrau EUR 500.000.

3. Pflichtteil

Abkömmlinge, also Kinder, Enkel, Urenkel usw., sowie die Ehefrau, und wenn es diese nicht gibt, die Eltern, haben Anspruch auf den Pflichtteil; Geschwister und sonstige Verwandte nicht.

Der Pflichtteil ist ein Geldanspruch des Berechtigten gegen den/die Erben in Höhe der Hälfte des Wertes des gesetzlichen Erbteils, § 2303.

Fall 2 Variante: Wenn A seine Frau enterbt, bleibt ihr EUR 250.000 als Pflichtteil; die Ehe muss aber noch zur Zeit des Erbfalls bestehen. Die Kinder können jeweils auf EUR 50.000 gesetzt werden.

4. Form der letztwilligen Verfügung

Der Erblasser kann die Erbfolge durch letztwillige Verfügung, also

- Testament, §§ 2064 ff,
- Erbvertrag, §§ 2274 ff oder
- gemeinschaftliches Testament, §§ 2265

regeln.

Der Erbvertrag muss notariell beurkundet sein. Diese Form sollte der Erblasser auch für sein Testament einhalten. Es ist aber möglich, das Testament ohne Einschaltung eines Notars zu errichten. Dann muss es nicht nur

[444] Auch wenn während der Ehe gar kein Zugewinn erzielt wurde, § 1371 I! Das ist bei solchen, wie man sie nennen kann, Abendehen eine potentiell wahrhaft teuflische Vorschrift. Sie kann nur zum Streit führen, wenn man nicht vorsorgt. Wenn der 89jährige seit 10 Jahren verwitwete Opa noch einmal heiratet, kann, auch wenn die Ehe nur 10 Tage dauert, der wirtschaftliche Erfolg einer Familie in fremde Hände gehen. Fast ausschließlich sind es Männer, die im Alter solchen Unsinn machen. Es empfiehlt sich daher für Ehefrauen, die ihren Kindern das Erbe für den Fall ihres Vorversterbens sichern wollen, ein Gemeinschaftliches Testament abzuschließen, besser noch einen Notar zu konsultieren.

persönlich unterschrieben, sondern vollschriftlich eigenhändig abgefasst sein, § 2247.

Der Erbvertrag ist die einzige legale Möglichkeit, in welcher der Erblasser verpflichtet werden kann, über seinen Nachlass in bestimmter Weise zu verfügen bzw. nicht zu verfügen. Der gültige Erbvertrag macht eine frühere oder spätere letztwillige Verfügung unwirksam, so weit sie dem Erbvertrag widerspricht, § 2289.

5. Testamentarische Erbfolge

Die Testierfreiheit besagt, dass der Erblasser bis an die Grenze der Sittenwidrigkeit, also in sehr weitem Rahmen, alles verfügen kann. Er kann seinen Verfügungen beliebige Bedingungen beifügen. Eine ganze Romankultur lebt nicht nur in Deutschland davon, dass verrückte Testamente existieren, und dass die freudig erregten Erben versuchen, jeweilige Bedingungen zu erfüllen. Das ist überall ganz legal. [445]

Fall 3: Der Verfasser hatte vor vielen Jahren den Auftrag, ein Testament dieser Art für den M aufzusetzen. An der Rechtsgültigkeit dieser und anderer Bestimmungen ist nicht zu zweifeln, aber manchmal sehr wohl in ihrem Sinn. Der Mensch sollte sich angesichts seiner eigenen Endlichkeit bewusst sein, dass er zwar eine Verpflichtung hat, sein Vermögen zu regeln, wenn dieses der Rede wert ist, er sollte aber der Versuchung widerstehen, aus dem Grabe heraus zu weit in die Zukunft hinein zu regieren.

Bei Auslandsbezug sind nach den Regeln des Internationalen Privatrechtes auch fremde Rechtsordnungen zu beachten. Nach deutschem Recht hatten die Töchter T1 und T2 einen Pflichtteilsanspruch, aber auch nach mexikanischem Recht? Galt dieses überhaupt?

6. Vermächtnis

Ein Vermächtnis kann nur durch letztwillige Verfügung angeordnet werden, §§ 2147 ff.. Der Vermächtnisnehmer ist nicht Erbe. Er hat erwirbt mit

[445] Auffallend häufig werden von alten reichen Damen Tierheime bedacht. Stichwort : die Menschen haben mich nicht geliebt! Ebenso auffallend häufig haben sich um diese einsamen Menschen die zuständigen Pfarrer nie gekümmert.

dem Erbfall einen schuldrechtlichen Anspruch gegen den Erben auf Erfüllung des Vermächtnisses.

7. Nacherbschaft

Der Erblasser kann anordnen, dass sein Nachlas gleichsam gestaffelt zunächst dem einen (=Vorerbe) und nach dessen Tode einem anderen (= Nacherbe) zufällt, §§ 2100 ff.

Die Anordnung von Vor- und Nacherbschaft ist eine Möglichkeit, das Vermögen langfristig entsprechend den Vorstellungen des Erblassers zu binden.[446] Der Erblasser kann auf diese Weise dreißig Jahre über seinen Tod hinaus, ggfs noch länger, § 2109, Verfügungen treffen.

Fall 4: F wird also, wenn er seinen Sohn nicht übergehen will, diesen als Vorerben und dessen Kinder, wenn sie aus einer entsprechenden Ehe stammen, als Nacherben einsetzen, denn schon das noch nicht erzeugte Kind kann Nacherbe sein, § 2101.

Der Vorerbe darf grundsätzlich nur die Nutzungen des Vermögens ziehen, über die Substanz des Vermögens darf er nicht verfügen, §§ 2112 ff. Der Erblasser kann ihn aber von dieser Beschränkung befreien, befreiter Vorerbe.

8. Gemeinschaftliches Testament – Berliner Testament

Eheleute, nur diese, können ein gemeinschaftliches Testament errichten, §§ 2265 ff. Zumeist geschieht dieses in der Form des sogenannten Berliner Testamentes, § 2269. Dieses ist im Zweifel als die Anordnung von befreiter Vor- und Nacherbschaft auszulegen. Sein typischer Wortlaut ist:

> *Gemeinschaftliches Testament*
> *Wir, die unterzeichnenden Eheleute Fritz und Edith Müller, setzen uns gegenseitig zu Erben ein. Der Überlebende soll unbeschränkt verfügungsbefugt sein. Unser Wohnhaus jedoch soll nur im Notfall verkauft werden dürfen. Nach dem Tode des Letztversterbenden,*

---

[446] Heute die wohl wichtigste Möglichkeit der generationsübergreifenden Nachlassplanung. Die auch in Betracht kommende Familienstiftung, §§ 80 ff, muss in Rechnung stellen, dass die staatliche Stiftungsaufsicht Mitspracherechte hat.

sollen unsere Kinder A, B und C zu gleichen Teilen unsere Erben sein.

Der überlebende Ehegatte ist damit Vorerbe, die Kinder Nacherben.

Anhang

Stichwortverzeichnis und Grundbegriffe des BGB und des Rechtes

A

Abhandenkommen, S. 333
Verlust des Besitzes wider Willen; auf ein Verschulden(=Obliegenheit) kommt es nicht an; vgl. § 935: gutgläubiger Eigentumserwerb ist nicht möglich.

Abnahme, S. 281
Fälligkeitsvoraussetzung beim Werkvertrag

Abschlusszwang, S. 114
Die Vertragsfreiheit erlaubt, Verträge mit jedem und auch mit jedem nicht zu schließen. Grundsätzlich besteht kein Abschluss – oder Kontrahierungszwang.

Absolutes Recht, S. 110, 319, 325
Das absolute Recht erzeugt gegenüber jedermann einem Anspruch auf ungestörter Nutzung des betreffenden Rechtes. Das Eigentum, Besitz, aber auch das Persönlichkeitsrecht sind absolute Rechte. Mit dem Begriff *sonstiges Recht* in § 823 I sind absolute Rechte gemeint.

Absonderungsrecht
Wenn über das Vermögen einer Person das Insolvenzverfahren eröffnet wird, stellt sein Vermögen die Insolvenzmasse dar. Was dem Schuldner nicht gehört, gehört nicht zur Masse. Der Vermieter kann daher die dem Schuldner vermietete Sache herausverlangen, **Aussonderungsrecht,** §47 InsO. Der Vermieter hat nichts mit dem Insolvenzverfahren zu tun. Pfand - und Sicherungsrechte werden zu dem alleinigen Zweck bestellt, dem Sicherungsnehmer im Falle der Zwangsvollstreckung oder Insolvenz gegen den Schuldner ein Recht zur vorrangigen Befriedigung zugeben. Sicherungsrechte fallen daher zwar grundsätzlich in die Masse, der Insolvenzverwalter hat aber den Verwertungserlös vorrangig dem Sicherungsnehmer bis zur

Höhe von dessen Forderungen auszukehren. Der Sicherungsnehmer wird abgesondert befriedigt, Sicherungsrechte gewähren daher ein Absonderungsrecht. Die Absonderungsrechte sind in §§ 49 f InsO genannt. Dazu gehört auch das Sicherungseigentum.

Abstraktionsgrundsatz, S. 144, 229, 249, 254, 340
Einer der wichtigsten Grundsätze des deutschen Rechtes, der Abstraktionsgrundsatz, ist im Gesetz nicht erklärt. Er wird vorausgesetzt, z. B. durch §§ 925, 929, die sonst überflüssig wären. Der Abstraktionsgrundsatz bedeutet, dass das Erfüllungsgeschäft von dem Verpflichtungsgeschäft unabhängig ist, es ist abstrakt gültig. Es ist zu unterscheiden zwischen

- Der Verpflichtung etwas zu tun, nämlich eine Sache zu übereignen, oder ein Recht zu übertragen, (Verpflichtungsvertrag = schuldrechtlicher = obligatorischer Vertrag) und
- dem Vertrag, welcher diese Verpflichtung rechtlich umsetzt (Verfügungs- oder dinglicher Vertrag)

Juristisch werden also bei einem Geschäft, welches die Verpflichtung zur Übertragung von Eigentum oder einem Recht beinhaltet, zwei Verträge gedacht. Beide Verträge haben ein voneinander unabhängiges rechtliches Schicksal. Der Verfügungsvertrag kann gültig sein und bleiben, auch wenn das Verpflichtungsgeschäft von Anfang an unwirksam ist oder später durch Anfechtung wird.

Beispiel: Bei Bäcker B befinden sich im Brötchenkorb 200 Brötchen. A sagt: *5 Brötchen bitte.* B: *Einverstanden.* Damit ist ein Kaufvertrag, § 433 über 5 Brötchen zwischen A und B geschlossen worden. Auf Grund dieses Vertrages ist B verpflichtet, dem A 5 Brötchen aus diesem Korb zu übereignen. Es liegt aber noch nicht fest, welche einzelnen Brötchen in das Eigentum des A übergehen. B greift nun in den Korb, wählt die Brötchen aus und übergibt sie dem A. In dieser Übergabe durch B und der Entgegennahme durch A liegt ein zweiter Vertrag, der Verfügungsvertrag. A und B sind sich darüber einig, dass diese bestimmt ausgewählten Brötchen in das Eigentum des A übergehen sollen, (§ 929).

Was die juristische Spitzfindigkeit wirkt, hat einen praktischen Sinn: Im Falle der Insolvenz kommt es darauf an, ob ein Gegenstand in einem bestimmten Augenblick, es kommt auf die Minute an, den Insolvenzschuldner gehört oder nicht. Gehört ihm der Gegenstand, ist also der Verfügungsvertrag in Bezug auf diesen Gegenstand gültig, so fällt er in die Konkursmasse, und zwar auch dann wenn der zugrunde liegende schuldrechtliche Vertrag, auf Grund dessen die Übereignung stattgefunden hat, aus irgendeinem Grunde ungültig sein sollte. Hinweis: Lies noch einmal das Beispiel 10 a in B VIII

Abtretung, S. 135, 179, 182,
=Zession. Die Abtretung ist eine dinglicher Vertrag, § 398, durch welchen das Eigentum an einer Forderung von dem Zedenten auf den Zessionar übertragen wird.

Abwehranspruch, S. 329
=Unterlassungsanspruch. Der Besitzer hat einen Abwehranspruch entgegen dem Störer, § 859. Der Abwehranspruch kann auch als vorbeugender Unterlassungsanspruch geltend gemacht werden.

Adäquate Kausalität, S. 206
Schadensersatz wird geschuldet, wenn der Schaden durch die schuldhafte und rechtswidrige Handlung verursacht worden ist. Die Ursachenkette zwischen dem Ereignis und einem Erfolg ist im Grunde beliebig lang. Im Grunde kann jedes Ereignis auf der Welt auf Adam und Eva zurückgeführt werden. Rechtlich erheblich ist daher nicht die absolute, sondern nur die sinnvolle Kausalität, juristisch die *adäquate* Kausalität. Adäquat kausal verursacht ist ein Erfolg, dessen Eintritt ein objektiver Betrachter in der Lage des Täters zum Zeitpunkt der Tat völlig unwahrscheinlich gehalten hätte.

Affektionsinteresse, S. 203
= Liebhaberwert. Der Liebhaberwert im Schadensersatzrecht nicht ersetzt.

Akzessorietät, S. 185, 345
Manche Rechte bestehen nur als Begleiter Recht zu einem Hauptrecht. Die Pflicht aus einer Bürgschaft besteht nach dem Gesetz nur jeweils in der Höhe wie die Hauptforderung. Die Bürgschaftsforderungen des Gläubigers gegen den Bürgen hängt also von der Hauptforderung ab. Hauptforderung und Bürgschaftsforderung können daher auch nicht getrennt voneinander abgetreten werden. Akzessorisch ist auch das Pfandrecht, § 1205, und die Hypothek, § 1113.

Allgemeine Geschäftsbedingungen
Standardisierte Einheitsbedingungen für typische Verträge. Das frühere AGB - Gesetz wurde als §§ 305 ff in das BGB eingegliedert.

Analogie, S. 15, 28
Rechtsähnliche Anwendung einer Vorschrift (Gesetzesanalogie) oder mehrerer Vorschriften (Rechtsanalogie). Beispiel: In § 1923 II wird der erzeugte, aber noch nicht geborene Mensch dem rechtsfähigen Menschen gleichgestellt. Gilt diese vorgezogene Rechtsfähigkeit auch für Schadensersatzansprüche? Man fragt: Hat der Gesetzgeber bei dieser Vorschrift/ Vorschriften nur und ausschließlich die ausdrücklich geregelten Fälle gemeint, oder hätte er, wenn er an den jetzt zu entscheidenden Fall gedacht hätte, diesen in derselben Weise geregelt? Hieraus ergibt sich die Frage: Was hat der Gesetzgeber eigentlich sagen wollen?

Gesetzesanalogie: In § 1923 II geht es dem Gesetz eigentlich nicht nur um das Erbrecht. Es geht um die grundsätzliche Frage, ob ein erzeugter, aber noch nicht geborener Mensch, dann, wenn ihm vorgeburtlich Ansprüche zufallen, zu diesem Zeitpunkt auch als rechtsfähig angesehen werden muss. Das ist aber dieselbe Interessenslage wie sie entsteht, wenn der erzeugte Mensch vorgeburtlich durch Medikamente geschädigt wird und damit Ansprüche aus § 823 BGB erwirbt.

Rechtsanalogie: Art. 1 GG schützt die Menschenwürde, das StGB schützt jedenfalls grundsätzlich das ungeborene Leben, § 1923 II BGB schützt die Vermögensinteressen des Ungeborenen: aus allem ergibt sich, dass der Gesetzgeber dem Ungeborenen auch Schadensersatzansprüche zusprechen will.

Anfechtung, S. 62
Eine Willenserklärung kann, nachdem sie wirksam geworden ist durch Anfechtung vernichtet werden, wenn ein Anfechtungsgrund vorliegt.

Wichtig ist die Unterscheidung zwischen Anfechtbarkeit und Nichtigkeit. Die nichtige Willenserklärung gilt auch dann nicht, wenn der Erklärende ihre Gültigkeit wünscht.

Annahmeverzug, S. 169 f
=Gläubigerverzug

Anpassungsanspruch, S. 160
z.B. auf Änderung des Dauervertrages.

Anspruch, S. 5
Das Gesetz definiert in § 194: *Das Recht, von einem anderen ein Tun oder Unterlassen zu verlangen (Anspruch.* Auf Grund eines Anspruchs kann der Anspruchsinhaber, Gläubiger, von dem Anspruchsgegner, Schuldner, eintun oder Unterlassen verlangen und notfalls im Gerichtsweg erzwingen. Ein Anspruch entsteht entweder auf Grund eines Vertrages/Rechtsgeschäftes oder auf Grund eines Gesetzes. **Anspruchsgrundlage** ist Vertrag oder Gesetz, aus welchem sich ein Anspruch ergibt, S. 10.

Anscheinsvollmacht, S. 102
Durch tatsächliches Handeln bewirkte Rechtsscheinshaftung. des Scheinvertretenen.

Anwartschaftsrecht S. 255 f
Beim Kauf unter Eigentumsvorbehalt behält der Verkäufer sein Eigentum bis zur vollständigen Zahlung des Preises. Die zum Eigentumsübergang gem. § 929 erforderliche Einigungserklärung hat der Verkäufer zwar schon mit dem Käufer ausgetauscht, aber sie steht noch unter dieser aufschiebende Bedingung, § 158. Niemand kann nun noch verhindern, dass der Käufer einmal das Eigentum erwirbt, nur der Käufer selbst, wenn er nicht zahlt. Bis dahin ist der Käufer fast Eigentümer, er hat das Anwartschaftsrecht.

Dieses im Gesetz nicht geregelte Recht ist ein dingliches Recht wie das Eigentum. Es kann übertragen und gepfändet werden. Tritt die Bedingung ein, Zahlung der letzten Rate, erstarkt das Anwartschaftsrecht ohne weitere Erklärungen zum Vollrecht, dem Eigentum.

Arbeitsvertrag, S. 274

Aufrechnung, S. 172 f, 297
Aufrechnung ist ein Erfüllungsersatz, vgl. **Zurückbehaltungsrecht.**

Auftragsvertrag, S. 285

Auslegung von Willenserklärungen S. 85 f, 162

Aussonderungsrecht
Vgl. Absonderungsrecht.

B

Bankrecht, S. 289

Bedingung, S. 74 f

Befristung, S. 77

Beglaubigung
Bestätigung, dass die Unterschrift tatsächlich von der Person stammt, die vorgibt, sie geleistet zu haben. Theoretisch kann jeder beglaubigen, für den Rechtsverkehr ist allerdings nur die Beglaubigung durch einen Notar erheblich, § 29 GBO.

Bereicherung, ungerechtfertigte S. 308 f
Rückabwicklung unberechtigter Vermögensverschiebungen unabhängig von Verschulden, §§ 812 ff.

Berliner Testament, S. 355

Beschaffenheit, S.234
Neuer Ausdruck für Eigenschaft der Kaufsache

Besitz, S. 328
Besitz ist die tatsächliche Herrschaft einer Person über eine Sache, § 854.

Besitzer, S. 336
Auch der Dieb ist Besitzer, obwohl er natürlich nicht berechtigter Besitzer ist.

Bestätigungsschreiben, kaufmännisches, S. 118
Fall, in welchem Schweigen als Annahme gilt.

Beurkundung
Beurkundung kommt nur als notarielle Beurkundung vor. Diese ist die amtliche Bezeugung durch den Notar, dass die Erklärenden die niedergeschriebenen Erklärungen wirklich abgegeben haben, vgl. § 311 b.

Beweislast, S.246
Wer einen Anspruch zu haben behauptet, trägt die Beweislast dafür, dass dessen Voraussetzungen gegeben sind. Das Gesetz verteilt die Beweislast gelegentlich zugunsten einer Seite.

Bösgläubigkeit
- Bereicherungsrecht, S. 315
- Eigentumserwerb S. 333

Bürgschaftsvertrag, S. 296

C

Culpa in Contrahendo, S. 97, 140
Früher gewohnheitsrechtliches, jetzt durch § 311 geregeltes gesetzliches **Schuldverhältnis.**

D

Darlehensvertrag, S. 258

Dauerschuldverhältnis, S. 119
=langfristiger Vertrag im Gegensatz zum Einmalvertrag.

Deliktsfähigkeit, S. 322
Die Geschäftstätigkeit setzt voraus, dass der Mensch die rechtliche Tragweite einer von ihm abgegebenen Willenserklärung versteht. Die Deliktsfähigkeit setzt lediglich voraus, dass der Mensch in der Lage ist, das Verbotene seines Tuns zu erkennen. Ab sieben Jahren ist der Mensch deliktsfähig.

Dienstbarkeit, S. 349

Dienstvertrag, S. 273

Differenztheorie im Schadensersatz, S. 149

Dingliches Recht, S. 45, 51, 256, 344
Herrschaftsrecht in Bezug auf einen passiv rechtsfähigen Gegenstand, die sich kraft Gesetzes gegen jedermann richten, heißen dingliches Recht. Neben dem Eigentum, Anwartschaftsrecht und Besitz gehören dazu Nießbrauch, Erbbaurecht, das Pfandrecht usw. an beweglichen Sachen; § 1205, und insbesondere Pfandrecht an unbeweglichen Sachen, Immobilien, die Hypothek und Grundschuld.

Diskriminierung, S. 114
Ungleichbehandlung ohne Grund. D. ist im privaten Rechtsverkehr grundsätzlich erlaubt, im Arbeitsrecht und öffentlichem Recht aber nicht.

Drittschadensliquidation, S. 216
Rechtsfigur zur Sicherung des Anspruchs des wirklich Geschädigten.

Drohung, S. 72

E

Eigentum, S. 330 f
= dingliches Recht. Das Eigentum ist ein absolutes Recht. Eigentumsübertragung gemäß § 929.

Eigentumsvorbehalt, S. 254

Eingriffskondiktion, S. 313

Einigungsmangel, S. 122

Elektronische Signatur, S. 81

Empfangsbedürftigkeit, der Willenserklärung S. 60

Erbbaurecht, S. 347

Erbschaft, S. 351

Erfüllung, S. 163

Erfüllungsgehilfe, S. 195
Wenn der Schuldner einen Gehilfen zur Erfüllung seiner Verpflichtungen einsetzt, wird er behandelt, als ob er selber handelte, § 278

Erlassvertrag, S. 176
Gegensatz zum einseitigen Verzicht.

F

Falschlieferung, im Kauf S. 238
Gilt jetzt Sachmangel

Fahrlässigkeit, S. 193
Die Außerachtlassung der im Verkehr erforderlichen Sorgfalt.

Fälligkeit, S. 130, 154, 281
Fälligkeit ist der Zeitpunkt, bis zu welchem der Schuldner spätestens seiner Leistung erbringen muss.

Forderung
Der Begriff der Forderung ist die gesetzlich nicht definiert. Er wird praktisch verwendet für einen Anspruch auf Geld.

Formelles Recht, S. 16

Formvorschriften, S. 78, 229, 340

Frustrationsschaden, S. 150

G

Garantenstellung, S. 193
Vgl. Unterlassungshandlung

Garantie, S. 299

Gefälligkeitsverhältnis, S. 113, 271
Eine vertragsähnliche, aber rechtlich unverbindliche Beziehung.

Gefahrtragung, S. 167

Gefährdungshaftung, S. 193, 323
Schadensersatz wird grundsätzlich nur auf Grund einer schuldhaften Handlung/Unterlassung geschuldet. Auf Grund besonderer Vorschriften kommt auch eine Haftung ohne Verschulden in Betracht, Gefährdungshaftung. Im BGB ist der Grundsatz der Gefährdungshaftung in § 833, Tierhalterhaftung, angesprochen. Das praktisch häufigste Beispiel der Gefährdungshaftung ist die des Kfz- Halters gemäß StVG.

Gegenstand
§ 90 sagt: Sachen sind nur körperliche Gegenstände. Gegenstand ist also der Oberbegriff für Sachen, die man sehen und anfassen kann, sowie für Rechte und Forderungen. Nur Gegenstrände sind passiv rechtsfähig.

Genehmigung, S. 41
=Nachträgliche Zustimmung.

Generalklausel, S. 91
Vorschrift, die in allgemeinen, auslegungsbedürftigen Begriffen eine rechtliche Richtung zeigt, z.B. § 242.

Gesamtschuld, S. 189
dort auch: Gesamtgläubiger

Geschäftsbesorgungsvertrag, S. 288

Geschäftsfähigkeit, S. 38 f

Geschäftsführung ohne Auftrag, S. 302

Geschäftsgrundlage, S. 158 f

Gesellschaftsvertrag, S. 292

Gestorbener Mensch, S. 28
Teilrechtsfähigkeit ähnlich wie das Ungeborene

Gleichheitssatz, S. 114
Gilt im privaten Rechtsverkehr nicht; vgl. aber Diskriminierung.

H

I / J

Juristische Person, S. 30 f, 294

K

Kaufvertrag, S. 224

Kondiktion, S. 308
Alter Ausdruck für den Anspruch aus ungerechtfertigter Bereicherung.

L

Leasingvertrag, S. 269

Leihevertrag, S. 271

Leistung an Erfüllungsstatt, S. 166

Leistungskondiktion, S. 311

M

Mahnung, S. 154
Dringende Aufforderung an den säumigen Schuldner zu leisten.

Maklervertrag, S. 283

Mangel

- Beim Kauf S. 231
- Miete S. 264
- Werkvertrag S. 280

Materielles Recht, S. 16
Gegensatz formelles Recht.

N

O

P

Persönlichkeitsrecht, S. 29, 200, 214, 320
Gem. Art. 1 Grundgesetz ist die Würde des Menschen unantastbar. Zum Persönlichkeitsrecht gehört alles was unter dieser Würde fällt, insbesondere also Anspruch auf ungestörtes Leben, Achtung der privaten Sphäre usw.

Pfandrecht, gesetzliches S. 282
Gegensatz: vertragliches Pfandrecht gemäß § 1205 und Pfandrecht aufgrund einer gerichtlichen Pfändung, Pfändungspfandrecht.

Pflichtfähigkeit, S. 29
= Rechtsfähigkeit

Pflichtteil, S. 353

Positive Forderungsverletzung, S. 97

R

Recht
Recht kommt in zwei Bedeutungen vor. Einmal als die allgemeine Bezeichnung für die Wissenschaft vom Recht, zum andern als Oberbegriff zu Anspruch und Forderung, so in § 194. Oft werden die Begriffe Recht, Anspruch, Forderung ohne Unterschied nebeneinander benutzt.

Hauptbereiche des Rechts

Privatrecht	**Öffentliches Recht**	**Strafrecht** (systematisch: ebenfalls öffentliches Recht)
Bürgerliches Recht	Allg. Verwaltungsrecht	Allgemeine Lehren des Strafrechts (StGB): Was ist warum strafbar?
Handelsrecht	Verfassungsrecht	Strafrecht gemäß StGB: Diebstahl, Betrug, Tötungsdelikte usw:
Gesellschaftsrecht	Kommunalrecht	Recht d. Ordnungswidrigkeiten
Bankrecht	Umweltrecht	Steuerstrafrecht
Börsenrecht	Polizeirecht	Strafprozessrecht

Verbraucherschutz-recht	Baurecht	Umweltstrafrecht
Arbeitsrecht mit vielen Spezial- und Neben-gebieten	Atomrecht	Verkehrsstrafrecht
Urheber- und Patent-recht	Steuerrecht mit vielen Spe-zial- und Nebengebieten	Weiteres Nebenstrafrecht, z.B. im PatentG
Wettbewerbsrecht	Wirtschaftsverwaltungs-recht	
Internationales Privat-recht Rechtsvergleichung	Völkerrecht Europarecht	Internationales Strafrecht

Rechtsfähigkeit, S. 26
Fähigkeit Rechte aktiv zu haben. Nur Menschen und juristische Personen sind aktiv rechtsfähig.

Rechtsfähigkeit, passive. S. 26 f
Mit diesem neuen Begriff sollen die Gegenstände, Zustände und Rechte bezeichnet werden, an denen kraft Gesetzes ein Recht möglich ist.

Rechtsgeschäft, S. 56 f
= Willenserklärung

Rechtsgeschäftsähnliche Handlung, S. 60

Rechtskauf, S. 248

Rechtsmangel, S. 239

Rechtswidrigkeit, S. 72, 203
Der Verstoß gegen eine gesetzliche oder vertragliche Pflicht ist grundsätzlich rechtswidrig. Gegen eine rechtswidrige Handlung kann sich der Betroffene grundsätzlich wehren, notfalls im Falle der Notwehr mit Gewalt. Die Rechtswidrigkeit alleine führt allerdings noch nicht zu einem Schadensersatzanspruch, da dieser zusätzlich ein Verschulden des Täters erfordert. Die Rechtswidrigkeit eines Verstoßes entfällt, wenn ein **Rechtfertigungsgrund** vorliegt, also Notwehr, Nothilfe Einwilligung usw., S. 203 f, 306

Rückwirkung, S. 70

S

Sachen, S. 45

Salvatorische Klausel, S. 88

Schadensersatz
- Statt Leistung, S. 149
- sonst: 197 f, 212
- des Eignetümers gegen Besitzer S. 336

Schenkung, S. 261, 317

Schmerzensgeld, S. 213

Schriftform, S. 78

Schuld, S.193, 203
Vorsatz und Fahrlässigkeit im Schadensersatzrecht.

Schuldbeitritt, S. 188
vgl. Bürgschaft

Schuldübernahme, S. 188

Schuldverhältnis, S. 109
Es gibt nur gesetzliche oder vertragliche Schuldverhältnisse. Einseitig verpflichtendes Sch., S. 99

Schutzgesetz, S. 321
s. unerlaubte Handlung

Sicherungseigentum, S. 331
Sicherungseigentum dient ausschließlich dazu, dem neuen Sicherungseigentümer im Falle der Insolvenz *Absonderungsrecht* zu gewähren. Dieses Absonderungsrecht soll der Sicherung von Ansprüchen des neuen Eigentümers (Sicherungsnehmer) gegenüber dem alten Eigentümer (Sicherungsgeber) dienen. Das Verhältnis zwischen Sicherungsgeber und Sicherungsnehmer heißt **Sicherungsvertrag.** Sobald die im Sicherungsvertrag genannte Voraussetzung eingetreten ist, kann der Sicherungsnehmer das Si-

Unerlaubte Handlung, S. 318
Gesetzliches Schuldverhältnis aufgrund einer rechtswidrigen und in der Regel auch schuldhaften Handlung bzw. Unterlassung.

Ungeborener Mensch, S. 27
Vgl. Gestorbener

Unmöglichkeit, S. 142 f

Untergang, zufälliger S. 167

Unterlassung, S. 193
Im Schadensersatzrecht ist aber auch die Unterlassung einer Handlung, vorausgesetzt, das zu der unterlassenen Handlung eine Verpflichtung bestand. Entscheidendes Kriterium ist daher die Begründung einer Handlungspflicht. Diese kann sich ergeben aus

- Vertrag: wenn die Handlungspflicht ausdrücklich beschrieben ist, besteht kein Problem; Fragen können entstehen hinsichtlich nicht ausdrücklich genannter Schutzpflichten, z.B. Aufklärungspflicht des Gebrauchtwagenhändlers bezüglich früherer Unfälle.
- Gesetz: den einzelnen Fällen verpflichtet das Gesetz zu bestimmten Handlungen, z.B. in § 832 die Pflicht der Eltern, ihr minderjähriges Kind zu beaufsichtigen, aber auch die Pflicht des Auftraggebers in § 831.
- Garantenstellung: von besonderer Bedeutung im Schadensersatzrecht ist die Handlungspflicht auf Grund einer Garantenstellung. Eine Garantenstellung entsteht dadurch dass der Täter, sei es auch erlaubter Weise, eine Gefahrenquelle schafft, z. B. Aushebung einer Baugrube, schafft. Die Garantenstellung verpflichtet dazu, zumutbare Maßnahmen zu ergreifen, damit die Gefahrenquelle sich nicht verwirklicht.

Unwirksamkeit, schwebende S. 40, 108
Unzumutbarkeit S. 146, 201

Ursachenzusammenhang, S. 205

V

Verbraucherverträge, S. 124, 246, 260

Verfügung, S. 62, 107 f
Abstrakte Willenserklärung, welche unmittelbar eine Rechtsänderung bewirkt, z. B. § 929, und nicht nur eine Verpflichtung begründet.

- des Nichtberechtigten S. 316

Verjährung, S. 53

- der Mangelansprüche S. 243

Verkehrssicherungspflicht, S. 320
Pflicht, eine rechtmäßig eröffnete Gefahrenquelle zum Schutze Dritter zu sichern.

Vermieterpfandrecht, S. 265
Gesetzliche Pfandrecht des Vermieters, vgl. Pfandrecht.

Vermächtnis, S. 354
Schuldrechtlicher Anspruch gegen den Erben aufgrund eines Testaments.

Vermutung
Wer ein Rechte zu haben behauptet, muss dieses beweisen, wenn es ihm von einem anderen bestritten wird. Wenn die Beweislage unklar bleibt, hilft das Gesetz in einigen Fällen mit Vermutungen. Es wird unterstellt, dass es sich so verhält, wie die Vermutung aussagt. Beispiel § 1006: Es wird vermutet, dass der Besitzer Eigentümer einer Sache ist. Oder § 891: er als Inhaber eines Rechtes im Grundbuch eingetragen ist, von dem wird vermutet, dass er Eigentümer dieses Recht ist.

Verrichtungsgehilfe, S. 322
Wer einen anderen *außerhalb von Schuldverhältnissen* zu einer Verrichtung bestellt, haftet wie ein Anstifter für die dadurch ausgelöste potenzielle Gefahren § 831 verpflichtet daher den Auftraggeber zum Schadensersatz, wenn der Gehilfe eine rechtswidrige unerlaubte Handlung begeht. Ein Verschulden des Gehilfen ist nicht erforderlich.

Der Auftraggeber kann den Entlastungsbeweis führen, wonach er den Gehilfen sorgfältig ausgesucht und für seine Aufgabe eingeleitet habe. Hierin liegt der Hauptunterschied zur Haftung des Schuldners für den Erfüllungsgehilfen.

Vertrag, S. 112 f

Vertrag, gegenseitiger S. 128

Vertragsäquivalenz, S. 158
Die subjektive Überzeugung der Vertragsparteien, dass Leistung und Gegenleistung für sie unter den gegebnen Umständen etwa gleich viel wert sind.

Vertragsgestaltungserklärung, S. 58
Neuer Begriff zur Bezeichnung von Weisungen und Hinweisen im Rahmen eines Dauervertrages.

Vertragsstrafe, S. 134
Vertragliche Alternative zum Schadensersatz.

Vertrag zugunsten Dritter, S. 178

Vertretenmüssen, S. 155, 191 f
An verschiedenen Stellen spricht das Gesetz von *Vertreten müssen.* Mit diesem Begriff sind als Oberbegriff alle Fälle gemeint, in welchen ein Schuldner für eigenes oder kraft Gesetzes, vgl. § 278, fremdes Verschulden haftet, aber auch solche Fälle, in welchen der Schuldner auf Grund der gesetzlich eingetretenen Risikoverschiebung, etwa im Schuldnerverzug, ohne Verschulden haftet.

Vertreter ohne Vertretungsmacht, S. 105

Verwendung des Besitzers, S. 336

Verwirkung, S. 55
Verzug, S. 152 f
Verschuldete Verspätung der Leistungserfüllung nach Mahnung.

Vollmacht, S. 102
Rechtsgeschäftlich erteilte Vertretungsmacht.

Wohnraummiete, S. 267

Z

Zession, S. 182
=Abtretung. Hiervon: Zedent, Zessionar

Zugang der Willenserklärung, S. 119

Zurechnungszusammenhang, S. 207
Im Schadensersatz wird geprüft, welchen Schutzbereich eine Norm hat. Der Täter haftet nur dann nach einer Norm, wenn seine Tat vom Schutzbereich der entsprechenden Norm erfasst wird, vgl. S. 207.

Zurückbehaltungsrecht, S. 173
Recht, die Erfüllung zu verweigern, solange der Gegner aus demselben Rechtsverhältnis etwas schuldet, § 273.

www.ingramcontent.com/pod-product-compliance
Lightning Source LLC
LaVergne TN
LVHW092153300926
849161LV00002B/266